依据2019年军事课教学
河南省国防教育特
"互联网+"新形态一

U0687796

大学军事教程 （微课版）

DAXUE JUNSHI JIAOCHENG

主　编　单永志　尹建强　陈　健

副主编　邱九凤　王春新

◆ 微课视频

◆ 教学课件

◆ 电子教案

◆ 考试题库

扫一扫
学习资源库

新华出版社

图书在版编目（CIP）数据

大学军事教程/单永志，尹建强，陈健主编. —北
京：新华出版社，2019.7
ISBN 978-7-5166-4738-7

Ⅰ.①大… Ⅱ.①单…②尹…③陈… Ⅲ.①军事科
学 – 高等学校 – 教材 Ⅳ.①E0

中国版本图书馆CIP数据核字（2019）第148588号

大 学 军 事 教 程

作　　者： 单永志　尹建强　陈　健	
责任编辑： 贾允河	**封面设计：**
出版发行： 新华出版社	
地　　址： 北京石景山区京原路 8 号	**邮　　编：** 100010
网　　址： http://www.xinhuapub.com	
经　　销： 新华书店	
中国新闻书店购书热线： 010-63072012	
印　　刷： 北京荣玉印刷有限公司	
成品尺寸： 185×260mm	
印　　张： 18.5	**字　　数：** 392 千字
版　　次： 2019 年 7 月第 1 版	**印　　次：** 2023 年 4 月第 3 次印刷
书　　号： ISBN 978-7-5166-4738-7	
定　　价： 42.00 元	

前言

党的二十大报告提出深化全民国防教育，旨在进一步强调深化、强化和改进新时代全民国防教育工作。加强普通高等学校学生的军事训练，按规定有计划地让普通高等学校学生掌握必备的军事知识和军事理论，增强国防观念、国家安全意识以及综合素质，是实现立德树人根本任务、培养高素质后备兵员和提高教育质量的重要途径，对于加快推进国防现代化建设、人力资源强国建设和实现中华民族伟大复兴具有重要意义。

基于此，本书的编写坚持以下几方面的努力，力求融思想性、科学性、知识性、人文性、时代性于一体。

一是贯彻思想性。 习近平总书记在党的十九大报告中指出："我们的军队是人民军队，我们的国防是全民国防。我们要加强全民国防教育，巩固军政军民团结，为实现中国梦强军梦凝聚强大力量！"在普通高等院校中，大学生的国防意识和军事素养是其健康成长、报效国家和服务社会的基本素质，事关民族凝聚力和国家竞争力。

二是坚持科学性。 本书严格按照国务院办公厅、中央军委办公厅《关于深化学生军事训练改革的意见》（国办发〔2017〕76号）和教育部、中央军委国防动员部最新颁发的《普通高等学校军事课教学大纲》（教体艺〔2019〕1号）的规定要求编写而成，科学安排军事知识，为普通高校开展国防教育提供有益指导。

三是尊重知识性。 军事理论与军事技能是关于普通高等院校学生国防与军事活动的基本理论和实践问题的研究，其主要内容包括中国国防、国家安全、军事思想、现代战争、信息化装备、共同条令教育与训练、射击与战术训练、防护技能与战时防护训练、战备基础与应用训练等，其根本目的是促进学习者树立正确的国防教育观念，掌握国防教育的基本知识，养成国防教育的研究意识，为进一步的学习和实践奠定基础。

四是体现人文性。 军事理论与军事技能的教学存在不尽如人意之处，本书的编写同时肯定教师与学生的主体地位，关注并照顾学生的学习和教师的讲解，以通俗易懂、生动活泼的方式将内容呈现出来，以便学生乐学，教师乐教。

五是突出时代性。 本书的编写在内容上不仅严格按照上述文件要求，同时吸收了近年来国防教育研究的新成果。本书版式新颖，内容丰富，在正文中精心设计了名人传记、知识链接、延伸阅读、军事讲坛等模块，以提高学生的学习兴趣，拓展学生的视野。此外，本书作者还为广大一线教师提供了服务于本书的教学资源库，有需要者可致电010-60206144或发邮件至2033489814@qq.com。

本教材编写分工如下：单永志编写第四章、第五章、第六章；尹建强、王春新编写第七章、第八章、第九章；陈健、邱九凤编写第一章、第二章、第三章；最后由单永志、邱九凤统稿。本书是各位老师智慧的结晶。受编者水平所限，书中难免有遗漏或不当之处，敬请专家、同行和读者斧正。

编　者

目录

第一章

中国国防

学习目标

　　了解我国的国防历史和国防建设的现状及发展趋势，熟悉国防法规、国防政策的基本内容，明确我军的性质、任务和军队建设指导思想，了解我国武装力量的构成、发展和作用，掌握国防建设和国防动员的主要内容，增强依法建设国防、积极为国防建设奉献力量的意识。

导言

　　国无防不立，民无防不安。中国近百年来屡遭列强欺侮的历史表明，一个国家和民族要想避免亡国灭种，实现繁荣富强，真正自立于世界民族之林，就不能没有强大的国防。国泰方能民安。国防并非仅仅是国家和军队的事，而是关系着每个普通人的生存发展，国防建设更是与每个普通人息息相关。当代青年大学生作为国家之栋梁，更应该关注国防，参与国防建设，尽国防之义务。

第一节　国防概述

　　国防，即国之防务。实现中华民族伟大复兴，必须拥有与我国国际地位相称、与国家安全和发展利益相适应的巩固国防和强大军队。

一、国防的内涵

（一）国防的概念

　　所谓国防，是指国家为防备和抵抗侵略，制止武装颠覆和分裂，保卫国家主权、统一、领土完整、安全和发展利益所进行的军事活动，以及与军事有关的政治、经济、外交、科技、教育等方面的活动。

《中国军事百科全书》中描述国防是"为捍卫国家主权、领土完整和安全而采取的防卫措施的统称。包括国防建设和国防斗争。"《中华人民共和国国防法》规定："国家为防备和抵抗侵略，制止武装颠覆和分裂，保卫国家主权、统一、领土完整、安全和发展利益所进行的军事活动，以及与军事有关的政治、经济、外交、科技、教育等方面的活动，适用本法。"

国防是个历史概念，是阶级斗争的产物，伴随着阶级和国家的形成而产生。不同历史时期、不同社会制度、奉行不同政策的国家，其国防具有不同的含义和特性。"国防"一词在我国最早见于《后汉书·孔融传》。孔融针对当时国内可能发生动乱的征候，向汉献帝进谏说："臣愚以为宜隐郊祀之事，以崇国防。"意即国家要减少祭祀等大规模的集会活动，以维护安定，巩固政权。可见这里所言的"国防"，意指为维护团体、严明礼义而应采取的防禁措施。

（二）国防的基本要素

1. 主体要素

国防的行为主体是国家，基本内容包括国防建设和国防斗争两个方面。国防是为国家而生，为国家提供防务，是国家机构的基本职能，是全国公民的神圣职责。任何一个国家从诞生之日起就被赋予固疆守边、防备和抵御侵略的职责。国家机构的国防职能包括：制定和健全国防法规体系，依据法律法规履行国防职责；教育和督促每个公民履行国防义务。

守卫边疆

2. 对象要素

国防的对象是侵略、武装颠覆和分裂，基本内容包括防备和抵抗侵略，制止武装颠覆和分裂。侵略通常是指，外敌运用军事、经济、文化、外交等手段进行的武装或非武装入侵行为，未来或将有除人类之外的"超人力入侵者"。武装颠覆，通常是指国内"三股势力"或国内外勾连的敌对势力，诉诸武力或恐怖暴力实施的旨在推翻现政府的非法行为。分裂，通常是指组织、策划、实施分裂国家、破坏国家统一，或者与境外的机构、组织、个人相勾结，组织、策划、实施分裂国家、破坏国家统一的行为。无论是侵略，还是武装颠覆和分裂，都是国家防务的重点对象，是国防的任务和使命。

3. 目的要素

国防的目的是保卫本国的主权、统一、领土完整、安全和发展利益。它包含五个方面的内容：一是捍卫国家主权。主权是一个国家存在的根本标志，捍卫国家主权是国防的首要目的。二是保卫国家统一。国家统一是指国家由一个中央政府对领土内一切居民和事务行使完整的管辖权，不允许另立政府或分割国家的管辖权。三是保卫国家领土完整。领土是指位于国家主权支配下的地球表面的特定部分，以及其底土和上空。领土是国家存在和发展的自然物质前提，是构成国家的基本要素之一。四是维护国家安全。国家要生存，社会要发展，民族要团结，人民要全面发展、过上美好生活，必须有一个安全稳定的内、外部环境。五是维护国家发展利益。新形势下，随着经济全球化、安全威胁多样化、社会信息化的挑战增强，对维护国家发展利益提出了新要求。所以，维护国家的主权、统一、领土完整、安全和发展利益，是国防的根本目的和重大使命。

4. 手段要素

国防的手段，是为达到国防目的而采取的方法和措施，包括军事及与军事有关的政治、经济、外交、科技、文化、教育等手段。军事手段是国防的主要手段，但不是唯一的手段，它不能离开与军事手段相关的其他手段而孤立发挥作用。随着时代的发展，面对日益纷繁复杂的国际安全形势，国防手段一定要慎重选择，因情而措，灵活运用以军事手段为主、多种防御手段有效结合的最佳方式，坚决维护好本国的主权、统一、领土完整和安全。

二、国防的类型

国家的社会制度和国家的政策决定着国防的性质，不同制度、不同政策的国家，制定的国防政策和追求的国防目标也不同，因而国防的类型也各不相同。但无论哪种类型的国防，其根本目的都是维护国家利益。目前，世界各国的国防类型主要有以下四种。

（一）扩张型

扩张型国防，就是奉行霸权主义侵略扩张政策的国家，为谋求不正当权益，打着维护地区安全的幌子，或是"人道救援""铲除邪恶""反恐"等旗号，对别国进行侵略、颠覆和渗透，把国家武装力量当作干涉别国内政、侵犯别国主权的工具。例如，当代美国为保障其全球战略，在世界各地建立大量军事基地并部署军队，充当"世界警察"的角色，实质是推行霸权主义和强权政治的暴力工具。

（二）自卫型

自卫型国防，就是不滥用武力对外侵略，在外敌入侵的形势下，主要依靠自身力量维护本国及周边地区的和平与安全，同时广泛争取国际社会的同情和支持。例如，中国公开承诺，奉行独立自主的国防政策，永不称霸，不侵略别国，不首先使用核武器或以核武器相威胁，不对无核国家和地区使用核武器，属于典型的自卫型国防。

（三）联盟型

联盟型国防，就是通过结盟的形式，联合一部分国家来弥补自身防卫力量不足，保障国家安全稳定。从联盟国家的关系上看，还可分为一元联盟和多元联盟。一元联盟是由一个大国做盟主，其他国家从属。如美日韩军事同盟。多元联盟是加盟各国地位平等，通过共同协商确定防务事宜。如二战后的北约、现在的欧盟、冷战结束后由前苏联解体后的部分国家成立的"独立国家联合体"（独联体）。

（四）中立型

中立型国防，就是在多国冲突或联盟战争面前，严格恪守中立的立场。奉行中立型国防的国家，有的奉行总体防御战略和寓兵于民的防御体系，如瑞士，是全民皆兵的国防；有的采取完全不设防的方式，如哥斯达黎加，列支敦士登，圣马力诺，梵蒂冈；有的通过签订合作协议的方式，把本国的防务托付给别的国家，如安道尔。

三、国防历史与启示

中国的国防历史悠久，源远流长，先后经历了奴隶制、封建制、半殖民地半封建和社会主义等多种社会形态的发展阶段。在风起云涌的历史长河中，既有文武相济、国运昌盛的成功经验，也有武备废弛、有国无防的沉痛教训。是非成败，功过荣辱，绘成一幅波澜壮阔的国防历史画卷，为后人留下宝贵的遗产和深刻的启示。

（一）中国古代国防

中国古代国防，从公元前21世纪夏王朝建立到公元1840年第一次鸦片战争爆发，经历约4000年20多个朝代的兴衰更迭。纵观这一发展历程，前期，从先秦经秦汉到盛唐，国防日渐发展，不断强盛；后期，从中唐经两宋、元、明、清，国防呈现由盛至衰的整体趋势。具体到每个朝代，国防的发展轨迹都没能摆脱由兴而衰、由强至弱的历史周期。

1. 古代的国防政策和国防理论

中国古代形成了许多卓有成效的国防政策和国防理论，主要包括："安国保民""居安思危"的国防指导思想；"富国强兵""寓兵于农"的国防建设思想；"以治为胜""教戒为先"的治军思想；"上兵伐谋""不战屈人"的军事战略思想。这些军事思想和兵学智慧对当时的国防建设和军事斗争都起过积极的作用。

2. 古代的军制建设

军制，是军事制度的简称，旧时也称兵制，是指国家、政治集团或军事集团为组织、指挥、管理、维持、储备和发展军事力量所制定的制度。通常以法律、法规、规章等规范性文件予以规定和颁行，主要包括军队编制、指挥体制、兵役制度等。在军队编制上，中国古代一般区分为中央军、地方军和边防军。在指挥体制上，尽管各个朝代做法不尽一致，但都遵循了皇权至上的基本原则。在兵役制度上，主要有族兵制、民军制、征兵制、府兵制、募兵制等形式，反映了不同历史时期形势各异的国防安全环境。

3. 古代的国防工程建设

中国古代各朝政权为了抵御外敌入侵，巩固边塞，拱卫京畿重地，修筑了为数众多、规模庞大的国防工程，如城池、长城、京杭运河、海防要塞等。在中国古代战争中，城池攻守作战是战争的主要样式之一。在中国古代国防工程建设中，城池的建设始于商代，时间最早、数量最多，规模日渐庞大，一直延续到近代。始于东周北方诸侯国修建的长城，就是其中杰出代表。

（二）中国近代国防

中国近代国防最大特点就是武备废弛、形同虚设，以致整个中华民族吞下了自鸦片战争以来百年屈辱的历史苦果。1840年，英国人用坚船利炮打开了晚清政府紧锁的国门，把近代的中国拖入了半殖民地半封建社会的深渊。在西方列强的侵略面前，腐朽的统治者不思进取，仓促应付，屡战屡败，最终无计可施，转而卖国求荣，进一步加深了近代中国社会的矛盾。结果是大片国土沦丧，生灵惨遭涂炭。

1. 清朝后期的国防

自"康乾盛世"之后，清朝政治日趋腐败，国防日益疲弱。1840年鸦片战争爆发，西方殖民主义者大举入侵，从此清王朝一蹶不振，内乱丛生，外患不息，逐步沦为半殖民地半封建社会。

（1）清朝的武备。清朝的武备包括军事领导体制、武装力量体制和兵役制度等方面。在军事领导体制方面，1840年以前，大清王朝先后设立了议政王大臣会议、兵部和军机处，作为高层军事决策和领率机构。鸦片战争后，开始实施"洋务新政"，成立了总理衙门。八国联军入侵中国后，清朝统治者深感军备落后，企图通过改革军制来强军安国，遂改总理衙门为外务部，撤销了原有兵部，成立陆军部。在武装力量体制方面，清军入关之前，军队是八旗兵。入关后为弥补兵力的不足，将投降的明军和新招募的汉人单独编组，成立了绿营。1851年以后，为镇压太平天国运动，咸丰帝号召各地乡绅编练乡勇，湘军和淮军逐渐成为清军的主力。中日甲午战争中，湘、淮军大部分溃散，清朝开始"仿用西法，编练新兵"。新军采用招募制，在入伍年龄、体格及文化程度方面均有比较严格的要求。

（2）清朝的疆域和边海防建设。清政府在建国初期还比较重视边海防建设。在同国内割据势力的斗争中，制止了分裂，促进了国内各民族团结，维护了国家统一；在与外部侵略势力的斗争中，捍卫了国家领土主权。这一时期疆域西到今巴尔喀什湖、楚河、塔拉斯河流域、帕米尔高原；北到戈尔诺阿尔泰、萨彦岭；东北到外兴安岭、鄂霍茨克海；东面到海，包括台湾及其附属岛屿；南到南海诸岛；西南到广西、云南、西藏，包括拉达克，建立了一个空前统一、疆域辽阔的多民族的封建专制国家。从道光年间开始，政治日渐腐败，边海防逐渐废弛，海防要塞火炮年久失修，技术性能落后。清军的精锐北洋水师"日久玩生，弁兵于操驾事宜全不练习，遇敌之时雇佣舵工，名为舟师，不谙水务"。西方列强乘虚而入，伺机打开了中国封闭的国门。19世纪中叶以后，香港、澳门、台湾、澎湖被英、葡、日占领，东北乌苏里江以东、黑龙江以北及西北今国界以外的广大地域被沙俄侵占，帕米尔地区被俄、英瓜分，拉达克则被英国属克什米尔所吞并。

军事讲坛

清朝后期的五次对外战争

1840年，英国以清王朝禁烟为由对中国发动了鸦片战争。1842年，战败的清王朝被迫在英国军舰上与之签订了中国历史上第一个不平等条约《中英南京条约》。中国的领土主权遭到破坏，开始走向半殖民地半封建社会。

1856年至1860年，英国不满足于既得利益，纠合法国，分别以"亚罗号事件"和"马神甫事件"为借口，对中国发动了第二次鸦片战争。战败的清王朝被迫与英法两国签订了中英、中法《天津条约》和《北京条约》，与趁火打劫的沙俄签订了《暖珲条约》，领土主权进一步遭到破坏，半殖民地化程度加深。19世纪80年代初，法国殖民主义者在完成了对越南的占领后，进而入侵中国西南地区。

1884年至1885年，中法开战，清军在黑旗军的配合下，痛击法军，取得了镇南关大捷，导致了法国茹费里内阁的倒台。但是，腐败的清政府却一味偷安，认为法国船坚炮利，强大无敌，中国即便一时取胜，也难保终久不败，不如趁胜求和。于是和法国签订了《中法新约》，把广西和云南两省的部分权益出卖给了法国，使中国不败而败，法国不胜而胜，清政府的腐败无能暴露无遗。

1894年，日本以清朝出兵朝鲜为由发动了甲午战争。清朝战败，被迫与日本签订了《马关条约》，台湾被割让，领土被进一步肢解，加深了中国半殖民地化和民族危机。

1900年，英、美、德、法、俄、日、意、奥8国，以保护在华侨民"利益"为借口，组成联军，发动侵华战争。战败的清政府被迫与以上8国及比利时、荷兰和西班牙11国签订了《辛丑条约》。这个条约从政治、经济、军事各方面都扩大和加

《辛丑条约》签订现场

深了西方列强对中国的统治，并表明清政府已完全成为其统治的工具，中国完全沦为半殖民地半封建社会。

2. 民国时期的国防

辛亥革命推翻了清政府，建立了中华民国，但依然没有改变中国任人宰割的历史。从1912到1949年的37年，历经南京临时政府、北洋政府、国民党政府3个时期，西方列强纷纷在华扶植各派军阀作为代理人，加紧对华掠夺。日本帝国主义发动的侵

华战争，置中华民族濒临生死存亡的危机境地。这期间，中国依然有边不固，有海无防，深陷军阀割据、外敌肆虐的战乱年代。

（1）军阀混战和中华民族的觉醒。辛亥革命之后，1912年1月1日，孙中山在南京宣布中华民国成立，并任临时大总统。但时任清朝总理的袁世凯凭借手中兵权窃取了临时大总统的地位。不久，袁世凯称帝，张勋复辟，各派军阀纷纷以列强为靠山，割据对峙，混战不休。直、皖、奉三大派军阀先后窃据中央政权，贿选国会议员和总统，出卖国家和民族权利。"二十一条"的签订和"巴黎和会"上的外交失败，证明了北洋政府与清政府同样无能，沉重的民族危机激发了中华民族同仇敌忾、共御外侮的决心和勇气。以"五四"运动为标志，中国反帝反封建的资产阶级民主革命进入了新阶段。1921年7月中国共产党成立，中国工人阶级开始以崭新姿态登上历史舞台，给灾难沉重的中华民族带来了希望和光明，中国革命开始进入新的发展时期。

（2）日本的侵略及中国人民的抗日战争。1931年9月18日，日本帝国主义悍然制造了"九一八事变"，拉开了侵华战争的序幕。独裁的国民党政府奉行"攘外必先安内"的政策，一味对日妥协，出卖国家利益，使东北大片领土快速沦丧。1937年7月7日，日本发动卢沟桥事变，发起了全面侵华战争，成为第二次世界大战的东方起点。中国军队在卢沟桥的抗战，也拉开了中国全面抗战的序幕。1945年8月15日，日本裕仁天皇通过广播发表《终战诏书》，宣布无条件投降。这是中国近代史上取得的第一次抗击外敌侵略的彻底胜利。

铭记历史 勿忘国耻

（3）解放战争及新中国的成立。抗日战争结束后，共产党争取和平建国未果，全面内战爆发。经过4年解放战争的较量，中国共产党领导全国人民推翻了国民党的反动统治。1949年10月1日，中华人民共和国成立。结束了中国人民被压迫被奴役的悲惨命运，人民成了国家的主人；结束了100多年来中华民族有国无防的历史，开始了中国国防的新篇章。

3. 中华人民共和国成立后的国防

（1）恢复阶段（1949—1953年）。这一阶段我国处在外御帝国主义侵略、内治战争创伤和恢复经济时期。这一时期的国防建设主要完成了三个方面的任务：一是解放了全国大陆和除台、澎、金、马之外的全部沿海岛屿，肃清了大陆上国民党的残余武装，平息了匪患，建立了边防和守备部队，加强了海上边防的守卫；二是取得了抗美援朝战争的胜利；三是建立、健全统一的军事领导机构和军事制度。建立了全军的领导机关和各级军事领导机构，加强了对全国武装力量的领导；建立了一支初具规模的海军、空军和各兵种部队，逐步开始从单一陆军向诸军兵种全面建设过渡；开办了100

余所军事院校，为国防建设培养了大批现代化军事人才；统一了军队编制体制；建立了各项规章制度。

（2）全面建设阶段（1954—1965年）。这一阶段是我国国防现代化建设突飞猛进的重大时期。1953年12月召开的全国军事系统党的高级干部会议，是军队建设和国防建设的一个里程碑。这次会议确定了我国国防建设的主要任务是防御帝国主义侵略，保卫社会主义建设，保卫亚洲与世界和平。制定了"积极防御"的战略方针，提出了实现国防现代化的重大战略措施，包括精简军队，压缩国防开支，加速发展工业，为国防现代化打基础；加强国防工程建设，在沿海、边防和纵深要地建设防御工程体系；实行义务兵、军官薪金、军衔三大制度；大办军事院校，重新划分战区，完善战略、战役指挥体系；加强动员准备，建立各级动员机构和动员制度。这些重大措施有力地促进了我国国防现代化建设的全面发展，初步形成了具有中国特色的国防体系。经过10多年的艰苦努力，我国国防体系基本完成配套，一些领域已接近当时的世界先进水平，并成功地爆炸了第一颗原子弹。

（3）曲折发展阶段（1966—1976年）。这一时期尽管有林彪、"四人帮"的干扰和破坏，毛泽东、周恩来等党和国家主要领导人仍然警觉地注意维护我国的安全，保持了军队的稳定，顶住了霸权主义的压力。同时对发展国防尖端技术始终没有放松，因而保证了我国氢弹试验和人造卫星的发射成功。

（4）现代化建设阶段（党的十一届三中全会至今）。党的十一届三中全会之后，随着国家工作重点的转移，国防建设进入一个新的历史时期。

20世纪80年代，邓小平提出了和平与发展是当今世界两大主题的观点，确定国防建设指导思想实行战略性转变。国防和军队建设从临战状态转向和平时期的建设轨道。在服从和服务于国家建设大局的前提下，有计划有步骤地推进以现代化为中心的军队建设。按照精兵、合成、高效的原则进行重大调整改革，减少数量，提高质量，增强军队在现代战争条件下的自卫能力。

20世纪90年代，以江泽民同志为核心的党的第三代领导集体科学地回答和解决了国防与军队建设的一系列重大理论和实践问题。抓紧做好军事斗争准备，按照政治合格、军事过硬、作风优良、纪律严明、保障有力的总要求，全面加强军队的革命化、现代化、正规化建设，把推进中国特色军事变革作为军队现代化发展的必由之路，实施科技强军战略，逐步实现由数量规模型向质量效能型、由人力密集型向科技密集型转变。

在新世纪新阶段，以胡锦涛同志为总书记的党中央，坚持把科学发展观作为国防和军队建设的重要指导方针，主

民族复兴中国梦

动适应世界军事发展新趋势，适应打赢信息化条件下局部战争要求，在更高起点上推进国防和军队的现代化建设。加强新型作战力量建设，推进以信息化为主导的机械化、信息化复合发展，提高基于信息系统的体系作战能力，实现火力、机动力、防护力、保障力和信息力整体提高。

党的十八大以来，以习近平同志为核心的党中央，站在新的历史起点上，为适应国家安全环境新变化，提出了党在新形势下的强军目标，以国家核心安全需求为导向，贯彻新形势下军事战略方针，着眼建设信息化军队、打赢信息化战争，全面深化国防和军队改革，努力构建中国特色现代军事力量体系，不断提高军队应对多种安全威胁、完成多样化军事任务的能力，坚决维护国家主权、安全、发展利益，为实现"两个一百年"奋斗目标和中华民族伟大复兴的中国梦提供坚强保障。

2022年10月16日，习近平在党的二十大报告中强调要实现建军一百年奋斗目标，开创国防和军队现代化新局面，必须贯彻新时代党的强军思想，贯彻新时代军事战略方针，坚持党对人民军队的绝对领导，坚持政治建军、改革强军、科技强军、人才强军、依法治军，坚持边斗争、边备战、边建设，坚持机械化信息化智能化融合发展，加快军事理论现代化、军队组织形态现代化、军事人员现代化、武器装备现代化，提高捍卫国家主权、安全、发展利益的战略能力，有效履行新时代人民军队的使命任务。

（三）国防历史的启示

1. 经济发展是国防强大的基础

经济是国防的物质基础，国防的强大有赖于经济的发展。早在春秋时期齐国的政治家管仲就提出"富国强兵"的思想，孙子则更直接地指出"兵不强则不可以摧敌，国不富不可以养兵"，富国是强兵之本，强兵之急。这一观点抓住了国防强大的根本所在。我国古代凡是有作为的政治家、军事家和王朝，无不强调富国强兵。秦以后的汉、唐、明、清各代前期国防的强盛，都是与民休养生息、发展经济的结果；与此相反，以上各朝代的衰败，也都由于经济的衰落导致国防的孱弱所致。无数历史史实证明经济发展是国防强大的基础。

2. 政治开明是国防巩固的根本

政治与国防紧密相关，国家的政治是否开明，制度是否进步，直接关系到国防能否巩固，只有良好的政治才是固国强兵的根本。纵观我国数千年的国防历史，我们不难发现，凡是兴盛的时期和朝代，多十分注重修明政治，实行较开明的治国之策。原本西陲小国的秦国，从商鞅变法开始，修政治，名法度，发展生产，繁荣经济，国防日渐强大，为并吞六国奠定了坚实的基础；大唐初建之时满目疮痍，百废待兴，正是由于制定并实施了一系列开明的政治制度，使国家很快从隋末的战争废墟中恢复过来，成为国力昌盛、空前统一的大唐帝国。凡是衰落的时期和朝代，无不因为政治腐败导致国防虚弱。唐朝中期以后，两宋乃至于晚清都是如此。

3. 国家的统一和民族的团结是国防强大的关键

翻开几千年的国防史，人们会发现这样一个规律：凡是国家统一、民族团结的时期，国防就巩固、就强大；凡是国家分裂、民族矛盾尖锐的时期，国防就虚弱、就颓败。晚清时期，在西方列强的进攻面前，清政府不仅不敢进行反侵略战争，不依靠、不支持人民群众进行抗争，反而认为"患不在外而在内""防民甚于防火"，对人民群众自发组织的反侵略战争实行残酷的镇压，最终造成对外作战中屡战屡败，割地赔款，逐步沦为半殖民地半封建社会。

4. 科学技术的发展是国防强大的保证

中国古代战争的频繁也促进了军事技术的发展，在冷兵器时代，中国的武器技术在许多方面还能够领先于世界。中国人最先发明了火药，宋朝军队在战争中已经使用了火器。元朝军队西征欧洲，火器技术也随之被传入欧洲。明朝比较重视西方技术的学习以及对火器的研究，军队火器装备水平达到当时世界领先水平。清朝统一中国以后，却实行了严格的闭关锁国政策，军队仍然使用着几千年前的大刀长矛，这就使中国军队的武器仍然长期地停留在冷兵器时代，根本无法抵御帝国主义先进的洋枪大炮。今天，世界已经进入了新的军事革命时代，科学技术正在成为直接的战斗力，在战争中发挥着不可替代的决定性作用。国防的强大已经不能只看军队的人数和武器的数量，而是要看军队人员的科学技术素质和武器装备的技术水平。所以加强国防建设的首要任务就是发展科学技术，在信息化战争时代就是要实现我军的信息化，实现中国特色军事革命，国家只有拥有适应时代发展要求的先进国防科技，才能从根本上保证夺取在世界上的军事优势，才能使国家具有强大的军事威慑力，才能使任何敌人不敢来威胁我们的安全。

📖 警钟长鸣

安不忘危

中华民族是一个有着强烈忧患意识的民族。从孟子的"生于忧患，死于安乐"，到欧阳修的"忧劳可以兴国，逸豫可以亡身"，再到毛泽东的"只有人民来监督政府，政府才不敢懈怠，只有人人起来负责，才不会人亡政息"等，都是前人从治国安邦的成功经验和人亡政息的沉痛教训中概括出来的警示格言，是中华民族强烈的忧患意识的真实写照。

纵观人类几千年来的历史，不难发现，缺乏忧患意识的民族是不可能长久的。且看古罗马，本来古罗马人是英勇善战、极具开拓意识的，很早就称霸于地中海域。但是他们的成功来得太容易，后人很快就忘记了先辈的流血牺牲，只知

　　道灯红酒绿、歌舞升平，到最后古罗马人将国防、出征打仗等关系国家安危的事交由雇佣兵负责，这样的国家岂有不亡之理，果然，强大的罗马帝国，最后被北方的蛮族征服。

　　长久的和平很容易让人忘记战争的残酷，缺乏忧患意识的民族不可能在这个弱肉强食的星球上生存。

四、现代国防观

　　一个时代有一个时代的国防观，新时代更呼唤"大国防"观。

　　"我们的军队是人民军队，我们的国防是全民国防。我们要加强全民国防教育，巩固军政军民团结，为实现中国梦强军梦凝聚强大力量！"建设与我国国际地位相称、国家安全和发展利益相适应的巩固国防和强大军队，就要树立与之相适应的现代国防观。

（一）国防不可不有

　　强大的国防是国家安全与发展的可靠保障。首先，强大的国防是捍卫国家主权和领土完整的根本保证。一个主权国家，必须要能够保证本国主权独立、领土完整、社会制度不受损害。没有一个强大的国防力量，一切都无从保障。其次，强大的国防是现代化建设的客观需要。新时代中国特色社会主义建设需要一个和平稳定的发展环境，离不开强大的国防。再次，强大的国防对于提高我国国际地位，维护世界和平、地区稳定和经济繁荣具有重要作用。中华人民共和国成立以来，中国的内外部安全环境、发展形势和经济状况逐步向好，国际地位和威望在不断提高，一定程度上得益于不断提升的国防实力。

（二）维护国家总体安全是国防使命

　　自古以来，国防的使命就是维护国家总体安全与发展。维护国家总体安全是中国国防的最高准则。基于对不断延伸的国家安全边界的观察和把握，中国共产党正式确立了总体国家安全观，强调以人民安全为宗旨，以政治安全为根本，以经济安全为基础，以军事、文化、社会安全为保障，以促进国际安全为依托，走出一条中国特色国家安全道路。

（三）国防建设与经济建设协调发展

　　国防建设与经济建设协调发展，是新中国成立以来在实践中得出的一条重要经验。新中国成立之初，面对一穷二白、百废待兴的建设起点和新的战争威胁，毛泽东提出了"两手抓"的思想：一手抓国防建设，建立强大的国防军；一手抓经济建设，争取国家财政经济状况的基本好转。20世纪60年代初，我国经济发展和军事安全形势都相当严峻，党中央一面加大了国防投入，调整工业布局，一面加强了国家战略后方建设，有效慑止了帝国主义战争风险。这一时期，我国陆续研制出原子弹、氢弹和人造卫星。邓小平说："如果六十年代以来中国没有原子弹、氢弹，没有发射卫星，中国就不能叫有影响的大国，就没有现在这样的国际地位。"党的十一届三中全会以后，党中央基于当时的国际战略环境和我国安全形势，及时作出以经济建设为中心，国防建设服从和服务于经济建设大局的决定，为正确处理国防建设和经济建设的关系指明了方向。党的十六大之后，党中央正式提出了"必须坚持国防建设与经济建设协调发展的方针"。

> **知识链接**
>
> 　　国防建设与经济建设是国家建设和发展的两大战略任务，在发展进程中必须协调一致。为了与我国现代化建设"三步走"战略相一致，党中央和中央军委制定了国防和军队建设"三步走"发展战略，规定了每一个阶段的发展目标、任务和要求，确保国防建设能够跟上国家现代化发展步伐，与经济建设协调发展、平衡发展、兼容发展。

（四）国防能力与维护总体国家安全相称

随着国际社会竞争加剧，国家利益和安全的边疆在不断地扩大。新时代总体国家安全观为国防建设和国防斗争指明了发展方向，中国国防能力必须能够适应国家利益拓展的新要求，能够维护好集政治、国土、军事、经济、文化、社会、科技、信息、生态、资源、核11大领域安全于一体的新型国家安全体系。要维护好这个新型国家安全体系，必须树立"大国防观"，针对不同安全领域多样化安全诉求，积极开展国防调研、需求论证、总体设计、战略布局等，全面推进以现实需求为牵引、以战斗力建设为中心的现代国防建设，切实使中国国防能力与维护总体国家安全的新使命新要求相称。

（五）实行全民国防

中国的国防是全民国防。全民国防，就是全民参与的国防。一个国家在遇到危难之时，如果能做到全民皆兵，势必能焕发出强大的国防力量。实行全民国防，前提是把国防教育纳入各级政府的议事日程，纳入国家教育的重点建设体系，纳入党政干部学习培训范畴，纳入大中小学的课堂教学，着力强化全民的国防意识和忧患意识，培育全国公民特别是广大青少年学生的国防意识、责任担当和爱国主义精神，让每个公民都能认清和牢记自己的国防责任，形成全社会关心国防、建设国防的生动格局。中共中央作出明确指示：地方各级各部门要强化国防观念和军事战略意识，积极支持军队建设、改革和军事斗争准备，齐心协力把军事战略方针要求落到实处。党的二十大报告提出深化全民国防教育，旨在进一步强调深化、强化和改进新时代全民国防教育工作，推进全民国防教育继续深入发展、走深走实，切实增强全民爱党爱国爱军爱社会主义的深厚感情、居安思危的忧患意识、崇军尚武的思想观念、强国强军的责任担当，使关心国防、热爱国防、建设国防、保卫国防成为全社会的思想共识和全体公民的自觉行动。

第二节 国防法规

国防法规是指国家为了加强防务，尤其是加强武装力量建设，用法律形式确定并以国家强制手段保证其实施的行为规范的总称。国防法规作为国防活动的基本法律规范，其主要任务是调整规范国家在国防领域中的各种社会关系，把国防建设纳入法治轨道，确保军队革命化、现代化、正规化建设总目标的实现。在依法治国的大环境中，国防法规对加强国防和武装力量建设，做好军事斗争准备，具有重大意义。

一、国防法规体系

国防法规体系是指由各个层次、不同门类的国防法律规范构成的相互联系、相互制约和协调的有机整体。各个层次表征着国防法律规范之间的纵向关系，不同门类表征着国防法律规范之间的横向关系。

在纵向关系上，依据宪法规定和立法权力及立法原则，我国现行的国防法规体系区分为四个层次：第一是法律，由全国人民代表大会及其常务委员会制定的关于国防和武装力量建设的法律，如《中华人民共和国国防法》《中华人民共和国兵役法》《中华人民共和国国防动员法》《中华人民共和国国防教育法》等；第二是法规，由中央军事委员会制定的为军事法规，由国务院制定或国务院与中央军事委员会联合制定的为军事行政法规，有关国防建设的行政法规可以由国务院总理、中共中央军事委员会主席签署，国务院、中央军事委员会令公布；第三是规章，由中央军事委员会机关部门（原各总部）、战区、军兵种、中国人民武装警察部队制定的为军事规章，由国务院有关部委与中央军事委员会有关机关部门（原有关总部）联合制定的为军事行政规章；第四是地方性法规，由各省、自治区、直辖市人民代表大会及其常务委员会制定的贯彻执行国家国防法规的实施办法、实施细则、补充规定等。

在横向关系上，依据国防活动的领域，可以将国防法律规范划分为十六个门类：一是国防基本法类；二是国防组织法类；三是兵役法类；四是军事管理法类；五是军事刑法类；六是军事诉讼法类；七是国防经济法类；八是国防科技工业法类；九是国防动员法类；十是国防教育法类；十一是军人权益保护法类；十二是军事设施保护法类；十三是特别行政区驻军法类；十四是紧急状态法类；十五是战争法类；十六是对外军事关系法类。不同门类的国防法规调整、规范国防和军事活动的领域不同。

二、基本国防法律介绍

（一）《中华人民共和国国防法》

《中华人民共和国国防法》（以下简称《国防法》）是为了建设和巩固国防，保障改革开放和社会主义现代化建设的顺利进行，实现中华民族伟大复兴，根据宪法制定的法律。

《国防法》于1997年3月14日中华人民共和国第八届全国人民代表大会第五次会议通过，同日中华人民共和国主席第84号令公布。根据2009年8月27日第十一届全国人民代表大会常务委员会第十次会议《关于修改部分法律的决定》修正。2020年12月26日，中华人民共和国第十三届全国人民代表大会常务委员会第二十四次会议修订通过，自2021年1月1日起施行。该法共12章73条，主要规定了国防活动的基本原则，国家机构的国防职权，武装力量，边防、海防、空防和其他重大安全领域防卫，国防科研生产和军事采购，国防经费和国防资产，国防教育，国防动员和战争状态，公民、组织的国防义务和权利，军人的义务和权益，对外军事关系等。《国防法》是根据宪法而制定的一部综合性的调整和规范我国国防与武装力量建设的基本部门法，亦称基本法。这部法律的制定，是新中国成立以来我国国防领域最重要的立法活动，也是巩固我国国防建设的必然要求。

（二）《中华人民共和国兵役法》

《中华人民共和国兵役法》（以下简称《兵役法》）是国家关于公民参加军事组织或在军事组织之外承担军事任务，接受军事训练的法律。《兵役法》是规范中华人民共和国公民履行兵役义务的基本法律依据。

我国历来重视兵役法制建设。中华人民共和国成立后，于1955年7月30日经第一届全国人民代表大会第二次会议通过，颁布了我国历史上第一部社会主义类型的《中华人民共和国兵役法》。现行的兵役法是第二部兵役法，于1984年5月31日由第六届全国人民代表大会第二次会议通过，1998年12月29日第九届全国人民代表大会常务委员会第六次会议《关于修改〈中华人民共和国兵役法〉的决定》第一次修正，2009年8月27日第十一届全国人民代表大会常务委员会第十次会议《关于修改部分法律的决定》第二次修正，2011年10月29日第十一届全国人民代表大会常务委员会第二十三次会议《关于修改〈中华人民共和国兵役法〉的决定》第三次修正。《中华人民共和国兵役法》已由中华人民共和国第十三届全国人民代表大会常务委员会第三十次会议于2021年8月20日修订通过，自2021年10月1日起施行。

新修订的《兵役法》共11章65条，主要内容有：总则、兵役登记、平时征集、士兵的现役和预备役、军官的现役和预备役、军队院校从青年学生中招收的学员、战时兵员动员、服役待遇和抚恤优待、退役军人的安置、法律责任、附则。

（三）《中华人民共和国国防教育法》

《中华人民共和国国防教育法》（以下简称《国防教育法》）是国家关于在社会组织和公民中普及和加强国防教育的法律。国防教育法在一国国防法体系中占有重要地位，是国防法体系中的基本法和部门法。

《国防教育法》于2001年4月28日由第九届全国人大常委会第二十一次会议通过，

2018年4月27日第十三届全国人民代表大会常务委员会第二次会议修改并施行。该法共6章38条。《全国人民代表大会常务委员会关于设立全民国防教育日的决定》是对《国防教育法》的补充，2001年8月31日由第九届全国人大常委会第二十三次会议通过，确定每年9月第3个星期六为全民国防教育日。

《国防教育法》是我国第一部全面调整和规范国防教育的重要法律。根据立法的指导思想，《国防教育法》明确了国防教育是建设和巩固国防的基础，是增强民族凝聚力、提高全民素质的重要途径；明确了国防教育贯彻全民参与、长期坚持、讲求实效的方针，实行经常教育与集中教育相结合、普及教育与重点教育相结合、理论教育与行为教育相结合的原则；要求针对不同对象确定相应

国防教育主题

的教育内容分类组织实施；明确了国防教育的领导体制和各级国防教育工作机构的职责；确定国家设立全民国防教育日。同时，《国防教育法》还对学校国防教育、社会国防教育、国防教育的保障以及法律责任都做了明确规定。可以说，这部法律的制定，集中反映了各方面的意见和建议，充分体现了广大人民群众的意愿，为全民国防教育健康、持久、深入地开展下去，提供了可靠的法律保障。

（四）《反分裂国家法》

2005年3月14日，第十届全国人民代表大会常务委员会第三次会议表决通过了《反分裂国家法》，这是一部促进两岸关系发展、推进祖国和平统一的法律，是一部维护国家主权和领土完整、反对和遏制"台独"分裂活动、维护台海及亚太地区和平稳定的法律，是一部符合中华民族根本利益的法律。

《反分裂国家法》共有10条，立法目的是反对和遏制"台独"分裂势力分子分裂国家，促进祖国和平统一，维护台湾海峡地区和平稳定，维护国家主权和领土完整，维护中华民族的根本利益。该法阐述了维护国家主权和领土完整是包括台湾同胞在内的全中国人民的共同义务；台湾问题是中国内战的遗留问题，解决台湾问题，实现祖国统一，是中国的内部事务，不受外国势力的干涉；强调国家将以最大的诚意，尽最大的努力实现和平统一。该法同时对推动两岸关系健康发展方面，提出了一系列明确的措施，对通过两岸平等协商和谈判，实现和平统一提出了具体承诺。此外，该法也同时规定国家采取非和平方式及其他必要措施捍卫国家主权和领土完整，完全是针对"台独"分裂势力的，绝不针对台湾同胞。

《反分裂国家法》把祖国大陆多年来制定的一系列对台方针政策法律化，表明了大陆方面反对和遏制"台独"分裂势力分裂国家，推进两岸关系发展、致力国家和平统一的决心和诚意。

《反分裂国家法》之定名

《中华人民共和国反分裂国家法》由第十届全国人民代表大会第三次会议在没有一张反对票的情况下通过并公布施行。由于首次明确提出在三种情况下大陆可用"非和平手段"处理台湾问题，该法一经公布即在世界范围内引发高度关注。在走过的10余年岁月里，两岸关系从民进党执政时期的动荡不安，步入和平发展的正确道路，为两岸百姓带来了许多实实在在的民生福祉。这部只有短短1000字的法律，却是我国最重要的大法之一，是党和国家成功运用依法治国方略的生动典范。定名为《反分裂国家法》，而不采用"统一法"，更是思路严密，界定精确的表现。

三、公民的国防权利和义务

公民的国防权利是指宪法和法律赋予公民在国防活动中享有的权利或利益。国家从法律和物质上保障公民和组织享有这种权利的可能性。公民的国防义务是指由宪法和法律规定的公民在国防方面应当履行的责任。国防义务是法定义务和法律义务。每一个公民都享有相应的国防权利，也必须履行相应的国防义务。

（一）公民的国防权利

《国防法》第五十七条规定："公民和组织有对国防建设提出建议的权利，有对危害国防利益的行为进行制止或者检举的权利。"第五十八条规定："公民和组织因国防建设和军事活动在经济上受到直接损失的，可以依照国家有关规定取得补偿。"

1. 提出建议权

公民依法对国防建设的指导思想、方针、原则、规章制度和实施方法等提出建议，是公民依照宪法享有的对国家事务建议权在国防建设方面的体现。

2. 制止和检举权

制止危害国防利益的行为，是指公民依法采取一定的方式、方法使危害国防的行为停止下来，从而维护国防利益。对于危害国防安全的行为，公民有权采取一切合法手段制止其发生、发展。

检举危害国防利益的行为，是指危害国防的行为发生后，公民对违法行为进行揭发。《国防法》规定公民享有制止和检举权，对及时发现和有效地制止、打击侵害国防利益的违法犯罪行为，维护国防利益，加强国防建设有着重要作用。

3. 获得补偿权

《国防法》规定公民享有获得补偿权。国家进行国防建设，武装力量开展军事活动，在某些情况下可能对公民的合法权益产生一定的影响甚至造成经济损失，公民可以按国家有关规定请求政府或军事机关予以补偿。

在战时和其他紧急状态下，有些补偿措施是在事后落实的，不应把预先得到补偿作为接受征用的条件。同时"补偿"不同于"赔偿"。补偿是由国家机关工作人员或军事人员的合法行为引起的，是国家对公民因国防活动受到损失所采取的补救措施，仅限于直接经济损失，不包括间接经济损失和精神损失，因此，必须实事求是地进行申请与核实。

（二）公民的国防义务

1. 维护国家统一和安全的义务

宪法第五十二条规定，中华人民共和国公民有维护国家统一和全国各民族团结的义务。维护国家统一主要是指维护国家领土的完整，任何公民都不得破坏、变更和以其他各种形式分裂肢解国家领土；维护国家政权的统一，不允许任何公民以各种方式分裂国家政权，破坏国家的统一，不允许任何人以任何方式把国家主权割让给外国。宪法第五十四条规定，中华人民共和国公民有维护祖国的安全、荣誉和利益的义务，不得有危害祖国的安全、荣誉和利益的行为。维护国家的安全主要是指维护国家的领土、主权不受侵犯，国家各项机密得以保守，社会秩序不被破坏。履行维护国家统一和安全这项义务，就是要求每一个公民都有高度的爱国主义精神和积极的爱国主义行动，以国家利益为最高利益，自觉维护祖国统一、安全、荣誉和利益，绝不做危害国家安全、民族荣誉和祖国利益的事。

2. 履行兵役的义务

《国防法》第五十三条规定："依照法律服兵役和参加民兵组织是中华人民共和国公民的光荣义务。"《兵役法》第五条规定："中华人民共和国公民，不分民族、种族、职业、家庭出身、宗教信仰和教育程度，都有义务依照本法的规定服兵役。有严重生理缺陷或者严重残疾不适合服兵役的公民，免服兵役。依照法律被剥夺政治权利的公民，不得服兵役。"

依法服兵役

延伸阅读

普通高校学生应征入伍政策公告

一、优先征集政策

1.大学生入伍优先报名应征、优先体检政考、优先审批定兵、优先安排使用，大学生参加体检开辟绿色通道。高校新生应当在户籍所在地参加应征；高校应届毕业生和在校生可在学校所在地参加应征，也可在入学前户籍所在地参加应征。

2.报名网址：

全国征兵网：https://www.gfbzb.gov.cn/

3.报名时间：

上半年

男兵：上年12月1日至当年2月10日

女兵：当年1月1日至当年2月10日

下半年

男兵：上年12月1日至当年8月10日

女兵：当年7月1日至当年8月10日

二、学费资助及优待政策

4.学费补偿、国家助学贷款代偿、学费减免，本专科生每人每年最高不超过12000元，研究生每人每年最高不超过16000元。

5.入伍大学生按规定享受优待政策，义务兵家庭优待金由批准入伍地发放，其家庭享受军属待遇。

三、升学优惠政策

6.设立"退役大学生士兵"专项硕士研究生招生计划，每年专门面向退役大学生士兵招生约8000人，并向"双一流"建设高校倾斜。

7.在部队荣立二等功及以上，免试（指初试）攻读硕士研究生。

8.在完成本科学业后3年内参加全国硕士研究生招生考试，初试总分加10分，同等条件下优先录取。

9.高职（专科）学生应征入伍，退役后在完成高职（专科）学业的前提下，可免试入读普通本科，或根据意愿入读成人本科，自2022年专升本招生起执行。

四、复学政策

10.高校学生（含高校新生）服役期间按国家有关规定保留学籍或入学资格，退役后2年内允许复学或入学。

11.经学校同意，大学生士兵退役后复学可转入本校其他专业学习。

12.退役复学后免修军事技能等课程，可直接获得学分。

五、在部队选拔培养政策

13.符合条件的取得全日制本科学历和学士学位的毕业生（含毕业学年入伍，服役期间取得的），入伍1年半以上，可选拔为提干对象。

14.参加全军统一考试，录取到有关军队院校学习。

15.优先选取军士。

16.参加保送入学对象选拔，同等条件下优先推荐。

六、退役后技能培训政策

17.面向自主就业退役士兵开展职业技能培训，实施学历证书+若干职业技能等级证书制度和学分银行制度，建立学习成果认定、积累和转换机制，按规定享受培训资助。

七、退役后就业服务政策

18.退役后一年内，凭用人单位录（聘）用手续，可办理就业报到手续，户档随迁。

19.退役高校毕业生士兵可参加户籍所在地省级毕业生就业指导机构、原毕业高校就业招聘会，享受就业信息、重点推荐、就业指导等就业服务。

20.乡镇补充干部、基层专职武装干部配备时，注重从退役大学生士兵中招录；在军队服役5年（含）以上的高校毕业生士兵可以报考面向服役基层项目人员定向考录的职位。

21.教育部在"24365校园招聘服务"活动中开辟退役大学生士兵岗位专区，畅通求职就业渠道。

3. 接受国防教育的义务

《国防法》第五十五条规定："公民应当接受国防教育。"《国防教育法》第五条规定："中华人民共和国公民都有接受国防教育的权利和义务。"国防教育是建设和巩固国防的基础，是增强民族凝聚力和提高全民素质的重要途径，普及和加强国防教育是全社会的共同责任，自觉接受国防教育是公民应尽的义务。

4. 支前参战的义务

根据宪法和《兵役法》的规定，在战争发生时，为了对付敌人突然袭击，抵抗侵略，适龄公民应当积极响应祖国的战时征召。部分服现役人员参加战斗，其余的人员除了随时准备应召服现役外，还要在政府的领导下，由当地军事指挥机关组织，积极担负战备勤务，支援前线作战。

5. 保护军事设施的义务

《国防法》第五十五条规定："公民和组织应当保护国防设施，不得破坏、危害国防设施。"《军事设施保护法》第四条明确规定，中华人民共和国的所有组织和公民都有保护军事设施的义务。禁止任何组织或者个人破坏、危害军事设施。任何组织或者个人对破坏、危害军事设施的行为，都有权检举、控告。根据《国防法》和《军事设施保护法》的要求，公民应当自觉遵守各类军事设施的保护规定。

6. 保守国防秘密的义务

《宪法》第五十三条规定，中华人民共和国公民必须遵守宪法和法律，保守国家秘密。《国防法》第五十五条规定："公民和组织应当遵守保密规定，不得泄露国防方面的国家秘密，不得非法持有国防方面的秘密文件、资料和其他秘密物品。"《保守国家秘密法》规定，国家秘密关系国家的安全和利益，一切国家机关、武装力量、政党、社会团体、企事业单位和公民都有保守国家秘密的义务。

第三节　国防建设

国防建设是国家为提高国防实力而进行的各方面的建设。主要包括：武装力量建设，边防、海防、空防及战场建设，国防科技与国防工业建设，国防法制建设，国防动员建设，国防教育，以及与国防相关的交通、通信、能源、航天建设等。中华人民共和国成立后，经过近七十年的艰苦努力，我国国防建设取得了举世瞩目的成就。今天的中国之所以巍然屹立在世界的东方，并享有很高的声誉，主要是我国在政治上独立、经济上发展和国防的不断强大。

一、国防体制

国防体制，是国家防务的组织形式、机构设置、领导隶属关系和管理权限划分等方面的制度的总称，是国家体制的重要组成部分。主要包括国防领导体制、国防动员体制、国防科技工业体制等方面。

（一）国防领导体制

国防领导体制，是国家领导国防活动的组织体系及相应制度。包括国防领导机构的设置、职能划分和相互关系等。它是国家政权组织形式和机构的重要组成部分，一般设有最高统帅、最高国防决策机构、国家行政机关中管理国防事务的部门、武装力量领导指挥系统。根据《中华人民共和国宪法》和《中华人民共和国国防法》，中华人民共和国的国防领导职权由中共中央、全国人大及常务委员会、国家主席、国务院、中央军事委员会、国家安全委员会行使。

1. 中共中央的国防领导职权

中国共产党是领导中国社会主义事业的核心力量。根据《中华人民共和国国防法》规定，中国的武装力量受中国共产党领导。党的中央军事委员会和国家的中央军事委员会的组成人员和对军队的领导职能完全一致。中央军委实行主席负责制，中央军委主席为全国武装力量的统帅。

2. 全国人民代表大会及其常务委员会的国防职权

全国人民代表大会的国防职权主要有3项：制定有关国防建设和国家武装力量的基本法律；选举中华人民共和国中央军事委员会主席，根据军委主席的提名，决定中央军事委员会其他组成人员；依据《中华人民共和国宪法》规定，决定战争与和平问题。

全国人民代表大会常务委员会的国防职权主要有4项：制定有关国防建设和国家武装力量的法律；在全国人民代表大会闭会期间，根据军委主席的提名，决定中央军事委员会其他组成人员；任免军事法院院长和军事检察院检察长；决定战争状态的宣布，决定全国总动员或者局部动员。

3. 国家主席的国防职权

国家主席的国防职权主要有2项：根据全国人大及其常委会的决定，宣布战争状态，发布动员令；行使《中华人民共和国宪法》规定的国防方面的其他职权。

4. 国务院的国防职权

国务院下设国防部和退役军人事务部，前者履行国防建设的管理职能，后者履行退役军人的集中管理和服务保障等职能。国务院的国防职权主要有9项：制定国防建设发展规划和计划；制定国防建设方面的方针、政策和行政法规；领导和管理国防科研生产；管理国防经费和国防资产；领导和管理国民经济动员工作和人民武装动员工作，领导和组织人民防空与国防交通工作；领导和管理拥军优属工作和退出现役军人的安置工作；领导国防教育工作；与中央军委共同领导民兵建设、征兵工作和预备役工作；法律规定的与国防建设事业有关的其他职权。

5. 中央军事委员会的国防职权

中央军事委员会的国防职权主要有10项：统一指挥全国武装力量；决定军事战略和武装力量的作战方针；领导和管理军队的建设；向全国人民代表大会或者全国人大常委会提出国防和武装力量建设的议案；根据宪法和法律，制定军事法规，发布决定和命令；决定军队的体制和编制，规定军委机关、战区、军兵种和各级各部门的任务和职责；依照法律法规任免、培训、考核和奖惩武装力量成员；批准武装力量的武器装备体制和武器装备发展规划，协同国务院领导和管理国防科研生产；会同国务院管理国防经费和国防资产；行使法律规定的其他职权。

军委机关部门基本情况

军委机关部门	主要职责
军委办公厅	主要履行综合协调、决策咨询、军事法制、信息服务、督促检查等职能。
军委联合参谋部	主要履行作战筹划、指挥控制和作战指挥保障,研究拟制军事战略和军事需求,组织作战能力评估,组织指导联合训练、战备建设和日常战备工作等职能。
军委政治工作部	主要履行全军党的建设、组织工作、政治教育和军事人力资源管理等职能。
军委后勤保障部	主要履行全军后勤保障规划计划、政策研究、标准制定、检查监督等职能。
军委装备发展部	主要履行全军装备发展规划计划、研发试验鉴定、采购管理、信息系统建设等职能。
军委训练管理部	主要履行组织指导全军军事训练、训练监察、行政管理及院校教育管理等职能。
军委国防动员部	主要履行组织指导国防动员和后备力量建设,领导管理省军区等职能。
军委纪律检查委员会	主要履行全军党的纪检监察和巡视等职能。
军委政法委员会	主要履行组织指导全军政法、安全保卫工作等职能。
军委科学技术委员会	主要履行国防科技战略管理、组织指导前沿科技创新、推动科技军民融合发展等职能。
军委战略规划办公室	主要履行国防和军队建设发展战略规划职能,组织制定发展规划,统筹资源配置等。
军委改革和编制办公室	主要履行国防和军队改革筹划协调职能,指导推动重大改革实施,负责全军组织编制管理等。
军委国际军事合作办公室	主要履行对外军事交流与合作职能,归口管理和协调全军外事工作等。
军委审计署	主要履行审计监督职能,组织指导全军审计工作等。
军委机关事务管理总局	主要履行军委机关服务保障等职能。

6. 国家安全委员会的国防职权

国家安全委员会,全称"中国共产党中央国家安全委员会",简称"国安委",是中国共产党中央委员会下属机构。作为中共中央关于国家安全工作的决策和议事协调机构,国家安全委员会的国防职权主要是:统筹协调涉及国家安全的重大事项和重要工作。既有对内职能,也有对外职能,具有统筹国内和国际两个大局、整合对内对外事务的内外兼顾特点。

（二）国防动员体制

2016年,中央军委组建国防动员部,履行组织指导国防动员职能,领导管理省军区,实现了我国国防动员的体系重塑。依据国际标准,国防动员体制通常由决策体制、协调体制和执行体制三个部分构成。

1. 国防动员决策体制

国防动员决策体制，是国家为了应对战争和其他安全威胁的需要，有效履行领导决策国防动员活动而建立的组织机构和制度体制的总称。它是国防动员体制的指挥中枢。根据《中华人民共和国宪法》《中华人民共和国国防法》《中华人民共和国国防动员法》有关规定，全国人大及其常务委员会和国家主席是我国国防动员的最高决策机构，国务院和中央军委是我国国防动员的最高领导机构。

2. 国防动员协调体制

国防动员协调体制，是国防动员决策机构的办事咨询机构，是实现国家最高决策机构关于动员准备与实施意图、组织协调国家各种力量落实与执行动员任务的机构。1994年成立的国家国防动员委员会，是在国务院、中央军委领导下主管全国国防动员工作的议事协调机构，下设国防动员委员会综合办公室、人民武装动员办公室、经济动员办公室、人民防空办公室、交通战备办公室、国防教育办公室等办事机构。主要职责是协调国家国防动员工作中军事与经济、军队与政府、人力与物力等方面的关系，并在国务院、中央军委的领导下组织协调国防动员准备、国防动员实施和复员工作。

3. 国防动员执行体制

国防动员执行体制，是政府和军队各有关部门、系统、行业和地方各级人民政府，负责执行和落实国防动员决策机构赋予的各种国防动员任务的组织机构和制度体系。从世界范围看，国防动员执行体制一般分为政府系统、军队系统和社会系统三个组成部分。

政府系统的国防动员执行机构，是在国防动员决策机构领导下的具体负责执行和落实政府系统国防动员任务的工作部门及其相应的工作制度，包括国家有关部门和各级地方政府建立的国防动员执行机构。军队系统的国防动员执行体制，是具体负责执行和落实军队系统国防动员任务的工作部门及其相应的工作制度。社会系统的国防动员执行体制，是具体执行和落实社会系统国防动员任务的工作机构及其相应的工作制度。它处于整个国防动员体制的末端，与动员对象直接接触，决定着动员的效果，主要包括三个部分：第一是党政机关、社会团体和民间组织建立的国防动员执行体制；第二是企事业单位建立的国防动员执行体制；第三是基层组织建立的国防动员执行体制。

（三）国防科技工业体制

中华人民共和国成立以来，我国在长期实践中建立了完善的国防科技工业体制，初步形成了军民结合、寓军于民、良性互动、协调发展的融合式发展格局，国防工业逐步融入到国民经济和社会发展中，取得比较显著的国防和经济效益。

1. 国家对国防科研生产实行统一领导和计划调控

国务院负责领导和管理国防科研生产，管理国防经费和国防资产。中央军事委员会批准武装力量的武器装备体制和武器装备发展规划、计划，协同国务院领导和管理国防科研生产、国防经费和国防资产。国家实行军事订货制度，保障武器装备和其他军用物资的采购供应。国家对国防经费实行财政拨款制度，根据国防建设和经济建设需要，确定国防资产的规模、结构和布局，调整和处理国防资产。

2. 国家国防科技工业局负责组织管理国防科技工业计划、政策、标准及其他

国家国防科技工业局（简称"国家国防科工局"），隶属于国家工业和信息化部，前身是1998年成立的国防科学技术工业委员会（原国防科工委后为解放军总装备部）。该局内设17个职能机构（司、局），主要负责组织管理国防科技工业计划、政策、标准，以及法规制定和执行情况监督。

国家国防科工局的主要职能是：研究拟定国防科技工业和军转民发展的方针、政策和法律、法规；制定国防科技工业及行业管理规章；组织国防科技工业的结构、布局、能力的优化调整工作；组织军工企事业单位实施战略性重组；研究制定国防科技工业的研发、生产、固定资产投资及外资利用的年度计划；组织协调国防科技工业的研发、生产与建设，以确保军备供应的需求；拟订核、航天、航空、船舶、兵器工业生产和技术政策、发展规划、实施行业管理；负责组织管理国防科技工业的对外交流与国际合作；以中国国家原子能机构（CAEA）及中国国家航天局（CNSA）的名义组织协调政府和国际组织间原子能及航天活动方面的交流与合作。

新时代，国防科技工业系统围绕建设中国特色先进国防科技工业体系目标，认真履行"支持国防军队建设、推动科学技术进步、服务经济社会发展"职责，不断开拓创新，取得一系列建设成果，为实现中国梦强军梦作出重大贡献。

二、国防政策

中国的社会主义国家性质，走和平发展道路的战略抉择，独立自主的和平外交政策，"和为贵"的中华文化传统，决定了中国始终不渝奉行防御性国防政策。

（一）坚决捍卫国家主权、安全、发展利益

这是新时代中国国防的根本目标。

坚决捍卫国家主权、安全、发展利益是新时代中国国防的根本目标。具体内容包括：慑止和抵抗侵略，保卫国家政治安全、

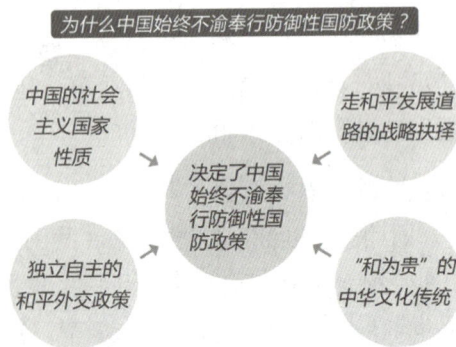

为什么中国始终不渝奉行防御性国防政策？

中国的社会主义国家性质 → 决定了中国始终不渝奉行防御性国防政策 ← 走和平发展道路的战略抉择

独立自主的和平外交政策 → ← "和为贵"的中华文化传统

中国奉行防御性国防政策的原因

人民安全和社会稳定，反对和遏制"台独"，打击"藏独""东突"等分裂势力，保卫国家主权、统一、领土完整和安全。维护国家海洋权益，维护国家在太空、电磁、网络空间等安全利益，维护国家海外利益，支撑国家可持续发展。

中国坚定维护国家主权和领土完整。南海诸岛、钓鱼岛及其附属岛屿是中国固有领土。中国在南海岛礁进行基础设施建设，部署必要的防御性力量，在东海钓鱼岛海域进行巡航，是依法行使国家主权。中国致力于同直接有关的当事国在尊重历史事实和国际法的基础上，通过谈判协商解决有关争议。中国坚持同地区国家一道维护和平稳定，坚定维护各国依据国际法所享有的航行和飞越自由，维护海上通道安全。

解决台湾问题，实现国家完全统一，是中华民族的根本利益，是实现中华民族伟大复兴的必然要求。中国坚持"和平统一、一国两制"方针，推动两岸关系和平发展，推进中国和平统一进程，坚决反对一切分裂中国的图谋和行径，坚决反对任何外国势力干涉。中国必须统一，也必然统一。中国有坚定决心和强大能力维护国家主权和领土完整，决不允许任何人、任何组织、任何政党、在任何时候、以任何形式、把任何一块中国领土从中国分裂出去。我们不承诺放弃使用武力，保留采取一切必要措施的选项，针对的是外部势力干涉和极少数"台独"分裂分子及其分裂活动，绝非针对台湾同胞。如果有人要把台湾从中国分裂出去，中国军队将不惜一切代价，坚决予以挫败，捍卫国家统一。

（二）坚持永不称霸、永不扩张、永不谋求势力范围

这是新时代中国国防的鲜明特征。

国虽大，好战必亡。中华民族历来爱好和平。近代以来，中国人民饱受侵略和战乱之苦，深感和平之珍贵、发展之迫切，决不会把自己经受过的悲惨遭遇强加于人。新中国成立70年来，中国没有主动挑起过任何一场战争和冲突。改革开放以来，中国致力于促进世界和平，主动裁减军队员额400余万。中国由积贫积弱发展成为世界第二大经济体，靠的不是别人的施舍，更不是军事扩张和殖民掠夺，而是人民勤劳、维护和平。中国既通过维护世界和平为自身发展创造有利条件，又通过自身发展促进世界和平，真诚希望所有国家都选择和平发展道路，共同防范冲突和战争。

中国坚持在和平共处五项原则基础上发展同各国的友好合作，尊重各国人民自主选择发展道路的权利，主张通过平等对话和谈判协商解决国际争端，反对干涉别国内政，反对恃强凌弱，反对把自己的意志强加于人。中国坚持结伴不结盟，不参加任何军事集团，反对侵略扩张，反对动辄使用武力或以武力相威胁。中国的国防建设和发展，始终着眼于满足自身安全的正当需要，始终是世界和平力量的增长。历史已经并将继续证明，中国决不走追逐霸权、"国强必霸"的老路。无论将来发展到哪一步，中国都不会威胁谁，都不会谋求建立势力范围。

（三）贯彻落实新时代军事战略方针

这是新时代中国国防的战略指导。

新时代军事战略方针，坚持防御、自卫、后发制人原则，实行积极防御，坚持"人不犯我、我不犯人，人若犯我、我必犯人"，强调遏制战争与打赢战争相统一，强调战略上防御与战役战斗上进攻相统一。

贯彻落实新时代军事战略方针，服从服务党和国家战略全局，落实总体国家安全观，强化忧患意识、危机意识、打仗意识，积极适应战略竞争新格局、国家安全新需求、现代战争新形态，有效履行新时代军队使命任务。根据国家面临的安全威胁，扎实做好军事斗争准备，全面提高新时代备战打仗能力，构建立足防御、多域统筹、均衡稳定的新时代军事战略布局。坚持全民国防，创新人民战争的战略战术和内容方法，充分发挥人民战争整体威力。

中国始终奉行在任何时候和任何情况下都不首先使用核武器、无条件不对无核武器国家和无核武器区使用或威胁使用核武器的核政策，主张最终全面禁止和彻底销毁核武器，不会与任何国家进行核军备竞赛，始终把自身核力量维持在国家安全需要的最低水平。中国坚持自卫防御核战略，目的是遏制他国对中国使用或威胁使用核武器，确保国家战略安全。

（四）坚持走中国特色强军之路

这是新时代中国国防的发展路径。

建设同国际地位相称、同国家安全和发展利益相适应的巩固国防和强大军队，是中国社会主义现代化建设的战略任务，是坚持走和平发展道路的安全保障，是总结历史经验的必然选择。

新时代中国国防和军队建设，深入贯彻习近平强军思想，深入贯彻习近平军事战略思想，坚持政治建军、改革强军、科技兴军、依法治军，聚焦能打仗、打胜仗，推动机械化信息化融合发展，加快军事智能化发展，构建中国特色现代军事力量体系，完善和发展中国特色社会主义军事制度，不断提高履行新时代使命任务的能力。

新时代中国国防和军队建设的战略目标是，到2020年基本实现机械化，信息化建设取得重大进展，战略能力有大的提升。同国家现代化进程相一致，全面推进军事理论现代化、军队组织形态现代化、军事人员现代化、武器装备现代化，力争到2035年基本实现国防和军队现代化，到本世纪中叶把人民军队全面建成世界一流军队。

（五）服务构建人类命运共同体

这是新时代中国国防的世界意义。

中国人民的梦想与世界人民的梦想息息相通。一个和平稳定繁荣的中国，是世界的机遇和福祉。一支强大的中国军队，是维护世界和平稳定、服务构建人类命运共同体的坚定力量。

中国军队坚持共同、综合、合作、可持续的安全观，秉持正确义利观，积极参与全球安全治理体系改革，深化双边和多边安全合作，促进不同安全机制间协调包容、互补合作，营造平等互信、公平正义、共建共享的安全格局。

中国军队坚持履行国际责任和义务，始终高举合作共赢的旗帜，在力所能及的范围内向国际社会提供更多公共安全产品，积极参加国际维和、海上护航、人道主义救援等行动，加强国际军控和防扩散合作，建设性参与热点问题的政治解决，共同维护国际通道安全，合力应对恐怖主义、网络安全、重大自然灾害等全球性挑战，积极为构建人类命运共同体贡献力量。

三、国防现代化建设成就

与中国现代化建设步伐相同步，新时代中国的国防建设业已取得举世瞩目的成就。

（一）军队建设全面接近世界一流水平

近代中国在与西方列强的历次较量中，积弱不振的军事力量常常是最先倒下的那一块"多米诺骨牌"，成为令人痛彻肺腑的民族之殇。1949年以来，中国人民解放军在毛泽东军事思想、邓小平新时期军队建设思想、江泽民国防和军队建设思想、胡锦涛国防和军队建设思想、习近平强军思想指引下，不断向现代化、正规化和革命化迈进。改革开放以来，我国国防实力得到快速提升，国防和军队现代化建设取得突破性进展，取得了一系列重大成就。在军队建设进程中，紧紧扭住坚持党对军队绝对领导，加强政治建军，从思想上政治上建设和掌握部队，确保全军沿着正确政治方向前进；紧紧扭住能打仗、打胜仗，推进军事斗争准备，遂行一系列重大军事行动，坚决捍卫国家主权、安全、发展利益；紧紧扭住深化国防和军队改革，全面实施强军战略，着力解决体制性障碍、结构性矛盾、政策性问题，我军生机活力不断释放；紧紧扭住党风廉政建设和反腐败斗争，坚定不移正风肃纪，反腐惩恶，推动全党全军政治生态明显好转；紧紧扭住依法治军、从严治军，推进治军方式"三个根本性转变"，部队依法运行局面正在形成。联合作战指挥体制更加顺畅，军兵种建设更趋合理，作战平台和武器装备类型齐全并不断更新换代，信息化水平、技术性能全面接近世界一流水平。随着"辽宁"号航母、"山东"号航母、055型导弹驱逐舰、094型战略导弹核潜艇、"昆仑山"号船坞登陆舰、空警系列预警机、歼-20四代隐形战斗机、歼-15舰载机、运-20大飞机、东风系列近程、中远程和洲际弹道导弹等一大批新型装备陆续入役，新型军事力量体系建设取得质的飞跃。人民军队体制一新、结构一新、格局一新、面貌一新，现代化水平和实战能力显著提升，在中国特色强军之路上向全面建成世界一流军队阔步前行，在国际维和、远洋护航、撤侨护侨、国际人道主义救援等方面表现出色，赢得了全世界舆论的高度赞誉。

27

东风-26导弹

（二）建立了门类齐全、军民融合的国防科技工业体系

中华人民共和国成立以来，我国在引进吸收苏联军工设备及科技成果的基础上，依靠本国科技力量，建成了包括兵器、船舶、航空、航天、电子、核等门类齐全、功能配套的科研实验生产体系。国防科技工业经历了从无到有、从小到大、由大向强的历史性跨越。近年来，我国国防科技领域实现一系列重大突破，国防科技工业在军民融合的发展道路上取得令人鼓舞的成就。悟空、

中国量子卫星——墨子号

墨子、慧眼、碳卫星等系列科学实验卫星成功发射，载人航天和探月工程取得"天宫""神舟""嫦娥""长征"系列等重要成果，北斗导航进入全球组网新时代，量子信息、太赫兹、激光等前沿技术研究取得重要进展，研制出一批世界一流的重型武器装备，国产的航母、预警机、大飞机、隐形战机、水陆两栖飞机、万吨驱逐舰、核动力潜艇等纷纷跻身世界先进行列。

（三）国防后备力量建设取得长足进步

经过数十年的奋斗，中国的后备力量已经形成了相对完备的制度和优良的作风，建设成效十分明显。一是实现了指导思想战略性转变，走上了相对和平时期的健康发展轨道。二是实行民兵与预备役相结合的制度，形成了具有中国特色的国防后备力量体系。三是宏观指导，合理布局，边海防，大中城市和重点地区的民兵工作得到加强。四是民兵、预备役部队在参战支前、保卫边疆、发展生产、扶贫帮困、抢险救灾、维护社会治安等方面发挥了重要作用，为国家改革、发展和稳定作出了巨大贡献。五是健全了国防动员机构，使国家能够在战争危机的情况下，很快由平时状态转入战时状态，调集足够的人、财、物，满足战争急需。六是加强了国防教育，把国防教育纳入整个国民教育体系之中，着力推动教育对象、地域、时间、内容、手段"五

个覆盖"，不断强化全民国防观念。

（四）构建了中国特色国防动员体系

为了塑造中国特色国防动员体系，着力解决"统"得不够的问题，我国国防动员体制经历了多次调整。《国防动员法》明确了国防动员委员会的组织、指导、协调职能，比"议事协调机构"的定位更进了一步；国动委设立秘书长、成立综合办公室并专门落实军地人员编制，建立了常态抓总的中枢；各级增补国动委成员单位，一些战略方向和省市创设政治、科技、信息动员办公室，在政府机构改革中保持动员机构稳定，在规模型经济开发区建立基层武装机构，增强了执行落实力量，使国动委有了更高权威、更严密组织、更强执行力，从体制上保证了国防动员工作能够落地生根。中央设立了军民融合发展委员会，对军民融合的发展实行集中统一领导，构建了统一领导、军地协调、高效畅通的组织管理体系，以更高标准更大力度强化国防动员职能，做到党政军民齐发力，全国全军一盘棋。

（五）有效维护了国家主权和领土完整

新中国成立以来，面对国际社会敌对势力的战争威胁和霸凌行径，中国武装力量在中国共产党的领导下，依靠全国人民支持，积极投身保家卫国的反侵略斗争，先后经历抗美援朝战争、对印边境自卫反击战、对苏边境自卫反击战、对越边境自卫反击战，以及保卫南海岛礁主权的武装冲突，一次次出色完成了党和人民赋予的伟大而艰险的任务，以血肉之躯铸造起共和国的脊梁和钢铁长城，有效维护了国家主权、安全和领土完整，忠诚捍卫了国家尊严和全国人民的利益。

四、军民融合

坚持走中国特色军民融合发展道路，是中国共产党对治国建军规律进行长期理论和实践探索得出的基本经验，是实现国家安全与发展兼顾、富国与强军统一的根本途径，是兴国之策、强军之本、发展之要，是确保我国赢得未来大国竞争的必然要求，也是当前我国正在实施的国家战略。

（一）军民融合发展的战略定位

习近平主席指出："把军民融合发展上升为国家战略，是我们长期探索经济建设和国防建设协调发展规律的重大成果，是从国家安全和发展战略全局出发作出的重大决策。"

国家战略是战略体系中的最高层次战略，是国家意志的重要体现。军民融合发展的国家战略，就是站在国家安全和发展战略全局高度，按照国家安全和发展利益相适应要求，对推动军民融合深度发展所进行的长远和全局的筹划与指导。军民融合发展的国家战略定位是实现强国梦、强军梦的必然要求，是有效维护国家安全利益和发展利益的必然抉择，充分彰显了国家意志。

（二）军民融合发展的战略目标

习总书记指出："今后一个时期军民融合发展，总的是要加快形成全要素、多领域、高效益的军民融合深度发展格局。"军民融合发展的这一战略目标，既描绘了军民融合深度发展的美好蓝图，也明确了军民融合深度发展的奋斗目标。

全要素军民融合，是指同生产力和战斗力生成相关联的各种要素之间的深度渗透和密切交互。无论是生产力要素，还是战斗力要素，都必然涉及资源、产品、组织、市场和制度等要素。推动军民融合深度发展就是实现资源、产品、组织、市场和制度等各要素的军民融合。

多领域军民融合，是指以军事需求为牵引，在军民两大系统中有交集的多个领域尽可能地实现深度融合。军民融合涉及的领域主要包括武器装备科研生产体系、军队人才培养体系、军队保障体系和国防动员体系四个重点领域，海洋、太空、网络和信息四个新兴领域，以及军事能力建设、国家创新体系、经济建设、文化建设、社会建设等延伸领域。

高效益军民融合，是指以最低的资源投入，获得最大的军事和经济产出。从一定意义上讲，军民融合发展的过程就是资源重新配置的过程。在国家资源总体有限的情况下，稀缺资源在国防建设和经济建设之间的分配面临一定的矛盾和冲突，高效益的军民融合就是要有效破解两者之间的矛盾，实现产出的最大化。

军民融合战略

第四节　武装力量

武装力量，是国家或政治集团所拥有的各种武装组织的总称。一般以军队为主体，由军队和其他正规与非正规的武装组织构成，是国防力量的主体。《中华人民共和国国防法》第二十二条规定："中华人民共和国的武装力量，由中国人民解放军、中国人民武装警察部队、民兵组成。"它的基本体制是"三结合"。中国武装力量，是以全国人民为基础，在中国共产党领导下，经过长期的战争和社会建设实践，逐步形成并发展起来的。

一、人民军队的光辉历程

中国人民解放军自1927年8月1日南昌起义诞生以来，走过了艰难曲折的发展历程。这一历程，是这支军队全心全意为全民族和人民利益进行艰苦卓绝斗争的历程，是战胜千难万险不断发展壮大的历程，是为保卫祖国、巩固国防、维护世界和平作出巨大牺牲并建立丰功伟绩的历程。这一历程，可以划分为新民主主义革命、社会主义革命和建设两个历史时期。

（一）新民主主义革命时期

在新民主主义革命时期，中国共产党运用马列主义、毛泽东思想，把一支以农民为主要成分的军队，建设成为具有无产阶级性质、高度严明纪律、同人民群众保持血肉联系的人民军队。这支军队在长达22年的革命战争中，从小到大，由弱到强，历经了土地革命战争、抗日战争和解放战争的洗礼，不断成长壮大。

土地革命战争中，人民军队的主要称谓是中国工农红军。这一时期，中国共产党领导的南昌起义打响了武装反抗国民党的第一枪，开创了中国共产党独立创建人民军队、独立领导武装斗争的新阶段。中国工农红军确立了人民军队的建军路线、方针和原则，制定了相应的制度，组建了红一、红二、红四方面军。中国工农红军依托农村革命根据地，开展游击战争和以运动战为主的反对国民党军大规模"围剿"的战争，进行了举世闻名的二万五千里长征，开创了陕甘宁革命根据地，推动了抗日民族统一战线的形成，为取得抗日民族战争的胜利奠定了基础。

抗日战争中，中国工农红军改编为国民革命军第八路军和新编第四军，深入敌后，坚持独立自主的抗日游击战争，为中国抗日战争和世界反法西斯战争的胜利，作出了不可磨灭的历史贡献。与此同时，人民军队自身取得了快速发展，正规军由抗战初期的5万余人发展到抗战结束时的127万余人，民兵达268万余人。这支精锐的力量成为中国共产党夺取全国解放战争胜利的坚实基础。

解放战争中，人民军队正式改称为中国人民解放军，数量规模不断扩大。部队区分为野战部队、地方部队和游击部队。解放战争后期，人民解放军发展为四大野战军和五大军区，即第一、第二、第三、第四野战军，西北、东北、华北、华东和中原（华中）军区。

（二）社会主义革命和建设时期

新中国成立后，人民解放军开始了由单一军种向多军兵种合成的转变历程。截至1956年，人民解放军在完成统一祖国大陆、抵御帝国主义侵略和自身建设等方面取得辉煌胜利，建有陆、海、空三大军种，陆军除步兵外，还有炮兵、工程兵、装甲兵、通信兵、铁道兵、防空部队等技术兵种，相继成立了各类院校和军事研究机构，公安部队也组建和发展起来，成为一支军兵种比较齐全的合成军队。1956年后，人民解放军虽然遭受了一定挫折，但在军事、政治、后勤建设等方面，仍在不断进步，适时组建了战略导弹部队——第二炮兵（火箭军前身），发展了"两弹一星"等先进武器装备。在"文化大革命"期间，人民解放军建设受到严重挫折，但仍在动乱和困难的条件下，提高警惕，加强战备，英勇地保卫着祖国安全。

中国共产党第十一届三中全会以后，人民解放军进入了新的历史时期。邓小平继承和发展了毛泽东军事思想，提出了新时期军队建设理论及一系列改革政策。这一时期，军队建设指导思想实行了战略性转变，明确了新时期军队建设的总目标；走有中国特色的精兵之路，全军多次进行精简整编，改革体制，在精兵合成、提高效能的道路上不断前进；把教育训练提高到战略地位，确立了以军事训练为中心、以提高战斗力为标准的方针，军队驾驭现代战争的能力得到明显提高，各项工作在制度化、规范化轨道上不断前进。在江泽民担任军委主席期间，制定了新时期军事战略方针，调整了军事斗争准备基点，开启了中国特色军事变革的历程，在科技强军战略驱动下，军队全面建设取得较快发展。在胡锦涛担任军委主席期间，按照"建设信息化军队，打赢信息化战争"的战略目标，推动军队建设由机械化半机械化向着机械化信息化复合式发展方向转型，信息化建设水平得到进一步提高。党的十八以来，全军按照习近平主席提出的强军目标，围绕建设一支听党指挥、能打胜仗、作风优良的人民军队，坚定不移地走中国特色强军之路，向全面建成世界一流军队的宏伟目标加速前进。习近平总书记在党的二十大报告中强调，如期实现建军一百年奋斗目标，加快把人民军队建成世界一流军队，是全面建设社会主义现代化国家的战略要求。强调要全面加强人民军队党的建设，确保枪杆子永远听党指挥；全面加强练兵备战，提高人民军队打赢能力；全面加强军事治理，巩固拓展国防和军队改革成果，完善军事力量结构编成，体系优化军事政策制度；巩固提高一体化国家战略体系和能力。

纵览建军以来的峥嵘岁月，人民军队在中国共产党的英明领导下一次又一次出色地完成党和人民赋予的艰巨任务和崇高使命，为捍卫国家的主权和安全、促进地区稳定、维护世界和平作出了不可磨灭的贡献。

延伸阅读

重塑领导指挥体制

人民军队发展史，就是一部改革创新史。进入新时代，适应世界新军事革命发展趋势和国家安全需求，中国全面推进国防和军队现代化建设，全面深化国防和军队改革，着力解决体制性障碍、结构性矛盾、政策性问题，迈出了强军兴军历史性步伐。

领导指挥体制改革是适应现代军队专业化分工和信息时代能打仗、打胜仗的要求，提高军队作战效能和建设效益的重大举措。按照"军委管总、战区主战、军种主建"原则，强化军委集中统一领导和战略指挥、战略管理功能，打破长期实行的总部体制、大军区体制、大陆军体制，构建新的军队领导管理和作战指挥体制。

调整组建新的军委机关部门。优化军委机关职能配置和机构设置，由过去的总参谋部、总政治部、总后勤部、总装备部四总部调整为军委机关15个职能部门，作为军委集中领导的参谋机关、执行机关、服务机关。指挥、建设、管理、监督等路径更加清晰，决策、规划、执行、评估等职能配置更加合理。

完善军兵种领导管理体制。整合原四总部的陆军建设职能，成立陆军领导机构；整合各军种和军委机关的战略支援力量，成立战略支援部队；第二炮兵更名为火箭军；整合主要承担通用保障任务的战略战役力量，成立联勤保障部队，构建起"中央军委—军种—部队"的领导管理体系。

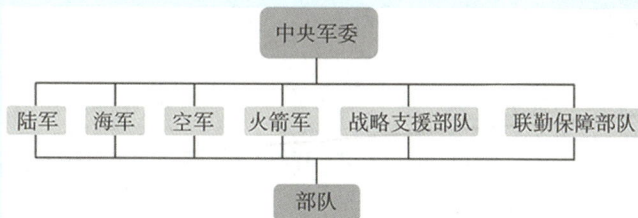

军队领导管理体系架构图

建立健全联合作战指挥体制。健全军委联合作战指挥机构，组建战区联合作战指挥机构，形成平战一体、常态运行、专司主营、精干高效的联合作战指挥体系。撤销沈阳、北京、兰州、济南、南京、广州、成都7个大军区，成立东部、南部、西部、北部、中部5个战区。通过改革，构建起"中央军委—战区—部队"的作战指挥体系。

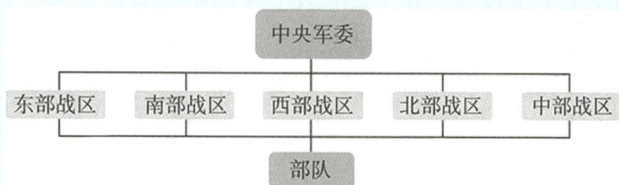

军队作战指挥体系架构图

建立健全法治监督体系。组建新的军委纪律检查委员会（军委监察委员会），由中央军委直接领导，向军委机关部门和各战区派驻纪检组；组建新的军委政法委员会，按区域设置军事法院、军事检察院；组建军委审计署，改革审计监督体制，全部实行派驻审计，形成决策权、执行权、监督权既相互制约又相互协调的权力运行体系。

二、人民军队的性质、宗旨和使命

中国人民解放军是中国共产党缔造和领导的，用马克思列宁主义、毛泽东思想、邓小平理论、"三个代表"重要思想、科学发展观、习近平新时代中国特色社会主义思想武装的人民军队，中华人民共和国的武装力量，是人民民主专政的坚强柱石。

紧紧地和人民站在一起，全心全意为人民服务，是这支军队的唯一宗旨。中国人民解放军必须始终不渝地保持人民军队的性质，忠于党、忠于社会主义、忠于祖国、忠于人民。

中国人民解放军的使命是：为巩固中国共产党领导和社会主义制度提供战略支撑，为捍卫国家主权、统一、领土完整提供战略支撑，为维护国家海外利益提供战略支撑，为促进世界和平与发展提供战略支撑。具体内容包括：维护国家领土主权和海洋权益，保持常备不懈的战备状态，开展实战化军事训练，维护重大安全领域利益，遂行反恐维稳，维护海外利益，参加抢险救灾。

延伸阅读

新时代军队使命任务

维护国家领土主权和海洋权益

中国拥有2.2万多千米陆地边界、1.8万多千米大陆海岸线，是世界上邻国最多、陆地边界最长、海上安全环境十分复杂的国家之一，维护领土主权、海洋权益和国家统一的任务艰巨繁重。

保持常备不懈的战备状态

军队保持战备状态，是有效应对安全威胁、履行使命任务的重要保证。

开展实战化军事训练

中国军队坚持把军事训练摆在重要位置，牢固树立战斗力这个唯一的根本的标准，完善军事训练法规和标准体系，建立健全训练监察体系，组织全军应急应战军事训练监察，落实练兵备战工作责任制，开展群众性练兵比武活动，不断提高实战化训练水平。

维护重大安全领域利益

核力量是维护国家主权和安全的战略基石。太空是国际战略竞争制高点，太空安全是国家建设和社会发展的战略保障。网络空间是国家安全和经济社会发展的关键领域。

遂行反恐维稳

中国坚决反对一切形式的恐怖主义、极端主义。中国武装力量依法参加维护社会秩序行动，防范和打击暴力恐怖活动，维护国家政治安全和社会大局稳定，保障人民群众安居乐业。

维护海外利益

海外利益是中国国家利益的重要组成部分。有效维护海外中国公民、组织和机构的安全和正当权益，是中国军队担负的任务。

参加抢险救灾

依据《军队参加抢险救灾条例》，中国武装力量主要担负解救、转移或者疏散受困人员，保护重要目标安全，抢救、运送重要物资，参加道路（桥梁、隧道）抢修、海上搜救、核生化救援、疫情控制、医疗救护等专业抢险，排除或者控制其他危重险情、灾情，协助地方人民政府开展灾后重建工作等任务。

三、我国武装力量的构成

中华人民共和国的武装力量，由中国人民解放军、中国人民武装警察部队、民兵组成，是维护国家安全与稳定的坚强柱石和钢铁长城。

（一）中国人民解放军

中国人民解放军是中华人民共和国武装力量的骨干，是抵抗侵略、保卫祖国、维护国家主权和安全的中坚力量，由现役部队和预备役部队组成。

1. 现役部队

现役部队是国家的常备军，包括陆军、海军、空军、火箭军、战略支援部队和联勤保障部队。分布部署在东部、西部、中部、南部、北部五大战区。各战区的任务区分是：东部战区防务方向是东海、台湾地区；西部战区防务方向是中印边境等南亚、中亚国家方向；南部战区主要扼守祖国南大门，维护南海权益是最重要的使命；北部战区防务范围是朝鲜半岛、俄罗斯、蒙古国方向；中部战区驻地为北京，职责使命是拱卫首都北京的安全。

（1）陆军。中国人民解放军陆军，始建于1927年8月1日，是人民解放军的基础。在强军改革中，中央军委新建陆军总部，在各大战区设立陆军机关，加强了对陆军建设的顶层设计和战略管理。

（2）海军。中国人民解放军海军，前身是1949年4月23日组建的华东军区海军，这一天被确立为海军成立日。1950年4月14日中央军委决定宣布建立海军领导机关，全面领导海军建设。

（3）空军。中国人民解放军空军，诞生于1949年11月11日，是实施空中作战行动的主体力量，担负国土防空，支援陆、海军作战，对敌后方实施空袭，进行空运和航空侦察等任务。

（4）火箭军。中国人民解放军火箭军，前身是1966年7月1日成立的第二炮兵，于2015年12月31日正式更名成立，是我国战略威慑的核心力量，是我国大国地位的战略支撑和维护国家安全的重要基石。

（5）战略支援部队。中国人民解放军战略支援部队，于2015年12月31日正式成立，是维护国家安全的新型作战力量，是我军新质作战能力的重要增长点。

（6）联勤保障部队。中央军委联勤保障部队于2016年9月13日成立，基地位于武汉，是实施联勤保障和战略战役支援保障的主体力量，是中国特色现代军事力量体系的重要组成部分。

2. 预备役部队

中国人民解放军预备役部队建立于1983年，是以现役军人为骨干、预备役官兵为基础，按照军队统一的体制编制组成的武装力量，实行军队与地方党委、政府双重领导制度。

组建预备役部队，便于成建制的快速动员，提高了兵员的储备质量，节约了军费开支，巩固了国防建设，是国防力量的重要组成，主要任务是：提高后备力量的军政素质，增强现代条件下快速动员和作战能力；做好战时动员的各项准备，随时准备转为现役部队，执行作战任务；积极参加社会主义现代化建设。

预备役部队根据军队建制实行统一的编制，编有预备役师、旅、团，并建有相应的领导机关，主要按地域进行编组，以省建师、以地（州、市）建旅（团）或跨地（州、市）建师（旅）、跨县（市、区）建团。预备役官兵每年一般进行240小时的军政训练。预备役部队平时按照规定进行训练，战时根据国家发布的动员令转为现役部队，归指定的现役部队指挥。

（二）中国人民武装警察部队

中国人民武装警察部队，成立于1982年6月19日，是中国武装力量的组成部分，原属于国务院编制序列，接受国务院、中央军委双重领导。现由党中央、中央军委集中统一领导（中央军委—武警部队—部队领导），主要职能包括：维护国家主权与尊严；维护社会治安；保卫党政领导机关、重要目标和人民生命财产安全。

中国人民武装警察部队平时主要担负执勤、处置突发事件、反恐、参加和支援国家经济建设等任务，开展针对性训练，提高执勤、处置突发事件、反恐能力。战时配合人民解放军进行防卫作战。目前按照多能一体、有效维稳的战略要求，加快完善以执勤处突和反恐维稳为主体的力量体系，提高以信息化条件下执勤处突能力为核心的完成多样化任务能力，努力建设一支现代化武装警察部队。

（三）民兵

民兵是不脱产的群众武装组织，是人民解放军的助手和后备力量。民兵担负参加社会主义现代化建设、执行战备勤务、参加防卫作战、协助维护社会秩序和参加抢险救灾等任务。

民兵建设注重调整规模结构，改善武器装备，推进训练改革，提高为军队完成多样化军事任务的行动保障能力和自卫防守能力。民兵组织分为基干民兵组织和普通民兵组织。基干民兵组织编有应急队伍，联合防空、情报侦察、通信保障、工程抢修、交通运输、装备维修等支援队伍，以及作战保障、后勤保障、装备保障等储备队伍，是战时人民解放军的重要辅助力量。

调整改革后的军兵种和武警部队

陆军对维护国家主权、安全、发展利益具有不可替代的作用。包括机动作战部队、边海防部队、警卫警备部队等，下辖5个战区陆军、新疆军区、西藏军区等。东部战区陆军下辖第71、72、73集团军，南部战区陆军下辖第74、75集团军，西部战区陆军下辖第76、77集团军，北部战区陆军下辖第78、79、80集团军，中部战区陆军下辖第81、82、83集团军。按照机动作战、立体攻防的战略要求，加快实现区域防卫型向全域作战型转变，提高精确作战、立体作战、全域作战、多能作战、持续作战能力，努力建设一支强大的现代化新型陆军。

海军在国家安全和发展全局中具有十分重要的地位。包括潜艇部队、水面舰艇部队、航空兵、陆战队、岸防部队等，下辖东部战区海军（东海舰队）、南部战区海军（南海舰队）、北部战区海军（北海舰队），海军陆战队等。战区海军下辖基地、潜艇支队、水面舰艇支队、航空兵旅等部队。按照近海防御、远海防卫的战略要求，加快推进近海防御型向远海防卫型转变，提高战略威慑与反击、海上机动作战、海上联合作战、综合防御作战和综合保障能力，努力建设一支强大的现代化海军。

空军在国家安全和军事战略全局中具有举足轻重的地位和作用。包括航空兵、空降兵、地面防空兵、雷达兵、电子对抗部队、信息通信部队等，下辖5个战区空军、1个空降兵军等。战区空军下辖基地、航空兵旅（师）、地空导弹兵旅（师）、雷达兵旅等部队。按照空天一体、攻防兼备的战略要求，加快实现国土防空型向攻防兼备型转变，提高战略预警、空中打击、防空反导、信息对抗、空降作战、战略投送和综合保障能力，努力建设一支强大的现代化空军。

火箭军在维护国家主权、安全中具有至关重要的地位和作用。包括核导弹部队、常规导弹部队、保障部队等，下辖导弹基地等。按照核常兼备、全域慑战的战略要求，增强可信可靠的核威慑和核反击能力，加强中远程精确打击力量建设，增强战略制衡能力，努力建设一支强大的现代化火箭军。

战略支援部队是维护国家安全的新型作战力量，是新质作战能力的重要增长点。包括战场环境保障、信息通信保障、信息安全防护、新技术试验等保障力量。按照体系融合、军民融合的战略要求，推进关键领域跨越发展，推进新型作战力量加速发展、一体发展，努力建设一支强大的现代化战略支援部队。

联勤保障部队是实施联勤保障和战略战役支援保障的主体力量，是中国特色现代军事力量体系的重要组成部分。包括仓储、卫勤、运输投送、输油管线、工程建设管理、储备资产管理、采购等力量，下辖无锡、桂林、西宁、沈阳、郑州5个联勤保障中心，以及解放军总医院、解放军疾病预防控制中心等。按照联合作战、联合训练、联合保障的要求，加快融入联合作战体系，提高一体化联合保障能力，努力建设一支强大的现代化联勤保障部队。

武警部队在维护国家安全和社会稳定、保卫人民美好生活中肩负着重大职责，实行"中央军委—武警部队—部队"领导指挥体制，武警部队的根本职能属性没有发生变化，不列入解放军序列。公安边防部队、公安消防部队、公安警卫部队退出现役，国家海洋局领导管理的海警队伍转隶武警部队，武警黄金、森林、水电部队整体移交国家相关职能部门并改编为非现役专业队伍，撤收武警部队海关执勤兵力，彻底理顺武警部队领导管理和指挥使用关系。调整后，武警部队包括内卫部队、机动部队、海警部队等。按照多能一体、有效维稳的战略要求，加强执勤、处突、反恐、海上维权和行政执法、抢险救援等能力建设，努力建设一支强大的现代化武警部队。

第五节　国防动员

国防动员，关系到国家安全与发展的重大利益，需要全社会共同关心和支持。大学生应当了解国防动员的主要内容和重要意义。

一、国防动员的内涵

国防动员，是国家为应对战争或其他安全威胁，使社会诸领域的全部或部分由平时状态转入战时状态或紧急状态的活动，包括武装力量动员、国民经济动员、政治动员、民防动员、科技动员、装备动员等。国防动员工作全过程包括：动员的准备、实施和复员。坚持平战结合、军民结合、寓军于民的方针，遵循统一领导、全民参与、长期准备、重点建设、统筹兼顾、有序高效的原则。1994年11月，国务院、中央军委决定成立国家国防动员委员会。国家国防动员委员会是在国务院、中央军委领导下，

国防动员标志

主管全国国防动员工作的议事协调机构。2010年2月26日，《中华人民共和国国防动员法》颁布施行，为完善国防动员体系、促进军民融合式发展、提高国防动员能力提供了基本法律依据，标志着我国国防动员建设进入一个法制化、规范化发展的历史新阶段。

二、国防动员的主要内容

（一）武装力量动员

武装力量动员，是国家将军队和其他武装组织由平时状态转入战时状态所进行的活动。武装力量动员是战争动员的核心。武装力量动员通常包括现役部队动员、预备役部队和民兵动员。

1973年10月6日，以埃及、叙利亚为主的阿拉伯军队，在秘密完成了参战部队的动员部署后，向以色列发动了突然袭击。以色列战前推行守势遏制战略，缺乏充分准备，常备军遭到惨败，8个装甲旅和1个步兵旅大部被歼。面对危局，以色列立即启动武装力量动员机制。不到20小时，部分预备役部队就开赴前线投入战斗。48小时后，全国就动员了30万名预备役人员，使以军兵力由11万人骤增至40万人，为以军转败为胜奠定了雄厚的兵力基础。

（二）国民经济动员

国民经济动员，是国家将经济部门、经济活动和相应的体制从平时状态转入战时状态所进行的活动。国民经济动员是战争动员的基础和重要内容，对于充分发挥国家的经济潜力，提高军品生产能力，及时满足战争对各种物资和勤务保障的需求，具有重要的作用。国民经济动员主要包括工业动员、农业动员、贸易动员、财政金融动员、科学技术动员、医疗卫生动员和劳动力动员等。

（三）人民防空动员

人民防空动员，是国家发动和组织人民群众防备敌人空袭、消除空袭后果所进行的活动。人民防空动员对于减轻空袭危害，减少人民群众生命财产损失，保持后方稳定，保存战争潜力，具有重要的作用。人民防空动员主要包括人防预警动员、群众防护动员、重要经济目标防护动员、人防专业队伍动员等。

（四）交通动员

交通动员，包括交通运输动员和通信动员，是国家统一管制各种交通线路、设施、工具和通信系统，组织和调动交通、通信专业力量为战争服务的活动。交通和通信是人员、物资和信息流动的物质载体，交通动员对于保障军队的机动和其他人员、物资的前送后运，保障作战指挥和通信联络的畅通，具有重要的作用。

（五）政治动员

政治动员，是国家为进行战争而开展的宣传、教育、组织工作和外交活动。政治动员是战争动员的一项重要内容，并为其他领域的动员活动提供思想保障。政治动员主要包括国内政治动员和国际政治动员。国内政治动员，是政府、军队和社会团体等，运用各种宣传舆论工具，对全国军民进行以爱国主义和革命英雄主义为核心的国防教育，使之增强国防观念，坚定打败敌人、夺取胜利的信心。在国内政治动员中，对军人及其家属实行优待和抚恤政策是十分重要的，可以起到激励将士奋勇杀敌、勇立战功，引导全社会拥军优属、为争取战争胜利作贡献的作用。国际政治动员，是国家通过各种外交活动和对外宣传，揭露敌人的战争阴谋，控诉敌人的战争暴行，瓦解敌方的战斗意志，争取各国的声援和支持，建立国际统一战线，或者结成国际联盟。

三、国防动员的意义

习近平总书记在党的十九大报告中强调要"完善国防动员体系，建设强大稳定的现代化边海空防"。高效的国防动员实力就是战斗力，必须真正把国防动员的潜力转化为保障打赢的战争实力。

（一）国防动员是打赢战争的基础环节

为遏制战争爆发并夺取战争的胜利积聚强大的战争力量，是国防动员的基本功能与任务。因为，战争是实力的较量，任何不具备强大实力的国家，要赢得战争的胜利是不可想象的。战争动员不仅能够通过平时的准备，为战争实施积聚强大的战争潜力，而且可以通过建立一套平战转换机制，使这种潜力在战争爆发后迅速转化为实力，从而为保障战争的胜利奠定必要而坚实的物质基础。同时，现代战争的巨大破坏性，使人们不得不把制止战争的爆发作为降服战争这个恶魔的重大步骤予以重视，因此，在这种情况下，战争动员所积聚的巨大能量同样是战略家们所倚重和借助的力量。战争动员是遏制危机的有效手段。实践中，有许多国家通过积聚力量和显示使用力量的决心，有效地制止了战争的爆发。

（二）国防动员是应对紧急突发事件的有效措施

国防动员的最初功能是应对战争的需要，但现代条件下，随着各种灾难事故和突发事件的频繁发生，人们已把国防动员的功能予以拓展，让它同样可以在应对和处置各类突发事件中发挥其应有作用。因此，当国家遇到此类突发事件时，国防动员活动可以凭借其自身的准备和特有的机制，使国家或地区在需要时进入一定的应急状态，动员国家、军队和社会的一定力量，抗御自然灾害，处置各种自然和人为的事故与灾难，使国家和社会处于正常运转状态，维护人民群众的生命财产安全。

延伸阅读

汶川大地震动员

2008年5月12日，中国四川省汶川市发生了"8.0"级地震。国家第一时间启动应急机制，展开了一场军警民联动、全社会参与的大动员。国家危难，军队更是表现出了大无畏的革命精神和顽强的战斗作风，震后20分钟便启动应急反应机制，空降兵从5000米高空跳伞勘察灾情，突击队逆流驾舟迎震而上，先遣队攀岩闯险强行开进，大部队多路迂回向震中挺进。截至5月28日，共出动部队和武警13.3万余人，民兵预备役人员4.5万余人，野战医院、医疗队、防疫队等卫勤分队208支共4235人，出动各型飞机4560架次，解救生还者3336人，巡诊、救治伤员31万余人，转移受困群众66万余人；为灾区搭建临时学校44所，搭建临时居住点148个，地面运送救灾物资50.6万余吨，空投空运救灾物资5360吨，抢修道路4281公里。汶川地震大救援，充分展示了我国强大的国防动员能力，创造了可歌可泣的拯救生命的奇迹。

（三）国防动员是支援经济和社会发展的重要力量

动员可以用于支援国家经济建设。动员建设实行"平战结合、军民结合、寓军于民"的原则，在和平时期动员建设的成果可以直接为经济建设服务。加强动员建设还可以节约国防开支，有利于国家集中力量发展经济。和平时期，国家的中心任务是提高社会生产力，改善人民生活，对国防建设不可能有很多的投入，必须提高国防建设的效益。要用有限的国防经费，获得尽可能强的国防力量，一个有效的办法就是建设精干的常备军，大力加强后备力量建设，健全完善动员体制机制，做到"平时少养兵，战时多出兵"。这样，不仅可以经常保持较强的国防整体威力，为国家提供可靠的安全保障；而且可以减轻国家负担，促进经济和社会发展。

四、国防动员的组织实施

国防动员的实施过程，由若干个环节组成，按一定的步骤展开。通常按照"进行动员决策、发布动员命令、充实动员机构、修订动员计划、落实动员计划"等步骤进行。

（一）进行动员决策

进行动员决策，是国防动员实施过程中首先要解决的问题。只有实施了动员决策，整个国家的政治、军事、经济、文化和外交部门或领域才能相应地转入战时体制，进行动员的各项活动。

进行国防动员决策的关键，是正确分析判断敌情。必须充分利用各种手段，广泛收集各国尤其是敌国的政治、经济、军事等各方面的情况，并对这些情况进行综合分析，尽早洞察敌国的战争企图，从而视情确定动员实施的时机、规模和方式等。

（二）发布动员令

动员令是宣布全国或部分地区、某些部门转入战时状态的命令。《中华人民共和国国防动员法》第八条明确规定："国家的主权、统一、领土完整和安全遭受威胁时，全国人民代表大会常务委员会依照宪法和有关法律的规定，决定全国总动员或者局部动员。国家主席根据全国人民代表大会常务委员会的决定，发布动员令。"总动员令的发布，关系战争胜负和国家命运，各国大都由最高权力机关或国家元首、政府首脑发布。

（三）充实动员机构

国防动员机构是指平时负责动员准备、战时负责动员实施的组织领导机构。一旦实施战争动员，和平时期的动员机构，无论在人力上还是物力上都难以适应需要，必须及时调整和加强。改革开放以来，随着国家经济政治体制的改革，国防动员的领导体制也进行了调整。其中，最突出的是1994年11月组建了国家国防动员委员会和2016年1月调整组建军委国防动员部。全国各战区，各军兵种、县以上各级人民政府国防动员委员会，大多设立了相应的国防动员工作机构。

（四）修订动员计划

国防动员计划是实施国防动员的依据。在面临战争的情况下，由于国际战略环境和国内条件都发生了变化，事先制定的动员计划难免与战争的实际情况不完全吻合，需要及时予以修订。

（五）落实动员计划

动员令发布之后，负有动员任务的地区和部门，应根据修订的动员计划，迅速转入战时体制。各行业以及社会生活的各个方面，都应以保障战争胜利为轴心迅速进行调整。地方各级政府要根据上级下达的动员任务，积极实施动员行动。各行业、各阶层都要动员起来，落实国防动员任务，为赢得战争胜利贡献自己的力量。

学练合一

一、填空题

1. 国防是指国家为防备和抵抗侵略，制止武装颠覆和分裂，保卫国家_____、_____、_____、_____和_____所进行的军事活动，以及与军事有关的政治、经济、外交、科技、教育等方面的活动。

2. 中华人民共和国的武装力量的基本体制是"三结合"，它由_____、_____和_____组成。

二、思考题

1. 国防有哪些基本要素？
2. 我国的国防政策是什么？
3. 什么是国防建设？我国国防现代化建设的成就有哪些？
4. 简述公民的国防权利与国防义务。
5. 国防动员主要有哪些内容？

第二章

国家安全

学习目标

正确把握和认识国家安全的内涵，维护国家安全的任务与原则，科学理解总体国家安全观的理论内涵与地位作用；深刻认识当前我国面临的国家安全形势，了解国际战略形势及发展趋势、了解世界主要国家军事力量及战略动向，增强国家安全意识、忧患意识和责任意识。

导言

当今世界，全球化浪潮风起云涌，世界各国之间的经济、政治和军事关系日益密切，世界的各个部分已经成为一个相互联系又相互矛盾的统一体。世界主要力量间的关系在不断调整，国际战略格局和国际秩序处于不断变革之中，中国也面临着充满矛盾纷争的周边安全环境。认识和把握我国地缘环境的特征，分析和研究当下我国的周边地缘安全环境、国家安全现状以及国际战略形势，对于维护我国国家安全和发展利益有着无比重要的意义。

第一节　国家安全概述

安全是国家生存之本。中国共产党要巩固执政地位，团结带领人民坚持发展中国特色社会主义，就必须首先确保国家安全。当前，我国面临的国内外安全形势呈现新旧交替、时空交错、内外联动的特点，亟待探索一条中国特色国家安全道路，为实现伟大复兴和国家长治久安、社会安定团结和人民幸福安康提供坚强保障。

一、国家安全的内涵

国家安全特指与国家的安全相关的实践、思想及战略谋划与战略指导。长期以来，我国对国家安全没有明确和统一的定义，第十二届全国人民代表大会常务委员会第十五次会议于2015年7月1日通过并施行了新的《中华人民共和国国家安全法》（以下简称《国家安全法》），对国家安全从法律层面赋予了统一的定义。

《国家安全法》第一章第二条对"国家安全"的定义是："国家安全是指国家政权、主权、统一和领土完整、人民福祉、经济社会可持续发展和国家其他重大利益相对处于没有危险和不受内外威胁的状态，以及保障持续安全状态的能力。"

这个定义，从国家安全法律的视角，科学界定了我国国家安全的内涵和外延，明确了维护国家安全的核心，为构建国家安全体系，建立健全国家安全制度和国家安全保障措施，走出一条中国特色国家安全道路奠定了坚实的法律基础。

《国家安全法》第十四条规定，每年4月15日为全民国家安全教育日。2023年4月15日，是第8个全民国家安全教育日，主题是"贯彻总体国家安全观，增强全民国家安全意识和素养，夯实以新安全格局保障新发展格局的社会基础"。

二、国家安全的基本原则

（一）坚持党的绝对领导

中国共产党是中国特色社会主义事业的领导核心。坚持党的领导是国家安全工作的根本政治原则。"中国由中国共产党领导，中国的社会主义现代化事业由中国共产党领导，这个原则是不能动摇的；动摇了中国就要倒退到分裂和混乱，就不可能实现现代化。"国家安全工作既是中国特色社会主义事业的重要组成部分，也是中国特色社会主义事业的坚强安全保障，坚持党对国家安全工作的绝对领导必然成为国家安全工作的坚强安全保障，坚持党对国家安全工作的绝对领导必然成为国家安全工作必须遵循的根本政治原则。《国家安全法》通过并实施后，这一原则以法律形式进一步得到确认。《国家安全法》第四条明确规定："坚持中国共产党对国家安全工作的领导，建立集中统一、高效权威的国家安全领导体制。"

（二）坚持法治和保障人权

维护国家安全，核心是"遵守宪法和法律""尊重和保障人权"。宪法是国家根本大法，依法执政首先要依宪执政。2015年7月1日，全国人大常委会通过了关于实行宪法宣誓制度的决定，明确了国家工作人员要向宪法宣誓，忠于宪法，维护宪法权威，履行法定职责。"遵守宪法和法律"，旨在于加强维护宪法体制，加强对国家机构及其工作人员行使公权力的约束，把权力关进制度的笼子里。维护国家安全，涉及所有国家机构，特别是在"进入紧急状态""宣布战争状态""决定全国总动员或者局部动员"的情况下，要采取法律规定或者全国人大常委会规定的特别措施，更要注重对公权力行使的约束，依法保护公民权利和自由。同时，也要防止平常工作中重打击犯罪、轻人权保障的现象，以提高国家安全工作法制化水平。公民和组织，也要履行宪法和法律规定的维护国家安全的义务，接受有关机关必要时依法采取的特别措施。

（三）坚持维护安全与发展相协调

安全是发展的条件，发展是安全的基础。要通过不断提高维护国家安全能力，为发展提供稳定的环境，实现可持续发展与可持续安全相互支撑、良性互动。习近平指出，应聚焦发展主题，夯实安全根基，以可持续发展促进可持续安全。《国家安全法》规定，"维护国家安全，应当与经济社会发展相协调"，集中体现了坚持发展是解决中国所有问题的关键这一重大战略判断。

（四）坚持促进共同安全

习近平指出："对错综复杂的国际安全威胁，单打独斗不行，迷信武力更不行，合作安全、集体安全、共同安全才是解决问题的正确选择。"维护我国国家安全，需要立足国内，放眼国际，高举和平发展、合作共赢的旗帜，坚持互信、互利、平等、协作的原则，在维护自身利益的同时，同各国政府和国际组织开展安全交流合作，履行国际安全义务，促进共同安全。

（五）坚持预防为主、标本兼治、专群结合

坚持把预防和治乱结合起来，既防患于未然，又正本清源。坚持充分发挥专门机关和其他有关机关维护国家安全的职能作用，广泛动员公民和组织，防范、制止和依法惩治危害国家安全的行为，建立起维护国家安全的强大防线。

三、总体国家安全观

中华人民共和国成立后，党和国家领导人根据维护国家安全任务的变化和国家安全的需要，提出了一系列国家安全战略指导思想，不断创新国家安全观，为维护我国的国家安全提供了保证。党的十八届三中全会后，为适应我国国家安全面临的新形势新任务，党中央成立了国家安全委员会，习近平总书记在2014年4月15日的中央国家安全委员会第一次会议上首次正式提出了总体国家安全观，《国家安全法》以明确的法律形式确立了总体国家安全观的指导地位。党的十九大将坚持总体国家安全观纳入新时代坚持和发展中国特色社会主义的基本方略并写入党章，成为维护我国国家安全的行动纲领和科学指南。正确理解总体国家安全观的内涵，把握其特点，科学认识其地位作用，对于维护我国国家安全具有重大意义。

总体国家安全观

（一）总体国家安全观的科学内涵

习近平在中央国家安全委员会第一次会议上阐述"总体国家安全观"时指出："必须坚持总体国家安全观，以人民安全为宗旨，以政治安全为根本，以经济安全为基础，以军事、文化、社会安全为保障，以促进国际安全为依托，走出一条中国特色国家安全道路。""贯彻落实总体国家安全观，必须既重视外部安全，又重视内部安全，对内求发展、求变革、求稳定、建设平安中国，对外求和平、求合作、求共赢、建设和谐世界；既重视

国土安全，又重视国民安全，坚持以民为本、以人为本，坚持国家安全一切为了人民、一切依靠人民，真正夯实国家安全的群众基础；既重视传统安全，又重视非传统安全，构建集政治安全、国土安全、军事安全、经济安全、文化安全、社会安全、科技安全、信息安全、生态安全、资源安全、核安全等于一体的国家安全体系；既重视发展问题，又重视安全问题，发展是安全的基础，安全是发展的条件，富国才能强兵，强兵才能卫国；既重视自身安全，又重视共同安全，打造命运共同体，推动各方朝着互利互惠、共同安全的目标相向而行。"

总体国家安全观是高度凝练的概念，内涵和外延都极为丰富，可以概括为"五大要素"和"五对关系"。

知识链接　"五大要素"，就是以人民安全为宗旨，以政治安全为根本，以经济安全为基础，以军事、文化、社会安全为保障，以促进国际安全为依托。这五大要素，清晰地反映了国家安全的内在逻辑关系。"五对关系"，即坚持10个重视：既重视外部安全，又重视内部安全；既重视国土安全，又重视国民安全；既重视传统安全，又重视非传统安全；既重视发展问题，又重视安全问题；既重视自身安全，又重视共同安全。这五对关系，反映了辩证、全面、系统的国家安全理念。

国家安全是一个不可分割的整体，每一个要素虽然有所侧重，但是都必然与其他要素相互联系、相互影响。"五大要素"和"五对关系"是科学理解总体国家安全观的关键所在。必须全面、准确地理解总体国家安全观的丰富内涵，辩证地看待国家安全外延的发展，从全局和战略高度审视国家安全问题，统筹好不同领域、不同性质的安全工作，形成维护国家安全的强大合力。

习近平总书记在党的二十大报告中指出，国家安全是民族复兴的根基，社会稳定是国家强盛的前提。必须坚定不移贯彻总体国家安全观，把维护国家安全贯穿党和国家工作各方面全过程，确保国家安全和社会稳定。强调要健全集政治安全、国土安全、军事安全、经济安全、文化安全、社会安全、科技安全、网络安全、生态安全、资源安全、核安全、海外利益安全、太空安全、深海安全、极地安全、生物安全等于一体的国家安全体系；增强维护国家安全能力；提高公共安全治理水平；完善社会治理体系。

（二）总体国家安全观的地位

总体国家安全观的提出，充分体现了我们党对国家安全基本规律的把握，是对国家安全理论的重大创新，是新时代指导国家安全理论创新和国家安全实践的强大思想武器。

1. 总体国家安全观是国家安全的理论指南

总体国家安全观提出了一系列新思想新观点新论断，继承和发展了我们党的国家安全观，开拓了中国化马克思主义安全观的新境界，是马克思主义安全观中国化的最新成果，是系统、开放的中国国家安全理论体系，是为中国和平发展提供最大限度安全支撑的重要战略思想，是国家治理的价值引领，是保障中华民族实现伟大复兴的中国梦的新理念。在新时代维护中国国家安全，必须以总体国家安全观为理论指南。

2. 总体国家安全观是国家安全的行动指南

总体国家安全观科学运筹国家安全的总体布局，蕴含着富有中国特色的国家安全价值理念、工作思路和机制路径，是做好国家安全工作的总纲，对走出一条中国特色的国家安全道路具有重要的指导意义。总体国家安全观不仅对当前中国国家安全具有重要指导意义，而且对未来中国国家安全具有指导意义。不仅对国家安全工作具有指导意义，而且对经济社会发展具有指导意义。在新时代维护中国国家安全，必须以总体国家安全观为行动指南。

第二节　国家安全形势

中华人民共和国成立后，我国政府始终坚定不移地努力维护国家安全与发展利益，我国的国家安全形势经历了从十分严峻复杂到相对和平安定的演变过程。进入新时代，我国的地缘战略环境依然复杂，地缘安全形势、新形势下的国家安全形势总体有利但挑战性与困难度增大、新型国家安全领域的安全问题日益凸显。认识和把握我国地缘环境的特征，分析和研究当下我国的周边地缘安全环境、国家安全现状以及国际战略形势，对于维护我国国家安全和发展利益有着无比重要的意义。

一、我国地缘环境基本概况

国家地缘环境是指影响国家的地理位置、地理特征以及与地理密切相关的国家关系等因素。它是持久影响国家安全的基本因素之一。中国特定的地缘环境，对中国国家安全影响是明显的。

延伸阅读

我国周边环境

我国是陆地大国也是海洋大国，拥有2.2万多公里陆地边界、1.8万多公里大陆海岸线、主张管辖海域300万平方公里，同14个陆地邻国接壤，分别为蒙古、俄罗斯、朝鲜、越南、老挝、缅甸、尼泊尔、不丹、印度、巴基斯坦、阿富汗、塔吉克斯坦、吉尔吉斯斯坦、哈萨克斯坦。与8个国家海上相邻或相向，周边还有一些虽不接壤但同属东南亚、南亚、中亚近邻的国家。我国是世界上邻国最多、陆地边界最长、跨界民族最多的国家之一。俄罗斯的邻国虽然比中国多1个，但其陆地面积比中国大将近一倍。与中国面积相当的美国只有2个陆上邻国，加拿大只有一个邻国，更不用说被海洋环抱的英和澳大利亚了。中国有海疆线约32000千米，其中大陆海岸线长约18000千米，面积500平方米以上的海岛约6500个，中国的黄海、东海、南海总面积468万平方千米。此外，由于历史等方面的原因，有些国家虽然与中国无共同边界或海疆，但与中国的关系素来比较密切，如柬埔寨、孟加拉国、泰国等。

周边是我国安身立命之所、发展繁荣之基，是我们必争、必保、必稳之地。当前我国地缘安全环境总体稳定，睦邻友好、互利合作是周边国家关系的主流。同时也要看到，一段时间以来，我国周边很不平静。随着国际地缘政治经济重心进一步东移和美国全球战略调整，我国周边安全环境不稳定不确定因素明显增多，面临的风险和挑战复杂严峻。

众多邻国对中国安全的影响是复杂的。在这些国家中，有的过去曾经对中国进行过侵略，并且目前仍然是经济大国或军事大国，有着雄厚的综合国力和军事实力，具有对中国安全造成重大影响的能力。有的邻国之间积怨很深，严重对立，剑拔弩张，一旦它们之间爆发战争或武装冲突，必将影响中国边境安全。有的国家内部不稳定因素很多，一旦发生大的内乱，必将对中国边境造成很大压力。有的国家的居民与中国边境地区的居民属于同一民族，一方面有利于与邻国开展友好往来，改善国家关系；另一方面一旦这些邻国国内的狭隘民族主义泛起，可能会引起中国国内的民族纠纷。有的国家的居民与中国某些地区的居民信奉同一宗教，一旦这些国家内的宗教派别斗争加剧或者某些极端教派掌权，就可能增加中国国内相关地区的不稳定因素。还有一些国家与中国之间存在着历史遗留的边界领土争议和海洋国土划界的争议，存在着可能引发边界事件甚至武装冲突的隐患。

二、我国地缘安全

进入二十一世纪，和平与发展依然是时代主题，求和平、谋发展、促合作依然是中国周边国家的共同主流趋势。从整体安全态势看，近年虽然不断出现军事紧张，但除个别国家和地区发生有限武装冲突外，鲜有其他规模性武装冲突发生，而且多数武装冲突呈现相对降级趋势。从中国与周边国家双边安全关系看，尽管中国与个别周边国家一度发生危机，但双方均保持了克制，危机并未演变成为武装冲突。当前，中国周边安全环境总体稳定、可控，睦邻友好、互利合作是周边国家关系的主流。

（一）陆上邻国多、边境线长，安全压力长期来自陆上

由于我国陆上邻国多，边境线长，加之各国之间矛盾错综复杂，因而自古以来我

国的安全威胁主要来自陆上，中华人民共和国成立后还爆发了中印、中越边境自卫反击战争。虽然我国一直致力于维护周边的和平与稳定，坚持互利共赢的开放战略，实施睦邻友好的周边外交战略，但是在未来相当长时期内，我国来自陆上的安全威胁依然难以排除。

（二）海岸线岛屿岸线长、海洋安全环境复杂，海洋方向安全威胁大

我国是濒海大国，近代以来西方列强从海上方向侵略我国达479次之多。人民海军自1949年4月23日诞生起，与国内外敌人作战1200余次，才基本上捍卫了我国的海洋权益。我国虽然是濒海大国，海区却是一个封闭、半封闭海区，处于两大岛链及霸权国家军事封锁下，只有极少数海上通道与外部世界相沟通，维护我国海上交通线与生命线的安全非常困难。加之我黄海、东海及南海三海地幅有限，未来信息化战争中我军的海上作战回旋余地不大。

我国与8个国家海上相邻或隔海相望，长期以来这些海洋邻国与我国存在海域划界、大陆架划分、岛礁归属等方面的争端。而且近年来域外大国插手南海争端，搅局我国周边形势，使得我国海洋安全环境异常复杂，面临严峻复杂的海洋安全挑战。

（三）强邻环伺、地缘战略交汇，我国安全环境处于不利境地

我国周边是世界人口最密集、大国力量最集中的地区。世界公认的五大力量中心，除欧洲外，美国、中国、俄罗斯、日本四大力量中心均交汇于此，5个联合国安理会常任理事国中有3个聚集于亚太地区。世界人口过亿的15个国家有8个聚集在这里，中国、印度和朝鲜的军队规模都在100万以上。世界上9个拥有核武器的国家有5个（俄罗斯、中国、印度、巴基斯坦、朝鲜）也在这里，在中国周边构成了最密集的核武器分布圈。我国周边强邻较多，国家安全环境处于不利境地。

（四）多样性突出、热点矛盾较多，我国周边安全环境极为复杂

我国周边国家多样性非常突出。既有越南、朝鲜等社会主义国家，也有资本主义国家；既有发达国家，也有世界上界最贫穷的国家；既有老牌的经济强国，也有新崛起的新兴国家。这些国家社会制度、经济发展水平、宗教信仰与文化等差异巨大，所奉行的国家安全战略和外交政策各异，陆疆领土和海洋权益争端多发，民族矛盾和宗教矛盾复杂，国内政局动荡不稳，国家间军事与武装冲突不断，这些都不可避免地对我国安全带来负面影响。

同时，我国周边也是世界热点和潜在热点最多的地区，朝鲜半岛、南千岛群岛、台湾海峡、南沙群岛、克什米尔、马六甲海峡等都位于这一地区。进入21世纪以来，我国周边地区宗教极端主义、民族分裂主义和国际恐怖主义三股势力日益蔓延，并向中国境内渗透，国际反华势力与一些国家勾结呼应，对我国的边疆稳定、社会稳定及政治、军事、经济安全构成了严峻挑战。

三、新形势下的国家安全

新形势下我国的国家安全面临新任务新要求，要牢牢掌握维护国家安全的战略主动权，奋力开拓国家安全工作新局面，为实现中国梦提供安全保障。

（一）政治安全形势

政治安全，是指国家在政治方面免于内外各种因素侵害和威胁的客观状态。政治的核心是国家政权，政治安全攸关党和国家的安危，其核心是政权安全和制度安全，在国家安全体系中居于核心地位和最高层次。政治安全是国家安全的根本，经济、社会、网络、军事等领域安全的维系，最终都需要以政治安全为前提，其他领域的安全问题，也会反作用于政治安全。

1. 政治安全面临前所未有的机遇

习近平新时代中国特色社会主义思想成为推进社会主义现代化建设的科学理论指南和行动指南，总体国家安全观的确立，表明我们党对新形势下国家安全工作的规律有了更加深刻的把握，国家安全总体布局已经确立，中国特色国家安全道路开创了新境界，党和政府完全有能力维护我国的政治安全。

2. 政治安全面临内外部挑战

内部挑战方面，改革开放以来，部分党员干部精神懈怠、能力不足、脱离群众、消极腐败的危险十分尖锐，特别是高级领导干部腐败对国家政治安全的危害尤为严重，党的形象与执政能力面临巨大考验。随着我国改革开放的深入，人民内部矛盾多发，人们的思想观念、价值取向日益多元化，社会认同感缺乏，理想信念动摇，思想道德滑坡，一些腐化落后的观念滋长泛滥，严重影响我国的长治久安。

外部挑战方面，近年来境外势力利用信息网络、独立媒体、地下教会、课堂讲坛等传播西方思想文华和意识形态，诋毁我国主流意识形态，片面渲染和刻意放大我国的各种问题，甚至造谣和煽动人民的不满情绪，意识形态领域争夺"制脑权"的没有硝烟的战场上的斗争异常激烈。西方反华势力利用各种宗教组织对我国进行渗透，干预我国的宗教事务，影响人们在我国政治生活中产生的爱国主义情感、意识上的归属感、政治上的认同感，对我国的政治安全形成潜在的影响。敌对势力长期在我国策动"颜色革命"，企图通过培植政治反对派、鼓励其利用社会矛盾推翻我国现政权和颠覆我国的政治制度，直接威胁中国共产党的领导地位和执政安全。

3."一国两制"制度和实践面临挑战

"一国两制"是我国一项开创性的政治制度，"港人治港""澳人治澳"取得了显著成绩的同时，极少数人在外部势力支持下，妄图将香港和澳门作为对中国内地进行渗透、颠覆的桥头堡。台湾当局和"台独"势力拒不承认体现一个中国原则的"九二共识"，"台独"活动猖獗。"一国两制"实践遇到的新情况新问题，对维护我国的政治制度和社会的繁荣稳定、维护国家主权、安全和发展利益，形成了严峻挑战。

（二）国土安全形势

国土安全，是指国家领土完整、国家统一、海洋权益及边疆边境不受侵犯或免受威胁的状态。国土安全涵盖领土、自然资源、基础设施等要素，主要指一个国家主权范围内的领陆、领水、领空和底土四个方面的安全，这是传统的国家生存空间范围的安全。国土安全是立国之基，是传统国家安全备受关注的重要方面。国土不受外来侵略和威胁，资源不因战争或预防战争过分消耗，国家才能稳定发展，人民才能安居乐业。当前我国国土安全面临严峻挑战，维护国土安全是维护国家安全重大而紧迫的战略任务。

1. 我国领土主权的完整、统一尚未完全实现

我国尚未完成与所有邻国的划界勘界，已经划入我国版图的领土，长期以来为外国占有或实际控制。中印边界共分为东段、中段和西段，边界全长1700余千米（除去锡金段200余千米），历史上从未划定正式边界，只有一条按双方管辖所形成的冲突习惯线，长期以来不存在边界争端。但一条人为的"麦克马洪线"为中印边界争端埋下了祸根。印度独立后，以此为借口不断采取"蚕食"政策，至1962年止，印度占领了东段9万平方千米、中段2000平方千米、西段3.3万平方千米的我国领土（印度实际控制的区域约有9万平方千米）。长期以来，中印在边界划界和领土纠纷问题上进行着艰苦的政治、外交纠缠，1962年爆发了中印边境自卫反击战，近年来发生过重大军事冲突，解决中印边界和领土纠纷问题，需要时间和耐心。

中华人民共和国成立以来，台湾海峡两岸两个政治实体的分离分治现实，使得我国领土主权尚未实现完全统一。"台独"势力不放弃分裂主张，竭力煽动两岸敌意和对立，刻意阻挠破坏两岸关系发展，某些外部势力长期纵容扶持"台独"势力，部分台湾民众对台湾地位、两岸关系前途的认识存在偏差，构成了阻滞中国和平统一进程的消极因素。

2. "三股势力"对国土安全构成严峻威胁

"藏独""东突"等民族分裂势力以极端民族主义和极端宗教思想为指导，打着"民主""人权""宗教自由"等幌子，骗取国际社会的同情与支持，与境外宗教极端势力、民族分裂势力、暴力恐怖势力这"三股势力"及敌视中国的国家沆瀣一气，内外勾连，暴力倾向进一步加剧，企图以暴力恐怖手段破坏国家领土完整、祖国统一和民族团结。

我国还毗邻恐怖活动的"重灾区"，从北高加索、中东、中亚、南亚至东南亚，是国际恐怖势力的主要盘踞地和威胁高发区，我国周边的阿富汗、印度、巴基斯坦、泰国等国恐怖势力聚集，恐怖事件频发，处于国际恐怖势力猖獗的高危弧形地带，国际恐怖势力在我国周边频繁滋事，直接危害着我国的国土安全和社会稳定。

3. 我国海洋主权及权益问题非常严峻

黄海方向，海域划界一直未定，我国与朝鲜、韩国共存在7万平方千米的争议海域。东海方向，日本主张以大陆架共架国身份与我国平分东海大陆架，由此产生了大约30万平方千米的争议海域，而且近年来中日两国围绕钓鱼岛的斗争日益尖锐。韩国在济州岛南部划定了所谓日韩共管的"暂定水域"，在东海侵占我国大陆架近10万平方千米。

南海方向，周边邻国与我国形成了80万平方千米争议海域。南沙群岛共有大的岛礁52个，我国实际控制了9个（含台湾控制的太平岛、中洲礁），其余数十个岛礁均被越南、菲律宾、马来西亚、文莱等国侵占，其中越南侵占最多，共侵占了29个岛屿和珊瑚礁。南海已经形成了"六国七方"军事占领的武装割据格局，中国版图上的海上传统疆界"九段线"受到严峻挑战。

随着近年来各国加大对海洋的战略投入，域外大国也不断搅局南海，我国维护海洋权益和海洋领土主权，必将长期继续受到众多邻国和域外大国强大的地缘政治牵制，政治、经济、外交、军事等方面的战略围堵与遏制。

知识链接

中国在南海的领土主权和海洋权益包括：

（1）中国对南海诸岛，包括东沙群岛、西沙群岛、中沙群岛和南沙群岛拥有主权。

（2）中国南海诸岛拥有内水、领海和毗连区。

（3）中国南海诸岛拥有专属经济区和大陆架。

（4）中国在南海拥有历史性权利。

（三）经济安全形势

经济安全，是指国家维护国民经济发展和经济实力处于不受根本威胁的状态和能力。具体体现为一国保障其经济主权独立、经济发展所需资源有效供给、经济体系独立稳定运行、整体经济福利不受恶意侵害和非可抗力损害的状态和能力。经济安全是国家安全体系的重要组成部分，是国家安全的基础。维护经济安全，核心是坚持社会主义经济制度不动摇，不断完善社会主义市场经济体制，不断提高国家的经济整体实力、竞争力和抵御内外各种冲击与威胁的能力，重点防控好各种重大风险挑战，保护国家根本利益不受伤害，更好地满足人民对美好生活的需要。维护我国经济安全，既面临有利条件和形势，也面临着非常严峻的挑战。

1. 经济发展进入新常态且持续向好是有利条件

我国经济发展的显著特征是进入新常态，经过改革开放以来的高速发展，我国物质基础雄厚、人力资本丰富、市场空间广阔、发展潜力巨大，经济发展方式加快转变，新的增长动力正在孕育形成，经济长期向好基本面没有改变，经济总量稳居世界第二位。当前，我国经济运行总体平衡，稳中有进，稳中有好，经济保持高速增长，经济结构优化，改革开放向纵深迈进，民生持续改善，社会大局总体稳定。我国经济安全形势持续向好，这是维护我国经济安全非常有利的条件。只要保持战略定力，坚持底线思维，继续扩大改革开放，利用好大有可为的战略机遇期，我国经济发展将长期保持在较高水平上。

2. 应对金融安全的风险与难度增大

金融安全是我国经济安全最敏感的部分之一，国际金融危机通过贸易、金融等渠道对我国经济造成了严重影响。当前，发达国家实施超常规量化宽松货币政策的负面效应不断积累，世界经济复苏和金融市场稳定都面临着不确定性。国际金融危机深层次影响在相当长时期内依然存在，全球经济贸易增长乏力，保护主义抬头，各种高风险的非经济因素对经济稳定的冲击增大。

近年来，我国社会宏观债务水平持续上升，产能过剩行业信贷风险逐步显现，金融机构信用和流动性风险上升，部分影子银行业务扩张过快，跨境资本异常流动风险增大，金融风险日趋加大。随着我国金融市场对外开放程度不断提高，风险跨境传染的可能性增大。

3. 经济发展与安全的矛盾、隐患与制约因素较多

大国合作与竞争关系日益复杂，新干涉主义持续上升，地缘政治关系复杂多变，热点问题持续发酵，一些国家对我国遏制和施压等不利因素上升。发达国家再工业化吸引本国制造业回流，东南亚、南亚国家大力吸引低端产业和订单转移，我国产业面临提升竞争力和避免空心化的双重压力。

4. 中美贸易摩擦、欧盟战略调整增大了维护经济安全的压力

2018年美国掀起中美贸易摩擦，中美关系趋于紧张，进入了战略竞争新阶段，经贸领域矛盾已经成为中美关系未来一个时期的最大变数。在贸易施压的同时，美国还高度重视战略上提防、战术上遏制"中国制造2025"相关产业，并直接酿成"中兴事件"和"孟晚舟事件"。总体来看，2018年中美两国经贸往来传统的压舱石作用被大幅削弱，转而成为双边关系中争议最集中、斗争最激烈、风险最突出的竞争性领域。中美两国的贸易摩擦和经济竞争，虽然暂时未向阵营体系对峙、军事政治对抗乃至全方位竞争拓展，但学者们也认为，中美两国或将形成两个相对独立但又相互关联的经济体系，一些国家依存美国市场，一些国家依存中国市场，更多的国家与两边同时保持经贸关系，从而形成经济领域的"新冷战"格局。

欧盟战略调整对中国的经济发展和经济安全也将带来重大影响。2018年9月19日，欧盟委员会公布了《连接欧洲和亚洲——对欧盟战略的设想》文件，全面阐述

了欧盟实现"更好连接欧亚"愿景的计划，表示欧盟将致力于打造欧盟版的互联互通模式，在今后的实施过程中将"基于规则（可持续的、全面的、基于规则的）"与亚洲的实际相结合，重点打造交通、能源、数字及人际交流网，与亚洲国家和组织建立互联互通伙伴关系，同时还要在双边、地区以及国际组织层面增进合作，并将中国列为首要双边合作对象。中欧合作会释放出更大的经济能量，有利于欧盟和中国对冲美国的攻击。但在2019年3月的欧盟各国领导人峰会上，欧盟有史以来第一次讨论了反制中国的新战略，认为随着中国影响力的扩大，中国从欧盟的贸易伙伴变成了竞争对手，其政策调整，将在一定时期内随着"一带一路"建设的深入和扩大，中国企业的"走出去"以及中国国际经济与发展合作的扩大，中国与欧盟的竞争必将加剧，维护我国经济安全的风险上升。

总体来看，我国经济安全既是系统性工程，也面临诸多方面的安全挑战，需要加快探索经济发展战略来积极应对，从而构建起我国的经济安全体系。

（四）军事安全形势

军事安全，是指"国家处于不受战争威胁、军事入侵和军事利益不受侵害的状态。"军事安全不但关系国家主权和领土完整不受侵犯，关系国家生死存亡和长治久安，而且在整个国家安全体系中发挥着至关重要的支柱和保障作用，在维护国家总体安全中具有不可替代性。我国仍然处于可以大有作为的重要战略机遇期，发生大规模外敌入侵战争的可能性不大，但维护我国军事安全面临的挑战增大，外部因素引发局部战争和武装冲突的可能性不能低估。

1. 世界新军事革命加速发展对我军发展带来了严峻挑战

为应对当前的新军事革命，世界主要国家纷纷调整安全战略和军事战略，加快推进军事转型，努力构建新型军事力量体系，大力发展信息化武器装备，提升全球快速打击能力，对国际政治军事格局产生了重大影响。我国应对新军事革命挑战和建设世界一流军队，面临的调整军事战略、创新作战理论、发展武器装备、优化体制编制、重塑军事力量体系、加快推进军事转型等方面的压力显著增大。

2. 霸权国家与周边国家对我国军事安全形成了现实威胁

美国实施印太战略，把主要军事力量和先进武器装备部署到亚太地区，加强与亚太盟友的军事同盟，与其欧洲盟友及南海争端国家加强军事合作，在朝鲜半岛生乱和到南海挑衅。日本出台新的国家安全保障战略和防卫计划大纲，修订同盟式防卫合作指针，强行通过新的安保法案，加大进攻性武器装备研发力度，加快军力发展步伐，解禁集体自卫权，安全战略和军事战略的外向性、进攻性明显增强。印度配合美国的印太战略，企图从印度洋和南海两个方向对我国进行围堵。周边邻国相互及与美国、日本、印度、澳大利亚等国加强军事合作，不断提升国防费，开展多边军事演习。大国与周边国家的这些做法，对我国军事安全形成了现实的威胁。

3. 我国周边存在引起地区局势紧张和局部战争的多种因素

日本在我国周边四处煽风点火，是亚太地区和平的"麻烦制造者"。我国周边一些热点地区"三股势力"活动猖獗，恐怖事件频发；朝鲜半岛局势仍然存在不确定性，爆发冲突和战争的可能性依然存在。台湾政治生态、社会生态的不确定性，与美国向台湾出售武器，始终是我国面临的一个潜在军事威胁，一旦台湾迈出实质性的独立步伐，战争将不可避免。种种情况表明，我国周边存在着诸多引起地区局势紧张的因素，爆发局部战争的可能性难以排除。

（五）文化安全形势

文化安全，是指国家文化相对处于没有危险和不受内外威胁的状态，以及保障持续安全状态的能力。维护文化安全，是协调推进"四个全面"战略布局的重要保障，是构建中国特色国家安全体系的重要内容，是建设社会主义文化强国的重要基础。

1. 存在影响我国文化安全的复杂内部因素

当前我国经济社会处在转型期，社会阶层出现分化，一些腐朽落后文化对主流价值观形成冲击；信息技术造就了新文化业态和文化样式，在丰富人民群众文化生活的同时，低俗信息、有害信息、错误思想使得发展健康的社会主义文化任重道远；我国文化发展中存在一些薄弱环节，一些地区没有处理好发展经济与发展文化的关系、个别文化企业片面追求经济利益存在趋利媚俗现象、一些地方基层思想文化工作依然薄弱，对维护文化安全造成一定影响。

2. 影响我国文化安全的外部因素必须引起高度重视

改革开放以来大量西方文化涌入我国，在拓展我们文化视野和提升文化发展质量的同时，也在一定程度上消解了社会主义文化的影响力；某些别有用心的外部势力加紧对我国的思想文化渗透，对党史、国史、民族史和中华民族英雄形象、领袖形象进行恶意解构甚至颠覆；发达国家利用互联网和话语霸权，进行西方价值观宣传、色情文化宣传，在青少年中传播拜金主义、享乐主义、极端主义，传播消极颓废的消费文化，并不遗余力地宣传西方的"人权、自由、民主"理念，与我国在价值观、意识形态等领域的文化"软实力"较量日益激烈；境外资本、文化企业、文化产品和服务大量进入国内，对我国维护文化安全带来巨大压力；西方敌对势力栽培和收买所谓的"公知""大V"、网络写手等极端反体制分子，常常以"学术研究""历史探索"的面目示人，甚至打着"马克思主义"的招牌，长期在网络空间、学术研究和舆论宣传阵地兴风作浪，试图搅浑网络舆论场，搞乱人们尤其是年轻人的思想认识和价值观判断，从而颠覆我国的主流文化、意识形态和价值观。这些复杂的外部因素，是今后维护我国文化安全必须高度重视的问题，只有提升文化自觉、加强文化建设、增强文化自信，才能有效应对和维护我国的文化安全。

（六）社会安全形势

社会安全，是指国家每个社会成员切身利益、国家经济发展和社会稳定、人民安居乐业、社会安定有序、国家长治久安相对处于没有危险和不受内外威胁的状态，以及保障持续安全状态的能力。社会安全是国家安全的重要组成部分，维护社会安全是国家改革发展的重要保障，直接反映人民群众的幸福感和满意度。近年来，我国人民获得感、幸福感、安全感不断增强，社会稳定态势不断强化，国民安全心里不断得到满足和提升，对社会秩序的认可度不断得到强化。但新形势下我国社会安全面临的威胁和挑战增多，各种威胁和挑战联动效应明显。

1. 暴力恐怖、违法犯罪方面的风险尖锐复杂

受境外渗透加剧、境内宗教极端活动升温等影响，我国及周边暴力恐怖活动处于多发期、活跃期。我国仍处于刑事犯罪的高发期，违法犯罪活动日趋暴力化、组织化、职业化，严重暴力犯罪案件突出，高新技术犯罪、网络犯罪增多，对传统公共安全工作提出挑战。传统违法犯罪加速向网上发展蔓延，网络"黄赌毒"、金融诈骗、贩枪、传授制爆技术等违法犯罪明显增多，电信诈骗、窃取公民个人信息等新型网络犯罪不断滋生，网上造谣、恶意炒作等乱象屡禁不止，网络有组织违法犯罪突出，网络社会安全问题明显增多。

2. 各种社会风险因素交织叠加影响社会安全与稳定

改革开放以来，我国社会加速转型，积聚了诸如生产责任事故高发、劳资冲突不断、社会道德失范、信任危机加深之类的社会风险因素，出现了不同社会发展阶段风险因素交织叠加的特征，严重影响公共安全；一般社会问题和深层次社会问题、改革发展中的新问题与历史遗留的老问题交织叠加，境外因素引发境内问题，经济问题引发社会问题，一地矛盾引发其他地方矛盾，一些单纯利益冲突事件引发非直接利益群体参与等特点日趋明显，由此容易引发规模大、难处理的重大群体性事件，直接影响社会和谐安定；网络群体性事件已成为虚拟空间的一支重要力量，其规模和影响力在不断扩大。一方面，网民数量的不断增多充实了网络力量，另一方面，政府对频发的网络群体性事件调控能力有限，这也成为网络群体性事件频发的重要原因。网络公共安全问题凸显，给社会安全带来挑战。

综上所述，我国政治、国土、经济、军事、文化和社会等较高层面的国家安全形势非常复杂严峻，重点关注和维护上述领域的国家安全，是维护国家安全的根本任务。我国的科技安全、信息安全、生态安全、资源安全和核安全虽然处于较低层次，但构成了对上一层次安全的具体支撑。科技安全是支撑国家安全的重要力量和物质基础，信息安全是总体国家安全框架的重要支撑，生态安全与资源安全是国家安全的基本条件，核安全是国家安全及军事安全的重要组成部分。新形势下，我国这些领域的

安全形势也是非常复杂严峻的，必须予以高度关注和统筹维护，才能确实保障人民安全和促进国际安全。

四、新兴领域的国家安全

新兴领域是国家安全和发展利益的拓展区，是世界大国争夺战略主动权的博弈区，谁能占领先机，最先在此领域取得突破，谁就能占据战略主动权。未来战争胜负不再取决于陆、海、空等传统领域作战实力的大小，而是取决于太空、网络、深海、极地、人工智能等新型领域的控制能力。当前世界各大国围绕新型安全领域战略主导权展开激烈的竞争。

（一）维护国家太空安全

太空是国际战略竞争制高点。有关国家发展太空力量和手段，太空武器化初显端倪。中国一贯主张和平利用太空，反对太空武器化和太空军备竞赛，积极参与国际太空合作，服务国家经济建设和社会发展，维护太空安全。

（二）保障网络空间安全

网络空间是经济社会发展新支柱和国家安全新领域。网络空间国际战略竞争日趋激烈，不少国家都在发展网络空间军事力量。中国是黑客攻击最大的受害国之一，网络基础设施安全面临严峻威胁，网络空间对军事安全影响逐步上升。要加快网络空间力量建设，提高网络空间态势感知、网络防御、支援国家网络空间斗争和参与国际合作的能力，遏控网络空间重大危机，保障国家网络与信息安全，维护国家安全和社会稳定。

（三）开拓深海国家战略利益深边疆

进入21世纪，深海对国家发展和安全的驱动和影响前所未有。深海是国家利益拓展的新领域，关于深海的界定，在军事领域通常把300米以下作为深海。从维护国家安全的战略层面，通常将水下空间作为一个整体来研究和考虑。深海平均深度3347米，最深处位于马里亚纳海沟达11034米，大多位于国家管辖范围之外的公海及国际海底区域。

深海区域占海洋面积2/3以上，不仅拥有广阔的空间，也蕴藏着丰富的资源，是一个巨大的、天然的基因资源库。深海"海量"战略资源将是保障国家资源安全的战略基地，是人类未来发展的支柱，谁掌握了深海战略资源，谁就拥有了掌握世界和人类命运的基本物质基础。深海由于靠近大陆、在大洋区域并临近海上战略通道，因此具有不容小觑的军事价值。

（四）拓展极地战略价值

近年来，许多国家对极地表现出极大的热情，极地之争已成为国际政治舞台的焦点之一，各国针对极地的"圈地"运动也愈演愈烈。沉寂多年的极地之所以再次引发各国的争夺，很重要的一个原因是随着全球气候变暖和新技术的应用，极地储量丰富的油气和矿产资源有望得以开发，新的远洋运输航线有望得以开辟。各国逐鹿两极的背后，实际上是看好极地重大的战略、经济、军事和科研价值。

（五）占领人工智能发展新高地

人工智能，现称作机器学习。作为一个技术领域，人工智能技术实质包括数据、算法、算力三大组成部分，涉及计算机科学、控制论、信息论、神经生理学、心理学、语言学等多种学科，是云计算、大数据、物联网发展的自然延伸，是深度融合发展起来的综合学科，并从早期的机器学习阶段，逐步过渡到当前的深度学习阶段，未来将趋向增强学习领域。

传统计算机技术更强调基于规则、直接控制、逻辑清晰，前因与后果之间是充分必要的，是符合人类逻辑的、可理解的。人工智能技术则基于传统计算机技术，是传统计算机技术向社会各领域的自然延伸，更强调运用非直接控制算法，解决开放环境中的复杂社会问题，深刻改变军事、信息和经济领域安全态势，是国家安全领域的颠覆性力量。

第三节 国际战略形势

所谓国际战略形势，是指国际关系中那些在长时间内、具有全局性的发展趋势，而不是个别的和具体的事件的动态变化。当前，世界正面临百年未有之大变局，世界政治、经济、文化、科技、军事在延续诸多规律性变动时，由于人口结构、技术创新、生产方式、思想观念等因素的快速化，特别是全球化和信息化进程的深入解构建构作用，正呈现出越来越多的新特点和新形态。

一、国际战略形势现状与发展趋势

当今世界正经历百年未有之大变局，世界多极化、经济全球化、社会信息化、文化多样化深入发展，和平、发展、合作、共赢的时代潮流不可逆转，但国际安全面临的不稳定性不确定性更加突出，世界并不太平。

（一）国际战略格局深刻演变

国际力量加快分化组合，新兴市场国家和发展中国家力量持续上升，战略力量对比此消彼长、更趋均衡，促和平、求稳定、谋发展已成为国际社会的普遍诉求，和平力量的上升远远超过战争因素的增长。但是，霸权主义、强权政治、单边主义时有抬头，地区冲突和局部战争持续不断，国际安全体系和秩序受到冲击。

国际战略竞争呈上升之势。美国调整国家安全战略和国防战略，奉行单边主义政策，挑起和加剧大国竞争，大幅增加军费投入，加快提升核、太空、网络、导弹防御等领域能力，损害全球战略稳定。北约持续扩员，加强在中东欧地区军事部署，频繁举行军事演习。俄罗斯强化核、非核战略遏制能力，努力维护战略安全空间和自身利益。欧盟独立维护自身安全的倾向增强，加快推进安全和防务一体化建设。

全球和地区性安全问题持续增多。国际军控和裁军遭遇挫折，军备竞赛趋势显现。防止大规模杀伤性武器扩散形势错综复杂，国际防扩散机制受到实用主义和双重标准危害，面临新的挑战。极端主义、恐怖主义不断蔓延，网络安全、生物安全、海盗活动等非传统安全威胁日益凸显。伊朗核问题解决出现波折，叙利亚问题政治解决仍面临困难。各国安全的交融性、关联性、互动性不断增强，没有哪一个国家能够独立应对或独善其身。

（二）亚太安全形势总体稳定

亚太各国命运共同体意识增强，通过对话协商处理分歧和争端成为主要政策取向，推动本地区成为全球格局中的稳定板块。上海合作组织构建不结盟、不对抗、不针对第三方的建设性伙伴关系，拓展防务安全领域合作，开创区域安全合作新模式。中国—东盟防长非正式会晤、东盟防长扩大会发挥积极作用，通过加强军事交流合作等途径促进相互信任。南海形势趋稳向好，域内国家妥善管控风险分歧。地区国家军队反恐协调机制等合作不断深化。均衡稳定、开放包容的亚洲特色安全架构不断发展。

世界经济和战略重心继续向亚太地区转移，亚太地区成为大国博弈的焦点，给地区安全带来不确定性。美国强化亚太军事同盟，加大军事部署和干预力度，给亚太安全增添复杂因素。美国在韩国部署"萨德"反导系统，严重破坏地区战略平衡，严重损害地区国家战略安全利益。日本调整军事安全政策，增加投入，谋求突破"战后体制"，军事外向性增强。澳大利亚持续巩固与美国的军事同盟，强化亚太地区军事参与力度，试图在安全事务中发挥更大作用。

地区热点和争议问题依然存在。朝鲜半岛局势有所缓和但仍存在不确定因素，南亚形势总体稳定但印巴冲突不时发生，阿富汗国内政治和解和重建艰难推进。部分国家之间的领土和海洋权益争端、民族宗教矛盾等问题仍然存在，地区安全热点问题时起时伏。

（三）国家安全面临的风险挑战不容忽视

中国继续保持政治安定、民族团结、社会稳定的良好局面，综合国力、国际影响力、抵御风险能力明显增强，仍处于发展的重要战略机遇期，同时也面临多元复杂的安全威胁和挑战。

反分裂斗争形势更加严峻，民进党当局顽固坚持"台独"分裂立场，拒不承认体现一个中国原则的"九二共识"，加紧推行"去中国化""渐进台独"，图谋推动"法理台独"，强化敌意对抗，挟洋自重，在分裂道路上越走越远。"台独"分裂势力及其活动始终是台海和平稳定的最大现实威胁，是祖国和平统一的最大障碍。境外"藏独""东突"等分裂势力活动频繁，对国家安全和社会稳定构成威胁。

国土安全依然面临威胁，陆地边界争议尚未彻底解决，岛屿领土问题和海洋划界争端依然存在，个别域外国家舰机对中国频繁实施抵近侦察，多次非法闯入中国领海及有关岛礁邻近海空域，危害中国国家安全。

中国海外利益面临国际和地区动荡、恐怖主义、海盗活动等现实威胁，驻外机构、海外企业及人员多次遭到袭击。太空、网络安全威胁日益显现，自然灾害、重大疫情等非传统安全问题的危害上升。

（四）国际军事竞争日趋激烈

世界各主要国家纷纷调整安全战略、军事战略，调整军队组织形态，发展新型作战力量，抢占军事竞争战略制高点。美国进行军事技术和体制创新，谋求绝对军事优势。俄罗斯深入推进"新面貌"军事改革，英国、法国、德国、日本、印度等国都在调整优化军事力量体系。

在新一轮科技革命和产业变革推动下，人工智能、量子信息、大数据、云计算、物联网等前沿科技加速应用于军事领域，国际军事竞争格局正在发生历史性变化。以信息技术为核心的军事高新技术日新月异，武器装备远程精确化、智能化、隐身化、无人化趋势更加明显，战争形态加速向信息化战争演变，智能化战争初现端倪。

中国特色军事变革取得重大进展，但机械化建设任务尚未完成，信息化水平亟待提高，军事安全面临技术突袭和技术代差被拉大的风险，军队现代化水平与国家安全需求相比存在差距，与世界先进军事水平相比差距较大。

二、世界主要国家军事力量及战略动向

冷战后两极格局瓦解，国际社会各种力量进行新的分化组合，世界处于新旧格局交替动荡时期，国际战略格局逐渐呈现出"一超多强"的态势。世界多极化在曲折中发展。世界主要国家军事力量及战略动向，是影响世界军事形势的主要因素，对我国国家安全产生重大影响。科学认识当前世界主要国家军事力量及战略动向，对维护我国国家安全具有重要意义。对我国安全构成重大影响的世界主要军事强国，是美国及周边的俄罗斯、日本和印度。

（一）美国军事力量及战略动向

美国是世界第一军事强国，拥有现今世界上总体实力最为强大的军队。美国军事力量及其战略动向，对世界军事形势和国际战略形势具有巨大影响。

1. 美国的军事力量

美国的武装力量，一般简称美军，是对美国拥有的武装部队的统称。美军武装力量分为美国陆军、美国海军、美国空军，美国海军陆战队、美国海岸警卫队和美国太空军六大军种。陆、海、空军分属美国国防部下属的美国陆军部、美国空军部和美国司海军部领导。海军陆战队归海军部领导，但一般情况下作为单独军种作战。海岸警卫队是美国六大武装力量之一，却隶属于国土安全部而不是国防部。太空军是第六个军事部门和第一个新设军种，是作为美国空军的一个军事部门而组织的，太空部队通

过空军部与空军部长领导，向美国国防部报告，并由总统任命并获得参议院确认。国民警卫队属于后备役范围，下辖陆军国民警卫队和空军国民警卫队。陆、海、空三军加海军陆战队的后备役属于精选后备役部队。总统担任武装部队总司令，国家安全委员会为最高防务决策机构，国防部是总统领导与指挥美国军事力量的最高机关。参谋长联席会议，属于国防部下辖的作战指挥系统或隶属于它的各联合司令部、特种司令部。参谋长联席会议既是总统、国防部长、国家安全委员会的军事咨询机构，也是总统和国防部长向联合司令部和特种司令部发布作战命令的军事指挥机关。

知识链接

根据近年来的《世界军事年鉴》《2018全球军力报告》和2019年《美国军力指数》等资料来看，美军现役部队人数142.9995万人，其中陆军54.1291万人，海军37.17237万人，空军33.3772万人，海军陆战队19.5338万人。后备役部队约80万人，服务于军队的文职人员约有80万人，军人总数居世界第二位，仅次于中国。美国陆军各类各型技术装备数量相当多，总共8325辆坦克、25782辆装甲输送车、步兵战车，1934门自行火炮、1791门牵引火炮和1330门多管火箭炮。空军、海军和海军陆战队飞行器总数为13683架，包括2271架歼击机、2601架攻击机、5222架军用运输飞机、2745架教练机，以及6012架多用途直升机和914架攻击直升机。海军和其他机构目前使用470多艘军舰、潜艇、快艇和辅助船只，包括10艘航母、15艘护卫舰、62艘驱逐舰、72艘潜艇、13艘岸防舰和13艘扫雷舰。

美国在海外的军事基地遍及除了南极洲外的六大洲、四大洋，辐射全球50多个国家。根据美国国防部统计，截至2009年，美国拥有海外军事基地865个左右。如果加上在伊拉克和阿富汗的新建基地，这一数字将超过1000个。这些海外基地占全球所有国家海外基地的95%。鉴于亚太和印度洋的重要战略价值，美军在这一地区设有7个基地群，占其海外基地总数近50%。2011年11月，美国首次公开提出亚太"再平衡"战略，此后，美国又进一步提出到2020年前把60%的海军舰艇和本土以外60%的空中力量部署在亚太地区的"两个60%"战略目标。截至2015年，美国在亚太地区部署有36.8万人的兵力，占美国海外军力的比重超过50%，这些力量基本上隶属于美军太平洋司令部。美军庞大的海外基地，是美国参与全球事务的"桥头堡"，让美国从遥远的第三方变成了地区格局中的"利益攸关方"，得以扮演"离岸平衡手"的角色，将冲突地带推进到潜在的敌国周围。

2. 美军的战略动向

（1）强化亚太地区的军事部署和作战准备。从2009年开始，美国军事战略重点逐步向亚太地区聚焦。从特朗普政府执政以来，连续发布了《国家安全战略》《国防战略》等报告，提出要全力确保美国军事优势地位，凸显了特朗普政府"美国优先"的核心理念，标志着美军任务重心向亚太地区的重大转变。美国计划将60%的战舰、6艘航空母舰放在亚太，重新调整和建设亚太地区的军事基地。如在关岛增建导弹防御阵地并扩建安德森空军机场，在夏威夷打造"珍珠港—希卡姆"大型联合基地，在阿拉斯加建设"埃尔门多夫—理查森堡"联合基地，在澳大利亚达尔文港开辟新基地，部署海军陆战队等。此外，美为确保对印度洋与西太平洋之间主要航道的控制，加紧在印度洋科科斯群岛建立无人机基地，加强从迪戈加西亚岛经科科斯、达尔文港直到关岛的横向军事基地网。

（2）加强"全球公域"的控制和争夺。"全球公域"是指不受单个国家控制，同时又为各国所依赖的领域或区域，主要包括海洋、空域、太空和网络空间四大领域。美国已经把全球公域作为夺取大国军事竞争主动权新的制高点，试图主导全球公域的规则制定权，通过强化同盟关系增强对全球公域的控制能力。如在亚太地区，美国同澳大利亚、日本展开相关方面的合作。通过有针对性地发展武器装备和军力部署来提升控制全球公域的硬实力。如美军组建了网络战部队，人数已达到5万余人。在太空空间领域，美国提出了"多层威慑"的战略，通过综合手段来谋求空间领域的主导权。

（3）加强与盟友及伙伴国的军事合作。北约仍将作为美国发展军事合作关系的基础。除北约之外，日本、韩国、澳大利亚、菲律宾、泰国等亚太盟国是美国强化同盟体系的重点对象。非洲、南亚各国也将成为美国开展军事合作的新伙伴。在非洲地区，美国将继续加强驻军，扩大伙伴关系国家的范围，帮助非盟和主要国家发展军事能力；在南亚地区，把印度作为亚太地区牵制中国的重要战略筹码。同时，还加强了与越南、马来西亚、新加坡等国家的合作，以应对地区性安全威胁与挑战。

（4）加快军事转型步伐。美国军队结构更加注重精干、灵敏、高效，军队能力建设向灵活性、机动性和小型化方向发展。为此，美陆军把战斗旅作为基本战术单位，加强特种作战、导弹防御以及网络作战等建设；美海军重视舰载无人机系统、无人潜航器、水面舰艇、反水雷建设。美实施"全球快速打击"手段，其中，陆基主要是加装常规弹头的"民兵"或"和平卫士"洲际弹道导弹；海基主要是俄亥俄级战略核潜艇上发射的"三叉戟"Ⅱ型导弹；空基主要是新型战略轰炸机和X-51A"驭波者"高超音速巡航导弹；天基主要是"猎鹰"高超音速飞行器。

（二）俄罗斯军事力量及战略动向

俄罗斯是当今世界仅次于美国的第二军事强国，其强大的军事力量及战略动向，对世界军事形势和国际战略形势具有重大影响。

1. 俄罗斯的军事力量

俄罗斯联邦武装力量（简称俄军），是俄罗斯军事力量最主要的部分，其前身主要是苏

俄罗斯空军

联武装力量在俄罗斯苏维埃联邦社会主义共和国的驻军。1992年5月7日，俄罗斯总统叶利钦签署命令建立俄罗斯联邦国防部，并命令俄罗斯联邦政府接管俄罗斯境内的所有苏联武装力量，俄罗斯联邦武装力量正式成立。俄罗斯联邦总统、俄罗斯联邦安全会议、俄罗斯联邦议会、俄罗斯联邦政府对保障国家安全、国防能力状况、武装力量和其他军队的战斗准备程度、动员准备程度和战斗力负全责。俄罗斯联邦总统是国家元首和俄罗斯联邦武装力量的最高统帅，对武装力量和其他军队实施全面领导，通过国防部长和总参谋长对武装力量实施作战指挥。国防部长通过国防部对联邦武装力量实施直接领导。俄罗斯联邦武装力量总参谋部对武装力量进行作战指挥，对武装力量各军种的指挥通过各军种总司令部进行。

俄罗斯联邦武装力量除了传统的陆军、海军两个军种之外，在2015年由空军和空天防御兵合并建立了新军种——空天军，由空军、空天防御兵和太空军三部分组成。另外俄罗斯还有两个独立兵种，即战略火箭兵和空降兵。当前各军种的兵力现状大致是，陆军27万，海军14.8万，空天军43万，战略导弹兵12万，空降兵4.5万。加上国家近卫军、边防军、铁道军、联邦通信和情报信息部队等武装力量后，总人数为201.9万人，综合军事实力世界第二，仅次于美国。

2. 俄军的战略动向

（1）积极部署全球反导防御系统，应对北约威胁。优先加强核遏制和空天防御能力，将着力点放在提高核力量的实战和威慑能力上，组建空天防御兵司令部，将分散于各军兵种的侦查和预警力量、防空力量、反导力量和太空防御力量重新整合，组成统一的空天防御体系。

（2）常规部队建设注重提高快速反应与机动能力。俄军将主要陆军部署在与北约接壤的俄罗斯和独联体北部、西部和西南部边界及与中亚及远东接壤地区；在主要战略方向，强化中小型部队的灵活编组和快速部署能力；在空降兵、海军陆战队、空军分队基础上组建特种作战力量；通过战备突击检查、建立武器装备储备基地等措施，满足快速战略战役机动的需求。

（3）军队体制编制适应联合作战需求。在指挥体制方面，进一步确立国防部长在军队中的核心领导地位，精简和改组包括国防部和总参谋部在内的中央指挥机关，大幅压缩军种总司令部的职能。航天兵、战略火箭兵和空降兵三个独立兵种保留中央直属关系，增加空天防御兵。将原有六大军区调整为"西部、南部、中央和东部"四大军区，成立四大联合战略司令部。在战区范围内建立联合战略司令部—战役司令部（陆军集团军、海军舰队、空军空防司令部）—战术兵团（陆军旅）三级指挥体制。大幅裁减武装力量兵团和部队、卫戍部队的数量，裁撤部分基地、兵营和设施。经过调整，俄军在整体结构上更为精干、灵活，新建立的战区指挥体制基本具备了联合作战、联合训练和联合保障的能力。

（三）印度军事力量及战略动向

印度是南亚次大陆最大的国家，是世界第二人口大国，也是金砖国家成员之一。印度强大的军事力量及其战略动向，对南亚及中国周边安全有重大影响。

1. 印度的军事力量

印度总统是名义上的武装力量统帅，内阁为最高军事决策机构。国防部负责部队的指挥、管理和协调。各军种司令部负责拟定、实施作战计划，指挥作战行动；三军平时无统一的作战指挥机构，由内阁总理通过内阁秘书处协同国防部对三军实行统一领导。战时通常授权主要军种参谋长实施统一指挥；国防咨询机构有国家安全委员会、国防部长委员会、国防生产与供应委员会、国防研究与发展委员会、国防计划委员会和最高情报委员会等。国防部长是最高军事行政长官，直接向内阁总理负责，由两名国防国务部长协助工作。国防部为国防职能机构，全部由文职人员组成，下设国防局、国防生产与供应局和国防科研局3个常设办事机构（均由国防秘书任局长），以及财政顾问处（由财政部派出的国防财政顾问任领导）和国防计划协调与执行委员会（由国防秘书任主席）。

知识链接

印度的武装力量由正规军、准军事部队和后备力量、核战略司令部等支援服务机构组成。现役部队分陆军、海军、空军和海岸警卫队四个部分，现役兵力约131万，正规军规模位居全球第三，排在中国、美国之后。印度陆军约113万，约占现役兵力86%以上，是典型的大陆军。海军大约有5~6万，空军大约有11~12万。印度海岸警卫队分西岸、东岸、安达曼和尼科巴三个大队，人员有5440名，包括633名文官。印度的准军事部队种类庞杂，驻地分散，隶属不同的部门，他们是印度正规部队的辅助力量，平时可执行边防海防巡逻、情报搜集和内卫治安任务，战时则作为辅助力量配属正规部队执行作战任务，规模约100万人。印度的后备力量是指不脱产的民间武装，印度自称为第1线预备役和第2线防务力量，共有240万人。

2. 印军的战略动向

（1）战略指导突出进攻性和主动性。印度将巴基斯坦视为主要现实威胁，将中国视为最大潜在威胁，推行"先发制人"的战略方针。在总体战略部署上强调"西攻、北防、南下、东进"。即向西对巴基斯坦采取攻势，对北面的中国采取战略防御，向南控制印度洋，向东通过马六甲海峡进入西太平洋，争取印度在各方向的军事优势，扩大其战略影响，支撑其向大国迈进的战略目标。

（2）加强边境地区的军事部署。印度加强边境地区对华军事部署，完善边境防御体系。中印边境的西、中、东段存在领土争议，印度向中印边境地区增派大量兵力，计划在现有12万兵力基础上，再增加6万人的部队。在西段，印军组建了第14军，加强了空军战斗机和直升机分队的部署；在中段，对驻军进行改编，组建轻型、实用、高效的作战部队；在东段，建设中的"山地打击军"将由6万人组成，至少下辖2~3个师及附属支援兵力。印度空军恢复并扩大靠近中印边境的空军基地，将向东北部和其他方向前沿地区增加部署苏-30等先进战机；加强在边境地区的巡航导弹部署。

（3）加大对印度洋的控制力度。印度制定了全面控制印度洋的"东进、西出、南下"战略。向东把活动范围与影响延伸到南中国海，乃至西太平洋；向西穿过红海与苏伊士运河，影响扩大到地中海；向南扩展到印度洋最南端，甚至绕过好望角到达大西洋。为实现战略目标，印度在海军装备建设上提出了"三步走"的发展战略：一是建立亚洲最大航母舰队。二是加强海基核力量建设，以弥补"三位一体"核打击力量的短板。三是打造具备远洋作战能力的"蓝水海军"。印度还高度重视海军基地建设，在其东部海岸、东南部群岛和南部岛屿上新建了海军基地。在西南方向，印度继在马达加斯加岛建立雷达监听站后，又租借了毛里求斯共和国的阿加莱加群岛，并在上述群岛建设海军基地和机场，以扼守莫桑比克海峡等战略通道。

（4）重视核武器的威慑作用。印度在核战略上谋求对巴基斯坦形成核优势，与中国形成核平衡。为实现有效核威慑，印度提出要建立一支由陆基弹道导弹、中远程攻击机和空地导弹、核动力潜艇和潜射弹道导弹组成的，具有生存和反击能力的"三位一体"核威慑力量。在陆基核力量上，印度目前已装备射程250千米的"大地"近程弹道导弹，射程280千米的"布拉莫斯"巡航导弹，射程2500千米的"烈火-2"、射程3500千米的"烈火-3"中程弹道导弹、射程达5000千米的"烈火-5"远程弹道导弹，具备了对印度洋和周边国家的远程威慑打击能力。在空基核力量上，印度空军拥有多种可以投掷核武器的飞机，包括"美洲虎"攻击机、"幻影-2000H"战斗机、"米格-27"和"苏-30MKI"战斗机。在海基核力量上，印度积极推进国产战略核潜艇建设，获取"可靠的第二次核打击"能力。通过一系列的努力，印度将建成"三位一体"的战略核力量体系。

（5）积极推进东向战略。印度借助美国实施印太战略之机，加大"东向"战略力度，意图在东南亚、东亚和西太平洋地区发挥影响。一是加强东部方向的海空军基地建设，以提高海军远程兵力投送能力。印度在靠近马六甲海峡西口的安达曼·尼科巴群岛成立了由海、陆、空三军组成的联合司令部，组建了新的海军军区，并开始扩建该岛机场。该基地在有效瞰制马六甲海峡的同时，将成为保障印度军事力量东进南中国海和西太平洋的重要前进基地。二是加强与东南亚、东亚、西南太平洋国家的军事安全合作，牵制中国。印度加大同区域外国家的安全合作，提升印度海军的战略能力，从海上方向威慑中国。

（四）日本自卫队力量及战略动向

日本是一个高度发达的资本主义国家，也是当今世界第三大经济体。日本是美国在亚太地区的重要盟国，也是该地区的主要国家。其自卫队虽然名义上不是"国防军"，但拥有强大的综合军事实力。日本自卫队力量及其战略动向，对国际和地区形势及我国国家安全有重大影响。

1. 日本自卫队的力量

日本自卫队，简称自卫队，是日本国最主要的武装力量。日本自卫队的前身，是1950年7月8日日本吉田内阁根据《和平宪法》和相关的国际条约规定组建的国家警察预备队。1954年6月9日，日本政府颁布《防卫厅设置法》和《自卫队法》，将保安队改为拥有陆海空三大武装力量的自卫队，并成立了防卫厅（后升级为防卫省）和参谋长联席会议，健全了统帅指挥机构。日本自卫队的最高统帅是内阁总理大臣，最高军事决策机构是内阁会议。"安全保障会议"是内阁在军事上的最高审议机构，由内阁总理大臣、外务大臣、财务大臣、内阁官房长官、国家公安委员长、防卫大臣等内阁主要成员组成，负责审议国防方针、建队计划及处理各种突发事件等。防卫省是日本政府掌管国防的行政机关，相当于其他国家的国防部。防卫厅于2007年1月9日升格为防卫省，成为日本的政府部门，享有同外务省等同等的权力。防卫省最高层级的官员称为防卫大臣，由首相负责任命，管辖范围也包含首相管辖下的自卫队。参谋长联席会议由主席和陆、海、空自卫队参谋长组成，负责拟定和调整部队作战、训练和后勤计划，搜集研究军事情报，在实施两个队种以上的联合作战及演习时，实施统一指挥。

日本现役自卫队由陆上自卫队、海上自卫队、航空自卫队组成，总人数约25.5万人，其中陆上自卫队约15.2万人，海上自卫队约4.5万人，航空自卫队约4.7万人，共同部队1200余人，统合幕僚监部（联合参谋本部）、情报本部人员共2千余人。另有即刻应变预备役自卫队员4.79万人，预备役自卫队员8千余人，预备役自卫队员候补4千余人。另有书记官、事务官等文职人员约2万人。日本海上保安厅拥有一支质量极其可观的水面舰艇与航空巡逻机兵力，截至2010年，海上保安厅拥有巡视船艇约200艘，海事巡视飞机70多架，还设有卫星监察所巡视海域。日本海上保安厅在全球海岸防卫队中仅次于美国海岸警卫队，超过邻近东亚国家海岸防卫兵力的总和，整体实力甚至高出许多小国海军，是日本不折不扣的"第二海军"。

随着日本经济实力的迅速增强，日本自卫队建设得到长足发展，在"质重于量"和"海空优先"的建队方针指导下，自卫队已发展成为一支装备精良、训练有素、作战能力较强的武装力量。在美国2018年公布的世界各国最新军事力量排名中，美国排在第一、俄罗斯居第二、中国排第三、印度为第四，日本排在第九位。同英国和法国军队相比，除了在核武器、远程轰炸机、核动力潜艇等少数领域外，日本的军事实力已相当或超过了英国。

2. 日本自卫队的战略动向

（1）战略指导强调"联合机动防卫"。日本视我国为主要战略对手，将军事战略方针调整为"联合机动防卫"。在对安全威胁的战略判断上，突出强调朝鲜和中国的威胁，将俄罗斯作为重点防范对象；在军事力量的职能上，定位为有效遏制及应对各种事态、促进亚太地区稳定及改善全球安全环境；在军事力量建设上，强调通过构建综合国防体制，建设高效联合的军事力量，不断发展壮大自身军事实力。

（2）军事部署重心向西南方向转移。日本正式确定以加强西南方向的防卫态势为重点，优先建设确保海空优势的防卫力量。陆上自卫队新组建沿岸监视部队和执行快反任务的警备部队，以强化西南诸岛的部署态势；组建专业化机动作战部队，有效遂行空降、水陆两栖作战、特种作战、航空运输、特种武器防护等任务，实现与海上自卫队和航空自卫队有效联合，完善和强化岛屿地区的防御态势；组建岸舰导弹部队，将进攻岛屿之敌拒止于海上；新建水陆两栖作战部队，为在岛屿遭受攻击时迅速实施登岛、夺岛和守卫作战；航空自卫队新组建E-2C预警机飞行队，部署在那霸基地；在西南地区岛屿建设警戒雷达基础设施，保持全天候警戒监视态势；增加部署在那霸基地的战斗机部队。

（3）军队建设强调机动防卫能力。日本强调以应对"岛屿攻击"为抓手，全面提高自卫队的攻防作战能力。为构建一支在软硬件两方面都具备快反性、持续性、坚韧性和互通性的联合机动防卫力量，日本强调加强9种军事能力建设：警戒监视能力、情报保障能力、运输能力、指挥控制和情报通信能力、应对岛屿攻击能力、应对弹道导弹攻击能力、应对太空和网络攻击能力、应对大规模灾害能力、参加国际和平合作活动能力。

（4）注重发挥日美同盟的作用。日美同盟实现了日本防卫政策上的重大突破。一是合作地域从"周边"扩展到全球，实现了日本武装力量走向世界的目标。二是合作内容实现从平时到发生突发事件的"无缝"合作，如维和、救援、预警、情报分享、监控、侦察、训练、演习、拦截弹道导弹、舰船护卫等。三是从自卫扩大到"他卫"。四是从双边合作扩大到三边和多边合作，具体包括情报分享、监控、侦察、训练、演习、能力建设、海洋安全等。五是成立常设"联盟合作机制"，强化日美协调配合。

学练合一

一、填空题

1.《国家安全法》第一章第二条对"国家安全"的定义是："国家安全是指_____、_____、统一和领土完整、人民福祉、经济社会可持续发展和国家其他重大利益相对处于没有危险和不受内外威胁的状态，以及保障持续安全状态的能力。"

2．习近平在中央国家安全委员会第一次会议上阐述"总体国家安全观"时指出："必须坚持总体国家安全观，以＿＿＿＿为宗旨，以＿＿＿＿为根本，以＿＿＿＿为基础，以军事、文化、社会安全为保障，以促进国际安全为依托，走出一条中国特色国家安全道路。"

二、思考题

1．国家安全的基本原则是什么？

2．试述我国新形势下的国家安全。

3．新兴领域的国家安全都有哪些？

4．美国的战略动向是什么？

5．日本的战略动向是什么？

第三章

军事思想

了解军事思想的内涵、发展历程以及地位作用；了解外国军事思想的主要内容、特点以及代表性著作；了解中国古代军事思想的主要内容、特点以及代表性著作；熟悉我国当代军事思想的主要内容、地位作用和现实意义，理解习近平强军思想的科学含义和主要内容，树立科学的战争观和方法论。

导言

每个国家和民族，都有自己的战争思维和战争智慧，就是关于战争和军事问题系统性、理性化的认识。在数千年的历史长河中，中国军事思想不断完善发展，形成了独具特色的东方兵学体系，指导了无数次战争，成为世界军事思想体系中的重要组成部分，对世界军事科学的发展产生了积极影响，也是毛泽东军事思想以及我国现代化国防思想的重要源泉。在当代，党的军事指导理论引领着我们国家和军队走向胜利。习近平强军思想是新时代国防和军队建设的根本指导思想，必须认真学习和贯彻落实。

第一节　军事思想概述

什么是军事思想？这是我们学习军事理论必须正确认识的最基本问题。我国《军事大百科全书》提出：军事思想是关于战争、军队和国防的基本问题的理性认识，是人们长期从事军事实践的经验总结和理论概括，不同阶级、国家或政治集团有不同的军事思想。由于军事思想是对人类军事活动中的基本问题的认识，军事思想也就是整个军事理论体系的理论基础。

一、军事思想的内涵

军事思想是关于战争、军队和国防的基本问题的理性认识，是人们长期从事军事实践的经验总结和理论概括。它揭示战争的本质、基本规律以及进行战争的指导原则，阐明军队建设和国防建设的基本理论、原则，从整体上反映战争和军事问题的成果。军事思想来源于人类的军事实践，同时又给人类的军事实践以理论指导，并在军事实践中接受检验。军事思想按时代区分，有古代军事思想、近代军事思想和现代军事思想；按地域和国家区分，有中国军事思想和外国军事思想；按阶级性质区分，有奴隶主阶级、地主阶级、资产阶级和无产阶级等不同阶级的军事思想。任何军事思想，都集中反映特定时代、阶级、国家对战争性质、战争准备与实施的基本思想和观点。马克思主义军事理论是无产阶级的军事思想体系，它为无产阶级军事科学的一切领域提供了科学的战争观和军事方法论，是无产阶级进行军事斗争的思想武器和理论指南。军事思想研究的对象和内容，通常包括战争观，战争与军事、国防问题的方法论，作战指导思想和原则，军队建设及国防建设的指导思想和原则等。

二、军事思想的发展历程

（一）古代军事思想

军事思想是实践的产物。在远古时代，世界各地生息繁衍的众多氏族群体，对军事问题认识普遍处于蒙昧状态，往往把战争的发生和胜负的原因归结为"天意"或"神的意志"。

中国从奴隶社会到封建社会前期，军事思想的发展水平一直居世界前列。早在春秋以前就已出现了专门的军事文献《军政》和《军志》等，在《尚书》《周易》等古代典籍中也包括一些军事思想。在这些古籍中，对建军和作战等问题就有许多带规律性的认识。春秋战国时期，社会剧烈变革，争霸和兼并战争频繁激烈，加之军事技术的进步和学术思想上的百家争鸣，有力地促进了军事思想的发展，使中国古代军事思想出现了一个前所未有的兴盛时期。不仅儒、道、法、墨等诸子百家典籍中有大量深邃的军事思想，而且涌现了孙武、吴起、孙膑等一批兵学家，产生了《孙子》《吴子》《司马法》《孙膑兵法》《尉缭子》等一大批兵学著作。

在古代，世界其他国家的军事思想，特别是古代希腊军事思想和古代罗马军事思想获得显著发展。从史书记载的古希腊底比斯军事统帅埃米农达、马其顿国王亚历山大三世，迦太基军事统帅汉尼拔，古罗马军事改革家马略、奴隶起义军领袖斯巴达克斯等人的军事实践活动和这一时期的代表性军事著作，像希罗多德的《历史》、凯撒的《高卢战记》和《内战记》等书中，都可反映出古代欧洲一些国家的军事思想。

（二）近代军事思想

世界近代是资本主义形成与上升、无产阶级作为独立的政治力量开始登上历史舞台的时代。近代军事思想发展的总体特征，一是欧洲一些国家在文艺复兴运动和产业革命的推动下率先实行军事思想的变革，资产阶级军事思想体系得到确立；二是人类军事思想发生革命性变化，以马克思主义军事理论为代表的无产阶级军事思想宣告诞生。

15和16世纪之交，欧洲军事思想领域出现了近代化的萌芽，主要代表著作是意大利马基雅维利的《战争艺术》等。近代欧洲军事思想变革的成果，集中体现在产生于18世纪前期的拿破仑战争艺术，以及克劳塞维茨所著《战争论》和若米尼所著《战争艺术概论》这两部军事理论名著之中。

无产阶级军事思想，作为一种崭新的军事思想体系，也是在近代确立的。马克思主义军事理论的诞生，是人类军事思想发展史上一次划时代的伟大革命，为人们研究、解决军事领域的问题提供了科学的基本观点和基本方法，为无产阶级军事思想的发展奠定了坚实的理论基石。

（三）现代军事思想

世界资本主义体系在19世纪末至20世纪初发展到帝国主义阶段，对外扩张的各种军事理论大量出现。美国马汉的《海权论》认为，谁控制了海洋谁就能控制世界，必须大力发展海上力量。英国麦金德提出"大陆心脏说"认为，谁控制了东欧和中亚，谁就能控制世界。鲁登道夫提出"总体战"理论强调，动员国家一切力量，使用一切手段进行战争。意大利的杜黑、英国的特伦查德、美国的米切尔等人认为，空中力量在现代战争中有决定性作用，主张建立并优先发展独立的空军。英国的富乐和利德尔·哈特、法国的戴高乐和德国的古德里安等人认为，现代战争中的决定性制胜手段是高度装甲化机械化的机动突击力量，为此，古德里安提出"闪击战"理论。

在这一阶段，无产阶级军事思想在世界范围内蓬勃发展。列宁在领导俄国十月社会主义革命和反对帝国主义武装干涉及国内战争中，从帝国主义和无产阶级革命时代的特点与俄国的实际出发，创立了关于战争与革命、武装起义与建设工农红军、实行全民战争等学说，为马克思主义军事理论谱写了新篇章。毛泽东军事思想中的人民战争思想、人民军队思想、人民战争的战略战术思想、国防建设思想和关于战争观、方法论的学说，既深刻揭示了中国革命战争、人民军队建设和国防建设的特殊规律，又反映了军事领域的一般规律，其丰富性和系统性达到了前人从未达到的程度，是无产阶级军事思想史上的一座丰碑。

从20世纪90年代以后，随着新科技革命在世界范围内蓬勃兴起，大量新技术用于军事目的，促使军事领域发生新的变革；武装冲突和局部战争频繁发生，使用高新技术武器装备种类、数量繁多，现代化程度提高等，都有力地推动了各国现代化军事思想的发展。如美国提出了"快速决定性作战"理论、"OODA环理论"等，俄罗斯学者提出的"第六代战争"理论，"御"的战略思想等。70年代末期以来，中国军事思想发生了阶段性变化，先后产生了邓小平新时期军队建设思想、江泽民国防和军队建设思想、胡锦涛国防和军队建设思想、习近平强军思想，他们一脉相承又与时俱进，是当今中国军队建设、国防建设、和平时期军事斗争和未来反侵略战争的理论基础和指南。

三、军事思想的基本特征

不同阶级、不同国家或政治集团的军事思想，不但性质不同，而且内容体系和特点也不同。同一阶级、国家或政治集团的军事思想，在不同历史时期或同一历史时期的不同发展阶段上，军事思想的内容体系也有区别并各具特点。但总体而言，军事思想具有以下共同的基本特征。

（一）鲜明的阶级性

军事思想来源于社会实践。不同的人们，立场不同，根本利益不同，所从事的社会实践活动不同，关于社会实践的认识和意识形态也不相同。在阶级社会中，人们由于阶级利益不同，所奉行和推崇的军事思想，必然要反映各个阶级对战争和军事问题的认识和立场。因此，军事思想具有鲜明的阶级性。

（二）强烈的时代性

在不同的时代条件下，人类军事实践的特点有很大不同。不同历史时期的战争及其军事实践，有着不同的战争形态和与之对应的战争指导原则，有着不同的军队组织原则和编制体制。因而，不同时代的军事思想都打下了深刻的时代烙印，与当时的生产力水平和军事技术水平相适应。

（三）明显的继承性

学习和继承是人类的基本能力。在任何社会实践领域，人类的思想发展都离不开前人成果。在军事领域，也是这样。历史上所形成的具有规律性的军事原则、概念和范畴流传下来，能够为后人继承和运用。因而，任何国家和民族及军队的军事思想，都具有明显的继承性特点。

（四）相互的借鉴性

每一种军事思想，都有一定的科学性和客观性，不同的军事思想中都包含着共同的军事规律和原理，因而不同的军事思想之间必然要相互借鉴。另外，不同的军事思想各自具有不同的军事认识论和方法论，反映出不同的军事思想创造主体之间思维方式和方法的差异性，各个不同的军事思想创造主体之间，也需要互相学习其他民族或国家的思维方式和方法，用以弥补自身思维方式和方法的缺陷。因而，军事思想具有很强的借鉴性。

四、军事思想的地位作用

（一）军事思想是军事实践的行动指南

军事思想之所以能对军事实践起指导作用，就在于它是军事实践的能动反映，是军事实践经验的理论概括，并揭示了军事领域的一般规律。军事思想对军事领域的规律反映得愈深刻、愈正确，它对军事实践的指导作用也就愈大。军事实践同其他实践活动一样，是人们有目的、有意识地改造世界的物质活动，而指导实践的军事思想是否正确，决定着军事实践的成败。没有正确的军事思想做指导，即使具备取得战争胜利的有利条件，也不能够把战争胜利的可能性变为现实。

（二）军事思想是军事科学体系的重要组成部分

在军事科学体系中，军事思想是先导，是各门具体军事学科的理论基础和根本方法。军事思想研究战争和军事领域的一般规律，研究具体学科，如果不懂得战争和军事领域的一般规律，就不能从总体上把握战争，也就不能真正认识和把握各门具体学科所研究的各自领域的特殊规律。此外，军事思想不仅是人类军事学的基础，它还通过自身的丰富与发展，推动了军事科学体系的形成与完善。

（三）军事思想为其他领域提供重要借鉴

"兵者，国之大事，死生之地，存亡之道，不可不察也。"军事思想的地位作用，以及它的影响已远远超出军事的范围，扩展到政治、经济、外交、文化和科技等重要领域，是有关部门制定政策和策略的重要理论依据之一，甚至也成为一个人成长进步的重要思想武器。学习和研究军事思想，特别是学习研究马克思主义军事理论，不仅可以学到观察、分析和解决问题的马克思主义的立场、观点和方法，学到马克思主义哲学的一系列基本的原理原则，而且可以学到如何把马克思主义的基本原理同现实中国的实际问题相结合，正确地运用这些原理来解决各种现实问题，提高我们观察分析和解决实际问题的能力，提高思维能力，增强我们在工作中的原则性、系统性、预见性、创造性和科学性。

第二节　外国军事思想

世界各国文明是相互交流、共同进步的，军事思想领域也是如此。马克思、恩格斯和列宁等创立的无产阶级军事理论，是中国当代军事思想的基石，必须坚决地继承与发展。而借鉴和吸取其他外国军事思想的有益成分，认识其存在的不足，也具有重要的现实意义。

一、外国军事思想主要内容

外国军事思想是指除中国以外的世界其他国家及其政治家、军事家和思想家关于战争、国防和军队等问题的理性认识。外国军事思想内容丰富，包括古代、近代和现代军事思想。这里主要介绍近代以来主要外国军事思想观点，除战争论外，有海权论、空中战争论、机械化战争论、地缘战略论、联合作战理论、太空战理论等。

（一）海权论

海权论主张拥有并运用优势海军和其他海上力量，以确立对海洋的控制权力，进而实现国家战略目的的军事理论。又称海上实力论。主要代表人物有美国的马汉和英国的科洛姆。主要内容有：谁控制海洋，谁就能控制世界贸易并进而控制世界财富；海洋必然成为渴望获得财富和拥有实力的海上强国进行竞争和发生冲突的主要领域；国家海上力量优势的标志是强大的舰队、商船队及发达的基地网；海军舰队应成为海上野战军，要塞、基地应成为保障舰队在海上实施进攻作战的根据地；夺取制海权是海上作战的主要目标，夺取制海权的方法是舰队决战和海上封锁。因此，海军在海战中的主要任务是积极进攻以摧毁敌方主力舰队，并进而夺取制海权。这些观点受到英、美、日等海上强国的推崇，并对这些国家的海洋政策和海军战略产生深远影响。

（二）空中战争论

空中战争论主张建设一支独立空军进行空中战争，以赢得战争胜利的理论。又称空军制胜论。主要代表人物有意大利的杜黑和美国的米切尔。主要内容有：飞机越来越广泛地用于战争，未来战争将出现一个与陆上战场、海上战场并列的空中战场，进行陆上、海上、空中三种相对独立而又相互联系的战争，空中战争的胜负将决定战争结局，为了赢得空中战争的胜利，必须建立独立空军；夺取制空权是赢得战争胜利的必要条件，夺取制空权只能依靠空军，空军的首要任务是夺取制空权；空中战争是进攻性战争，空军的核心是轰炸机部队，对敌国经济、军事、居民中心实施战略轰炸，即可摧毁其物质上和精神上的抵

杜黑

抗，并使之屈服；空军应当统一指挥，集中使用；要发展民用航空和航空工业，作为空军的后备力量。空中战争论在世界军事思想史上占有重要地位，对许多国家的

空军建设和作战理论产生了重要影响。

（三）机械化战争论

机械化战争论主张以坦克为主体的机械化陆军在航空兵配合下，主宰战场和决定战争结局的理论。又称坦克制胜论。主要的代表人物有英国的富勒、德国的古德里安等。主要内容有：装甲车能使攻击力大于防御力，使战争重新成为艺术，进而压缩军队数量，减少战争次数，缩短战争时间，节省战争费用，减轻战争造成的伤亡和破坏；实现机械化和摩托化后，坦克将取代骑兵成为陆军的主体；兵役制度将出现变革，短期服役制将由职业化军队的终身服役制所取代；战争指导将强调坦克部队和航空兵协同、先敌发起进攻和突然袭击；战略战术将强调大纵深作战，打击对方首脑机关，摧毁其通信、补给系统和歼敌重兵集团。机械化战争论对20世纪30年代乃至第二次世界大战后相当长的时间内各国的军队建设都产生了重大影响。

（四）地缘战略论

地缘战略论以地缘关系为主要依据，制定国家政治、军事、经济战略以及对外政策以谋取国家利益的理论。主要代表人物有：英国的麦金德、美国的布热津斯基等。主要内容有：欧亚大陆是世界地缘战略的枢纽，地缘是国际政治斗争的焦点，地缘政治利益是国家利益的重要内容，很大程度上领土的大小和资源的多少以及在世界上所处的位置，决定了一个国家的政策选择和利益取向。地缘战略理论对一些国家的安全政策、世界地缘战略格局和欧亚大陆的地缘战略格局产生了深远影响。

（五）联合作战理论

联合作战理论是指统一组织使用两个或多个军种的部队完成一项作战任务的理论。主要内容包括："四大作战原则"，即"主宰机动、精确打击、全维防护、聚焦后勤"；"全谱优势"理论，是指在所有军事行动中关军都能单独或与盟国部队及"跨机构伙伴"协同行动，击败任何对手并控制局势；网络中心战理论，强调通过战场各作战单元的网络化，把信息优势变为作战行动优势，使各分散配置的部队能够共同感知战场态势，从而协调行动，发挥最大的作战效能；快速决定性作战理论，指综合运用"知己知彼""指挥与控制"和"基于效果作战"，协调使用军事和非军事手段，在敌人没有反击能力的方向和维度上发动非对称攻击，使其最终因丧失凝聚力而不得不屈服或被彻底摧毁；基于效果作战理论，认为敌人是一个系统，制服系统应该是控制和瘫痪它，而不是消耗和摧毁它；作战行动同时性理论，要综合运用国家实力，采用"平行作战"的方法，同时打击敌人的重心和脆弱点，通过心理"震慑"获得"快速主宰"，从而迅速直接达成战略目标。

（六）太空战理论

太空战理论是主张运用或针对太空军事力量实施攻防作战的理论。又称天战理论。2001年美国空军颁布的《AFDD2-2太空作战条令》、2004年颁布的《AFDD2-2.1反太空作战条令》，对太空作战理论进行了系统阐述。主要内容包括夺取制天权理论、太空威慑理论、作战样式理论及武器系统理论等。夺取制天权理论：太空战理论主张争夺制天权，即在保护己方天基武器系统和保证己方在太空行动自由的同时，干扰、破坏和摧毁对方天基武器系统和剥夺对方在太空的行动自由；太空威慑理论：太空战理论主张进行太空威慑，认为太空战对陆、海、空作战的进程和结局有决定性的直接影响，实施太空威慑战略既要保护己方军事和民用太空设施，又不让对方使用太空；作战样式理论：太空战理论认为，太空作战样式应包括太空进攻战和太空防御战两个方面；武器系统理论：为实施太空战，必须研究和发展相应的太空战武器系统，主要包括反卫星武器系统、反导武器系统、太空作战飞行器和空天飞机。太空战理论的产生和发展，促进了战争形态、作战样式及军事理论的巨大变革。

二、外国军事思想代表性著作

（一）克劳塞维茨的《战争论》

《战争论》是普鲁士军事理论家、军事历史学家克劳塞维茨（1780—1831年）的著作。在书中，克劳塞维茨提出了"战争无非是政治通过另一种手段的继续"的著名论断；比较系统地探讨了战争的目的，论证了消灭敌人和保存自己的关系；阐述了民众战争的作用及使用原则；认为指导战争必须考虑精神的和物质的要素，物质要素是"刀柄"，统帅的才能、军队的武德和民族精神等精神要素才是"刀刃"，打败敌人就是要剥夺对方的抵抗意志；强调集中兵力是首要的战略原则，兵力优势是战争中普遍的制胜因素，防御是较强的作战形式，注意处理好进攻防御的关系；论证了战争是充满暴烈性、偶然性、盖然性、作为政治工具的从属性和各种"阻力"的领域，军事原则不是死板的规定，不能把战争艺术变成机械的公式计算；军事知识只有浓缩成为简明的原则才有用无害，军事理论应当是一种思考而不是现成的"脚手架"；批判地考察战史是军事理论研究的基础。克劳塞维茨运用辩证的方法对战争的定义、目的、手段，军事艺术的划分，战略要素，战争中的攻防和会战的地位、特点等作了系统阐述，提出了许多正确的见解，反映了资产阶级上升时期军事思想的革新精神，对资产阶级军事思想体系的确立起了极其重要的作用，在世界上具有广泛的影响。

名人传记

　　克劳塞维茨出生在普鲁士马格德堡的一个贵族家庭，12岁时就参加了普鲁士军队，13岁就第一次走上了战场。1803年从柏林普通军校毕业后担任奥古斯特亲王的副官。在1808年，克劳塞维茨进入到格哈德·冯·沙恩霍斯特奠基的普军总参谋部中任职。当时法国大革命及拿破仑的军事行动使普鲁士内部也涌动着改革的潮流，这场变革与香恩霍斯特、威廉·冯·洪堡、施泰因、哈登堡等人的名字紧紧相连，克劳塞维茨所在的普鲁士总参谋部自然成为军事改革的先锋。克劳塞维茨在1812年发表了名为《三个信条》的日耳曼民族解放纲领，在其中表达了改革派联合俄国，抗击拿破仑的观点，和19世纪另一位大军事思想家若米尼并列为西方军事思想的两大权威。就在1812年5月克劳塞维茨来到俄国军队，在俄国抵抗拿破仑进攻的卫国战争中克劳塞维茨参加了奥斯特洛夫斯诺、斯摩棱斯克、博罗金诺等会战，担任过柏林骑兵军与乌瓦洛甫骑兵军的作战军官。1814年回到普鲁士军队，1818年出任柏林军官学校校长并晋升为将军。

克劳塞维茨

　　在担任军官学校校长的12年中，克劳塞维茨为后人留下了大量的资料，遗孀玛丽整理出版了《卡尔·冯·克劳塞维茨将军遗著》。这部巨著共十卷。著名的《战争论》是其前三卷，后七卷为战史战例，包括了1566—1815年中大小130余例会战，记述了荷兰独立战争、古斯塔夫二世·阿道夫战争、腓特烈大帝战争、拿破仑战争、1812年俄法战争和1813年德意志解放战争等。

（二）若米尼的《战争艺术概论》

　　若米尼（1779—1869年），是出生于瑞士的军事理论家、军事历史学家。他撰写了军事理论名著《战争艺术概论》。在书中，若米尼总结了法国革命战争和拿破仑战争的经验，创立了19世纪初期的战争艺术理论，提出了不少具有普遍指导意义的作战原则。书中论证了军事领域的一些基本原理及其应用规则，同时又指出不能把这些原理和规则当成绝对化的公式；提出了战争指导上的若干原理，强调战争艺术应首先考察国家的战争政策和影响战争胜败的多种因素；指出各种不同类型战争的规律是有区别的，全民参加的民族战争具有最可怕的力量；对战争艺术的内容体系做了新的划分，提出了有关战略、战术以及军队建设的一系列基本原则。若米尼的军事思想有较强的生命力和深远的影响，为不少国家所重视。但由于时代的局限性，带有某些形而上学和机械论的色彩。例如，认为某些战争艺术的规律是永恒不变的，夸大统帅在战争中的作用，低估政治、经济因素对战争的影响等。

（三）马汉的《海权论》

马汉（1840—1914年），是美国军事理论家、军事历史学家。他撰写了多部关于海权论的著作。如《海权对历史的影响，1660—1783》《海权对法国革命和帝国的影响，1793—1812》《海权的影响与1812年战争的关系》和《海军战略》等。他的理论被总称为"海权论"。马汉强调海洋的重要性和控制海洋的意义。他在书中提出，海权是历史发展的一个决定性因素，海军战略的目标是保证国家获得平时和战时的海权。马汉认为，海上作战最重要的任务是掌握制海权，而掌握制海权有赖于强大的海军。他主张美国突破传统的近岸防御思想的束缚，建设一支具有进攻能力的强大海军，首先控制加勒比海和中美地峡，进而向太平洋扩张，在大西洋上则与海上强国英国相互协调，以左右欧洲形势。马汉认为，海军战略的基本要素是集中、中央位置、内线、海上交通线。海军的存在是为了进攻，防御只是进攻的准备。海军战略的关键是平时和战时建立并发展国家的海上力量。马汉认为原理是"永恒不变"的，轻视新技术装备对军事的作用与影响，夸大海上力量和舰队决战的作用。马汉的军事思想适应19世纪末20世纪初美国垄断资本向海外发展的需要，是当时各届美国政府制定对外政策和海洋战略的重要依据，对美国军事思想和其他许多国家的海军理论都产生了重要影响。马汉的军事思想具有时代和阶级的局限性，在一定程度上是为资本主义国家争夺海上霸权提供帮助的。

第三节　中国古代军事思想

中国是一个有着五千年历史的文明古国，中国古代军事思想是中国传统文化的珍贵遗产。在数千年的历史长河中，中国军事思想不断发展完善，形成了独具特色的东方兵学体系，成为世界军事思想体系的重要组成部分，对世界军事科学的发展产生了积极影响。中国古代军事思想，是指我国在奴隶社会、封建社会时期，各阶级、集团及其军事家和军事论著者对于战争与军队问题的认识，它随着社会的前进、战争的发展而不断深化。概括来说，中国古代军事思想萌芽于夏、商、西周，成熟于春秋战国，发展于秦朝至清朝前期。

一、中国古代军事思想的形成和发展

中国古代军事思想的形成和发展大体上经历了萌芽、形成、丰富发展、系统完善四个历史时期。

（一）萌芽时期

公元前 21 世纪至公元前 8 世纪，是我国古代军事思想萌芽时期。我国先后建立了夏、商、西周三个奴隶制王朝，并建立了国家的军队，出现了具有阶级意义的战争。著名的战争有牧野之战、周公东征等，作战样式有步战、车战。军队的治理以"礼"和"刑"为基础。"礼"主要适于上层的贵族和军官，讲究等级名分、上下有序；对下级和士兵的管理主要靠严酷的刑罚。这时人们对军事问题，开始有了一些初步思考，产生了一些萌芽形态的兵书。商代甲骨文、商周的金文中就有大量关于军事活动的记载，当时专门研究军事的著作有《军政》《军志》等军事著作，虽早已失传，但这是我国古代军事思想萌芽的重要标志。

（二）形成时期

公元前 8 世纪初到公元前 3 世纪末，即春秋战国时期，是我国从奴隶制向封建制的过渡时期。在这一时期，由于当时社会政治、经济、文化、科技大发展，阶级矛盾的不断深化，使战争连绵不断，战争规模扩大，战争频繁并且形式多样。随着学术上的百家争鸣，许多代表新兴地主阶级的军事家和兵书著作不断涌现，从战争论、治兵论、用兵论及研究战争的方法论等方面，全面奠定了我国古代军事思想的基础，标志着我国古代军事思想已基本成熟。现存最早、影响最大的就是春秋末期孙武所著《孙子兵法》。它是新兴地主阶级军事理论的奠基作，它标志着封建阶级军事思想的成熟，成为后世兵书的典范。其他影响较大的兵书还有《吴子》《司马法》《孙膑兵法》《尉缭子》《六韬》等著作。

（三）丰富发展时期

公元前3世纪末至公元10世纪中叶，是中国封建社会发展的上升阶段，也是中国古代军事思想进一步的丰富和发展时期。这期间，中国主要经历了秦、汉、晋、隋、唐等几个大的封建王朝。秦以后进入了以铁兵器为主的时代，骑兵成为战争力量的主角，舟师水军参战也更多了。这就要求作战指挥必须加强步、骑、水军的配合作战。从汉初到隋曾多次发生如赤壁之战、淝水之战等这样大规模、多兵种、大集团的配合作战。在这些战争中，政治斗争与军事斗争的结合，谋略与决策的运用，以及作战指挥艺术都达到了相当高的水平。战争的发展使得战略战术的运用和指挥艺术都得到高度发展，战略思想也日臻成熟。这一时期的军事思想是中国古代军事思想史上承前启后的历史阶段。比较有代表性的兵书有《黄石公三略》《李卫公问对》《淮南子·兵略世》《太白阴经》等。其中汉初出现的《黄石公三略》和后来的《李卫公问对》等是传世的重要著作。《黄石公三略》是一部从政治与军事关系上论述战争攻取的兵书，它进一步阐述了"柔能制刚，柔能制强"的朴素的军事辩证法思想，并指出最高统治者必须广揽人才，重视民众与士卒的作用。《李卫公问对》联系唐代初期的战争经验，对以往的兵书进行了讨论，对《孙子兵法》提出的虚实、奇正、攻守等原则及其内在的联系，做了比较辩证的论述，而且在某些方面提出了新的见解，发展了前人的思想，深化了先秦某些用兵原则的内涵。

（四）系统完善时期

公元960年到公元1840年，中国经历了宋、元、明、清（前期）四个朝代，中国古代军事思想进一步系统完善。这期间，中央政权与北方民族所建立的地方政权较长时期处于并立状态，既斗争又融合，中国政治、经济和科技、军事在新的历史条件下有了较大的发展，统兵用兵之权高度集中。火器的发明及其大量装备部队并运用于实战，使火器部队逐渐成为独立兵种，作战规模日益扩大，战争形式更加多样。有关军事训练、军事人物、兵制、守城、阵法、车营、火器、军事、历史、地理、海防、边防等专题性兵书大量涌现。当政者为了维护统治，确立了兵书在社会上的正统地位，武学开始纳入国家教育体系。北宋中叶开始重视武事，开办武学，设立武举，发展军事教育。统治者为了教习文臣武将熟悉军事，命曾公亮等编纂《武经总要》，总结古今兵法和本朝方略。同时颁布《孙子兵法》《吴子》《司马法》《六韬》《尉缭子》《黄石公三略》《李卫公问对》为《武经七书》，并定为武学教材。武举的设立，武学的兴办，武经的颁定，为当政者培养了大批军事人才，繁荣了军事学术。

总之，中国古代军事思想的发展从奴隶制社会到封建制社会后期，战争之多，兵书和论兵要著之多，军事群星之多，军事典章之多，堪为世界之最，其军事思想的发展水平和理论成就一直居于世界前列。

二、中国古代军事思想的基本内容

中国古代军事思想内容深刻详细，战略战术思想已形成体系。主要包括战争观、战略思想、作战思想、治军思想、将帅修养理论等。

（一）战争观

首先，对战争爆发的原因有了一定的认识。如《吴子》认为战争的原因有五个方面：一是争夺霸主地位，二是争夺土地、财产和人口，三是积怨报复，四是国家发生内乱，五是国家发生饥荒。虽然未能揭示战争的本质，但对我国奴隶社会和封建社会初期战争起因的论述是很精辟的，并且能够根据不同的具体情况指出战争性质的不同。如《吴子》指出：禁暴除乱的军队叫义军；征伐列国的军队叫强兵；因君王震怒出师的军队叫刚兵；背理贪利的军队叫暴兵；不顾国乱民疲，兴师动众而出兵的军队叫逆兵。根据对战争性质的认识，对正义的战争采取了支持的态度。如《司马法》中"以战止战，虽战可也"，明确指出在阶级社会中用战争制止战争这一重要思想。《尉缭子》明确指出，战争的作用就在于镇压暴乱，制止不义。其次，对战争与政治的关系有了一定的认识。如《司马法》中"古者，以仁为本，以义治之之谓正。正不获意则权。权出于战，不出于中人"，意思是说古时候，以仁爱为根本，采用正义的措施治理国家，这是正常的方法。用正常的方法达不到目的就采取特殊的手段。特殊手段通常是以战争方式表达出来的，而不是以和平方式表达出来的，这揭示了战争与政治之间的关系。再次，认识到了经济是战争的物质基础。战争是以巨大的物质消耗为代价的，对这一点我国古代军事思想家的认识是比较深刻的。《孙子兵法》中指出："凡用兵之法，驰车千驷，革车千乘，带甲十万，千里馈粮。则内外之费，宾客之用，胶漆之材，车甲之奉，日费千金，然后十万之师举矣。"管仲也提出，"地之守在城，城之守在兵，兵之守在人，人之守在粟"。可见，经济基础对战争的决定性作用。

（二）战略思想

我国古代军事思想家关于战争谋略的论述，很有见地。如以"上兵伐谋""以全争于天下"为兵家的至上追求，强调尽可能避免单纯进行物质力量的消耗；强调"不战而屈人之兵"，以威慑取胜通过对"度势""料势""为势"等概念的论述，指出对物质基础的正确运用是疆场对决的重中之重；主张"兵贵胜，不贵久""兵之情主速"，强调速战速决的进攻速胜思想；要"谋形任势""先胜后战"，强调战前做好充分准备的备战思想等等。

（三）作战思想

我国古代军事思想家关于作战思想的论述也非常丰富，其指导战役战斗的基本观点和原则也相当深刻。如以"致人而不致于人"作为调兵遣将的基本原则，强调掌握战争的主动权；提出了"奇"与"正"两个对立统一，同时又是相互转化的概念，强调二者的结合运用方为制胜之道；在选择作战目标和作战方向时，主张要"避实而击虚"；"能因敌变化而取胜者，谓之神"，强调灵活运用兵力和变化战术的问题等等。

战争记录

楚汉彭城之战

公元205年，刘邦乘项羽与田横相持于城阳（今山东莒县）之时，率诸侯军约56万人攻克彭城。项羽得知彭城失陷，率精骑三万还救彭城，乘刘邦在城中尽情欢乐之时，从早上开始由西向东进攻，中午便大破汉军，汉军被压迫于彭城以东的泗水谷地，死者十余万人。汉军向南溃退，楚军追击到灵璧以东的睢水，又歼灭数十万人，刘邦率数十骑冲出重围，逃回荥阳。这一仗显示了骑兵机动性的重要性，在冷兵器时代骑兵机动性和行进间发动攻击的能力使之成为不可替代的战略性兵种。马政（官方养马）也因此成为重要的战略产业，汉唐两代都是马政发达的朝代。

（四）治军思想

中国古代关于治军思想以孙武的"令之以文，齐之以武"为基本原则。一是强调法规法令的建设与实施。《孙子兵法》中谈"庙算"的时候，强调敌我双方"法令孰行"。吴起也明确指出，兵是"以治为胜"。二是重视对军队的训练。《吴子》中指出："故用兵之法，教戒为先。一人学战，教成十人。十人学战，教成百人……万人学战，教成三军。"《兵略丛言提纲》中指出："不教则不明，不练则不习。"在训练方法上，主张"教得其道"，"练心""练胆""练艺"，通过严格的训练，使军队"方亦胜，圆亦胜，错邪亦胜，临险亦胜"。三是赏罚分明。提醒将帅必须要正确地使用赏罚两种手段，既要懂得依法行罚，也要敢于"赏无法之赏"，既要"视卒如爱子"，又要避免"爱而不能使，厚而不能令"。

（五）将帅修养

古代军事思想家特别重视将帅在战争中的地位和作用，封建统治者从阶级的利益出发，提出了将帅修养的标准。《孙子兵法》强调："将者，智、信、仁、勇、严也"。《吴子》兵法中则提出："故将之所慎者五：一曰理，二曰备，三曰果，四曰戒，五曰约。"《武经总要·选将》中提出九条选将手法："观其能、观其智、观其信、观其仁、观其节、观其态、观其色、观其忠、观其恭"。

三、中国古代军事思想代表性著作

在人类历史长河中，真正伟大的思想成果，不仅不会被时间所湮灭，而且往往随时间的推移而愈见其光芒四射。中国古代军事思想的主要载体是兵书。它出现早、数量大、种类多、内容丰富、哲理性强。散见于其他典籍中大量的论兵篇章，史书中关于军事人物、战争、军事制度等方面的记载，也蕴涵着极为丰富的军事思想内容。

（一）《孙子兵法》

1.《孙子兵法》的主要内容

《孙子兵法》亦称《孙子》《孙武兵法》，作者孙子，名武，字长卿，春秋晚期齐国人，后移居吴国，经伍子胥推荐，觐见吴王阖闾，献兵书，任将军，辅佐吴王经国治军，西破强楚，北威齐晋，显名诸侯。《孙子兵法》是中国古代的军事名著，共13篇，约6000字，是中国现存最早的一部兵书，也是世界上最早的军事著作。

《计篇》主要论述研究和谋划战争的重要性，通过战略运筹和主观指导能力的分析，以求得对战争胜负的预见，提出了"五事""七计""兵者，诡道也""攻其无备，出其不意"等军事原则；《作战篇》主要讨论物力、财力、人力与战争的关系，提出了"兵贵胜，不贵久"的速胜思想和"因粮于敌"的原则；《谋攻篇》主要论述"上兵伐谋"的"全胜"思想，揭示了"知彼知己，百战不殆"的著名军事规律；《形篇》主要论述战争必须具备客观物质力量，即军事实力，中心讲"先为不可胜，以待敌之可胜"；《势篇》主要论述在军事实力的基础上，如何正确实行作战指挥问题，通过灵活地变换战术和正确地使用兵力，造成锐不可挡的有利态势；《虚实篇》主要论述作战指挥中要"避实击虚""攻其必救""因敌而制胜"，中心讲用"示形"欺骗敌人，调动敌人而不被敌人所调动；《军争篇》主要论述争取战场主动权的问题，提出了"兵以诈立，以利动，以分合为变""避其锐气，击其惰归"的军事原则；《九变篇》主要论述根据各种战场情况灵活运用军事原则的问题，提出了"必杂于利害""君命有所不受"的思想；《行军篇》主要论述行军、宿营和作战的组织指挥及利用地形地物、侦察判断敌情的问题；《地形篇》主要论述地形的种类与作战的关系及在不同地形条件下的行动原则，还提出了"视卒如爱子"的观点；《九地篇》主要论述九种不同作战地区及其用兵原则，提出了"兵之情主速，乘人之不及，由不虞之道，攻其所不戒"的突然袭击的作战思想；《火攻篇》主要论述火攻的种类、条件和实施方法；《用间篇》从战略的高度论述了使用间谍的重要性及其各种间谍的使用方法，提出先知敌情"不可取于鬼神""必取于人"的朴素唯物主义观点。

2.《孙子兵法》的军事思想

（1）"兵者，国之大事"的战争观。孙子十分重视战争问题的研究，号召军队将帅要"经之以五事，校之以计"来研究战争，而民众要"千里会战"，积极参加战争。《孙子兵法》开篇就指出："兵者，国之大事，死生之地，存亡之道，不可不察也。"意思是说战争、国防和军队等军事活动是国家的大事，关系到国家和民族及其内部人员的生死存亡，是不可不认真研究的。这段关于战争的精辟概括，是孙子军事思想的基本出发点。

（2）"知彼知己，百战不殆"的战争认识论。孙子提出："知彼知己，百战不殆；不知彼而知己，一胜一负；不知彼，不知己，每战必殆。"意思是说了解敌人又了解自己，则不会发生大的危险；不了解敌人而了解自己，可能胜也可能败；既不了解敌人，又不了解自己，则每战必败。孙子用简明扼要的语言，指明了战争指导者了解敌我双方情况与战争胜负的关系，从而揭示了指导战争的普遍规律，极具科学价值。

（3）"不战而屈人之兵"的军事战略思想。孙子认为，"百战百胜，非善之善者也；不战而屈人之兵，善之善者也"，从而提出了不以直接交战的方式达成政治目的的"全胜"战略。他称不战而胜为"全"，战而胜之为"破"，主张对于国、军、旅、卒、伍，"全"为上，"破"次之。为达全胜目的，在战略谋划上要胜敌一筹，"庙算胜者，得算多也"；在力量对比上要处于优势，"胜兵若以镒称铢"；在战争准备上要周到细致，"先为不可胜，以待敌之可胜""胜兵先胜而后求战"，先做好充分准备再打仗就容易取胜，反之极易导致失败。总之，要求达到"屈人之兵，而非战也；拔人之城，而非攻也；毁人之国，而非久也。必以全争于天下，故兵不顿，而利可全"。

（4）"令之以文，齐之以武"的治军思想。孙子的治军思想核心是"令之以文，齐之以武"。"文"，是指怀柔、爱抚，对士兵要关心、爱护。"令之以文"就是要运用思想文化的力量，产生强大的凝聚力，从而让士卒自觉自愿地听从命令。孙子说，将帅要"视卒如婴儿""视卒如爱子"，这样才能调动士卒杀敌的热情，"故可以与之赴深溪""故可与之死"。"武"，是指严惩、严罚，制定严明的军纪。"齐"，指军队统一行动，整齐严肃。"齐之以武"，就是要用严格纪律管束部队，做到赏罚分明、令行禁止。

（5）"致人而不致于人"的作战指导思想。在行军打仗的问题上，孙子提出"致人而不致于人"的观点，意思是要始终把握作战的主动权。围绕着如何获得主动权，孙子在书中进行了丰富而详细的论述。这是《孙子兵法》篇幅最多、最为重要的内容。孙子主张，要通过"庙算"来赢得先机。"庙算"，指的充分的战前筹划。他说："多算胜，少算不胜，而况不算乎！吾以此观之，胜负见矣。"意思是说战前，计算周密，胜利条件多，可能胜敌；计算不周，胜利条件少，不能胜敌，更何况不计算呢！我们从这些方面来考察，谁胜谁负就可以看出来。"庙算"制胜，主要是指战前要从战争全局对战争诸因素进行分析对比，决定打不打，怎么打，用什么力量打，在什么时间、地点打，打到什么程度，如何进行战争准备和后方保障。做到有预见、有计划和有保障，心中有数，打则必胜。也就是说先求"运筹于帷幄之中"，然后才能"决胜于千里之外"。

名人传记

　　孙武（约公元前545年—公元前470年），字长卿，齐国乐安人（今山东惠民县），出生在一个精通军事的世袭贵族家庭，是春秋时期著名的军事家、政治家，尊称兵圣。孙武活动于公元前六世纪末至公元前五世纪初。受家庭和社会环境影响，加之勤奋好学，青年时代的孙武就显露出卓越的军事才华。由于齐国发生内乱，孙武一边潜心研究兵法，观察吴国的政治动向。后来由齐国至吴国，经吴国重臣伍子胥推荐，向吴王阖闾进呈所著兵法十三篇，受到吴国重用并被委任为将。孙武

孙武

在近30年的戎马生涯中，为吴国的崛起和扩张立下了赫赫战功。他与伍子胥率吴军破楚，五战五捷，率兵6万打败60万楚国大军，攻入楚国都城郢城。北威齐晋，南服越人，显名诸侯。其巨作《孙子兵法》十三篇，为后世兵法家所推崇，被誉为"兵学圣典"，置于《武经七书》之首。后人尊称其为孙子、孙武子、百世兵家之师、东方兵学的鼻祖等。

（二）《吴子兵法》

　　除《孙子兵法》以外，中国古代还有很多影响深远的兵学著作，蕴含着丰富的军事思想。如吴起所著的《吴子兵法》，又名《吴子》，作者为战国时期的吴起。吴起提出了"内修文德，外治武备""要在强兵""教戒为先""用兵之害，犹豫最大；三军之灾，生于狐疑"等思想观点。人们常把吴起与孙子相提并论，合称为"孙吴兵法"。

（三）《六韬》

　　《六韬》又称《太公六韬》《太公兵法》，战国末期之人所伪托姜尚所著，全书有六卷，共六十篇，有关战争和各方面的内容十分广泛，其中最精彩的部分是它的战略论和战术论。《六韬》从民本思想出发，强调战争的正义性，认为战争的胜负取决于是否符合人民的利益；重视军队统帅机构建设，强调选将、练士，认为选将是治军的重要环节；主张采取"天阵""地阵""人阵"等多种战斗队形，并灵活运用迂回、包围、伏击、突袭等战术。

（四）《唐太宗李卫公问对》

以唐太宗李世民与卫国公李靖讨论兵法问答形式写成的兵书《唐太宗李卫公问对》，从"奇正""虚实""主客""攻守"等许多方面生发议论，对阵法布列、古代军制、兵学源流以及教阅与实战的关系等，都提出独到的见解。

此外，在孔子、老子、墨子、管子、韩非子以及历代政治家、思想家的论著中，虽然不是专门的兵书，但也就军事问题进行了深入研究，有着很多的真知灼见。所有这些，都是中国传统文化中的瑰宝，是祖先留给后人的宝贵精神财富。作为中华民族的传人，我们应当认真地学习和研究，结合当前实际加以应用。只有这样，才能使中华文化真正发扬光大，在世界民族之林绽放出更大的异彩。

第四节　当代中国军事思想

在第一次世界大战和俄国十月社会主义革命胜利以后，世界历史发展到了一个新阶段。随着马克思列宁主义在中国的传播，马列主义军事思想随之传入中国。以毛泽东为主要代表的中国共产党人在长期的革命战争和国防建设中，把马列主义的普遍原理与中国革命战争的具体实际相结合，吸收了古今中外军事思想的精华，应用和发展马列主义军事思想，创立了具有中国特色的无产阶级军事思想。

一、毛泽东军事思想

（一）毛泽东军事思想的科学含义

毛泽东军事思想是以毛泽东为代表的中国共产党人关于中国革命战争、人民军队、国防建设和军事领域问题的科学理论体系。它是马克思列宁主义普遍原理与中国革命战争和国防建设实际相结合的产物，是中国共产党领导中国人民及其军队长期军事实践经验的科学总结和集体智慧的结晶，是毛泽东思想的重要组成部分。具体说，毛泽东军事思想有以下几个重要特征。

1. 是马克思列宁主义的基本原理与中国革命战争具体实践相结合的产物

毛泽东军事思想的产生、形成和发展，离不开马克思列宁主义的理论基础，更离不开中国革命战争的实践。列宁运用马克思主义的理论，在一个资产阶级统治较为薄弱的国家，取得了无产阶级革命胜利，建立了世界上第一个社会主义国家。但中国的实际情况与俄国不一样，中国是一个以农民为主体的半封建半殖民地的国家，无产阶级怎样组织军队，如何进行革命战争，如何按照中国革命战争的客观规律将革命战争引向胜利，这是摆在中国共产党人面前的一个特殊而又艰巨的任务。要完成这个任务，需要解决许多特殊而又复杂的问题，在马克思列宁主义的经典著作中不可能找到直接的现成答案，靠照抄照搬别国的经验也无济于事。以毛泽东为主要代表的中国共产党人，在领导革命战争的实践过程中，结合中国半封建半殖民地的社会状况，正确把握中国革命斗争的发展规律，提出并实践了以农民为主体的新型人民军队和以农村为革命根据地、走农村包围城市夺取革命胜利的道路，逐步形成了具有中国特色的毛泽东军事思想。

2. 是中国人民革命战争和国防建设实践经验的总结

中国革命战争的伟大实践，是毛泽东军事思想赖以产生和发展的源泉和基础。没有中国革命战争的具体实践，就没有毛泽东军事思想。正如毛泽东指出："在抗日战争前夜和抗日战争时期，我写了一些论文，例如《中国革命战争的战略问题》《论持久战》《新民主主义论》《〈共产党人〉发刊词》，替中央起草过一些关于政策、策略的文件，都是革命经验的总结。那些论文和文件，只有在那个时候才能产生，在以前不可能，因为没有经过大风大浪，没有两次胜利和两次失败的比较，还没有充分的经验，还不能充分认识中国革命的规律。"中国共产党在领导中国各族人民进行新民主主义革命的过程中，经历了国共合作的北伐战争，又独立领导了土地革命、抗日战争和解放战争，新中国成立后，又进行了将近三年的抗美援朝战争，以及抗击苏联、印度、越南侵犯边境的自卫反击战。毛泽东军事思想就是中国革命战争和国防建设实践经验在理论上的科学总结。

3. 是中国共产党集体智慧的结晶

在人类历史上起过进步作用的正确思想，从来不是某一个人的独创，毛泽东军事思想也是如此。毛泽东在党的七大时就说过："毛泽东思想是全集体智慧的结晶，我只不过是一个代表。"毛泽东军事思想的形成和发展，包含着亿万人民群众和广大指导员的斗争经验和首创精神，凝聚着老一辈无产阶级革命家和军事家的集体智慧。我们强调毛泽东军事思想是集体智慧的结晶，并不否认毛泽东个人的独特贡献。毛泽东是一个杰出的军事家、战略家，具有丰富的经历、渊博的知识、惊人的才能和坚韧的毅力，对中国国情孜孜不倦地进行研究和探索，在长达半个世纪的革命活动中，善于总结经验，使之上升为理论，又用此理论去指导战争实践，毛泽东和他的战友们总结并撰写了大批的军事著作、文章和电文，对我党的军事理论做了最集中、最深刻、最全面的概述。毛泽东集军事统帅和军事理论家于一身，以他的名字来命名我们党的军事理论，是完全符合历史实际的，也是当之无愧的。

4. 是毛泽东思想的重要组成部分

毛泽东军事思想所以能成为毛泽东思想的重要组成部分，是由中国革命是武装的革命反对武装的反革命这个特点决定的。在取得全国政权以前的22年，我们党的历史实际上是一部武装斗争的历史，军事斗争是我们党的工作重心，占有最突出的地位。毛泽东和他的战友们，不得不以极大的精力关注战争，研究军事。毛泽东的军事实践活动，是他一生中最光辉、最成功的部分。因此，不能很好地理解和掌握毛泽东军事思想，也不能理解和掌握毛泽东思想。

（二）毛泽东军事思想的主要内容

毛泽东军事思想产生于中国革命战争的实践，反过来能动地指导革命战争的实践，并随着战争实践的发展而不断受到检验和发展。毛泽东军事思想的形成和发展，是同中国革命战争的发生、发展和胜利以及同党内左、右倾错误的斗争紧密联系在一起的。新中国成立之后，毛泽东军事思想又适应国防建设和军事斗争的需要，继续得到丰富和发展，形成了一个成熟的思想体系。

1. 战争观和方法论

以毛泽东为代表的中国共产党人，在指导中国革命战争的伟大实践中，创造性地运用马列主义的辩证唯物论和历史唯物论，观察和分析战争的基本问题，认识和运用军事领域的辩证规律，阐明了无产阶级的战争观和方法论。主要包括：对战争的起源、战争的本质、战争的目的、现代战争的根源的认识及对待战争的态度；对战争与政治、经济，战争与革命，战争与和平等诸因素相互关联的看法；从研究战争规律入手，运用规律于自己的行动；从战争全局出发，关照全局，掌握关节；掌握认识战争情况的辩证过程，使主观指导始终同战争客观实际相一致；着眼其特点，着眼其发展，实现作战指导上的主动性、灵活性和计划性等。

2. 人民军队思想

以毛泽东为代表的老一辈无产阶级革命家、军事家，把人民军队建设问题作为进行武装革命的首要问题提出来。毛泽东把马列主义的建军学说和中国实际相结合，创造性地提出了一整套建军理论和原则。主要包括：人民军队是执行革命的政治任务的武装集团；全心全意为人民服务是人民军队的唯一宗旨；人民军队必须置于中国共产党的绝对领导之下；政治工作是我军的生命线，要建立健全政治工作制度，开展强有力的政治工作；执行战斗队、工作队、生产队三大任务；坚持官兵一致、军民一致、瓦解敌军的三大原则；贯彻群众路线，实行政治、经济、军事三大民主；遵守三大纪律八项注意，实行自觉基础上的严格纪律；加强军队革命化、现代化、正规化建设；严格训练，严格要求，不断提高战斗力；发扬勇敢战斗、不怕牺牲和艰苦奋斗的优良作风；努力提高军事、政治、科学、文化水平，加强战备，增强作战能力，随时抵御外敌入侵，维护国家安全。

3. 人民战争思想

人民战争是我党历来坚持的指导战争的根本路线，是我党唯一正确的战争指导思想，是毛泽东军事思想的核心内容，是我军战略战术的基础。它的基本内容是：革命战争是群众的战争，人民群众是战争伟力之最深厚的根源；兵民是胜利之本；人是战争胜负的决定因素，只有依靠、动员、武装人民群众，才能实行全面、彻底的人民战争；坚持党的绝对领导，是实行人民战争的根本保证；依靠和动员人民群众，是实行人民战争的坚实基础；强大的人民军队，是实行人民战争的骨干力量；坚持"三结合"和"三结合一配合"，是实行人民战争的正确组织形式和斗争形式；建立巩固的革命根据地，是实行人民战争的战略基地；运用灵活机动的战略战术，是实行人民战争的正确战争指导。

4. 人民战争的战略战术思想

人民战争的战略战术，体现了毛泽东人民战争思想的战略指导原则和作战方法，是毛泽东高超的战争指导艺术的总结，它揭示了中国革命战争的指导规律，是毛泽东军事思想中最精彩的部分，内容十分丰富。人民战争的战略战术思想，是建立在人民战争的基础之上，立足于以劣势装备战胜优势装备之敌的灵活机动的战略战术。主要内容有：把唯物辩证法运用于作战指导，从实际出发，不拘一格；有什么枪打什么仗，对什么敌人打什么仗，在什么时间、地点打什么时间、地点的仗；你打你的，我打我的，打得赢就打，打不赢就走；消灭敌人，保存自己；实行积极防御，反对消极防御；在战略上藐视敌人，在战术上重视敌人；集中优势兵力，各个歼灭敌人；运动战、阵地战、游击战三种作战形式紧密结合；执行有利决战，避免不利决战；进攻时防止冒险主义，防御时防止保守主义，退却时防止逃跑主义；每战力求有准备，不打无准备无把握之仗；慎重初战，不打则已，打则必胜；灵活运用兵力和变换战术；适时地实行战略转变；重视后勤保障和军队的适时休整等。

5. 国防建设思想

新中国成立后，毛泽东等老一辈无产阶级革命家，创立了国防现代化建设理论。主要内容是：动员全国人民，保卫、建设新中国；国防不可没有，国防必须实现现代化；要建设一支现代化国防军；加强国防建设，首先是一定要加强国家经济建设，坚持军民结合、军民共建的方针；国防建设要根据国家安全利益的需要，以积极防御的战略方针为指导；国防建设必须坚持独立自主的方针，在一定条件下吸收外国先进经验；要充分发挥我们自己的优势与国防威慑的重大作用，建设完备的国防工业体系等。

毛泽东军事思想是一个完整的科学体系，各个组成部分相互联系、互相依存。

其中，战争观和方法论是整个科学理论体系的理论基础，人民战争思想是毛泽东军事思想的核心，人民军队思想是建设人民军队的理论指南，灵活机动的战略战术是进行人民战争的方式和方法，国防现代化建设理论是进行国防建设，保卫国家安全，防止外敌入侵的指导方针和原则。

（三）毛泽东军事思想的历史地位

毛泽东军事思想是具有中国特色的无产阶级军事理论。以毛泽东为代表的老一辈无产阶级革命家是现代中国革命军事理论的奠基人，毛泽东是世界政治军事上杰出军事家和战略家，毛泽东军事思想在中国乃至世界军事思想史上都占有极其重要的地位。

1. 毛泽东军事思想创造性地丰富和发展了马克思主义军事理论

以毛泽东为代表的老一辈无产阶级革命家既遵循马列主义的基本原理，又灵活处理中国革命战争的具体问题，从半封建半殖民地的中国国情出发，开创了一条农村包围城市、武装夺取政权的革命道路，创建了适合中国特点的人民战争的战略战术，科学地阐明了研究、指导战争的战争观和方法论，创造性地解决了如何把一支以农民为主要成分的军队建设成为一支无产阶级性质的新型人民军队的问题，这些问题在马列著作中没有现成答案，在国际共产主义运动里也没有先例，所以说，毛泽东军事思想极大地丰富和发展了马克思主义军事科学的理论宝库。

2. 毛泽东军事思想是中国革命战争胜利和国防现代化建设的理论指南

1840年鸦片战争后，中国沦为半封建半殖民地国家，不少仁人志士为拯救中华民族于水火之中，进行过此起彼伏的反帝反封建的革命斗争。但是，由于没有正确的军事思想指导，最终都失败了。唯有产生了毛泽东军事思想后，中国革命才走向胜利。回顾我军进行的土地革命、抗日战争、解放战争、抗美援朝战争和数次边界自卫反击战，我军之所以取得伟大胜利，我军之所以能从小到大，由弱变强，以劣势装备战胜国内外强大敌人，靠的就是毛泽东军事思想。中国革命的实践雄辩地证明，毛泽东军事思想是中国革命胜利和国防现代化建设的理论指南。

3. 毛泽东军事思想在世界上有广泛而深远的影响

中国革命战争取得胜利后，毛泽东军事思想受到世界各国的普遍重视，特别是20世纪50年代后期，在世界范围内掀起了一个研究和学习毛泽东军事思想的热潮。毛泽东军事思想在第三世界广为传播，成了被压迫民族和人民争取民族独立和解放的强大思想武器。中国共产党领导中国革命战争取得胜利的实践，为被压迫民族和被压迫阶级提供了成功的实践范例，因而受到了为民族独立和解放而斗争的第三世界国家人民的重视。

二、邓小平新时期军队建设思想

邓小平新时期军队建设思想是邓小平同志在中国社会主义新时期，为指导中国军队建设和国防建设而提出的系统理论，是对毛泽东军事思想、尤其毛泽东建军思想的继承和发展，是新的历史条件下军队建设和改革的依据，是建设有中国特色的社会主义理论的重要组成部分。

（一）对当代战争与和平问题做出新判断

邓小平指出，随着形势变化，和平与发展成为新的时代主题，和平力量的增长超过了战争力量，世界大战在一定条件下可以避免，争取一个较长时期的和平是可能的。由此，国防和军队建设由临战状态向和平时期建设转变，促使国家转入以经济建设为中心。稳定世界局势，要按照和平共处五项原则处理国与国的关系，用"和平方式"和"共同开发"的办法解决国际争端。但是，战争危险还是存在的，霸权主义与强权政治是当代战争的根源，是解决世界和平与发展问题的主要障碍。我国周边安全环境发生了根本性好转，但仍然存在着各种现实的和潜在的威胁，仍然要做好充分的军事斗争准备。

（二）加强国防现代化建设

中国近代史的苦难，使中国共产党人认识到了建设强大国防的重要性。邓小平同志主持中央和军委工作后明确指出，把现代化作为国防建设的根本目标。他表示，加强国防现代化建设，必须实现经济、科技、政治和社会的现代化，以便为国防现代化提供深厚的社会、物质、技术、制度支撑。加强国防现代化建设，要根据未来反侵略战争的实际需要，大力提高武器装备科学技术水平。要发扬军政、军民之间紧密团结的优良传统，广泛持久地开展拥政爱民、拥军优属活动。实行精干的常备军同强大的后备力量相结合，坚持平战结合、军民兼容的原则。

（三）军队建设要服从服务于国家建设的大局

解决中国面临的问题，关键是把经济发展起来。军队建设以国民经济为基础，军队和国防建设要与国家经济建设协调发展。国家建设是大局，军队要服从服务于这个大局，在这个大局下面行动。国家经济强了，就可以拿出比较多的钱来更新装备。但是，这不等于放松军队建设。在国民经济不断发展的基础上，合理确定国防投入比例，相应改善武器装备，同样是非常重要的。

（四）实行积极防御的军事战略方针

贯彻积极防御的战略方针是维护国家主权和安全的需要，也是由我国的社会制度决定的。邓小平指出："我们未来反侵略战争，究竟采取什么样的战略方针？我赞成就是'积极防御'四个字。"我国对战争问题的基本原则是"人不犯我，我不犯人，人若犯我，我必犯人"。实行积极防御的战略方针要把立足点放在遏制战争的爆发上，注重研究现代战争，把着眼点放在打赢现代高技术条件下的局部战争上，军事战略要从维护国家安全利益出发，用和平方式解决对抗性争端和矛盾，注重发展综合国力，从根本上增强军事实力，提高威慑能力。

（五）建设一支强大的现代化、正规化、革命化军队

人民解放军的性质是党的军队、国家的军队和人民的军队，三者高度统一。军队建设要以革命化为前提、现代化为中心、正规化为重点，全面加强"三化"建设。要把教育训练摆到战略地位，努力提高部队战斗力。坚持走中国特色精兵之路，搞好体制改革和精简整编，改革军队体制编制。实现军队正规化，要依法治军，科学管理。要加强和改进新时期军队政治工作，保证党对军队的绝对领导，保证军队高度稳定和集中统一。

（六）现代战争条件下要坚持和发展人民战争思想

邓小平根据现代战争的特点和规律，结合我国的实际情况，在继承毛泽东人民战争思想的基础上，提出了"现代条件下人民战争"的思想。现在的人民战争与过去不同，人民战争的实现形式要与现代战争的特点相吻合。要发展军事科学，使从事人民战争的人具有更高素质。在军队精简的情况下，尤其要搞好民兵和预备役的建设。要研究现代战争条件下人民战争的战略战术。要保持和发扬我党我军的优良传统，发挥人民战争的政治优势。

邓小平新时期军队建设思想，从中国现代化建设的大局出发，正确解决了中国改革开放的历史条件下，建设强大的现代化、正规化革命军队的重大课题，深刻揭示了新时期国防和军队建设的基本规律，是中国国防和军队现代化建设必须长期坚持的指导方针。

（七）把教育训练提高到战略地位

邓小平主持中央军委工作期间，作出了把教育训练提高到战略地位的重大决策。邓小平认为，把教育训练提高到战略地位，是现代战争越来越复杂，要求越来越高的体现。他说：现代战争是合成军队作战，"如果不注意军队训练，至少在战争初期要相当倒霉就是了。"他要求，把更多的干部放到学校去训练，提高干部素质和部队的战斗力，以使军队建设适应未来战争的需要。院校教育必须坚持"面向现代化，面向世界，面向未来"的方针，把坚定正确的政治方向摆在第一位，注重知识，注重人才，使院校的教育训练成为我军加速"三代"建设的重要措施。

三、江泽民国防和军队建设思想

江泽民国防和军队建设思想是江泽民关于国防和军队建设及有关军事问题的科学理论体系。它是"三个代表"重要思想科学体系的重要组成部分，是毛泽东军事思想、邓小平新时期军队建设思想的继承和发展，是新的历史条件下中国国防和军队建设的指导思想。

（一）从国际战略全局和国家发展大局谋划国防和军队建设

冷战结束后，世界局势发展了巨大而深刻的变化。在复杂的国际国内形势下，关注军事安全因素，提高安全保障能力，是维护国家生存和发展的必然选择。维护国家安全，保障国家发展利益，是谋划国防和军队建设的目标，我们必须把维护国家安全和发展利益摆在更加突出的战略位置，必须坚持国防与经济建设协调发展的方针，提高国家战略能力，提高军队打赢战争和遏制战争的能力，把经济建设搞上去和建设强大的国防，完成我国现代化建设的两大战略任务。

（二）党对军队的绝对领导是我军永远不变的军魂

党对军队的绝对领导，是我军的军魂，是我军特有的政治优势，是我军的一项根本政治制度和根本的建军原则。要把思想政治建设摆在首位，这是永葆人民军队性质的要求，是我军立于不败之地的前提和可靠保证。必须坚决抵制"军队非党化""军队非政治化"和"军队国家化"等错误观点的影响，用科学的理论特别是"三个代表"重要思想武装全军。通过加大军队思想政治建设改革的力度，使军队精神文明建设走在全社会的前列。

（三）用新时期军事战略方针统揽全局

必须用新时期军事战略方针来指导和统揽全军各项建设和一切工作。军事斗争准备的基点，要放在现有武器装备上，放在打赢现代技术特别是高技术条件下的局部战争上。无论是军事训练、政治工作、后勤保障、国防科研，还是其他各方面的建设和工作，都要服从和服务于这一战略的需要，都要确保这一战略方针的胜利实现而周密规划、全面部署、深入展开。这就迫切要求我军在新的历史条件下必须着力解决好打得赢、不变质两个历史性课题。始终不渝地坚持打得赢、不变质相统一，是我军存在和发展的全部意义和价值所在。

（四）积极推进中国特色军事变革，按照信息化战争要求建设信息化军队

中国特色军事变革，就是适应新军事革命发展趋势，从中国国情军情出发，走以信息化带动机械化、以机械化促进信息化的跨越式发展道路。为此，实施科技强军战略，走有中国特色的精兵之路。我军建设的现状和主要矛盾以及我国防御性的

国防政策和世界军事发展的潮流，都决定了我军必须走有中国特色的、加强质量建设的精兵之路。要继续把教育训练摆在战略地位，培养和造就大批高素质新型军事人才，加快我军武器装备现代化建设和发展的步伐，减少数量、提高质量、优化结构，改革和完善军队的体制编制。

（五）按照"五句话"总要求全面加强军队建设

"政治合格、军事过硬、作风优良、纪律严明、保障有力"这"五句话"总要求，从认识论和方法论的高度确立了军队全面建设的指导思想，是军队建设总目标的具体化和规范化。政治合格是前提，军事过硬是中心，纪律严明、作风优良是保证，保障有力是基础，五者缺一不可。实现"五句话"总要求，要靠全军官兵团结奋进、共同努力，把人民军队推向革命化、现代化、正规化建设的新水平。

（六）坚持依法治军、从严治军，探索新形势下军队建设的特点和规律

针对新时期我军建设面临的新情况、新问题，一定要坚持严格训练、严格管理，培养优良的作风、严明的纪律；军队一定要在全国人民面前保持和发扬遵纪守法、军容严整、作风过硬的良好形象。坚持依法从严治军，要以加强纪律建设为核心内容。要首先从领导干部做起，积极探索新形势下治军的特点和规律，实现军队的科学管理，从而不断提高我军正规化管理水平。

（七）贯彻全民建设国防的方针

国防和军队建设，是全党和全国各族人民的共同事业。坚持全民办国防的方针，是新时期坚持人民战争思想的必然要求，是我们的优势所在。要贯彻全民建设国防的方针，依靠人民建设军队、建设国防。重视在全体人民中进行国防教育，增强国防意识。在加强军队建设的同时，高度重视国防后备力量建设。按照"军民结合、平战结合、寓军于民"的方针，调整完善国防动员体制。加强军政军民团结，巩固发展同呼吸、共命运、心连心的新型军政军民团结。

江泽民国防和军队建设思想是"三个代表"重要思想在军事领域内的生动展开，深刻揭示了当代中国国防建设的特点规律，正确解决了新的历史条件下积极推进中国特色军事变革，保证人民军队打得赢、不变质的重大课题，开辟了中国共产党军事理论的新境界，具有重大的现实指导意义和深远的历史意义。

四、胡锦涛国防和军队建设思想

胡锦涛国防和军队建设思想，是胡锦涛关于新世纪新阶段国防和军队建设及军事斗争等问题的系统理论。它是科学发展观的重要组成部分，是科学发展观在军事领域的运用和展开，是新形势下推进国防和军队现代化建设的科学指南。

（一）正确认识时代特征和国家安全形势的发展变化

冷战结束后，特别是进入新世纪新阶段以后，国际战略形势保持总体和平、缓和、稳定的基本态势，同时影响世界和平与发展的不确定因素在增加。中国处于发展的重要战略机遇期，同时国家安全的综合性、复杂性、多变性增强。为此，要把发展作为第一要务，坚持把国家主权和安全放在第一位。要坚持从政治高度和国家利益全局观察和处理军事问题，确保能够应对危机、维护和平、遏制战争、打赢战争。

（二）在全面建设小康社会进程中实现富国和强军相统一

富国和强军，是发展中国特色社会主义、实现中华民族伟大复兴的两大基石。将富国和强军统一起来，对于维护国家安全和发展战略全局，实现中华民族根本利益，具有重大而深远的意义。必须坚持以经济建设为中心，统筹经济建设和国防建设，在经济发展的基础上大力加强国防建设，坚持走中国特色军民融合式发展路子。必须努力建设与中国国际地位相称，与国家安全和发展利益相适应的巩固国防和强大军队。

（三）在国防和军队建设中贯彻落实科学发展观

坚持把科学发展观作为加强国防和军队建设的重要指导方针，坚持以人为本，坚持国防建设与经济建设相协调，坚持国防和军队建设诸要素全面协调可持续发展。要坚持以新时期军事战略方针统揽全局，抓紧做好军事斗争准备，加快推进中国特色军事变革。

（四）全面履行新世纪新阶段军队历史使命

在新的建设进程中，军队应该肩负"三个提供一个发挥"的历史使命，即：为党巩固执政地位提供重要的力量保证；为维护国家发展的重要战略机遇期提供坚强的安全保障；为国家利益的拓展提供有力的战略支撑；为维护世界和平和促进共同发展发挥重要作用。要从思想上、政治上、组织上确保军队始终成为党绝对领导下的人民军队，坚持依法从严治军，积极稳妥地推进国防和军队改革，加快转换战斗力生成模式，全面建设现代后勤，实现武器装备的自主发展、跨越发展、可持续发展，培养大批高素质新型军事人才，切实完成军队新的历史使命。

（五）坚持不懈地拓展和深化军事斗争准备

军事斗争准备是军队长期的主要战略任务。胡锦涛强调，当前最重要、最现实、最紧迫的战略任务，就是要抓紧做好军事斗争准备。坚定不移地把军事斗争准备的基点放在打赢信息化条件下局部战争上，重点加强打赢信息化条件下局部战争这个核心军事能力建设。要适应形势的发展变化，坚持以新时期军事战略方针为统揽，牵引军队现代化建设，促进军队武器装备发展、军事理论创新、军事人才培养和其他军队各项建设。强调深入研究信息化条件下局部战争的基本理论问题和军事斗争准备重大现实问题，不断完善作战思想，构建具有人民军队特色、符合现代战争规律的先进作战理论体系。

（六）积极稳妥地推进国防和军队改革

推进国防和军队现代化，动力在改革，出路也在改革。坚定不移地深化国防和军队改革，切实解决体制机制上制约军队发展的深层次矛盾和问题，推动部队建设又好又快发展，开创国防和军队现代化建设新局面。适应机械化战争形态向信息化战争形态加速转变的新趋势，适应国家改革开放和社会主义现代化建设的新形势，适应国防和军队现代化建设新要求，深入推进军队组织形态现代化，形成一整套既有中国特色又符合现代军队建设规律的科学组织模式、制度安排和运作方式。

（七）坚持和发展人民战争思想，紧紧依靠人民办国防

人民战争历来是人民军队克敌制胜的法宝。无论武器装备怎样发展，战争形态怎样变化，人民战争都不会过时，兵民是胜利之本永远是颠扑不破的真理。要坚持人民战争的战略思想，坚持实行精干的常备军和强大的后备力量相结合，不断增强国家战争潜力和国防实力。适应形势任务发展，不断发展人民战争战略战术，创新人民战争的内容和形式，积极探索和发展人民群众参战支前的新途径新方法，切实增强信息化条件下人民战争的整体实力。建立强大的人民军队和巩固的国防是全国各族人民的共同事业，必须坚持全民办国防的方针，充分调动人民群众建设国防的积极性、主动性，在全社会形成关心国防、热爱国防、建设国防、保卫国防的生动局面。

胡锦涛国防和军队建设思想，紧密结合世情国情的发展变化，着眼解决军队建设和军事斗争准备的重大现实问题，科学回答了在世界大发展大变革大调整、中国全面建设小康社会的历史条件下，如何推进国防和军队建设科学发展、全面履行新世纪新阶段军队历史使命的重大课题，科学总结了当代中国军事实践的新鲜经验，是推进国防和军队建设的强大思想武器，对于把国防和军队现代化建设继续推向前进，具有非常重大的指导价值。

五、习近平强军思想

习近平强军思想，是以习近平同志为核心的党中央继承中国革命战争和社会主义条件下国防和军队建设的理论成果，运用马克思主义基本原理，观察和分析国家安全和军事问题，创造性地揭示和反映现代军事活动的本质与规律，并用于指导中国现代军事实践的科学理论体系，闪耀着马克思主义思想方法的光辉，是指引强军

事业发展进步的科学指南。党的二十大报告全面绘就了新时代强军事业蓝图，进一步丰富发展了习近平强军思想，深化了对强军胜战的规律性认识，是新时代坚定不移走中国特色强军之路的根本遵循。牢固确立习近平强军思想在国防和军队建设中的指导地位，对于坚定不移走好中国特色强军之路，全面推进国防和军队现代化，具有重大现实意义和历史意义。

（一）习近平强军思想产生的历史背景

1. 当今世界形势正在发生前所未有之大变局

任何伟大思想都是一定时代的产物。马克思和恩格斯指出："一切划时代体系的真正内容都是由于产生这些体系的那个时期的需要而形成起来的。"习近平主席指出，研究军事问题，首先要科学判断世界发展大势，准确把握世界军事发展的新趋势。我国的发展仍然处于可以大有作为的战略机遇期，但其内涵与条件发生了新的变化。当今世界的主题，仍然是和平与发展。国际形势总体保持和平稳定，发展依然是各国人民的共同追求。但另一方面，又发生了许多新情况、新问题、新变化。习近平主席以宽广的马克思主义视野，高瞻远瞩，敏锐地判断：当今世界形势正在发生前所未有之大变局。国际政治格局、地缘政治、国际竞争等均发生了重大变化，使我国的安全与发展的国际环境更趋严峻复杂。

2. 我国改革开放和现代化建设进入发展的关键期和矛盾的凸显期

习近平主席认为，我国正处于由大向强发展的关键阶段。中国从未像现在这样接近世界舞台中央，从未像现在这样接近实现中华民族伟大复兴的目标。但是，越靠近这个目标，越接近世界中心，面临的阻力和挑战也会越多，长期积累的深层次问题、矛盾日益凸显。诸如经济发展中的不全面、不平衡、不可持续的矛盾，三股势力的威胁，国际反华势力的阻遏等，这些都会影响甚至打乱中国和平发展的道路，使维护国家安全稳定，实现国家统一的任务更加艰巨。所以，必须认识到，没有军队的强大，没有巩固的国防，就无法为中国梦的实现提供安全支撑和保障。基于此，习近平主席强调，中国梦是强国梦，对于军队来说就是强军梦。他要求把强军兴军放在实现中华民族伟大复兴这个大目标下来认识和推进，服从和服务于这个国家和民族的最高利益。

3. 我国国防和军队现代化水平与其所面临的挑战和承担的任务不相适应

改革开放以来，我国国防和军队建设随着经济的发展和综合国力的增强，不断迈上新台阶，取得重大建设成就。但与此同时，我国国防和军队的现代化建设水平与我国所面临的严峻形势、与世界先进军事水平、与所承担的维护国家安全统一的重大任务相比，差距仍然很大。特别是我国军队长期处于和平环境下，军队数十年没有打过大仗，尤其是未经过现代高技术条件下实战的锻炼和洗礼，军队各级指挥员打赢信息化战争的能力不足。这种情况下，如何保持军队战斗力，解决不会打、不敢打、不能打的问题，如何提高信息化条件下的实战能力和水平，如何保持军队应有的政治立场和觉悟、优良传统与作风，加快强军兴军，这些都是需要回答和解决的时代课题。

4. 中国近代历史悲剧的总结与启示

历史经验表明，国富并不代表国强，国家的真正富强必须以强大的军事力量做后盾。在我国漫长的历史上，国家富有，但由于军事实力羸弱不堪，或者疏于军备导致国家衰败覆灭的例子屡见不鲜。如清朝，经济总量曾经长期居世界第一，GNP曾占到全球的三分之一，但由于军备废弛，技术落后，闭关自守，导致鸦片战争中被数千英军打得落花流水，国家逐步陷入半殖民地半封建社会的苦难深渊。习近平主席曾说："我经常看中国近代的一些史料，一看到落后挨打的悲惨场景就痛彻肺腑。"他将甲午战争称之为"剜心之痛"。习近平主席常把近代以来中华民族苦难、国家悲剧与当时的中国国防与军队的落后、衰败相联系。他强调，要吸取历史上闭关锁国、故步自封的经验教训，绝不让历史悲剧重演。

总之，因应国际国内形势的深刻变化，着眼赢得具有许多新的历史特点的伟大斗争的胜利，适应时代发展对我国国防和军队现代化提出的新要求。习近平主席以其全球视野，远见卓识，围绕强军兴军，对我国的国防和军队现代化建设作出了一系列重要论述，形成了习近平强军思想。

（二）习近平强军思想的主要内容

习近平强军思想，立足新时代强军兴军实践，提出一系列标志性引领性的新理念新思想新战略，形成一个内涵丰富、思想深邃、与时俱进的科学军事理论体系。这一思想的主要内容，集中体现在"十一个明确"的新概括，充分彰显了党的军事指导理论的时代性、开放性和创造性。

1.明确党对人民军队的绝对领导是人民军队建军之本、强军之魂，必须全面加强军队党的领导和党的建设，贯彻党领导军队的一系列根本原则和制度，确保部队绝对忠诚、绝对纯洁、绝对可靠

坚持党指挥枪、建设自己的人民军队，是党在血与火的斗争中得出的颠扑不破的真理，关系我军性质和宗旨、关系社会主义前途命运、关系党和国家长治久安。坚持党对人民军队的绝对领导，首先全军对党要绝对忠诚。必须从思想上政治上建设和掌握部队，全面深入贯彻军委主席负责制，深化党的创新理论武装，锻造坚强有力的党组织，推进政治整训常态化制度化，充分发挥政治工作对强军兴军的生命线作用，确

保枪杆子永远听党指挥。

2.确强国必须强军,巩固国防和强大人民军队是新时代坚持和发展中国特色社会主义、实现中华民族伟大复兴的战略支撑,人民军队必须有效履行新时代使命任务

没有一支强大的人民军队,就不可能有强大的祖国。军事手段始终是捍卫和平、维护安全、慑止战争的保底手段,必须时刻对战争危险保持清醒头脑。在全面建成社会主义现代化强国、实现第二个百年奋斗目标的历史进程中,必须把国防和军队建设摆在更加重要的位置,加快国防和军队现代化,为巩固中国共产党领导和我国社会主义制度提供战略支撑,为捍卫国家主权、统一、领土完整提供战略支撑,为维护我国海外利益提供战略支撑,为促进世界和平与发展提供战略支撑。

3.明确党在新时代的强军目标是建设一支听党指挥、能打胜仗、作风优良的人民军队,到2027年实现建军一百年奋斗目标,到2035年基本实现国防和军队现代化,到本世纪中叶把人民军队建成世界一流军队

听党指挥、能打胜仗、作风优良是建军治军的要害,决定着军队发展方向,也决定着军队生死存亡。实现强军目标,必须同国家现代化进程相一致。具体而言,到2027年实现建军一百年奋斗目标,全面提高捍卫国家主权、安全、发展利益战略能力,是未来5年我军建设的中心任务,必须全力以赴、务期必成;到2035年基本实现国防和军队现代化,机械化高度发达,信息化基本实现,智能化取得重大进展,基于网络信息体系的联合作战能力、全域作战能力全面提高;到本世纪中叶全面实现国防和军队现代化,把人民军队全面建成同我国强国地位相称、能够全面有效维护国家安全、具备强大国际影响力的世界一流军队。

4.明确军队是要准备打仗的,必须聚焦能打仗、打胜仗,扭住强敌对手,创新军事战略指导、发展人民战争战略战术,全面加强练兵备战,坚定灵活开展军事斗争,有效塑造态势、管控危机、遏制战争、打赢战争

能打胜仗是党和人民对人民军队的根本要求。必须深入贯彻新时代军事战略方针,坚持战斗力这个唯一的根本的标准,将全部精力向打仗聚焦,全部工作向打仗用劲。必须深化战争和作战筹划,研究掌握信息化智能化战争特点规律,打造强大战略威慑力量体系,增加新域新质作战力量比重,优化联合作战指挥体系。必须深入推进实战化军事训练,大力培育战斗精神,扎实做好军事斗争准备,加强军事力量常态化多样化运用,确保召之即来、来之能战、战之必胜。

5.明确推进强军事业必须坚持政治建军、改革强军、科技强军、人才强军、依法治军,坚持边斗争、边备战、边建设,更加注重聚焦实战、创新驱动、体系建设、集约高效、军民融合,加强军事治理,推动高质量发展,全面提高革命化现代化正规化水平

国防和军队现代化建设是一项系统工程,必须坚持用全面的观点抓建设,坚持

以战领建、抓建为战，形成战建备一体推进的良好局面。我军建设进入提质增效的关键阶段，必须牢牢把握军队建设发展战略指导，转变发展理念、创新发展模式、增强发展动能，实现更高质量、更高效益、更可持续的发展；必须全面加强军事治理，着力构建现代军事治理体系，改进战略管理，提高军事系统运行效能和国防资源使用效益，以高水平治理推动我军高质量发展。

6.明确改革是强军的必由之路，必须推进军队组织形态现代化，构建中国特色现代军事力量体系，完善中国特色社会主义军事制度

深化国防和军队改革是为了设计和塑造军队未来。要坚持改革正确方向这个根本、能打仗打胜仗这个聚焦点、军队组织形态现代化这个指向、积极稳妥这个总要求，着力解决制约国防和军队建设的体制性障碍、结构性矛盾、政策性问题，进一步解放和发展战斗力，进一步解放和增强军队活力。随着这轮国防和军队改革任务基本完成，要巩固拓展改革成果，推进改革既定任务落实，搞好后续改革筹划论证，完善军事力量结构编成，体系优化军事政策制度，奋力开创改革强军新局面。

7.明确科技是核心战斗力，必须坚持自主创新战略基点，推进高水平科技自立自强，统筹推进军事理论、技术、组织、管理、文化等各方面创新，建设创新型人民军队

科技是军事发展中最活跃最具革命性的因素。赢得军事竞争主动，必须充分发挥科技创新对我军建设战略支撑作用，加快关键核心技术攻关，加强科技创新管理机制和运行模式探索，增强科技认知力、创新力、运用力，加速科技向战斗力转化。要全面实施创新驱动发展战略，加强军事理论创新，大力弘扬创新文化，让谋划创新、推动创新、落实创新成为全军的自觉行动，推动我军建设发展质量变革、效能变革、动力变革。

8.明确强军之道要在得人，必须贯彻新时代军事教育方针，推动军事人员能力素质、结构布局、开发管理全面转型升级，锻造德才兼备的高素质、专业化新型军事人才

人才是第一资源，是推动我军高质量发展、赢得军事竞争和未来战争主动的关键因素。要坚持党管干部、党管人才、组织选人，坚持从政治上培养、考察、使用人才。坚持为战争准备人才，把能打仗、打胜仗作为人才工作出发点和落脚点，提高备战打仗人才供给能力和水平。坚持走好人才自主培养之路，落实院校优先发展战略，建强新型军事人才培养体系。创新军事人力资源管理，形成激励担当作为的工作导向、政策导向、舆论导向，充分调动广大官兵积极性、主动性、创造性，切实把优秀人才集聚到强军事业中来。

9.明确依法治军是我们党建军治军基本方式，必须构建中国特色军事法治体系，推动治军方式根本性转变，提高国防和军队建设法治化水平

军队越是现代化，越是信息化，越要法治化。要把依法治军着力点放在服务备战

打仗上，形成系统完备、严密高效的军事法规制度体系、军事法治实施体系、军事法治监督体系、军事法治保障体系。要紧紧围绕我军现代化战略转型对变革治军方式的内在要求，着力推动治军方式实现"三个根本性转变"。要强化全军法治信仰和法治思维，突出依法治官、依法治权，依靠官兵共同建设法治、厉行法治、维护法治，推动形成党委依法决策、机关依法指导、部队依法行动、官兵依法履职的良好局面。

10.明确军民融合发展是兴国之举、强军之策，必须巩固提高一体化国家战略体系和能力

随着科学技术快速发展，国家战略竞争力、社会生产力、军队战斗力的耦合关联越来越紧，国防和军队现代化必须融入国家现代化。要加强军地战略规划统筹、政策制度衔接、资源要素共享，促进国防实力和经济实力同步提升。我们的国防是全民的国防，要深化全民国防教育，加强国防动员和后备力量建设，推进现代边海空防建设。要大力弘扬军爱民、民拥军的光荣传统，深入做好双拥工作，巩固发展军政军民团结。

11.明确作风优良是我军鲜明特色和政治优势，必须全面从严治党、全面从严治军，全面锻造过硬基层，坚定不移正风肃纪反腐，大力弘扬我党我军光荣传统和优良作风，永葆人民军队性质、宗旨、本色

作风优良才能塑造英雄部队，作风松散可以搞垮常胜之师。要自觉弘扬伟大建党精神，牢记初心使命，加强党史军史和光荣传统教育，推进红色基因代代传工程。必须勇于自我革命，持续深化纠治"四风"，一体推进不敢腐、不能腐、不想腐，坚决打赢反腐败斗争攻坚战持久战。必须坚持严的基调不动摇，严字当头、全面从严、一严到底，用铁的纪律凝聚铁的意志、锤炼铁的作风、锻造铁的队伍，全面锻造"三个过硬"基层。

延伸阅读

自信自强、守正创新，踔厉奋发、勇毅前行
——中国共产党第二十次全国代表大会

2022年10月16日，中国共产党第二十次全国代表大会在人民大会堂开幕。习近平代表第十九届中央委员会向大会作了题为《高举中国特色社会主义伟大旗帜 为全面建设社会主义现代化国家而团结奋斗》的报告。这次大会的主题是：高举中国特色社会主义伟大旗帜，全面贯彻新时代中国特色社会主义思想，弘扬伟大建党精神，自信自强、守正创新，踔厉奋发、勇毅前行，为全面建设社会主义现代化国家、全面推进中华民族伟大复兴而团结奋斗。

党的二十大报告指出：实践告诉我们，中国共产党为什么能，中国特色社会主义为什么好，归根到底是马克思主义行，是中国化时代化的马克思主义

行。党的十八大以来，新时代中国共产党人赋予马克思主义以鲜明的中国特色、民族特色、时代特色，对共产党执政规律、社会主义建设规律、人类社会发展规律的认识达到了一个新的历史高度，集中体现为习近平新时代中国特色社会主义思想。

学练合一

一、填空题

1. 军事思想的基本特征是_____、_____、_____和_____。

2. 毛泽东军事思想是以毛泽东为代表的中国共产党人关于_____、_____、_____和_____的科学理论体系。

二、思考题

1. 军事思想是什么？请简述它的地位作用。

2. 在军事思想形成与发展的历程中，体现出什么样的规律？

3. 我国古代有哪些优秀的军事思想？

4. 大学生怎样学习和传承《孙子兵法》等中华传统兵学文化的优秀成果，并将其在新时代发扬光大？

5. 大学生怎样学习和贯彻落实党的军事指导理论特别是习近平强军思想，为国防和军队建设做出应有贡献？

第四章

现代战争

学习目标

了解战争的本质、根源和发展历程；了解军事革命、新军事革命的内涵和发展演变，熟悉机械化战争、信息化战争的基本特点和发展趋势，了解21世纪以来发生的局部战争的原因、经过和特点，充分认识信息化战争的本质，树立打赢信息化战争的信心。

导言

学习和研究军事问题的一个根本目的，就是遏制和打赢战争。战争关系国家和民族的前途命运，也关系构成国家和民族的每一个人的前途命运。所以，包括我们大学生在内的每一个人都应当认真思考战争问题。不同的时代条件下，战争活动有着不同的特征和规律。现代社会的战争活动，既符合人类历史上战争活动的一般规律，又具有许多特殊之处。对于我们来说，要维护国家安全，就必须深入考察战争形态的发展，从各个方面提高国防和军队的现代化水平，做好最充分的战争准备，达到遏制和打赢未来信息化战争的根本目标。

第一节　战争概述

战争，作为破坏人类社会和平生活的罪魁祸首，一直被人们当作人类社会中的"怪物"加以诅咒和制止。据统计，从公元前3200年到公元1964年，在这5164年的时间内，全世界共发生了14513场战争，没有战争的年代断断续续加起来只有329年。这些战争给人类带来了严重的灾难，使得36.4亿人丧生，损失的财富若折成黄金，可以围绕地球筑一座长4万千米、宽150千米、高10米的黄金城。第二次世界大战结束后的1945年到2005年的60年中，世界上又爆发了500多起局部战争和武装冲突，大约有200多万人死于战火，无战争的日子只有26天。战争与和平问题是人类社会最大的问题，如何遏制战争，实现人类的永久和平，是全人类共同奋斗的目标。

一、战争的内涵

（一）战争的定义

在中国古籍中，人们往往把战争活动称为"战""争""兵""征""伐"等。战国时期的兵书《吴子兵法》中已有"战争"一词。但在很长时间里，人们对战争的定义具有宽泛性和不准确性。随着时代的发展，人们对战争的认识越来越深入，对战争的定义也越来越明确。

《中国人民解放军军语》（简本）对战争的定义：战争，国家或政治集团之间为了一定的政治、经济等目的，使用武装力量进行的大规模激烈交战的军事斗争；是解决国家、政治集团、阶级、民族、宗教之间矛盾冲突的最高形式。

《中国军事百科全书》（军事思想卷）对战争的定义："战争与战争指导是人类社会发展到一定历史阶段的特殊的社会历史现象，是政治通过暴力手段的继续。战争表现为人类社会集团之间为了一定的政治、经济目的，有组织、有计划地使用武力进行的对抗性活动。在阶级社会，战争是解决阶级和阶级、民族和民族、国家和国家、政治集团和政治集团之间矛盾的最高斗争形式。"

毛泽东同志站在马克思主义的立场上深刻指出："战争——从有私有财产和有阶级以来就开始了的，用以解决阶级和阶级、民族和民族、国家和国家、政治集团和政治集团之间，在一定发展阶段上的矛盾的一种最高斗争形式。"这一论断，为正确认识战争这一人类社会最复杂的活动，提供了科学依据。在此基础上，我们党和军队对战争的定义进行了广泛而深入的思考。

（二）战争的分类

战争按性质，可以分为正义战争和非正义战争；按规模，分为全面战争和局部战争；按使用的主要武器，分为常规战争和核战争；按形态，分为冷兵器战争、热兵器战争、机械化战争和信息化战争等。

那么战争和武装冲突有什么区别呢？

这里要从规模、性质等方面注意把握战争和武装冲突的区别和联系。战争的主体不是单独、个别的人，而是阶级、民族、国家、政治团体等群体；战争是暴力的最高斗争形势，而不是一般斗争形式；战争具有暴力性、集团性的基本属性。武装冲突是敌对双方武装力量之间发生的小规模、低强度的交战。就国家之间关系来说，武装冲突尚未构成战争状态。在一定条件下，武装冲突也可能发展成为战争。

二、战争的特点

战争的特点因不同时期战争形态的不同而不同，但究其共性，大致有以下五点。

（一）政治性

毛泽东指出，"'战争是政治的继续'，战争就是政治，战争本身就是政治性质的行动，从古以来没有不带政治性的战争"。这说明，任何战争都是政治的产物，都是为政治服务的，都是在政治的支配下进行的。同时，战争又要按照自己的规律向前发展，具有某种程度的独立性，反作用于政治。纵观人类战争的历史，战争爆发的根源、规模、进程和结局，无一不受政治的制约和支配。因此，战争具有政治性。

（二）暴烈性

克劳塞维茨认为，"战争是迫使敌人屈从我方意志的一种暴力行为。"这说明，战争是使用暴力工具施行的暴力行为，战争的根本功能是通过暴力实现的，战争的基本要素都具有鲜明的暴力性特征。马克思主义战争观也认为，战争是阶级斗争的最高形式，矛盾越激烈，暴烈性就越强。所以，战争区别于其他斗争形式的特定属性就是暴烈性。

（三）规律性

毛泽东认为，"战争不是神物，仍是世间的一种必然运动。"这说明，战争是不以任何人的意志为转移的，战争反映自身矛盾运动发展过程中的本质联系和必然趋势，即战争的规律性。古今中外的战争史表明，战争的发生、运动和发展，以及战争中的各种事物和现象，都是有其必然性的，也都是有规律可循的。

（四）偶然性

战争中的偶然性是指战争运动发展中外在的联系和不确定的现象变化，它是由战争的非本质因素所决定的暂时的外在联系和多种可能的发展变化。毛泽东说："我们承认战争现象是较之任何别的社会现象更难捉摸，更少确实性，即更带有所谓'盖然性'。"由于战场情况瞬息万变，熟知敌我双方的实际情况是很难办到的，影响战争胜负因素具有不确定性。因此，战争具有偶然性。

（五）创造性

由于战争具有不确定性，使得战争的进程和结局呈现出多样性，所以它是最具有创造性的活动。正如世界上没有两片完全相同的树叶一样，世界上也没有两场完全相同的战争。因此，战争具有不可复制性。另一方面，人可以能动地驾驭战争，人的主观能动性的发挥决定了战争不同的走向和结局。毛泽东认为，战争是有规律可循的，在进行战争时，必须要发挥人的自觉能动性，认识并驾驭战争规律，夺取战争的胜利。因此，战争具有创造性。

三、战争的发展历程

人类社会出现过四种技术社会形态，即渔猎社会、农业社会、工业社会和信息社会，战争形态也相应经历了冷兵器时代战争、热兵器时代战争、机械化战争和信息化战争。

（一）冷兵器时代战争

冷兵器阶段是人类自有文明史以来的第一个战争阶段，是指从公元前21世纪至公元15世纪这一时期所发生的战争，被称为"三千年冷兵器时代"。一般来讲，冷兵器时代战争主要包括石木兵器时代战争、铜兵器时代战争和铁兵器时代战争。

1. 石木兵器时代战争

石木兵器时期从原始人学会制作劳动工具——石斧、石刀、兽骨、蚌壳、竹木等开始，到夏朝青铜兵器问世以前，大约历经五六十万年之久。

中国最古老的兵器是古代猿人采集石英石、砂岩、煌石等原料，经过敲打、磨制而成的，有扁、圆、方、条各种不规则形，有带刀的，有呈角状的。在原始生态环境中，我们的祖先依靠那些既是劳动工具又当防卫武械的器具，围兽捕猎，刀耕火种，顽强生存并得以进化发展。到旧石器时代末期，人们已能制造出可安装竹木棒的石矛、标枪、石斧等兵器，进而发明了抛射兵器——弓箭。新石器时代，石兵器的制造技术已有很大进步，种类日渐增多，有石斧、石锋、石毯、石铲、石锄、石刀、石镰、石戈、石矛、石铁等；打击型兵器有锤、斧等，切砍型兵器有刀、镰、戈、铁等。

在原始社会，石木兵器本身也是劳动工具。那时人与人之间以血缘关系为纽带，结成一个个部落。为了争夺有限的生存资源或掠夺婚姻，部落与部落之间常常发生械斗，甚至爆发较大规模的战争。出于战争的需要，人们手中的劳动工具越来越多地演变为兵器，促使兵器走出原始时期，与劳动工具分道畅销。

在进入阶级社会之后，战争具有了阶级斗争的性质。这些具有独特形制和专门作用的战斗器具才演变成真正意义上的兵器，它连同军队一并成为统治阶级的垄断工具。在奴隶制社会诞生初期，军队的成员主要来自于"氏族、胞族、部落和部落中自己保卫自己的真正的武装的人民"。军队开始时主要的构成部分就是徒兵，其装备基本上是木器和石器，即所谓的木石之兵。石木兵器时代的战争多为历史上的半信史时期，传说成分多，考据实证少。

2.铜兵器时代战争

铜兵器时代从夏朝一直延续到春秋战国。到了母系社会后期，发明了冶金技术，并开始用金属来制器皿和工具。随着生产力与科学技术的不断进步，父系社会时期炼铜技术得到发展，中国大约在公元前18世纪到公元前17世纪才开始使用青铜器，后来才有了青铜武器。在商朝青铜文化日益繁荣的盛况下，青铜兵器迅速崛起，很快成为奴隶主贵族士大夫阶层掌握的工具，并彻底取代了古老的石兵器，成为了车战时代军队中装备的主要兵器。

铜兵器时代的战争及其军事理论

铜兵器时代的战争主要有：《荷马史诗》中所描写的发生在公元前11世纪的特洛伊战争，公元前11世纪发生在中国的武王伐纣的战争及春秋战国时期各诸侯国之间的战争。从奴隶社会到封建社会的前期，各种金属武器的产生，多种兵制的发展，促使了直观朴素的军事理论产生。在公元前十世纪，西周出现了萌芽形态的军事理论著作《军志》和《军政》。这一时期的军事理论著作大致围绕军事制度和战争活动展开，其中也不乏一些战争经验和军事理论的总结。军事谋略思想也在这一时期开始萌芽。

3.铁兵器时代战争

考古发现，中国在商代已有用陨铁锻制成的铁刃。春秋后期，冶铁技术的发明，提高了铁质兵器的产量，铁质兵器成为军队的常用武器装备。战国时期，萌生了更为先进铁兵器——刀、剑、矛、戟，猛将勇士披上了铁制盔甲，很快便淘汰了铜兵器。秦始皇一统天下之后，大量销毁铜兵器，促进了铁兵器的进一步发展，铜兵器逐渐退出了战争舞台。从战国到宋代，铁兵器的形制不断改进，种类逐渐增多，冶炼技术得到迅速发展。直到东汉末年，出现了具有很高耐腐蚀性和耐磨性的钢制兵器。就材料杀伤性能来讲，钢制兵器把古代冷兵器推向一个极限。东汉至隋唐时期，炼钢技术不断发展，促进了东汉至南北朝时期的骑兵装备发展，再加上马镫的普遍使用，大幅度提高了骑兵的作战能力。隋唐时期兵器的制作与生产更加规范化，弓箭和佩刀成为当时骑兵和步兵的主要作战武器。尽管中国最早发明了火药，但火药并未广泛应用于战争，战争活动仍以冷兵器为主。

铁兵器时代的战争及军事理论

铁兵器时代的战争主要有：①农民战争，如中国秦末的陈胜吴广领导的起义、15世纪捷克爆发的胡司战争、16世纪德国的农民战争；②改朝换代的战争，如中国汉、唐、元、清推翻新旧王朝的战争，15世纪英国爆发的红白玫瑰战争；③封建国家之间的争霸战争，如中国三国时期魏、蜀、吴之间的战争；④新兴资产阶级反对封建统治的夺权战争，如尼德兰革命；⑤国内不同民族之间的战争，如中国秦汉与匈奴、唐与突厥族之间的战争；⑥以宗教名义进行的侵略战争，如欧洲长约200年的十字军东征等。

军事理论发展到战国以后，逐步进入到繁荣阶段，产生了大量军事理论著作，比较著名的有北宋时期的《武经七书》，该书集中了古代中国军事著作的精华。战国以后的军事理论和西周时期的理论相比更加注重辩证唯物论的观点，体现了朴素的辩证法思想。

（二）热兵器时代战争

热兵器时代战争是指大约从十三世纪中叶到十九世纪末发生的战争。在科学技术的帮助下，以火枪和火炮为代表的火器逐步完善与发展，并渐渐取代冷兵器，战争形态也由冷兵器时代过渡到热兵器时代。热兵器时代战争经历了世界热兵器前期战争、世界热兵器中期战争和世界热兵器后期战争三个阶段。

1.世界热兵器前期战争

十三世纪初，蒙古人建立了东起日本海、西抵地中海、北跨西伯利亚、南至波斯湾的辽阔疆域，国土横跨亚欧大陆的大帝国（即元朝）。蒙古帝国的建立，在把各民族置于其统治之下的同时，也加速了东西方文化、技术、商业等的交流。如日本史学家薮内清所指"蒙古军的突出的军事实力，与中国的火枪有关系，而把中国的火枪传到欧洲就成了火炮之源。"火药传入西方后，伴随着各种枪械在战场上的普及和应用，骑兵在战场上的战斗力远不如火枪步兵，步兵受到普遍重视，成为当时军中的主要军种，骑兵逐渐退出战场。火器的日益普遍，不仅击碎了欧洲骑士的铠甲，击破了封建主的城堡，更使人们的军事思想观念发生了本质的变化，具有近代意义的军事思想、军事制度开始取代旧有封建军事文明的模式，封建军队文明过渡到近代军事文明。

2.世界热兵器中期战争

1640年，英国资产阶级革命的枪声揭开了世界热兵器时代中期战争的序幕。在此后近200年中，伴随着血与火，资本主义的机器声和枪炮声响彻了全球。18世纪60年代从英国发起的第一次工业革命，开创了以机器代替手工劳动的时代，为军事上的武器发展提供了技术支持，引发了军事领域的相应革命，并取得了很多突破性的成就。

延伸阅读
技术进步引发的变革

17世纪随着火炮制造技术的提高，前装滑膛炮被分为攻城炮、野战炮和岸防炮几类，热兵器成为当时欧洲战场的主角。随着法国人在17世纪中期完成了刺刀这一伟大发明，传统的滑膛火绳枪被配有刺刀装备的先进燧发枪取代，至此，人类进入完全热兵器时代。1776年英国人弗格森发明了来复枪，枪身上有用于瞄准的表尺，增加了射击精准性和弹头的冲击力，这种来复枪为近代击发枪的发展奠定了基础。1778年，英国发明了舰载火炮。1798年，美国生产出可以换零件的滑膛枪（开创了大规模生产武器的先河）。

3.世界热兵器后期战争

由于广泛地使用火器，加上火力威力的加强，导致了战场上战术的变化，由原来的"方阵"变为"横队战术"。在舰船的火炮中，舷侧炮具有举足轻重的地位，人们转变了以往海战的观念，战术思想也随之发生了革命。

火器在军队中的装备和对军制战法的改革等是外国近代军事理论产生的源泉。作为一种理论体系，外国近代军事理论主要是在十八世纪末法国大革命时期及以后的半个世纪逐渐形成的，表现最为突出的是资产阶级军事理论。其中，克劳塞维茨的《战争论》和若米尼的《战争艺术概论》是近代军事理论的最高成就。

延伸阅读

世界热兵器后期的武器变革

1846年，意大利化学家研制出爆炸性的硝化甘油；1849年法国建造一艘螺旋桨式的战斗舰（由此开始，蒸汽舰逐步取代了木帆战舰之路）；19世纪上半叶，德国人德莱赛发明后装枪（子弹从枪械后面装进去的枪），开辟了轻武器和步兵战术的新纪元；1854年，德国生产出克虏伯后装炮；1860年，美国开创了连珠枪的先河；后来，德国人保罗·毛瑟发明了第一支枪机直动式步枪（现代自动枪械的基础，中国也是最早采用和仿制毛瑟步枪的国家之一）；1883年，美国人马克沁应用自动原理发明了自动机枪，在轻武器领域开辟了一个新时代，他本人被称为自动机枪鼻祖。在索姆河战役中，德军运用马克沁机枪的密集火力，一天内歼灭英军6万余人。

（三）机械化战争

机械化战争，主要是指大量机械化装备投入战争中及相应的作战思想产生的现代战争。这种战争贯穿于整个20世纪，各种机械化装备为主战武器，集团快速机动和火力攻防为主要作战方式，释放的是机械能和化学能。综观机械化战争发展的历史，大体经历了三个时期：一是机械化战争初创时期（19世纪末至第一次世界大战结束）；二是机械化战争高速发展和普遍运用时期（二战前及战争期间）；三是机械化战争高度成熟时期（二战后至20世纪80年代中后期）。

（四）信息化战争

信息化战争是一种广泛利用信息资源并依赖于信息的战争形态。20世纪60年代以来，微型芯片、集成电路、计算机、基因工程、激光、航天等一大批高技术的迅猛发展，侦察、监视及目标捕获技术与先进制导弹药的结合，成为军事技术和武器装备发展的亮点。信息化战争形态经历了从低级到高级、从不成熟到走向成熟的过程。

农业时代		工业时代		信息时代
冷兵器	热兵器	机械化	信息化
使用大刀、长矛、弓箭等为标志	使用火枪、火炮、风帆式战船等为标志	使用坦克、飞机、内燃动力军舰等为标志	使用信息技术、信息化武器装备等标志
体能	热能	机械能	智能

战争的发展历程

第二节　新军事革命

　　恩格斯曾经在《反杜林论》中指出："一旦技术上的进步可以用于军事目的，并且已经用于军事目的，它们便立刻几乎强制地，而且往往违反指挥官的意志而引起作战方式上的改变甚至变革。"人类在有文字记载的五千多年历史中，经历的大大小小的战争近一万五千次。纵观人类战争史，战争形态和作战样式总是随着时代和社会生产力的发展而不断变化的。从战争形态而言，在经历了冷兵器时代战争、热兵器时代战争、机械化战争、核时代战争、高技术战争之后，正在向信息化战争形态迈进。这些战争形态的转变又都是以军事技术装备使用为标准划分的，都鲜明地烙下了军事革命的印记。

一、新军事革命的内涵

　　20世纪80年代以来，世界范围内掀起了一场以信息技术、精确制导技术等为核心，以大量高新技术武器的使用为标志的新军事技术革命，使战争模式发生了深刻变化，不仅战场空间日趋扩大，交战方式也呈现多样性、非接触、非线性，已成为近年来世界局部战争的主要样式。战争的核心是控制与支配信息的能力，谁拥有信息，谁就掌握战场的主动权。先进的技术和武器系统，与创新的军事学说和部队编成及时、正确地结合在一起，从而使军队的作战效能得到数量级提高，这就是新军事技术革命。科学技术的进步是军事革命的推动力和物质基础。纵观世界军事技术的发展历史，我们发现，它已经经历了三次军事技术革命。第一次军事技术革命发生在18世纪，火药的发明及枪炮的出现使作战方式发生巨大变化，出现了防御工事和火力攻击；第二次军事技术革命发生在20世纪初，燃机的出现及在坦克和战车上的应用，使部队机械化；第三次军事技术革命发生在20世纪中叶，核技术和电子技术再一次提高了部队的作战能力，出现了"星球大战"等新的作战方式，引起新的军事理论的出现。目前正进行着20世纪末开始的第四次军事技术革命，也就是现在所说的新军事革命。

目前国际安全环境总体稳定，抑制战争的因素不断增多，爆发大规模局部战争的可能性不大，但局部地区战乱不止，一些热点持续升温甚至接近战争边缘；世界主要国家积极进行战略调整，推进军事转型，加强核心军事能力建设，争夺有利战略位置，大力推进新军事革命，以增强自身实力和国际竞争力。

那么，什么是新军事革命呢？新军事革命，是特指在工业社会走向信息社会的时代，以信息技术为核心并得以广泛应用，从而引起军事领域武器装备、军事理论和组织体制等一系列的根本变革，导致彻底改变战争形态和军队建设模式的一场革命。新军事革命包含四个要素：新军事技术、新武器装备、新军事理论、新组织体制。

二、新军事革命的发展演变

新军事革命是随着信息时代的来临而产生和发展的。当前，世界各国对新军事革命的研究方兴未艾，关于新军事革命的阶段划分也有很多不同表述。但在信息技术产生并运用于军事实践的进程中，有很多标志性的事件。从这个角度，可以把新军事革命区分为以下几个发展阶段。

（一）孕育萌芽时期

新军事革命的核心技术是信息技术，而信息技术的代表则是计算机技术。1946年2月，美国研制出世界上第一台电子计算机。它是美国军方定制的，为了满足计算弹道需要而研制成的。从某种意义上说，最早的计算机可以说是一种"武器装备"。追根溯源，这可以称之为信息技术的最早产生，也可以说是新军事革命最初的根芽。

从1946年到1958年人们研制的是第一代计算机，1956年到1966年是第二代计算机。它们被大量运用于与国防科研有关的计算和研究。1958年，美军为防御苏联军队的核打击，建成世界上第一个军事信息系统——"赛其"指挥与控制系统。它被称为C^2，首次实现信息采集、处理、传输和指挥决策过程部分作业的自动化，开启了作战指挥控制自动化的先河。1962年以后，美国在C^2系统的基础上，增强"通信"功能，使其成为C^3系统。1969年，美国国防部开发出世界上第一个计算机网络——"阿帕网"。苏联在20世纪50年代也开始发展指挥自动化系统，于1958年建成"天空一号"半自动化防空指挥控制系统，并于1964年部署改进型的半自动化拦截引导系统。北约欧洲各成员国从60年代开始建立"奈其"信息系统，即"北约地面防空警戒系统"。

除信息技术外，其他高新技术也崭露头角。"二战"中，德国首先研制出第一枚无线电制导的滑翔炸弹，尔后研制出V-1、V-2惯性制导弹。战后雷达技术、红外技术得到迅速发展并用于制导武器，更加先进的精确制导弹药相继研制成功，大大提高了武器装备的命中精度。至20世纪70年代初，"精确制导技术"的概念被正式提出。1967年，美国研制的"宝石路-1"激光制导炸弹装备部队。1957年苏联第一颗人造地球卫星上天后，军事航天技术发展迅速。美苏双方都大力发展进攻性战略武器，探索建立太空军事系统，为太空争夺做准备。

（二）初步发展时期

1972年5月13日，美国出动14架F-4战机，各带一枚"宝石路"激光制导炸弹，一举炸毁了越南的清化大桥。而此前的4年多时间里，美空军曾出动数百架次飞机对其进行轰炸，结果不仅桥梁没有被完全摧毁，还损失了10多架飞机。这是激光制导炸弹首次被用于实战，它精确打击的效果震动了世界。各国军队普遍认识到高新技术装备的威力，纷纷加大研制力度。

20世纪70年代后，美苏之间形成了"核恐怖平衡"，双方拥有的核武器能够互相毁灭多次，甚至毁灭整个地球。这样，谁也不敢轻言使用核武器。为继续谋求军事优势，美苏把目光更多地放到用信息化武器打常规战争上来。这有力地推动了新军事革命的进一步发展。

这一时期，军事信息系统获得更大进步。1977年，美军把"情报"要素纳入C^3系统，形成C^3I系统，确立了以指挥、控制为核心，以通信为依托，以情报为灵魂的一体化军事信息系统体制。到80年代，军用电子计算机采用超大集成电路后发展到第四代。1983年，美军又在C^3I系统的基础上加入"计算机"要素，变成更加完善的C^4I系统。苏联等国也建成卫星通信、对潜通信、战略预警和侦察探测等系统。

就像人体运动速度有其极限一样，机械化武器装备的物理性能也是有其极限的。20世纪70年代后，发达国家制造的坦克、步兵战车、火炮、作战飞机、作战舰艇等武器装备，渐渐达到了各自的物理性能的极限。于是，科学家们为这些作战平台配备了数字式火控系统等先进技术，采取了隐身技术等新型伪装技术，安装多种电子设备，将其改造成为具有初步信息化水平的作战平台。此后，信息化的作战平台不断涌现。

在这一阶段，一些国家的军事理论家开始研究信息化作战，并提出了相应的成果。美军最早提出"信息战"的概念。苏联则最早发表了新军事革命的理论著作。1979年，苏军总参谋长奥尔加科夫等理论家预言：先进技术的出现将引发一次新的军事革命。1985年，他出版《历史的告诫》一书，认为世界军事上已经发生深刻的、真正的革命性变化。不过，当时苏军高层和思想理论界总体上较为保守，奥尔加科夫的理论没有被采纳，先进的理论没有变成实际行动。因而，苏联未能抓住新军事革命的先机。倒是美国十分关注奥尔加科夫提出的新技术革命问题，在转化为自身的成果后，首先实施比较全面和彻底的军事改革，抢占了先机，成为新军事革命的"领头羊"。

（三）快速演进时期

1991年1月17日至2月28日，美国发动了对伊拉克的战争，被称为"海湾战争"。美军使用了当时几乎所有高新技术武器装备，包括"战斧式"巡航导弹等精确制导武器，软硬结合的电子战装备，由70多颗卫星组成的综合指挥信息系统等，远程精确打击成为火力摧毁的主要手段，初步显示非接触、非线式的作战特点。这场战争给世界军事领域留下了极为深刻的印象，被称为"预示战争形态急剧变化时期的来临""正在进行的新军事革命的一个缩影"。

海湾战争之后，世界各国普遍加大对信息化战争的研究力度，有力地推动了世界新军事革命的加速发展。美国更加广泛地采用信息技术，全面开展武器装备信息化建设，大力发展军事信息系统、信息化作战平台、精确制导弹药、军事无人系统和新概念武器。到20世纪末，其陆、海、空武器装备的主体实现信息化，在世界上首先建立了信息化武器装备体系。美军把C⁴I系统演变为包括"监视"与"侦察"的C⁴ISR（指挥、控制、通信、计算机与情报、监视、侦察）系统。在此基础上，美军进行以"联合训练"为主要特点的"训练革命"，逐步启动军事组织体制改革，在"聚焦后勤"思想的指导下进行"军事后勤革命"。美国国防部组织专家，掀起军事理论创新的热潮，创立联合作战理论体系，提出以"网络中心战""基于效果作战""战略瘫痪战""五环目标理论"等为代表的诸多新的作战理念。美军在1998年的"沙漠之狐"军事行动、1999年的科索沃战争、2001年的阿富汗战争中，投入各种先进武器，采取各种新的战法进行试验，在实践中验证其军事革命的成果。

这一时期，其他国家也都纷纷投入巨大资源，加速推进具有本国特色的军事革命。英国军队大力发展信息化武器装备和数字化部队，正式成立联合司令部，组建联合快速反应部队，建立三军一体的联勤体制，意图组织实施信息化的联合作战。法国把军队职业化改革、武器装备现代化作为国防和军队建设的重点。到21世纪初，法军完成军队职业化改造，部队专业化程度得到较大提高；完成对军事领导指挥机构的调整，初步形成联合作战指挥体制；在"天基"侦察系统建设中取得较大成就，武器装备信息化程度有了较大提高。德国以建设人员精干、具备遂行多种作战能力的现代化联邦国防军作为改革目标，有重点地发展信息化武器装备，注重对现有武器进行信息化改造。日本认为"新军事革命"是"以信息技术为基础的军事革命"，因而启动了"信息军事革命"，利用与美军的传统军事关系，获取美国的高新军事技术，再依凭自身较为雄厚的科技经济实力，提升陆上、海上自卫队的建设质量，发展本国特色的军事力量。俄罗斯虽然在这一时期经济衰退，军队建设受到很大影响，但仍然保持核心骨干力量，进行关键技术的研究，以期在新军事革命中保持足够的实力。海湾战争之后，中国敏锐地认识到战争形态已发生变化，及时提出要重视和推进中国特色的军事变革。从那以后，中国军队对信息化战争的研究逐步走向全面和深入。

（四）走向成熟时期

2003年3月20日，美国联合英国等盟国，以伊拉克拥有大规模杀伤性武器为借口，发动了伊拉克战争。在这次战争中，美军建立了比较成熟的信息化战争体系，拥有战场感知、指挥控制、联合作战、特种作战、远程精确打击、机动力和火力等全方位的绝对优势。这让人们进一步看到了开展新军事革命的巨大军事效益。

伊拉克战争之后，世界新军事革命进入到一个新的发展阶段，广度和深度都有了更大的发展。发达国家尝到了新军事革命的甜头，坚定了继续进行军事革命的信心和决心。发展中国家清醒地认识到，为了在未来战争中避免陷入被动挨打的境地，必须进行新军事革命和军队信息化建设，大大增强了军事变革的紧迫性。美国继续加大军事转型的力度，英、法、德、日等新军事革命的跟随者，以及中国、俄罗斯、印度等后发者，都更加深切地认识到，军事变革是增强军事实力、打赢未来战争的必由之路，促使更多国家加入新军事革命的行列。

总结以往经验，展望未来，世界各主要国家均强调，要自觉地、自上而下地全面统筹军事变革，更多地涉及军事系统的核心内容。各国军队普遍注重进行顶层设计，制订和颁布各种纲领性文件，统筹规划各项变革和转型工作，改变以往缺乏全面规划、各军种（部门）自行其是的状况。美军将C⁴ISR系统再一次演进为包括"打击"功能的C⁴IKSR，以后又提出建立GIG（全球信息栅格）。此后，美军加紧研制下一代指挥控制系统，力图建立功能完备的全球战略级、战役级和战术级信息系统。英军、德军、俄军在借鉴美军经验的基础上，均决心建立适合自身需要的军事信息系统。各国注重压缩军队编制，减少层次，使部队趋于小型化、一体化及多功能化。围绕建立和完善联合作战指挥体制，世界各国均采取了许多有益的措施。

近年来，国际形势处在新的转折点上，各种战略力量加快分化组合，国际体系进入了加速演变和深刻调整的时期。在这个前所未有的大变局中，军事领域的发展变化广泛而深刻，是世界大发展、大变革、大调整的重要内容之一。世界军事领域的发展变化，与世界政治经济等领域的发展变化相互呼应、相互影响。到目前为止，世界新军事革命仍然没有结束，仍处于动态发展之中。纵观历史，我们可以发现，世界新军事革命走过了一条从无到有、从零散到系统、从局部扩展到全局的道路。预计在未来一段时期里，新的军事仍将会出现，新的变革仍将会继续。最终，机械化战争形态将完全由信息化战争形态所代替。人类军事活动将呈现一个全新的面貌。

三、新军事革命的基本内容

新军事革命的本质与核心是信息化，总的来看，新军事革命的基本内容可概括为"四新一变"。

（一）军事技术的革新

军事技术形态正在向智能化、网络化、微型化、高超声速的方向发展。很多国家都致力于把高新军事技术大量运用于各种新型武器装备系统。美军计划到2030年左右全面完成C⁴KISR系统建设。俄军计划到2020年前建成全军统一的自动化数字通信网络系统。美国、英国、法国、俄罗斯等国都在研制人工智能作战系统，包括无人飞行器、地面机器人、水面和水下机器人作战系统。美国正在研发各种网络侦察、网络防御和网络进攻等武器系统。俄罗斯网络攻防武器研制取得了突破性进展。目前，全球有100多个国家具有开发网络武器的能力。美国已成功进行50多次导弹拦截试验和数次电磁轨道炮试射，正在研制可攻击敌方卫星的XSS-11微型卫星。俄罗斯加紧研制空天飞行器。英法等国均有空天飞行器研制计划。日本和韩国加紧部署导弹防御系统。军事技术的革新可以促进军队的建设，可以发展武器装备，可以改变战争规模和作战方式，可以变革战争形态。

（二）武器装备的更新

武器装备呈现出信息化、数字化、精确化、隐形化、无人化的发展趋势。武器装备的断代性发展是军事领域出现革命性变化的重要标志。在现阶段，主要是应用信息技术成果对现有武器装备进行改造，同时研制和发展新型信息化武器系统，从而实现武器装备的信息化、数字化、精确化和高效化。目前，发达国家军队已经实现了高度机械化和部分信息化。同时，在战争中大量使用经过信息化改造的精确制导武器。2003年5月，伊拉克战争结束不久，美国副总统切尼就宣布："从战场投放的精确制导弹药占总投弹量的比例看，海湾战争是9%左右，这次伊拉克战争则占到68%。"

（三）体制编制的变新

体制编制的联合化、小型化、自主化趋势更加明显。一场军事革命的完成是以军队组织结构调整的最终实现为标志的。调整改革军队的体制编制是实现人与武器的有机结合、最终完成军事革命的关键。世界各国为适应世界新军事革命的发展，高度重视优化军队的内部结构，使军队的体制编制向着精干、高效、合成的方向发展。总的趋势是，压缩常备军规模，裁减一般部队，增编高技术军兵种部队，使军队向联合化（一体化）、小型化、多能化、自主化方向发展在现阶段，主要是建设便于灵活组合的中小型模块式部队，建立适合信息快速流通的扁平式作战指挥体制。在伊拉克战争中，美军在指挥上改变了以往各军兵种分别指挥的方式，由联合作战中心实行一体化指挥；在保障上改变了以往逐级实施的方式，由后方基地统供，直接投送到前沿部队和分队，这就是所谓的"聚焦后勤"。

（四）军事理论的创新

新军事理论层出不穷。随着高新技术武器装备的发展，传统的战争理论、作战原则以及战略、战役、战术之间的关系等都随之发生变化，出现了一些建立在新的物质基础之上的军事理论，如信息化战争理论、信息战理论、联合作战理论、精确化作战理论、非对称作战理论、空间作战理论、非接触作战理论和网络中心战理论等。在伊拉克战争中，美军所使用的快速决定性作战理论就是一种全新的作战理论。它强调作战行动必须充分利用信息化装备优势，采取"远程精确打击十小规模地面快速突击"的新战法，尽快由有限规模的战役行动达成战略目的。通过实战检验，该理论得到了充实验证，说明适应信息化战争要求的创新军事理论是完全必要的。

（五）战争形态由机械化战争向信息化战争转变

一体化联合作战指挥体系逐步形成，军队指挥形态更加扁平化、自动化、网络化、无缝化。具体转变有：一是战场空间日益扩展。由过去陆、海、空三维空间扩展为现在的陆、海、空、天、电、心理六维空间。二是战争节奏日益加快。过去战争往往是以年、月计算，现代战争则往往是以日、小时计算。三是战略、战役、战术行动融为一体。通过对要害目标特别是首脑目标实施中远程精确打击来直接达成战略目的。最典型的作战方式就是"斩首"行动。四是制信息权成为争夺战场主动权的焦点。五是军队作战一体化程度日益提高。通过信息网络把各种武器装备横向连接起来，朝着指挥一体化、部队编组一体化、各个作战单元行动体化和补给保障一体化的方向发展。六是前方与后方的界限日趋模糊。战争一开始就在作战一方国土全纵深同时展开，国家战略资源和要害性设施的防护问题空前突出，全社会民众的战争意志坚强与否成为战争胜负的决定性因素。

延伸阅读

新军事革命的起源在苏联

新军事革命最早可追溯到20世纪70年代。开始时，苏军的一些军官和将领，面对科学技术进步对军事领域产生的愈来愈广泛的影响，提出了发生"军事上的革命"的可能性。除了在报刊上常见这类论文外，还陆续出现了一些专著，如1973年苏联国防部军事出版社出版的《科学技术进步与军事上的革命》一书，就是一个例子。该书由H·A·洛莫夫上将等16名作者集体编写而成，尽管主要是以导弹核武器等新武器装备的出现与运用作为背景，但作者很明确地表示："本书试图在介绍新兵器性能的基础上扼要地阐明军事上的革命所引起的一些新的现象。"

到20世纪70年代末和80年代初、中期，苏军刊物的某些文章中已经出现了"军事技术革命"的概念。苏军总参谋长奥加尔科夫撰写的《历史教导我们提高警觉》一文，甚至提出了继核时代革命之后将发生全然不同的新军事革命的见解，可算得上其中的典型代表。他们对以电子计算机为核心的信息技术和精确制导武器等给予了很高的评价，认为这些正在发展的新技术装备正处于从根本上打破陈旧的科学原理的阶段，极可能出现比导弹核武器更有效的杀伤性兵器，从而引发一场"军事技术革命"，并进而影响到军事的各个领域。奥加尔科夫等人的观点曾受到苏军一批军事理论工作者和年轻军官的响应，并在80年代初展开了一场热烈的讨论。由于当时正是被称为"第三次浪潮"的高新技术革命在世界范围兴起的时候，高新技术的发展水平有限，人们对其在军事领域的应用前景和深远影响的认识也不够，因此，苏军在从技术进步角度对新军事革命的概念作了一番探讨之后，并未付诸实施，也未能引起世界其他国家的足够重视。

第三节 机械化战争

机械化战争是人类历史上继冷兵器战争、热兵器战争之后的第三种战争形态。它对近现代世界军事发展的历史和现实影响非常巨大。直到今天，人类战争活动仍然带有一定的机械化战争的特点。认识机械化战争，对于了解人类战争发展的历史，思考当前战争活动，具有十分重要的意义。

一、机械化战争的内涵

机械化战争，是指主要使用机械化武器装备及相应作战方法进行的战争。所谓机械化武器装备，是以机械动力为主要驱动力，以火力、机动力、防护力为主要战术技术指标的各种装备的统称，如工业化生产的坦克、自行火炮、水面舰艇、潜艇、战斗机、轰炸机等。主要依托建制内装甲战斗车辆等机械化装备实施机动和作战的部队，以机械化步兵或坦克兵等为主体的诸兵种合成部队，被称为机械化部队。机械化部队的典型的作战方法是大规模集群作战、远距离快速机动作战、大范围纵深攻击作战等。交战双方往往构筑阵地，沿着一定的作战线，进行密集的火力交锋。为了打击一个目标，具有机械化作战能力的部队通常使用大量飞机、坦克、火炮等武器，投射大量弹药，进行猛烈轰炸，实施大范围的火力覆盖。

二、机械化战争的形态演变及特征

机械化战争是随着工业时代的来临而产生和发展的。19世纪末20世纪初以后，人类科学技术获得新的进步，以重工业为重点，以大机器生产为特征的新工业革命发展迅速。相应的，军事科技也获得同步的发展，速射机枪、坦克、飞机、潜艇、航空母舰、无线电设备等一大批机械化武器装备相继问世。与此同时，坦克兵、化学兵、潜艇部队等新的兵种出现，空军诞生并逐步发展为崭新的独立军种，军队编制体制走向大型化、合成化和摩托化，坦克战、化学战、电子战以及空中作战等迅速成为重要的作战方式。所有这些，都使得战争面貌发生重大变化，人类由此步入了机械化战争时代。

20世纪初世界上发生的战争，已经带有较为明显的机械化战争的特点。第一次世界大战中，机械化战争形态获得飞速发展；到第二次世界大战时期，机械化战争已经逐渐发展至成熟阶段。20世纪中叶以后，机械化战争形态仍然继续向前发展演变着。

不同的战争形态，在时间上不是截然分开的，而是有一个相互交叉的历史过程。虽然近几十年来，在机械化战争形态的"母体"中，信息化战争形态被孕育出来，并不断趋于成熟，但在许多战争实践中，仍然表现出较强的机械化战争的特征。21世纪的今天，人类的许多战争活动，仍然受到机械化战争的影响。只有在未来较长的时间内，机械化战争形态才会彻底消逝，信息化战争形态才能完全取而代之。所以，我们应当认真研究和认识机械化战争这一历史上重要的战争形态。

20世纪是飞机、坦克、舰艇等平台武器大发展的阶段，直接促进了机械化军事革命，形成了以机械化平台为中心、以陆海空为立体战场、以机动力和火力优势的争夺为直接目标的战争模式，体现出大规模作战集群化、高速机动化、附带伤亡扩大化、指挥系统科层化、技术的对抗化等特点。

（一）大规模作战集群化

机械化战争中，军队规模和坦克、飞机、大炮、军舰等武器装备影响着战争的胜负。在战场上，大规模运用卡车提供勤务服务是进入机械化战争时代的主要标志。第一次世界大战一开始，主战场欧洲大陆就形成了三条战线，开展了大规模集群作战方式，大范围、多批次的兵力被投入运用，无限扩大了战场规模。在"二战"期间，交战国生产的军用飞机多达70余万架，其中，苏联就达到8000架，欧洲主要国家和美、日的作战飞机也都达到了几千架；航空母舰多达140余艘；潜艇达到了1500余艘。

（二）高速机动化

机械化战争，是近代蒸汽机车对畜力战争的进化。机械化首先是兵力与火力的高速机动以及冲击，导致战术的革命。所以，机械化无论是闪电战还是大纵深，首先是具有了一种高速机动的战斗能力。19世纪末20世纪初，速射机枪、坦克、飞机、潜艇、航母、无线电等一大批自动化、机械化武器装备竞相问世，使作战变得高速机动。如坦克在第一次世界大战中使用以后，就显示出很强的突击力。

飞机投掷炸弹

（三）附带伤亡扩大化

20世纪战争和武装冲突次数之多、规模之大、程度之激烈、后果之惨重，是历史上任何时期都无法比拟的。特别是20世纪上半叶爆发的两次世界大战，通过庞大的机械化战争机器的运用，把战争的毁伤力无限粗放地最大化，也带来人力、物力、财力、生态、环境乃至对文明社会的巨大损伤和破坏。如第一次世界大战，30多个国家、15亿人口（其中1000万为非战斗人员）被卷入了战争中，大战恶化了民众的生活境遇，激化了国内的阶级矛盾，造成战后初期的社会动荡。其中的"凡尔登战役"，双方共伤亡70多万人，凡尔登战场被称为"绞肉机""屠场"和"地狱"。机械化战争附带伤亡大幅度增加。

（四）指挥系统科层化

机械化战争的指挥控制是纵向连接的树状结构。这种指挥控制网络就像大工业生产按行业、按流线建立控制体系一样，其特征是金字塔状，下面大上面小，最高指挥官处于金字塔的顶峰。所有来自前线的敌我双方的情报信息，必须逐级按照官职大小向上汇报，上级的指示精神和命令也按照这样的树状模式逐级下达到前线或基层。如果处于前线的一辆坦克发现敌情，它必须先向坦克排长报告，排长再一级一级地向上报告，经过七、八个层次后才到达集团军军长或战区司令。军长或司令做出决策后，同样也要逐级下达命令，直至最基层的坦克车。所以，机械化战争指挥系统条块分割，呈现出线性化、程式化、科层化等特点。

（五）技术对抗化

机械化作战的要素是技术兵器，大量运用机械化武器和技术装备，使用内燃机驱动的车辆运输补给品、拖曳火炮、步兵等。如第一次世界大战初期，由机枪掩体、铁丝网障碍物和堑壕构成的坚固防御阵地，使进攻方单纯依靠步兵突破已很难取胜，迫使人们探索和研制出一种体现现代冶金、动力、电气和火炮技术，攻防兼备的进攻性武器——坦克。当第一次世界大战转入阵地战后，侦察机的快速发展促使了适用空战的歼击机的研制。第二次世界大战时期，更加广泛的战场需要，使自行火炮、战车、飞机、航空母舰等主要机械化作战兵器的质量进一步提高，机械化战争得以高速发展，技术的对抗化更加明显。

三、机械化战争的代表性战例

19世纪末至20世纪中期，是世界上战争频繁发生的时期，出现了很多机械化战争的战例。特别是20世纪上半叶，在工业革命的推动下，欧洲主要国家的经济迅速发展。与此同时，列强的军事科技水平迅速提高，武器装备性能大大增强，军队的规模实力也快速膨胀起来。这促使强国与落后国家的实力进一步拉大，也造成了列强之间力量对比更加不平衡。为了争取更多的市场、原料产地和投资场所，列强展开了激烈争夺。在各国政治、经济上的矛盾激化不可调和的时候，列强不惜使用武力进行斗争，大规模战争不可避免。20世纪上半叶所发生的两次世界大战，成为最典型的机械化战争。

（一）第一次世界大战

第一次世界大战，简称"一战"，是在19世纪末20世纪初，资本主义国家在向帝国主义过渡时产生了广泛且不可调和的矛盾，亚洲、非洲、拉丁美洲殖民地和半殖民地基本上被列强瓜分完毕，新旧殖民主义矛盾激化，各帝国主义经济发展不平衡、秩序划分不对等的背景下，为重新瓜分世界和争夺全球霸权而爆发的一场世界范围的帝国主义战争。

1. 战争的经过

1914年是战争的第一阶段。在这一年里，德军根据战前制定的施里芬计划，首先在西线发动大规模的进攻。由于马恩河等战役中法、英、比三国军队的奋力抵抗和俄罗斯在东线的进攻，德军速战速决的计划破产。西线作战的双方修筑战壕，长期对峙，转入阵地战。

1915年至1916年为战争的第二阶段。由于双方都把1916年看作是决定性的一年，所以这一年里出现了三次大型的陆地上战役，即西线的"凡尔登战役""索姆河战役"和东线俄军的夏季攻势。在海上，日德兰海战后，英国仍然牢牢控制着制海权。这一阶段，大战的战略主动权转移到了协约国一方。

1917年至1918年为战争的第三阶段。1917年，美国参加对德作战，中国等国也相继投入战争，协约国的阵营增加到27个国家。俄罗斯爆发"二月革命"和"十月革命"，退出了帝国主义战争。

1918年3月，德军在西线开始发动攻势，遭到失败。8月8日，协约国军队在福煦的指挥下，开始反攻，把德军撵出法国和比利时国境，德军主力开始迅速瓦解。9月15日，保加利亚的军队被击溃，29日向协约国投降。10月31日土耳其投降。奥匈帝国于11月3日投降。11月4日，基尔军港海军舰队水兵举行起义，成立苏维埃。11月9日，柏林工人和士兵举行总罢工和武装起义，德皇威廉二世于内外交困的情况下，被迫宣布退位，10日逃往荷兰。

1918年11月11日，德军正式投降。德国代表在巴黎北部的康边森林福煦将军的行军火车上，签署停战协定。第一次世界大战至此结束。

2. 战争的结果

第一次世界大战历时4年零3个多月，参战国之多、作战部队之众、战线之长和战斗之激烈，史无前例。共有33个国家15亿人口卷入战争，战火遍及欧洲、非洲和亚洲。双方共动员兵力7000余万人，亡约1000万，伤2000余万。其中，协约国主要国家（俄、法、英、意、美、日、罗、塞、比、希、葡、黑山）共动员军队4218万余人，损失2210万余人，其中亡515万余人、伤1283万余人、被俘和失踪412万余人；同盟国（德、奥、土、保）共动员军队2285万人，损失1540万余人，其中亡338万余人、伤838万余人、被俘和失踪362万余人。由于死亡人数太多，第一次世界大战中的许多战役都有"绞肉机""地狱""屠场"之称。

3. 战争的机械化特征

第一次世界大战是一场典型的机械化战争。为了取得胜利，参战各国加紧研制新式武器并投入战场，飞机、毒气、坦克、远程大炮相继投入战争，使得机械化武器装备和军事技术飞速发展。飞机、飞艇、潜艇、坦克、高射炮、反坦克炮、迫击炮、远程火炮、毒气弹、烟幕弹、高爆弹、无线电通信和光学测量等武器与技术开始大量装备部队或得到广泛运用，并由此产生了坦克兵、航空兵、防化兵等新兵种。军队的火力、突击力、机动力以及作战指挥能力得到加强和提高。作战空间从陆地、海洋扩大到空中，在濒海方向上出现了陆海空三军协同作战。战役规模扩大，组织协同更加复杂，出现了集团军群（方面军）战役。

在第一次世界大战中，世界各国作战方式发生了很大变化。防御在地面战斗中处于突出地位。防御形式由支撑点式防御发展到堑壕式防御，进而形成包括表面阵地和地下工事的绵亘防线。防御纵深达15~20千米，防御正面达数百至上千千米，进攻一方难以实施两翼迂回，故多采取以下正面突破形式：在一个狭窄地段实施突破；在几个狭窄地段实施相向突破；在宽大正面上以一点为主实施多点突破；向几个相互联系的不同方向实施逐次突破。在此过程中，大量、集中使用坦克成为有效的突破手段。进攻和防御越来越依赖于炮兵的火力支援。航空兵在战争初期主要用于侦察，随后用于空战和争夺战场局部制空权，后期则主要用于攻击对方地面部队，轰炸浅近纵深区内的重要目标和交通线，以及作战舰艇和海军基地。海战中潜艇占有十分重要的地位，鱼雷和水雷得到广泛运用。为了对付潜艇，保护商船，协约国建立了护航制度。

第一次世界大战的经验对机械化战争理论的发展产生了重大影响。战后，资本主义国家总体战、闪击战、机械化战争论、空中战争论、大战略理论，以及依托坚固防线组织防御等各种军事理论的形成和发展，都与第一次世界大战的经验有直接或间接的联系。

（二）第二次世界大战

第一次世界大战结束后，帝国主义时代所固有的各种基本矛盾一个也未解决，而又增加了战胜国与战败国的矛盾，以及帝国主义战胜国相互之间的矛盾。19世纪20年代末，资本主义世界爆发了规模空前的经济大危机。世界各国纷纷采取对策，在发展本国力量的同时，改变了各国的政治、经济和军事力量的对比。

1. 战争的经过

1937年7月7日，日本在中国北平悍然发动"七七事变"，中国全民族抗战开始。12月13日，日本占领中国首都南京，制造了震惊世界的南京大屠杀。在中国共产党倡导的以国共合作为基础的抗日民族统一战线的旗帜下，中国人民举国一致进行全面抗战，开辟了世界上第一个大规模反法西斯战场，并逐步成为世界反法西斯战争的东方主战场。

1939年9月1日凌晨，德国军队以优势兵力，通过"闪电战"的方式突袭波兰。3日，波兰的盟国英、法两国被迫宣战，第二次世界大战全面爆发。随着战争的推进，出现了欧洲西线战场、北非战场、欧洲东线战场，以及太平洋战场。

战前，法国军队下大力气在法德边境修建了一条布满战壕和堡垒的"马奇诺防线"，自以为固若金汤。1940年4月，德国进攻北欧的丹麦、挪威。不久，荷兰、比利时投降。5月，德军出其不意地突入法国北部。5日，德军向法国腹地发起进攻，从东南和西南方向迂回巴黎，并进抵马奇诺防线后方。这样，马奇诺防线就失去了作用。法国虽然拥有数百万大军，却在6个星期内就被打败。德军直逼英吉利海峡。6月4日，被围困在敦刻尔克的英法联军撤往英国。17日，法国政府宣布停止战斗，向德国投降。

德军进攻法国后，意大利趁火打劫，对法国宣战。德国对英国进行和平试探并施加军事压力，遭英抵制。1940年7月16日，希特勒下令准备对英国本土实施登陆作战。为夺取渡海作战的制空权，德国从7月至次年5月对不列颠实施空中进攻，遭英国军民英勇抗击，损失惨重，未达预期目的。

德国与苏联本来签订互不侵犯条约。但1941年6月，德国集结了550多万大军、几千辆坦克和几千架飞机，在约1500千米的战线上，向苏联发动突然进攻。苏德战争爆发后，大战的规模进一步扩大，苏德战场成为反法西斯战争的主战场。仅几个月时间，德军便占领了大片苏联的领土。10月，德军逼近莫斯科。但是，苏联军民顽强抵抗，赢得了莫斯科保卫战的胜利，粉碎了德军不可战胜的神话。

欧洲战事激烈，为日本提供了南进良机。7月，日本近卫内阁制定《基本国策纲要》，决定推行"南进"战略，以夺取英、法、美、荷在亚洲的殖民地。中国人民团结合作，与日本进行了长期而广泛的斗争，牵制大部分日本陆军，做出了巨大的牺牲和贡献，发挥出重大作用。日本希望在太平洋和东南亚切断西方的援华交通线，迫使中国屈服。

美国原本在二战中持中立态度。但日本意图南进，与美国及英国的矛盾激化。1941年12月7日，日军偷袭位于珍珠港的美国海军基地。次日，美、英对日宣战。德、意也对美宣战。日本还向东南亚等地发动了进攻，第二次世界大战达到最大规模。

法西斯国家的大肆侵略，激起世界各国人民的愤怒，全世界反法西斯国家开始逐步走向联合。1942年1月，美国、英国、苏联、中国等26个国家的代表在美国首都华盛顿签署《联合国家宣言》。所有签字国保证用自己的全部军事和经济资源，对德、日、意及其仆从国作战，相互合作，决不单独同敌人停战议和。以后，又有21个国家在宣言上签字。这标志着世界反法西斯联盟正式形成。各国为了共同目标，在欧洲战场和东方战场上协同作战，逐渐扭转了战争的形势。

德军在莫斯科会战失败后，被迫放弃全面进攻，于1942年夏在苏德战场南翼实施重点进攻。7月，德国集中兵力进攻战略重镇斯大林格勒。苏联军民英勇抗敌，在艰苦的条件下坚决打赢保卫战。次年2月，德军在斯大林格勒战败投降。斯大林格勒战役成为第二次世界大战的转折点。此后，苏军继续进攻，苏德战场形势发生重大转变。

1942年10月至11月，英军在北非战场发动阿拉曼战役，消灭德意军大量有生力量。此后，英美盟军开始掌握战略主动权。1943年7月，盟军在意大利半岛西西里岛发动登陆战役。1943年7月，墨索里尼政府垮台。不久，意大利宣布无条件投降。

1944年，同盟国在欧亚战场先后转入全面战略进攻。在欧洲战场，苏军率先在东线发动强大攻势。6月，美、英盟军成功登陆法国诺曼底，开辟了欧洲第二战场。由此，形成对德东西夹击的有利态势。欧亚各国的抵抗运动和游击战争配合盟军进攻，加快了民族解放的步伐。

1945年，世界反法西斯战争形势发生根本转变。美、英、苏三国首脑在雅尔塔召开会议，决定彻底消灭德国法西斯主义。7月，美、英、苏三国首脑在波茨坦召开会议，并以中、美、英三国名义发表敦促日本投降的《波茨坦公告》。

1945年春，苏军与英、美军队分别从东西两面进入德国本土作战。5月8日，德国正式签署无条件投降书，欧洲战事结束。在亚洲和太平洋地区，亚洲国家的人民对日本侵略者展开了猛烈反攻。中国共产党发出"对日最后一战"的号召，广大军民勇猛打击日军，取得重要战果。8月上旬，美国在日本投下两颗原子弹，苏联也出兵中国东北和朝鲜，参加对日作战。8月15日，日本法西斯宣布无条件投降。9月2日，日本正式签署投降书。第二次世界大战正式结束。

2. 战争的结果

第二次世界大战的规模是空前的。战争范围从欧洲到亚洲、从大西洋到太平洋，卷入战争的国家和地区达80多个（其中参战国61个）、人口20亿以上，作战区域面积2200万平方千米。为夺取胜利，同盟国和全世界反法西斯力量作出巨大牺牲。据不完全统计，中国伤亡3500余万人，苏联伤亡2700万人，美国伤亡111.1万人，英国伤亡130.7万人，法国伤亡85.9万人。全世界有5000万人以上死于战争，直接军费开支11170亿美元，经济损失4万亿美元以上。

3. 战争的机械化特征

第二次世界大战是一场典型的机械化战争，交战双方大量使用坦克、装甲车、飞机、火炮、军舰等武器装备，并首次使用雷达、火箭炮、导弹、原子弹等新式武器和技术，引起作战形式和方法的重大变革，出现了闪击战、大纵深作战、登陆与抗登陆作战、潜艇战与反潜战、航母编队作战、战略轰炸与防空作战、空降与反空降作战等新的作战形式和方法。在斯大林格勒保卫战中，苏联各方面军和集团军之间密切协同，并以坦克军和机械化军组成快速集群，迅速构成合围的对内、对外正面，并在对外正面发展反攻；首次充分运用了炮兵进攻中单层徐进弹幕射击支援步兵和坦克冲击的方法；航空兵第一次采取进攻样式，并协同高射炮兵成功地实施了对被围德军集团的空中封锁等，从而保证了苏军的胜利。这些都充分体现了机械化部队的作战特点。

第二次世界大战作为一场全球规模且空前激烈的战争，推动了机械化军事思想和战略理论的发展。由于军事行动在陆地、空中和海洋同时展开，诸军兵种战略协同作战理论更趋完善。战争初期的战略突袭和预防战略突袭等问题得到普遍重视。游击战争理论有了重大发展，人民游击战争成为反侵略战争中占有重要战略地位的作战形式。人们更加清醒地看到，现代战争已远远超出武装斗争范围，指导现代战争的高层次战略理论，即包括军事、政治、经济、外交、科技等方面的国家战略，应运而生并得到发展。联盟战略有了新的突破，反法西斯联盟各国虽然社会制度和意识形态不同，但在反对法西斯侵略的共同目标下结成强大联盟，制定和执行共同的战略并赢得最后胜利。

20世纪上半叶发生的两次世界大战，是人类社会发展历史上的重大事件，留给后人无尽的思考。它们是资本主义发展到帝国主义阶段，列强与列强之间、列强与殖民地半殖民地人民之间巨大社会矛盾的产物。它有力地向世人证明，无论侵略者的军事力量多么强大，战争进程多么曲折，都必将走向失败。正义战争必将胜利，人民群众是战争最深厚的伟力，终将赢得胜利。

两次世界大战是机械化战争形态发展进程中的重要实践，同时也促进了机械化战争形态的发展成熟。在战争中，新型的机械化武器装备层出不穷，技术不断进步，作战性能得到迅速提升；军队构成发生重要变化，体制编制合成化程度不断提高，尤为突出的是战场范围空前扩大，破坏和消耗是以往任何战争都不能比拟的。战争在客观上促进了科学技术的进步，但也对人类社会造成巨大的伤害。法西斯分子利用军事科技的进步，组建装甲兵团等机械化部队，通过闪击战等方式发动侵略性战争，给其他国家带来巨大的战争灾难。尤其是第二次世界大战后期原子弹研制成功并用于实践，产生了令全体世人为之震撼的影响。这些都使人们对军事科技进步的后果产生了深刻的反思，从而对战争形态的发展走向产生了重要的影响。

20世纪上半叶，中国处于半殖民地半封建社会之中，科技和经济非常落后。虽然国民党军队在美国等西方国家的援助下，建立了具有一定程度的机械化部队。但与日本等国家比较起来，差距非常大。因此，在面临日本帝国主义入侵时，中国军队受到巨大损失，几乎陷入亡国灭种的边缘。中国共产党缔造和领导人民军队，武器装备非常落后，长期处于"小米加步枪"的状态。但是，毛泽东等革命前辈，坚定依靠广大人民群众，采取有效的人民战争战略战术，夺取敌人武器壮大自己，最终在抗日战争中打败日本帝国主义，在解放战争中打败配备美式装备的国民党军队。这一方面告诉我们，在武器装备落后的情况下，要充分发挥人的主观能动性，弥补自身不足；另一方面，也说明要充分认识军事科技的重要性，尽力提高武器装备的水平。机械化战争形态是信息化战争形态发展的基础。时至今日，很多机械化武器装备仍然在使用，军队合成化仍然是非常必要的，陆、海、空仍然是重要的战场，战争消耗仍然非常大。因而，我们仍然不能忽视机械化建设。相反，更要打好机械化的基础，为建设信息化军队奠定坚实基础。

第四节　信息化战争

20世纪90年代初发生的海湾战争，向人们提出了战争的"信息化"这一重大命题，随后相继发生的科索沃战争特别是伊拉克战争更是向人们昭示，"信息技术手段的核心已发展成为战争的主导。战争的技术特征正在向信息化的方向发展"。信息化战争将成为未来战争的基本样式。因此，清晰了解信息化战争的内涵，正确认识信息化战争的基本特征，从整体上把握信息化战争发展的历史轨迹，对积极推进中国特色的新军事革命，具有重要意义。

一、信息化战争的基本内涵

运用信息、信息系统和信息化武器装备进行的战争被称作信息化战争。它是一种以信息技术为核心，通过信息网络系统，综合运用作战保密、军事欺骗、电子战、心理战和实体摧毁等手段对敌方的信源、信道和信宿实施有效控制，进而瓦解或摧毁敌方战争意志、战争能力、战争潜力的军事活动。

信息化战争与其他战争的区别就在于"信息化"。也就是说，信息化是信息时代战争的根本特征和主要标志。不认识和不理解信息化，就难以正确把握信息化战争。从信息化概念的提出至今，无论是对信息化概念本身，还是对社会信息化、军事信息化或战争信息化，学术界的认识并不完全一致。有人认为："所谓信息化，就是充分利用当今迅速发展的信息硬件和软件技术，把一个个分散的军队创新子系统综合集成为一个一体化的大系统，并运用信息时代的军队创新方法，提高创新体系在军队信息化建设领域中的创新能力。"这个定义是从军事创新角度来认识信息化的，核心是用信息技术综合集成，形成大的系统，目标在于"提高能力"。

我国著名科学家钱学森认为，信息化战争是以信息为基础的战争。他指出：远程核武器的巨大破坏力，再加上现在高速发展的信息技术，就形成现阶段和即将到来的21世纪的战争形式——核威慑下的信息化战争。军事科学院编著的《信息化作战理论学习指南》一书对信息化战争的解释是：信息化战争是人类社会进入信息化时代后，交战双方依托信息化战场，以信息化军队为主要作战力量，以信息化武器装备为主要作战手段而进行的战争行为，是由信息时代战争形势、军事力量状态和诸多兵器的技术形态等决定的战争动因、性质、规模等整体的表现形态。信息化战争是一种新型战争形态，既不同于农业时代的冷兵器战争形态，也不同于工业时代的热兵器战争形态，它属于知识经济、信息时代的高技术战争形态，在当前，是信息技术主导的机械化战争的高级阶段。

二、信息化战争的特征

信息化战争作战力量诸构成要素中信息的作用将日益凸显，表现为物质和能量的作用不断下降。信息化战争的特征主要表现在以下几个方面。

（一）信息资源主导化

信息资源对战争影响的关键是要准确获得战场信息并把信息及时用于决策和控制。机械化战争起主导作用的是物质和能量，打的主要是"钢铁仗"和"火力仗"。在信息化战争中，信息是核心资源，是决定战争胜负的关键因素。信息化战争是以争夺战场"制信息权"为主要行动的战争。信息成为部队战斗力的核心要素。在未来战争中，对信息的争夺将发挥核心作用，可能会取代以往冲突中对地理位置的争夺。攻城略地已经成为机械化战争的历史，在信息化战争中，地理目标将日趋贬值，信息资源将急剧升值。制信息权必然成为凌驾制空权、制海权和制陆权之上的战场对抗的制高点。拥有信息资源，握有信息优势，是取得战争胜利的先决条件。

急剧升值的信息资源决定了争夺制信息权的斗争将在全时空进行，决定了战争中交战双方将倾尽全力去争夺"信息优势"。海湾战争中，争夺信息优势的斗争贯穿于战争全过程，渗透于所有作战空间。美军利用了世界上最先进的计算机系统所提供的大型智能平台和C⁴ISR指挥信息系统，完成了超大容量信息处理，赢得了战场信息优势。在科索沃战争和阿富汗战争中，由于美军夺取和保持了全时空的信息优势，因而以很小的代价夺取了战争的胜利。战争的实践不仅使人们越来越充分地认识到物质、能量和信息在战争中的作用将发生革命性变化，而且使人们清晰地看到了信息、信息系统和信息化武器装备的巨大作用，感受到了未来信息化战争的无限前景。传统的火力、防护力和机动力仍是战斗力的重要组成部分，但已经不处在核心位置，取而代之的是信息。

（二）武器装备信息化

科学技术在军事领域的运用，尤其是已物化为战争的"手臂"，是引起战争形态发生深刻变革的根本原因。工业时代的战争以机械化武器装备为物质基础，而信息时代的战争则是以信息化武器装备系统为物质基础。信息化的武器装备系统又是以计算机技术为核心、以信息技术为基础的一体化的武器装备系统。其构成主要包括信息武器、单兵数字化装备和C⁴ISR系统。

（三）作战空间多维化

作战空间随着科学技术和武器装备的发展逐渐呈现出日益拓展的趋向。人类战争历史上由于飞机的问世和航空技术的发展，作战空间发生了第一次革命性变化，由陆海平面战场发展为陆海空三维一体的立体战场。机械化战争中，交战主要是在陆、海、空等物理空间展开，重点是在陆地、海洋和空中进行。而信息化战争中，虽然活动的依托仍然离不开物理空间，但决定战争胜负的因素主要取决于信息空间，主要包括网络空间、电磁空间和心理空间。近期世界高技术局部战争的实践表明，信息化战争的作战空间明显拓展，呈现出陆、海、空、天、电等多维一体化趋势。信息化战争作战空间的这种多维性和复杂性，打破了传统的作战空间概念。

（四）作战节奏快速化

时间是战争的基本要素。随着计算机、电子通信、卫星技术和信息化武器装备的发展，信息化战争的作战节奏和作战速度将比机械化战争大大提高，持续时间明显缩短，呈现出迅疾短促快速化的特征。促使战争时间迅疾短促的主要因素有：战场信息流动加快，作战周期缩短；战争的突然性增大，时效明显提高；广泛实施精确作战，毁伤效能剧增。此外，数字化战场的建立、部队机动能力的提高、受经济能力和战争目的的制约等，都是促使作战时间迅疾短促，战争进程日趋缩短的重要原因。

（五）作战要素一体化

一是作战力量一体化。通过信息网络和信息技术，可以将处于不同空间位置的各种作战能力联结成一个有机整体，形成一体化作战力量。二是作战行动一体化。信息化战争中的主要作战样式是两个以上的军种按照总的企图和计划，在联合指挥机构的统一指挥下共同进行的联合作战，其作战行动具有一体化的特征。三是作战指挥一体化。信息化战争中，集指挥、控制、通信、计算机、情报、侦察和监视于一体的C⁴ISR系统为作战指挥提供了准确的战场情报、快速的通信联络、科学的辅助决策、实时的反馈监控，从而使树状的指挥体制将逐渐被扁平的网络化指挥体制所代替，使作战指挥实现了一体化。四是综合保障一体化。保障军队为遂行作战任务而采取的作战保障、后勤保障、装备保障、政治工作保障等各项保障措施也实现了一体化。

（六）作战指挥扁平化

机械化战争的指挥体制主要以作战部队多层次纵向传递信息的树状指挥体制为主。这种指挥控制网络就像大工业生产按行业、按流水线建立的控制体系一样，所有来自前线的敌我双方的情报信息，必须逐级向上汇报，上级的指示精神和命令也按照这样的树状模式逐级下达到前线或基层，是一种典型的逐级指挥方式。信息化战争的指挥体制趋向作战单元与指挥控制中心横向传递信息的"扁平网络化"结构。在纵向上，从最高指挥机构到基层分队所形成的逐级控制关系虽仍然存在，但是，单兵数字化指挥控制系统成了指挥体系的最小层次。在横向上，各指挥系统间的横向联系更加紧密，不仅包括平行指挥机构之间的联系，还包含非同一层次间指挥机构的横向联系；不仅包括不同军兵种各层次指挥机构的联系，还包括同一军兵种平行指挥层次指挥机构间的联系。指挥控制近乎实时，效率大大提升。

（七）作战行动精确化

信息化战争中，在多层次、全方位、全时空的情报、侦察和监视网络的支持下，会使用大量的精确制导武器，使各种作战行动的精确化程度越来越高。一是精确的侦察、定位和控制。精确侦察、定位和控制是实现精确打击的前提和基础。二是精确打击。精确打击是信息化战争精确化的核心内容，它是靠提高命中精度来保证作战效果，而不是通过增加弹药投射的数量去增强作战效果。三是精确保障。就是充分运用以信息技术为核心的高技术手段，精细而准确地筹划、实施保障，高效运用保障力量，使保障的时间、空间、数量和质量要求尽可能达到精确的程度，最大限度地节约保障资源。

三、信息化战争的发展趋势

现代信息技术和新军事革命的蓬勃发展，必然带来信息化战争的快速推进，信息化战争将呈现新的发展趋势。

（一）信息力量的竞争将愈演愈烈

随着信息化社会的发展，信息作为战略资源的地位将更高，围绕信息资源获取、信息化军队建设和占领信息优势高地的竞争将愈演愈烈。新制式的超宽带信息高速公路将不断推进，网络进攻和网络防御的能力将同步提高，信息技术将愈加主导政治、经济、金融、环境、文化、生活、生产等所有领域。在军事领域，各国将加大信息化军队建设的力度和速度，不断革新军队的武器装备、军事理论、编制体制、人员培训等，尽量拉大本国与它国军队信息化能力的距离。黑客部队、天军、网军、机器人军团、世界舰队、太空星军、斩首部队、媒体部队、隐身部队、精细手术刀部队、机器昆虫等新型部队将层出不穷，迷你型、全能型、智能型等信息化部队不断创新。

（二）作战样式将不断变化

随着信息技术的迅猛发展、新军事变革的深入和政治战略需求的变化，信息化战争将以前所未有的速度催生新的作战方法。战略心理战、网络系统战、全元总体战、太空绞杀战、掏心战、瘫痪战、隐形战、致盲战、点穴战、无人战、间隙战等作战方式接踵而至。战争的规模将趋小，以天、小时和分计算时间的战争可能一再发生；物资、能源的消耗战将逐步让位给物质、能源的控制战；战争状态与和平状态的转化，以及军事人员和非军事人员的转换将有新的表现；围绕信息资源展开的争夺战将日趋激烈，战争形态的演变将是迅速和明显的。

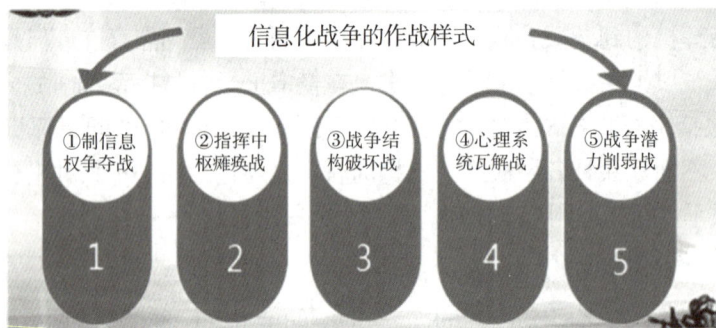

信息化战争的作战样式

（三）人类的战争能力将持续提升

信息化战争的发展使战争体系的效能不断提高，人类的战争能力呈现持续提升的趋势。一是战场感知力持续提升；二是战场反应速度持续加快；三是精确打击能力持续增强；四是作战空间和时间持续延伸；五是战场效能持续提高。

（四）对经济和科技的依赖性将越来越强

信息化战争对科技实力和经济实力有很大的依赖性。美国B-2A隐形战略轰炸机单架飞机的研制费达到了20多亿美元；组建一个具有基本信息战能力的航母编队需要100多亿美元；一枚巡航导弹值百万美元；一颗"锁眼-12"卫星的造价达14亿美元。42天的海湾战争中，美军消耗物资种类达1.7万余种、3千多万吨，花去了1100多亿美元。随着信息化战争的发展，其对经济和科技的依赖程度将会越来越大。

（五）战争的不对称表现日趋多样

在信息化战争中，作战双方往往在战争体系、战争力量、战略资源、作战方式、军事理论和战争结局等方面具有多侧面的不对称性。这与信息技术和信息社会发展的特点有关，也与战争主体在政治、经济、军事、文化、科技、自然等各方面的差距有关。随着信息化战争的发展，信息技术发展的特点将进一步凸显。信息技术将向多个领域推进，新信息技术会层出不穷，技术生命将越来越短，技术的军事应用方法、信息对抗的途径和作战手段将越来越多，各国在信息技术、军事理论、政治文化发展上的差距和差别不会消失。可以预测，不对称的战争表现还会存在，并更具多样性。

四、信息化战争的代表性战例

信息化战争伴随世界新军事革命的发展而发展。计算机、导弹等信息化武器装备最初产生于第二次世界大战末期。因而，可以说信息化战争萌生于机械化战争的实践之中。自20世纪70年代以后，越南战争等多场局部战争实践，已经带有一定的信息化战争的特征。到20世纪90年代以后，世界范围相继爆发了多场信息化程度较高的局部战争，战争形态加快了由机械化战争向信息化战争的转变。其中，比较具有典型性、代表性的有以下几场战争。

（一）海湾战争

1990年8月2日，中东海湾地区国家伊拉克的总统萨达姆意图吞并另一个国家——科威特，大举派兵入侵。以美国为首的西方军事大国，为了维护本国在中东地区的利益，对伊拉克进行制裁。经过五个半月的全方位战争准备，美国和英国等组成多国部队，于1991年1月17日凌晨开始了代号为"沙漠风暴"的空袭行动。多国部队出动电子战飞机、预警机、侦察机、攻击机、轰炸机、空中加油机等各型飞机共9.4万架次，分四个阶段对伊拉克12个目标群进行了38天的高速度、高精度、全纵深、全天候的大规模持续空袭。多国部队彻底破坏了伊拉克军队指挥中心和通信枢纽系统，使伊拉克空军和防空系统基本瘫痪，重创了其战争潜力和以"共和国卫队"为主的战略反击能力。空袭之后，完全占据主动的多国部队立即实施了"沙漠军刀"地面作战行动，只用了短短的100个小时，就重创伊军40余个师。2月26日，伊拉克被迫宣布接受停火，伊军迅即崩溃。2月28日达成停战协议，海湾战争结束。

与20世纪中期以来的战争相比，海湾战争具有更为鲜明的信息化特征。一是智能化的精确制导武器，成为战场火力摧毁的主要手段。在海湾战争中，多国部队和伊方都大量使用了精确制导弹药，极大地提高了火力摧毁效果，从一个侧面改变了传统的作战方式。"战斧""飞毛腿""爱国者""哈姆""海尔法""响尾蛇""霍克"等导弹，几乎将海湾战场变成了导弹的格斗场。二是计算机指挥控制信息系统将陆、海、空、天、电多维空间

海湾危机期间，英国军队使用的苏尔坦战地指挥车

的作战行动凝聚为一体，开创了多维空间力量一体化联合作战的成功先例。在空袭阶段，多国部队平均每天出动飞机2000多架次，这些飞机从不同的基地起飞，袭击不同的目标，而指挥控制非常协调，这归功于信息技术革命带来的强有力的战场自动化指挥控制系统。三是以电子战为主要表现形式的战场信息对抗，成为战争中与物质摧毁和反摧毁同等重要的较量内容，直接关系战争的胜负。为确保夺取战场主动权，多国部队在"沙漠风暴"行动前5个小时，动用了EF-14、FC-130、TR-A、F-4G、EH-60等各型电子战飞机及其他电子战设备，进行了代号为"白雪"的作战行动，大面积、长时间地干扰伊方的军事信息系统，致使伊方的指挥控制系统瘫痪，通信系统失灵，雷达屏幕一片雪花，广播电台也一度完全失常。空袭开始时，伊军不知空袭来自何方，飞机无法升空迎战，导弹、高炮找不到打击目标。在空袭过程中，多国部队使用AGM-88A反辐射导弹准确地摧毁伊军防空雷达。多国部队以电子战为主要形式的战场信息对抗优势，是夺得战场主动权的关键。

正是因为海湾战争表现出较强的信息化战争特征，很多人把它称作是"信息化战争的雏形"。以美军为首的多国部队虽然出动兵力并不算多，但信息化程度较高。伊拉克军队人数较多，但军事技术和观念都较为落后。多国部队干脆、快速地赢得胜利，对世界军事和政治格局产生重要影响。这场战争改变了传统的作战模式，对传统战争观念产生了强烈的震撼，促使世界范围内掀起了研究信息化的热潮，推动新军事革命进入更加快速发展的阶段。

（二）科索沃战争

20世纪90年代初，原东欧国家南斯拉夫解体，南斯拉夫联盟共和国从中独立出来，简称南联盟。南联盟内部科索沃地区激进分子也意图独立，南联盟当局采取强硬措施，不断发生武装冲突事件。美国等西方国家力图控制巴尔干局势，并借此打压支持南联盟的俄罗斯。1999年3月24日，以美国为首的北约国家对南联盟发动了代号为"盟军"的空袭行动。3月28日，北约开始了第二阶段空袭，企图破坏南联盟的战争机器。4月13日，北约军队进入第三阶段空袭，扩大了空袭范围，增加了空袭强度。一方面，北约对南联盟境内的所有军事目标进行24小时不间断轰炸。另一方面，为了削弱南联盟人民的抵抗意志，北约还对南方的民用设施，如桥梁、铁路、公路、工厂、电视台、通讯系统和电力系统等进行轰炸，给其造成难以承受的损失。6月2日，在俄罗斯的斡旋下，南联盟被迫接受北约条件，从科索沃撤

美国"罗斯福"号航空母舰奔赴科索沃前线

军。后科索沃在北约国家帮助下，实现独立。

科索沃战争是北约在战区外指挥的规模较大的局部战争，以远距离非接触精确作战为主要作战方式。这场战争是人类历史上第一次仅以空军进行轰炸而没有使用地面部队的战争。在78天的空袭过程中，美军凭借其强大的空中优势和电子战优势，频繁使用精确制导武器对南联盟几乎所有的战略目标实施毁灭性精确打击。据统计，整个战争期间，北约使用的精确制导弹药占总弹药量的35%，而战争初期高达98%。北约正是利用了他们的信息化优势，对南联盟实施了全程性的非接触精确作战：一是从2万千米外出动B-2A隐身战略轰炸机实施半临空轰炸，从2000千米外出动B-52H和B-1B战略轰炸机实施临空轰炸，或在800千米外发射空射巡航导弹；二是在1000千米外发射舰射巡航导弹；三是在200至1600千米外出动战术飞机实施临空、半临空轰炸，或在30千米以外发射空对地导弹。这些非接触精确作战方式不仅大大减少了北约一方的危险性和战损率，而且作战效果显著，直接达成了战争目的。南联盟尽管也积极抗争，采取了大量的伪装、隐藏、抗击等手段，也取得了击落一架F-17A隐形战斗机的重大战果，但是无法动摇北约以信息化为核心的军事优势，无法逆转战争的结局。

同时，科索沃战争交战双方在信息领域对抗的激烈程度空前增加。在每一次空袭行动中，北约军队都先以EA-6B电子战飞机对南联盟军队预警雷达和火控雷达实施"致盲"干扰，再以EC-130电子干扰飞机对南联盟军队指挥通信系统实施"致聋"干扰，为空中突防提供掩护。担任空中掩护任务的F-15等战斗机，也使用了大量机载干扰器材，迷盲了南联盟军队雷达。整个战争期间，北约军队电子战飞机出动的架次占飞机出动总量的40%以上。此外，北约军队还广泛使用了许多新型电子攻击武器对南联盟的信息系统和电力系统实施毁灭性打击，多次使用电磁脉冲弹，导致南联盟的电子信息系统大面积瘫痪；首次使用的碳纤维石墨炸弹，大范围瘫痪了南联盟电力系统。虽然基本丧失制电磁权，南联盟军队仍然积极抗争，一定程度上保存了军力。

计算机网络战在科索沃战争中有了广泛运用。战争一开始，北约就利用因特网进行大量宣传。与此同时，南联盟为了反击北约的宣传战，也利用互联网向全世界不断地传送着自己的声音。为了发挥己方的技术优势，北约利用信息重构技术，秘密地侵入南联盟信息系统窃取情报，同时虚构自己的战场信息实施网上欺骗。南联盟军方则充分利用北约丰富的信息资源，在网上搜集所有关于北约国家实施空袭作战武器装备的信息资料，为其反空袭作战提供了有力支援。尽管南联盟在硬打击手段方面处于绝对的劣势，但利用软打击手段也给北约造成了不小的麻烦。自从北约发动空袭以后，北约的官方网站就不断遭到黑客的攻击。有消息称，由于受到"黑客"的攻击，美国白宫的网络服务器在3月29日全天无法工作。

以非接触精确作战和信息作战为主要形式的科索沃战争，更加显现出信息化战争的诸多特征，标志着战争的信息化程度正在进一步提升。

（三）伊拉克战争

海湾战争中，美军打败了伊拉克，但战后萨达姆仍然是伊拉克总统。美国一直认为萨达姆政权对美国构成严重威胁，而控制伊拉克石油资源可以扩大和加强美国的实力与影响。2002年9月以后，美国谴责伊拉克秘密研制核武器与生化武器。虽然伊拉克被迫接受武器核查，但美国仍然坚持对伊动武。2003年3月20日，美国和英国组成的联军大举发动进攻。美英联军先占领伊拉克南部城

伊拉克战争中的美军士兵

镇，然后运用蛙跳战术向北推进。与此同时，联军从海上军舰发射巡航导弹，以"斩首行动"为代号进行大规模空袭。21日，美第3机步师开始向伊拉克首都巴格达挺进。伊拉克共和国卫队等武装力量沿途进行阻击，遭猛烈打击，损失惨重。4月5日，美第5军在空中打击的配合下，快速突入巴格达，但并未遇到强有力的抵抗。4月10日后，美英联军继续清剿散布各地的伊残余武装。5月2日，美国宣布主要军事活动结束。但此后美军其他军事行动也持续了相当长的时间。这场战争被称为伊拉克战争。

在此次战争的大规模军事行动中，西方发达国家军队的信息化程度又向前跨进了一大步。战争中，美陆、海、空军武器装备的信息化程度分别达到了50%、60%和70%，空间系统超过70%，指挥控制系统超过80%。空地一体化的非线式作战特征已非常明显，特别是数字化部队首次投入到地面作战中，标志着继海、空、天高度信息化之后，地面力量的信息化进程正在加快，多维一体的信息化战场基本形成。

伊拉克战争开始之前，美军就有针对性地发射了多颗卫星，总共有包括70多颗军用卫星在内的100多颗卫星参与到伊拉克战争之中，这些卫星担负了大部分的信息侦察、信息传输和导航等任务，成为信息化战场的主要节点。美军80%以上的情报是靠卫星获取的，90%以上的通信是靠卫星来完成的，80%以上的精确制导武器是靠卫星来制导的。美英联军以太空卫星为依托，构成了一张覆盖全球的信息网络。

伊拉克战争中的电子战主要表现为GPS干扰和电磁脉冲武器攻击。美军的许多常规炸弹，加上GPS引导设备后，就成为极为精确的智能炸弹。美军80%以上的精确制导武器都离不开GPS制导。伊军有限的电子干扰手段，在一定程度上削弱了美英联军精确打击的效能。从这次战争情况看，GPS对抗成为电子战中越来越重要的一个领域。另外，美军还使用了电磁脉冲武器来攻击伊拉克电视台和其他电子设备。

此外，心理战也是这场战争中信息战的重头戏，运用传媒对伊拉克高层及民众的心理实施攻击，确实也起到了重要作用。美军在需要决战的区域几乎实现了不战而胜，与心理战的成功运用有很大关系。随着战争信息化进程的进一步加大，以攻击敌方的认知和信念系统来降低敌方的作战能力，瓦解敌方的作战意志的信息战行动，将

会越来越多地出现，并发挥更大的作用。

　　伊拉克战争表明，发达国家军队的信息化程度大大提高，各个战场空间的作战方式已经发生了极大的变化，电子战、导弹战等超视距的远距离多维力量联合攻击已经成为基本的行动方式。战争中，当时世界唯一的数字化部队——美军第4机步师，开赴伊拉克战场，尽管没有进行大规模作战，但数字化地面部队投入实战的时代已经到来。美英联军的其他地面力量的信息化程度也非常高，第3机步师在开战的第二天就孤军深入，在天气恶劣的情况下，没有遇到较大规模的抵抗，重要原因之一是他们拥有很强的信息感知能力，一旦发现需要摧毁的目标，就可以在10秒钟之内引导空中火力实施摧毁。地面部队的高度信息化，使得他们能够很好地与空中及太空的信息化作战行动协调一致，密切协同的空地一体非线式作战模式已清晰地显现出来，"发现就意味着摧毁"已成为现实。所有这些，都使得伊拉克战争成为信息化战争演变过程中一场重要的战争实践。

学练合一

一、填空题

1. 战争按性质，可以分为_____和_____；按规模，分为_____和_____。
2. 新军事革命经历了_____、_____、_____和_____四个时期。

二、思考题

1. 什么是战争？大学生应当树立什么样的对待战争活动的态度？
2. 新军事革命的内涵及主要内容是什么？
3. 如何看待第一次世界大战和第二次世界大战中的机械化特点？
4. 如何做好打赢信息化战争的各项准备？
5. 遏制和打赢战争与每一个人息息相关。大学生在校时和毕业后，应当怎样为提高我们国家的综合国力做贡献？怎样直接或间接地为增强我国的国防力量做贡献？

第五章

信息化装备

学习目标

了解信息化装备的内涵、分类、发展趋势及对现代战争的影响，熟悉世界主要国家信息化武器装备的发展情况，了解综合电子信息系统、信息化陆战武器装备、信息化空战武器装备、信息化海战武器装备的种类、发展趋势及我国的发展成就等。

导言

高技术是处于当代科学技术最前沿，对提高生产力、促进社会文明、增强国防实力起先导作用的技术群。当前，高科技信息技术在军事上的应用越来越广泛，发挥的作用也越来越重要，信息技术的崛起和发展正在军事领域引发深刻的变革，使战争正进入崭新的信息时代。20世纪末和21世纪初爆发的几场局部战争证明：谁掌握了制信息权，谁就掌握了现代战争的主动权。因此，高度重视发展信息化装备，已成为当今世界许多国家在21世纪的重要国策。我们必须把信息化武器装备的发展置于重要的战略地位，为打赢现代未来信息化条件下的局部战争打下坚实的基础。

第一节　信息化装备概述

20世纪后半叶至21世纪初，科学技术发展的浪潮以锐不可当之势冲击着人类的各个方面。一大批逐步形成的高技术群，以空前的规模飞速发展，创造着比以往任何时代都要大得多的精神财富和物质财富。这场新技术来势之迅猛，作用之巨大，争夺之激烈，影响之深远，波及面之广阔，都是以往历次技术革命所不能比拟的。新技术革命的大潮把世界各国推上了一条新的起跑线，特别是信息技术在军事领域的广泛应用，引起军事理论、作战样式和战争形态的根本性变化，催生了以信息化为核心的新军事革命。新军事革命的基础是武器装备的信息化。

一、信息化装备的内涵和分类

（一）信息化装备的内涵

信息化装备是指信息技术含量高、信息起主导作用的武器装备，这类武器装备主要综合利用信息技术和计算机技术，使预警探测、情报侦察、精确制导、火力打击、指挥控制、通信联络、战场管理等领域信息的采集、融合、处理、传输、显示等实现自动化、实时化和智能化。

20世纪五六十年代以来，世界上涌现出了一大批高新技术群。主要包括以微电子技术、计算机技术、人工智能技术、通信技术为基础的信息技术群，以人造卫星和航天飞机为代表的航天技术群，以核聚变为代表的新能源技术群，以复合材料和耐高温材料为代表的新材料技术群，以遗传工程为代表的生物技术群，以海洋工程为代表的海洋开发应用技术群等。其中，信息技术群处在核心地位，信息技术对军事装备性能的提高及对其使用、操纵、指挥起主导作用，具有信息探测、传输、处理、控制、制导、对抗等功能，并催生了信息化弹药、信息化作战平台、军用智能机器人系统、单兵数字化装备以及C^4I系统等信息化武器装备。

以信息化武器装备为代表的新型武器装备的大量涌现，催生了世界新军事变革，同时，对世界新军事变革大背景下的中国特色军事变革也起着十分重要的推动作用。在我国新时代背景下，信息化装备要居于军事技术发展时间序列的先导地位；信息化装备是国防和军队现代化建设的关节点，是国家战略威慑力量的组成部分，是军队战斗力构成的的基础性要素。

（二）信息化装备分类

信息武器装备及系统有许多分类方法。比如，根据信息武器装备的机动方式分为固定式信息武器装备和机动式信息武器装备，后者又可分为车载式、机载式、舰载式和便携式信息武器装备等；根据信息武器装备及系统所处的空间，分为地面（含地下）信息武器装备、海上（含水下）信息武器装备、空中信息武器装备和太空信息武器装备；根据武器与信息的关系分为信息探测类武器装备、信息处理类武器装备、信息传输类武器装备、信息制导类武器装备、信息遥感类武器装备、信息干扰类武器装备等；根据信息化武器装备的功能将其分为信息化作战平台、信息化弹药、信息系统、信息战武器装备四大类。

下面按照信息化武器装备在信息化战争中的作用，将其分为非杀伤性信息武器装备、杀伤性信息武器装备和综合性信息系统与平台进行介绍。

1. 非杀伤性信息武器装备

所谓非杀伤性信息化武器装备是指对敌方目标不具有直接杀伤、摧毁、破坏和干扰作用，但可支援、保障己方作战力量和作战武器系统对敌实施作战行动的信息武器装备。非杀伤性信息化武器装备按其在信息流通过程中的作用可分为信息探测、信息传输、信息处理和控制类信息化武器装备。

探测类信息化武器装备实际上就是用于情报侦察的技术装置。按其所要达到的侦察目的，可分为战略侦察和战术侦察；按其所在的空间位置，可分为地面探测、水面

（含水下）探测、空中探测、太空探测装置等；按其获取信息的途径，可分为电磁波探测装置和声波探测装置等。

控制类信息化武器装备是沟通情报探测系统、武器系统各种作战平台和后勤支援系统的信息渠道，并能实时、准确、可靠、安全地传输与交换各种有关信息。情报的综合处理是作战指挥和作战管理的基础，其主要任务是对全部雷达情报及卫星、预警飞机所获得情报、技术侦察情报、部队侦察情报、远方情报（含上级及友邻通报）进行综合处理，产生总态势图，进行目标识别和威胁判断。其信息处理的核心设备是电子计算机。

从信息化战争的发展趋势来看，在现代的信息化武器装备中有许多国家都在尝试将信息的探测、传输、处理和控制功能结合在同一个武器装备系统之中，有的甚至是将非杀伤性信息武器与杀伤性信息武器共同组成一个综合性的信息化武器装备系统。

2. 杀伤性信息武器装备

所谓杀伤性信息武器装备是指对敌方的目标及其功能具有直接杀伤、摧毁、破坏和干扰作用的信息武器装备。杀伤性信息武器装备依据武器作用可分为硬杀伤性信息武器和软杀伤性信息武器。

硬杀伤性信息武器是指对敌方目标本身具有直接杀伤、摧毁、破坏作用的信息武器。硬杀伤性信息武器的作战目标既包括敌方的信息性目标，也包括非信息性目标及人员。在硬杀伤性信息武器中，最主要和使用最多的是制导武器和遥感武器。

软杀伤性信息武器对目标并不具有直接的杀伤、摧毁、破坏作用，仅对其功能具有破坏、干扰、压制和弱化作用。从作战的目标来看，软杀伤性信息武器的目标主要是敌方的各种信息武器装备及系统。软杀伤性信息武器的作战效果，不是破坏敌方信息武器装备及系统的硬件，而是破坏其功能，使其难以正常工作，陷于瘫痪。

3. 综合性信息系统与平台

20世纪初以来，随着信息技术的发展及其在军事领域的应用，各种信息探测装置（雷达、夜视器材、声呐等）、信息传输和处理设备（通信器材、电子计算机等）、信息制导和遥感武器（导弹、鱼雷、制导炸弹和遥感炮弹等）逐渐大量装备军队，多种传统的常规武器平台（如飞机、舰艇、坦克等）也用信息武器装备"武装"了起来。

只有把各种信息武器装备、信息专业部门及非信息武器装备统一起来，即把整个军队都置于一体化军事信息系统的统一指挥控制之下，才能使信息、信息化武器装备和作战部队、支援保障部门的效能得以充分发挥，释放出十倍、百倍于"个体化"时的能量，这也就是军事信息系统对军队的"力量倍增器"作用。同时，一体化军事信息系统还是敌对双方争夺战场全面信息优势的关键条件。

二、信息化装备对现代作战的影响

随着信息技术的飞速发展和广泛应用，大量信息化武器装备登上了现代战争舞台，对作战行动产生了巨大的影响。概括起来，主要表现在以下五个方面。

（一）侦察立体化

随着信息技术的飞速发展和广泛应用，侦察监视系统实现了"眼观六路，耳听八方"的功能。现在，从大洋深处到茫茫太空，布满了天罗地网式的侦察监视系统：水下的声呐，能够偷偷地寻觅军舰和潜艇的踪迹；地面的传感器，能够警惕地注视人员与车辆的动静；空中的侦察飞机、天上的间谍卫星，由于"站得高，看得远"，就更是明察秋毫。一架E-3A预警机，能够同时监视高空、低空、地面、海上的各种活动目标。当飞行高度为9千米时，可以探测到500千米~650千米的高空目标、300千米~400千米的低空目标、270千米的巡航导弹。在无明显背景杂波条件下，可分辨出时速为1.8千米的海上目标，甚至可辨认出潜艇的潜望镜和通气孔。它可以同时跟踪600个目标，同时处理300~400个目标，同时识别200个目标。侦察卫星速度高，视野开阔。同样一架视角为20度的照相机，装在3千米高的侦察飞机上，一张照片可以拍摄1平方千米的地面目标。如果放在300千米高的侦察卫星上，一幅照片囊括的范围可达10000平方千米，二者相差近1万倍。如果把侦察卫星放到地球同步轨道上，一颗卫星就能同时"看到"太平洋两岸，监视地球表面41%的面积。

（二）打击精确化

信息化武器装备，强调在"精"字上做文章。所谓"精"，就是要能够"攻其点，不及其余"，尽量不引起不必要的附带毁伤。根据推算，就杀伤破坏效果而论，精度每提高1倍，相当于增加了3颗弹，增加了7倍当量；精度每提高2倍，相当于增加了8颗弹，增加了26倍当量。正因为精确制导武器有如此的奇效，所以世界各国竞相研制和发展。20世纪70年代，时任美军防务计划与工程项目领导的前国防部长佩里，曾经提出过著名的"三能力"：看的能力——发现战场上所有高价值目标；打的能力——能直接攻击每个所看到的目标；毁的能力——"打就能中"，毁伤所攻击的每个目标。今天，美军的武器装备已经基本达到了上述要求，而其他国家也正在向这个方向努力。

（三）反应高速化

在现代战争中，由于充分利用了信息技术的成果，武器装备真正做到了机动快、反应快、打击快、转移快。1982年的贝卡谷地之战，以色列在事先进行了周密的电子侦察之后，出动百余架飞机，用电子干扰飞机干扰叙利亚军队导弹制导系统，使其发射出来的导弹不能命中目标，然后以迅雷不及掩耳之势，通过饱和式轰炸，6分钟摧毁叙军19个"萨姆"-6防空导弹连，打了一场20世纪时间最短的高技术战争。在部队机动速度大大加快的同时，现代武器从发现目标到攻击目标的反应时间也大为缩短。

当前，计算机控制的火控系统，能在1.6分钟内操纵4门火炮摧毁35个分离的目标，而在15年前，摧毁这些目标需要2小时；1个空中突击旅（由1900名士兵和84架直升机组成）的战斗力，相当于拥有1万名士兵和500辆坦克的装甲师。在信息战争中，"被发现就意味着被命中"，反应的加快等效于距离的缩短效能的提高。

（四）防护综合化

由于现代侦察、监视和探测手段具有全方位、全频谱、全天候、全时辰的特点，进攻一方如果不能有效地保护自己，就可能出现"发难者先遭难"的结局。海湾战争中F-117A飞机大出风头，出动1600多架次，仅占战斗机攻击架次的1.77%，却完成了对40%战略目标的攻击任务，而且无一损伤。其奥妙之处是借助于外形设计和表面涂料，有效地实现了隐身要求，其雷达反射面只有0.01平方米，同一顶钢盔差不多。美国的B-1B轰炸机与B-52轰炸机尺寸相近，但由于B-1B的外形设计有所改进，其雷达截面积只有B-52的1/10；B-2隐形轰炸机原本是一个机长21.03米、翼展52.43米、机高5.18米的庞然大物，但由于采用了巧妙的外形设计，显示在雷达荧光屏上只有飞鸟大小。现代先进的探测技术为侦察提供了"科学的千里眼、顺风耳"，而隐身与反隐身技术又可使被探测一方采用"障眼法"金蝉脱壳。

（五）控制智能化

交战双方的差别，在很大程度上取决于它们对部队指挥和武器控制的水平。美国海军之所以提出"网络中心战"的概念，就是考虑到在未来战争中，海军要打击从海上、空中到岸边直至内陆纵深数千千米范围内的目标，还要为海军陆战队和陆军提供火力支援。因此，美军不惜耗费巨资建设"全球信息栅格"，使之同时具备计算能力、通信能力、信息传输能力和网络操作能力，实现在全球范围内，把涉及信息收集、处理、存储、分发的各种军用信息系统联结成一个公共的"诸网之网"，使信息得以畅通、及时地流向任何需要它的用户，以至于"一名野战士兵"通过全球信息栅格就可以获得"以前连高级指挥官都难以获得的态势信息"，从而实现指挥的智能化。

三、信息化装备发展趋势

目前，一些发达国家信息化装备科技含量与装备性能不断提高，趋于隐形、通用和无人化，代表了信息化装备的发展方向。

（一）科技含量与装备性能不断提高

信息技术的迅猛发展及其与武器装备的深度融合，使信息化装备科技含量和综合性能不断提高。信息化武器装备大都安装了计算机、光电探测、通信传输、导航定位、电子对抗、火器控制、故障检测等信息化装置，集成了指挥、控制、侦察、通信、预警、导航等先进技术，较之以往，无论装备性能还是科技含量都有大幅提高。

据美国国防部公布，21世纪初美国陆军装备的信息化程度已达50%，海、空军达70%；坦克和装甲车辆的信息技术含量在技术总含量中占比30%，军舰占比35%，战斗机占比51%，战略轰炸机占比61%，隐身飞机占比63%，导弹占比49%，预警机、电子战飞机、巡航导弹和军用卫星占比65%，空间武器占比75%，指挥控制系统占比88%。

（二）作战平台更趋隐形、通用和无人化

隐形化是信息化装备发展的一个主要趋势。近年，一些发达国家在隐形技术研发上已取得突破性进展，美、俄、英、法、德、瑞典、以色列等国相继研制出隐形战车、隐形舰艇、隐形战机等多种信息化作战平台，不断探索隐形新理念、新技术。第四代隐形战斗机、隐形战略轰炸机、隐形舰艇正在陆续批量投入使用。

通用化是信息化装备发展的一个重要趋势。以往各军兵种承担的作战任务相对独立，武器装备建设很少考虑到军兵种间的兼容问题。联合作战是信息化战争的基本作战形式，诸军兵种在作战平台和武器弹药的配备上，有强烈的通用化需求，以满足平时可节约成本，战时各军兵种之间可相互兼容、置换和补充的客观需求。

无人化是信息化装备发展的一个普遍趋势。无人机、无人导弹艇、无人航天器、无人战车、无人值守探测系统纷纷研制成功并投入使用，无人潜艇、无人战斗机、水下无人舰队等正在加紧研制当中，无人化成为信息化作战平台的发展潮流。

（三）武器弹药趋于精确、灵巧

信息化弹药，也称为精确制导弹药，是指依靠自身动力装置推进，能够获取和利用目标所提供的位置信息，并由制导系统控制飞行路线和弹道，以准确攻击目标、直接命中概率通常大于50%的弹药。主要包括巡航导弹、制导炸弹、制导炮弹、制导地雷、制导鱼雷等。迄今，信息化弹药已经发展了三代，正向精确、灵巧的方向不断升级。

（四）信息系统和武器系统综合集成

现代武器装备发展的趋势是将信息系统（C^4ISR）与武器系统（KILL）集成为综合信息作战系统（C^4KISR）。C^4KISR（指挥、控制、通信、计算机、武器杀伤、情报、监视、侦察）系统通过计算机和通信网络（C^2），把指挥控制系统（C^2）、武器系统（K）和传感器系统（ISR）连成一体，提高了整个系统的作战效能。发达国家都在加紧建设这种一体化的综合作战系统，信息化装备呈现出网络一体化、功能综合化、军种集成化的趋势。

（五）战略威慑武器趋向攻防结合、核常兼备

自核武器出现以来，其战略威慑效果空前显著。尽管美、俄裁减了不少核武器，但目前存量依然很大。据日本长崎大学"核武器废除研究中心"的研究报告称，截至2018年6月，世界9个国家持有约14450枚核弹头。一些有核国家为了降低核武器使用门

槛，积极发展小当量攻击型核武器，以及可拦截核（常）打击的国家弹道导弹防御系统（NMD）和战区弹道导弹防御系统（TMD）。一些无核国家则坚持谋求获得核武器，或发展具有超常规杀伤力的新型攻击武器。战略威慑武器呈现出攻防结合、核常兼备的发展趋势。

（六）新概念武器和临近空间飞行器不断涌现

新概念武器是指在工作原理、破坏机理和作战运用方式上与传统武器有明显区别，能够大幅度提高作战效费比或形成新型军事能力的高技术武器群体。目前，世界上正在研制的新概念武器主要有定向能、动能和非致命武器等。随着高能激光、粒子束武器和临近空间飞行器的不断涌现，新概念武器装备异军突起。

（七）航天器将成为太空主战平台

太空，也称"空间"，具有独特的广域优势和高位优势，是发达国家争夺的战略制高点。一些航天大国正在加紧研制具有实战能力的航天器。可以预见，不久航天器将成为未来太空的主战平台。

> **知识链接**
>
> 2001年俄罗斯成立了航天部队，编制人数约9万人，承担发射军用航天器、打击敌太空武器的双重任务。2015年8月1日，俄罗斯将俄罗斯空军和俄罗斯空天防御军合并，组建俄罗斯空天军，这支军种已在叙利亚内战中亮相并经历实战考验。俄罗斯空天军受俄罗斯总参谋部领导，由俄罗斯空天军总司令部直接指挥。2003年10月，美国出台的《2006财年及以后战略主规划》明确提出，美军必须实现军事能力向空间转型，要分阶段、有重点地发展"空间力量增强、空间对抗、空间力量运用和空间支援"4种能力，以获得非对称优势，确保美国的空间优势地位。2019年8月29日，美国总统特朗普宣布建立美国太空司令部，四星空军上将约翰·雷蒙德担任首任领导，这是美第11个联合作战司令部。该部队直属于国防部，全面掌控美国太空军事行动。如今，美国已具备反卫星、天基反导、空天飞机、天基电波等太空战技术。2019年7月13日，法国宣布在空军内部成立太空司令部，未来将发展成为自己的太空部队。马克龙称，军事重心放在太空是由于这是一个"真正的国家安全问题"。甚至，连军队称号都没有的日本自卫队，也在为成立太空军作准备。随着发达国家在航天领域的竞争加剧，空间军事化和航天平台武器化的趋势难以逆转。

第二节　信息化作战平台

在信息化战争中，信息化战争平台朝着隐形化、无人化和智能化发展。信息化作战平台与各种先进的打击系统结合在一起，可以极大地提高武器系统的综合作战效能，对取得战争的胜利具有举足轻重的作用。

一、信息化作战平台概述

信息化作战平台是指安装有大量电子信息设备的高度信息化的作战平台，是以信息和信息技术为核心，具有信息互联和便捷操控性能的分布于陆、海、空、天等各维战场的各型武器装备的运行载体。信息化作战平台形成以网络为中心的综合作战体系，是自动化指挥系统的节点，是自动化指挥系统发挥打击威力的重要物质基础。与传统的作战平台相比，信息化作战平台有五大优势：一是科技含量高，其高科技含量占50%以上。二是作用机理有重大突破，采用了计算机技术、隐身技术，具有非常规机动能力。三是在使用观念上，由以平台为中心转向以网络为中心，注重系统对抗，以发挥平台最大的作战效能。四是性能优越，如高机动性、高防护性、高隐身性等。五是信息化程度高，有较强的信息获取、信息处理和信息协同能力。信息化作战平台依据作战空间可分为陆上（陆军）信息化作战平台、海上（海军）信息化作战平台、空中（空军）信息化作战平台。

（一）陆上信息化作战平台

陆上信息化作战平台是指陆军执行任务时使用的信息化武器装备的运行载体，如各类坦克、装甲车和自行火炮等。陆上信息化作战平台具有机动力、打击力、防护力、夜战和快反能力强，通风条件便利，乘员体力消耗小等特点。目前，陆上信息化作战平台主要是第三代坦克、步兵战车和自行火炮，如美国的M1A2坦克、"布雷德利"步兵战车，俄罗斯的T-90坦克，法国的"勒克莱尔"主战坦克，德国的"豹-2"坦克等。

（二）海上信息化作战平台

海上信息化作战平台是指海军执行任务时使用的信息化武器装备的运行载体，如舰艇、潜艇等。新一代海上信息化作战平台具有动力系统先进、航速高、续航力好，外形和结构设计科学，有良好的机动灵活性、适航性、不沉性、抗毁性、隐身性和三防能力，舰种多、装载制导武器多、舰载机数量多、机种全、作战能力强等特点。目前，海上信息化作战平台多使用新型核动力装置，装备大量自动与智能化的动力装置等系统，台上的电子设备也日益增多，部分平台还将弹药舱、机库等表面设施安置到舰体内部，而且内部舱室采取多个比较先进的密封格组成的设计方式，装载与不沉能力越来越强。海上信息化作战平台代表有美国的尼米兹级航空母舰、福特级航空母舰、"伯克"级驱逐舰；俄罗斯的北方之神战略核潜艇。

（三）空中信息化作战平台

空中信息化作战平台是指空军执行任务时使用的信息化武器装备的运行载体，如各类作战飞机、直升机等。现代空中信息化作战平台广泛应用以计算机为主的各种信息技术和一体化信息系统，形成以计算机为中心的共用机载雷达和多种信息测量传感器，能综合控制航炮与导弹等各种武器的现代机载火力控制系统。信息技术在作战飞机上的使用，是现代作战飞机发展的一个重要阶段，标志着作战飞机开始成为对信息极为依赖、作战能力又极强的信息化作战平台。有代表性的空中信息化作战平台有美国的F-15、F-16、F35战斗机，F-117隐身战斗轰炸机，B-2A隐身战略轰炸机，AH-64系列"阿帕奇"武装直升机；俄罗斯的米格-29、苏-37战斗机，图-160战略轰炸机，卡-50"黑鲨"武装直升机；法国的"幻影"2000、"阵风"战斗机。

二、陆上信息化作战平台

（一）各国陆上信息化作战平台及战例应用

目前，世界主要军事强国为了应对信息化陆上局部战争，纷纷致力于发展陆上信息化作战平台，使其机动力、防护力、保障力等得到进一步提升，形成高中低档相结合的装备体系。

1. 中国ZTZ-99坦克

ZTZ-99坦克（99式）是中国自行研制的第三代坦克，全重51吨，乘员3人，最大时速80千米/小时，最大越野速度60千米/小时，最大行程400千米。99式坦克具备优异的防护外型，配备了先进的指挥式数位坦克射控系统，装有一套主动式激光警告/对抗系统，一套新型坦克通信系统，一套导航定位系统。主要武器包括一门125毫米坦克炮和一挺14.5毫米车长用防空机枪。炮弹的

99式主战坦克

弹种包括穿甲弹、破甲弹和杀伤爆破弹，弹药基数为41发，在发射第三代钨合金尾翼稳定脱壳穿甲弹时（初速为1780米/秒），可在2000米距离击穿850毫米厚的均质装甲，而最新型特种合金穿甲弹（贫铀穿甲弹）在该距离的穿甲厚度可达960毫米。ZTZ-99坦克是中国陆军装甲部队的主要突击力量。

相比三代主战坦克99式，三代改坦克99A式坦克是我军最先进且完全信息化的主战坦克。综合传动系统是99A式坦克的革命性进步，99A式坦克安装着最大输出功率为1500马力先进发动机，CH-1000型液力机械综合自动传动装置，具备手动挡和自动挡操纵系统，实现了火力、机动力、防护力和信息力的有效融合，体现了陆战装备的新水平。在主动防护方面，这型坦克还拥有世界上独一无二的主动激光自卫武器系统及激光告警装置，能在压制敌方坦克观瞄仪器的同时提供来袭武器的预警信息，提醒车内乘员采取反制措施。

2. 美国M-1系列坦克

M-1系列是美军现役第三代坦克，具有M-1改、M1A1、M1A2、M1A2 SEP、M-1 TUSK等多种改进型。M-1系列参加过海湾战争、伊拉克战争，并取得良好战绩。目前，该系列坦克总数约7700辆。

M1A2是典型的第三代坦克，对M1A1坦克做了近40项改进，主要针对火控系统、

生存能力、车辆电子装置和机动性四个大项，增加了车长独立热像观测仪、独立的车长武器发射台、定位导航装置、1套数字数据处理和无线电接口设备，使战场上的M1A2坦克战斗系统之间可以分享信息。据美国军方评估，改进后的M1A2较M-1A1的进攻能力提高了54%，防御能力提高了100%。

M1A2 SEP主战坦克

M1A2 SEP是根据美陆军"系统增强计划"（system enhancement plan）对M1A2的改进型，主要改进了火控系统和信息系统，具备了带装甲防护的辅助动力装置、第二代前视红外设备、热特征控制系统以及车长综合显示设备、改进型单通道地面/机载无线电系统、彩色数字式地图和GPS导航系统等。该型坦克被誉为美陆军首次实现数字化软件驱动的陆上作战车辆。

战例应用

1990年8月2日凌晨，伊拉克这个中东第一军事强国突然挥军邻近的产油小国科威特，不到24小时便完全占领了科威特。以美国为首的西方国家在震惊之余，立刻以外交、经济制裁手段要求伊拉克撤军，同时开始史无前例的"沙漠之盾"增兵行动，将强大的陆、海、空三军兵力部署于波斯湾与沙特阿拉伯。经过五个月左右的兵力集结，以美军为主的多国联军部队在1991年1月17日起发动"沙漠风暴"作战。美国陆军地面部队派出第十八空降军（装甲部队包括第三骑兵旅、第一骑兵师、第四与第五机械化步兵师）与第七军团（装甲部队包括第一、第二、第三装甲师、第一与第八机械化步兵师、第三装骑旅）总共有1848辆M1参与了这场战争。

在整个海湾战争中，美军摧毁了伊拉克所配备苏联制造的T-72、T-62、T-55和T-54坦克1890余辆，美军总共有23辆M1坦克被弹药命中或触雷，其中9辆被摧毁而无法修复；这9辆之中，7辆是毁于友军误击（以空中为主），有2辆属于第24机械化步兵师197旅的M1坦克在1月24日在战斗中陷入泥沙无法动弹、拖救不易而遭美军自行破坏；其余受创的M1A1则仍能救回并修复继续服役。另外，美军M1坦克部队在作战中没有人员战死。

3. 俄罗斯T-90 坦克

T-90是俄罗斯"T"系列中性能最优的第三代主战坦克，1990年开始研制，1993年服役，批量生产型号是T-90C。T-90战斗全重46.5吨，乘员3人，最大公路速度60千米/小时，最大公路行程650千米，涉水深度5米，可在水中浮渡20分钟。车内装备一门125毫米滑

T-90S主战坦克

膛炮，配4枚激光制导炮射反坦克导弹，车内有弹药自动装填机，最大有效射程5000米，最大穿甲厚度约750毫米。T-90防护系统由复合装甲、爆炸式反作用装甲和主动式防护装置等三部分组成。爆炸式反作用装甲可以防御聚能装药破甲弹和高速飞行的脱壳穿甲弹。此外，还加装了一种综合防护系统，由光电干扰系统、激光报警器、防激光烟幕抛射系统及系统控制设备等四个部分组成。其中，光电系统可连续工作6小时，能使美制"陶"式、"龙"式、"小牛""海尔法"等精确弹药的命中概率降低75%~80%。

4. 德国豹-2坦克

豹-2是德国第三代主战坦克，有"钢甲猛兽"之称，1979年装备部队。豹-2全重55吨，乘员4人，最大公路速度72千米/小时，最大行程550千米，车体和炮塔均采用间隔复合装甲。炮塔外轮廓低矮，防弹性好，用气密隔板将弹药与战斗舱隔离。采用指挥仪式火控系统，具有行进间射击和夜间作战能力。主要武器为1门120毫米滑膛炮，弹药基数42发，配用尾翼稳定脱壳穿甲弹和多用途破甲弹两种弹药。车长、炮长配有独立的瞄准镜，包括激光测距仪和热成像装置。车体分为驾驶舱、战斗舱和动力舱。车内安装了涡轮增压多燃料发动机、液压传动装置和扭杆悬挂装置，装备了16具烟幕弹发

豹-2坦克

射器、超压集体式"三防"通风装置和自动灭火器。豹-2 PSO是专用于巷战的维和反恐型号，用遥控武器站取代机枪，改良了侦察和观瞄系统，配备了推土铲和非致命型子弹，采用了多角度摄影机和探照灯等近战监视系统，巷战攻防性能优越。

5. 法国勒克莱尔坦克

勒克莱尔坦克是以原法军元帅勒克莱尔的名字命名的第三代主战坦克，1992年装备部队。该型坦克全重54.5吨，乘员3人，最大行驶速度71千米/小时，最大倒车速度38千米/小时，最大行程550千米，越野性能强，爬坡度60°。主要武器为1门52倍口径120毫米滑膛炮，炮弹初速1800米/秒，可击穿4000米距离重型靶板。配有专用于防御低空直升机的炮弹。火控系统可在6秒内完成从探测到射击的全部动作，1分钟内捕捉5个目标。在2000米距离首发命中率高达95%。采用自动装弹机，理论装填速度可达15发/分钟。采用多层钢装甲板和陶瓷材料，防动能穿甲弹的能力比传统均质装甲提高1倍，装甲防护性能世界一流。车内装配了PR4G（TRC

勒克莱尔坦克

9500）法国第四代甚高频数字式跳频电台、OB60驾驶员夜视仪、Athos热像仪（探视距离5000米，侦察距离2500米，识别距离2000米）等大量先进的电子装备。

（二）陆上信息化作战平台发展趋势

近年，世界各国调整了陆军作战装备的发展进度，加快了对现有作战平台的改进和翻新，呈现出以下4点发展趋势。

1. 加快更新换代

近年来，发达国家纷纷着手研制新型陆军武器系统，重点打造新一代陆上（陆军）信息化作战平台。新平台将围绕提高机动、防护、隐形、兼容等性能加快更新换代，并且与不断改造升级的综合电子信息系统和新型武器装备相结合，形成以信息网络为中心的陆军作战体系，集侦察、监视、目标搜索、火力打击、保障等功能于一体。

2. 着力提高机动性能

为适应信息化战场高机动作战的现实需求，发达国家持续改进作战平台的发动机、传动装置、操纵与悬挂系统等，旨在全面提高陆军作战平台的机动性能。例如，第四代主战坦克的标准时速至少要达到80千米/小时，明显超出第三代坦克75千米/小时的最大时速。

3. 注重提高生存能力

现代探测和精确制导技术的飞速发展对陆军的战场生存构成了严重威胁。为了全面提高战场生存能力，陆上（陆军）信息化作战平台建设转向了优化结构设计、提高隐身性能、强化侦察预警、加装电磁干扰和电子欺骗设备、用新材料新工艺加固平台机体等发展方向。

4. 系列化、通用化趋势明显

系列化是根据装备的使用需求和发展规律，按一定序列排列其主要性能参数和结构形式，有计划地指导产品发展的一种标准化方法。美陆军的M-1系列坦克装甲车、俄罗斯的T系列坦克、中国的武直系列直升机都是陆军系列化主战装备。通用化是将现有或正在研制的具有互换性特征的通用单元用于新研制武器系统的一种标准化方法。

三、海上信息化作战平台

海军是遂行海上作战任务的战略军种，海军作战平台在占地球表面积71%的海洋上独具"制海"的战略优势。当今世界有120多个国家和地区拥有海军力量，其中30多个国家和地区具有较强的海上作战能力，约15个国家和地区具有海军装备的自主研制能力。

（一）各国海上信息化作战平台及战例应用

目前，世界上比较典型的海上（海军）信息化作战平台有航空母舰、巡洋舰、驱逐舰、护卫舰、潜艇、综合补给舰、医疗船等。

1. 航空母舰

（1）中国山东号航空母舰。该航母是中国001A型航空母舰，它基于对前苏联库兹涅佐夫级航空母舰、中国辽宁号航空母舰的研究，由中国自行改进研发而成，是中国真正意义上的第一艘国产航空母舰。2013年11月开工，2017年4月26日下水，2018年5月首次试航成功。2019年12月17日，经中央军委批准，我

中国山东号航空母舰

国第一艘国产航母命名为"中国人民解放军海军山东舰"，舷号为"17"，在海南三亚某军港交付海军。山东号航母造价约30亿美元，满载排水量约6.5万吨，长度约315米，宽度约75米，滑跃起飞结构，可以搭载36架歼-15战斗机，以及更多其他辅助机型。

福特航母

（2）美国福特级航空母舰。福特级航母是美国继尼米兹级之后，面向21世纪作战需求制造的新一代核动力航空母舰，首舰CVN-78于2007年1月16日正式命名为"福特"号，2017年7月22日正式进入美国海军服役。福特级规划在2058年之前建造10艘同级舰，取代尼米兹级成为美国海军舰队的新骨干。舰长337米，舰宽77米，吃水12米，标准排水量101600吨，满载排水量112000吨，船员1150人，飞行大队600人，采用核动力系统，航速超过30节，自持力60天，飞行甲板333×78米，可搭载75架战机。相比尼米兹级航母，福特级航母在设计上有了不少的改进，如每天可出动的飞机架次大幅增多，舰员比尼米兹少了数百人，全寿期内的操作和运行成本明显减少等等。

（3）美国尼米兹级航空母舰。该型舰是以二战时期美国海军五星上将太平洋舰队司令尼米兹的名字命名的，是美国海军目前的主力战舰，装备有大量先进的雷达、通信、电子战等信息装备，任务是夺取并保持制海权和制空权，对海上和陆、空目标实施攻击，封锁海峡，保卫海上交通线，支援两栖登陆作战，炫耀武力和实施威慑等。首舰"尼米兹"号于1975年服役。"杜鲁门"号是尼米兹级的第8艘，1998年服役，舰长332米，宽76米，吃水11米，满载排水量97000吨。动力装置力为两座核反应堆，航速30节以上。舰载机容量达100架，正常配置F-14、F/A-18、A-6E、EA-6B、E-2C和5-60等飞机88架，可同时弹射4架飞机升空，升空速度为每6分钟1批（4架）。防御武器为3座"海麻雀"导弹发射装置，4门"拉姆"滚动弹体近防武器以及电子对抗系统。

战例应用

1990年8月2日伊拉克占领科威特之后，美国总统布什随后便启动"沙漠之盾"（Desert Shield），开始在波斯湾集结强大的兵力，随即展开对伊拉克南面的海空封锁，而艾森豪威尔号则穿过苏伊士运河进入红海，在8月8日完成对伊拉克北面的部署。同年11月8日，布什总统宣布向波斯湾增派包括三艘航空母舰，包括尼米兹级的四号罗斯福号（CVN-71）、福莱斯特级的游骑兵号（USS Ranger CV-61）以及小鹰级的美利坚号（USS America CV-66）。1991年1月17日，收复科威特的沙漠风暴行动打响，此时美国海军在波斯湾地区总共有6个航空母舰战斗群对伊拉克进行大规模空袭，目标是巴格达周边的可疑军事设施、电台、电视台、油库、交通设施等等美国航母总共出动超过300架次的攻击机，投掷超过330吨弹药在伊拉克，并发射了超过300枚战斧巡航导弹。在"沙漠风暴"战役期间，罗斯福号平均每天昼夜都派出超过150架次的飞机，在一个多月的空袭中击毁或重创伊拉克数十个目标，本身最后没有一架飞机战损。

2001年9月11日"9·11"恐怖袭击发生之后，罗斯福号在9月19日随即奉命前往阿富汗，10月17日参加作战，目标是阿富汗塔利班政权的持久自由行动，任务期间平均每日出动60~80架次，并创下连续5个月没有在任何军港下锚、在海上持续航行作业153天的纪录。

（4）苏联库兹涅佐夫号航空母舰。该型航母是苏联/俄罗斯第三代1143.5型航空母舰的首舰，是苏联和俄罗斯第一艘真正意义上的航母，是世界上第一艘同时拥有斜直两段飞行甲板和滑跃式飞行甲板的航母，也是俄罗斯海军最新的唯一一艘在役的航母，是俄罗斯海军主力舰艇。该型航母于1982年4月1日在苏联尼古拉耶夫造船厂开工建造，1985年12月4日下水，1991年1月21日服役，命名源自二战苏联海军总司令尼古拉·格拉西莫维奇·库兹涅佐夫，现部署于俄罗斯海军北方舰队。舰长305米，舰宽72米，吃水10.5米，满载排水量67500吨，最大航速30节，自持力45天。船员1360人，飞行员620人，旗舰指挥人员40名。舰艏装有1座12单元装3K-45"花岗岩"反

苏联库兹涅佐夫号航空母舰

舰导弹垂直发射装置，最大射程可达550千米。防空火力包括飞行甲板两侧前后4个舷侧平台上布置的4座6单元装SA-N-9垂直发射系统，每个单元备弹8枚，总共备弹192枚，射程15千米。航母舰上雷达系统包括，1部4面天空哨兵多功能相控阵雷达，1部MR-710"顶板"三座标对空/对海雷达，2部MR-320M"双支撑"对海雷达，4部MR-360"十字剑"火控雷达，8部3P37"热闪"火控雷达和1部"蛋糕台"战术空中导航雷达。搭载有4种型号舰载机，20架苏-33战斗机，15架卡-27直升机，4架苏—25UTG教练机和2架卡-31预警直升机，最多搭载42-52架。中国"辽宁"号航母前身就属于该型航母。

2. 巡洋舰

（1）美国提康德罗加级导弹巡洋舰。该型巡洋舰装备了"宙斯盾"系统，也称"宙斯盾"巡洋舰。首舰于1983年服役，现有27艘在役。舰长172.8米，宽16.8米，满载排水量9590吨，最大航速30节，续航能力6000海里。装备大型电子扫描相控阵雷达，能同时跟踪识别数百个目标。"宙斯盾"系统分为各自独立的两组，互为备份。舰载先进的相控阵雷达、对空搜索雷达、对海搜索雷达、多型多部火控雷达、对海搜索导航雷达、导航雷达等，以及多种数据链、通信终端、声呐系统、导航系统和敌我识别器。装备了垂直发射的MK-41型系

提康德罗加级导弹巡洋舰CG-62"钱瑟罗斯维尔"号

统，该系统有61个弹舱，88~122枚备弹，可发射"标准"-2、"拉姆"滚动弹体防空导弹、"战斧"、"鱼叉"导弹和"阿斯洛克"反潜火箭。有两架舰载直升机。12艘该级巡洋舰经过改造，换装了海军战区导弹防御系统，加装了对陆攻击"标准"导弹和增程制导炮弹，大幅增强了防空、反导和海上火力支援的能力。

（2）苏联基洛夫级导弹巡洋舰。基洛夫级巡洋舰（苏联绰号：Орлан，译文："海鹰"或"海雕"）是苏联海军首次采用核动力的世界上最大的导弹巡洋舰，是世界上第一艘装备垂直发射系统的水面舰艇。该舰1973年开始研制。由于其排水量大、武器装备强、设计独特，以至被称为战列巡洋舰。基洛夫级导弹巡洋舰舰长248米，宽28.5米，吃水9.1米，标准排水量19000吨，满载排水量23400吨，最大航速33节，舰员编制900人。动力装置采用核动力推进和常规动力推进系统，舰载的电子信息设备包括雷达、通信、声呐、电子战、导航、敌我识别系统等。

基洛夫级导弹巡洋舰

3. 驱逐舰

（1）中国055型导弹驱逐舰。055型导弹驱逐舰是中国自主建造的导弹驱逐舰（北约代号：Renhai-class，中文：刃海级），是装备有源相控阵雷达的新型舰队防空驱逐舰。首舰于2017年6月28日下水，排水量超过万吨，拥有112单元垂直发射系统，能发射多种导弹。主要天线采用共形设计，隐形性能好，可组织远、中、近三层预警防御网，有较强的防空、反导、反潜、反舰、攻陆和电子战能力。该舰拥有较高的续航力、自持力及适航性，被认为是当今亚洲最大且最先进的非航母战舰之一，被称为未来航母的"带刀侍卫"。

（2）美国阿利·伯克级导弹驱逐舰。阿利·伯克级是美国海军是以防空为主的多用途导弹驱逐舰，作战能力和作战使命与提康德罗加级巡洋舰相近，但造价相对较低。首舰"阿利·伯克"号1991年服役，满载排水量8400吨，航速30节，续航能力5000海里。舰体为全钢结构，关键部位（电子设备和弹药舱）均用特殊装甲加固，大量运用了隐身技术，生存能力强。装备了一套"宙斯盾"系统，2座MK-41型垂直发射系统，"战斧"巡航导弹和"标准"导弹90枚，2座6管20毫米"密集阵"近防武器系统（后来用"拉姆"滚动弹体近防武器系统代替），2座MK-32三联装鱼雷发射管，2座四联装"鱼叉"反舰巡航导弹等。"鱼叉"导弹由独立发射装置发射，射程超过65海里。舰上装备的140.7毫米口径火炮可用于反舰作战、近距点防御和对岸火力支援。

阿利·伯克级导弹驱逐舰DDG70"霍帕"号

战例应用

2003年3月20日至5月1日，以美国为首的联军部队继1991年海湾战争之后又一次对伊拉克宣战。12艘伯克级姊妹舰随美国海军6个航母战斗群参加了战争，向伊拉克发射了45枚"战斧"巡航导弹，对伊拉克发起了首轮攻击，正式拉开了战争的序幕，有效地打击了伊拉克的战略和战术目标，为战争的最后胜利奠定了坚定的基础。

4. 护卫舰

（1）中国054A型护卫舰。054A型护卫舰（北约代号：Jiangkai Ⅱ Class Frigates，中文：江凯Ⅱ级）是中国海军新型护卫舰。首舰徐州号于2008年服役，舰身设计与054型相仿，火力强劲，是第一种海上区域防空型护卫舰。舰长134米，舰宽16米，满载排水量4053吨，最高航速27节。主战装备有：红旗-16中近程防空导弹32发，76毫米全自动单装主炮1门，730近防炮2门，四连装反舰导弹2座，三连装反潜鱼雷2座，卡-28直升机1架。主桅杆顶端加装了一具国产顶板3D对空搜索雷达，舰桥顶部装有1套国产化的射控雷达系统，能为舰上鹰击-83反舰导弹实时指示目标。防空/反舰/反潜配置均衡，是新一代舰队组成的骨干，参加过国际远航、索马里反海盗等重大海外行动。

054A型575号"岳阳"舰

（2）美国佩里级导弹护卫舰。佩里级是美军20世纪70年代研制的导弹护卫舰。首舰1977年服役，舰长135.6米，宽13.7米，吃水4.5米，标准排水量2750吨，满载排水量3640吨。动力装置采用两台燃气轮机，总功率30.5

兆瓦，最大航速29节。舰上武器配置较齐全，装备1座MK-13/14型"标准"/"鱼叉"导弹两用发射架，舰载36枚"标准"-2防空导弹、4枚"鱼叉"反舰导弹、MK-46型鱼雷，一座76毫米火炮和MK15型"密集阵"近程武器系统，2座MX-32鱼雷发射管，两架"海鹰"SH-60反潜直升机。舰上的探测系统性能出众，各种电子设备种类齐全。

5. 弹道导弹核潜艇

（1）中国094型核潜艇。094型战略核潜艇是中国海军隶下的一型核动力弹道导弹潜艇，是中国自行设计建造的排水量最大的第二代弹道导弹核潜艇，装备了新一代潜艇作战指挥系统和卫星中继通信系统。相比于092型战略潜艇，无论在隐蔽性、传感器还是推进系统可靠程度方面都有较大提高。首艇于1999年开始建造，2004年7月竣工，2009年服役。094型潜艇长约135米，艇宽约13米，吃水约8米，排水量约9000吨（水上）/115000吨（水下），航速20节（水上）/26节（水下），自持力约90天，编制约100人。主战武器包括12个导弹发射筒，12枚巨浪-2导弹（最大射程为8000~10000千米），6具533毫米鱼雷发射管，12枚鱼-3鱼雷（最大射程15千米）或SET-65E鱼雷。

（2）美国俄亥俄级核潜艇。俄亥俄级是美国的第四代弹道导弹核潜艇。首艇于1981年服役，共建18艘。排水量16764吨（水上）/18750吨（水下），航速12节（水上）/大于20节（水下），一次装料可使用9年，自持力70天。采取隐身降噪措施。主要武器是24枚"三叉戟"Ⅰ型或"三叉戟"Ⅱ型潜射对地攻击核导弹。除导弹外，还装有4座MK-68型533毫米鱼雷发射管，发射MK-48重型线导鱼雷。采用新型惯导系统、改进卫星导航和声呐导航系统。携带的导弹数量和分弹头数量、战斗部威力、命中精度、突防能力和作战范围等均居世界首位，攻击力很强。

俄亥俄级核潜艇

（3）苏联台风级核潜艇。台风级代表了当代俄罗斯核动力潜艇的先进水平，是目前世界上吨位最大的潜艇。台风级艇型排水量21500吨（水上）/26500吨（水下）；长度172.8米，宽度23.3米，平均吃水11.0米，最大航速12节（水上）/25节（水下），下潜深度400米，自给力120天，艇员160名，每艇均配2套艇员。主要武器有：20枚P-39（北约代号：SS-N-20）弹道导弹（可通过10次齐射，每次2发，全部发射出去），两具533毫米鱼雷发射管，4具650毫米鱼雷发射管，可配置22枚鱼雷，还配备了8枚对空导弹，用于防备低空飞机及直升机。

（二）海上信息化作战平台发展趋势

围绕提高进攻作战与防护性能，作为海上信息化作战平台的主要类型，水面舰艇和潜艇在发展进程中分别呈现出以下趋势。

1. 水面舰艇发展趋势

在水面舰艇建设方面，围绕着作战、机动、防护和综合保障等核心能力，积极研发和采用新型导弹发射装置、新型动力装置、新型隐身技术、新型船体设计等先进技术装备。

随着导弹垂直发射技术的广泛运用，新型导弹发射装置大都采用井式结构取代了以往的臂式或箱式发射架，可使每艘舰所携带的各型舰载导弹达到近百枚或上百枚，极大提高了大中型舰只载弹量和海上作战能力。采用燃气轮机、柴燃联合装置、全燃联合装置等新型动力装置，旨在提高水面舰艇的机动能力。采取新型船体设计和降噪技术，旨在提高水面舰艇的容量空间和隐身性能。

2. 潜艇发展趋势

在潜艇建设方面，注重提高其水下高速机动、水下搜索目标、水下进攻作战、水面和水下隐身等能力，增强对反潜自导鱼雷的防御性能和潜艇的综合控制性能。

一些国家采取增大蓄电池电容量、研制新型常规动力装置和耐压艇体材料、优化艇体结构设计等措施，增大常规动力潜艇的水下航速和水下续航力，提高潜艇在浅水海区的机动性能和在深水海区的下潜深度。采用多用途潜望镜和红外线观察、激光测距、微光夜视和声呐等先进技术设备，提高潜艇水下搜索目标的能力。通过增大自导鱼雷的射程、航速和自导距离，改进潜射飞航式导弹抗干扰能力，提高潜艇的水下攻击能力。采用新型降噪技术和高强度吸声舰体材料，提高潜艇的隐身能力。通过加装新型远距离水下探测、干扰、诱饵等设备，增强潜艇对反潜自导鱼雷的防御能力。升级艇上指挥控制系统，实现潜艇"察打一体"的自动化控制。

四、空中信息化作战平台

空军是在空中遂行作战任务的军种。空军作战平台通常在陆空、海空和临近空间遂行作战任务，能够为陆、海、空、天战场提供强大的火力支援、军力投送和作战保障。

（一）各国空中信息化作战平台及战例应用

当今世界比较典型的空军信息化作战平台有第三代、第四代各型战斗机、攻击机、轰炸机、预警机、运输机、直升机等。

1. 战斗机

（1）中国歼-20战斗机。歼-20（北约代号：火焰獠牙）是中国国产的第四代（按照中国、欧美战斗机划分标准）双发重型隐形战斗机，2011年首飞，2018年开始列装空军作战部队，担负中国对空、对海的主权维护任务。歼-20战斗机全重25吨，机长20.3米，机高4.45米，机宽3.94米，最大飞行高度2万米，最大携

歼-20战斗机

弹量11吨，作战半径1500~2200千米，雷达反射截面积0.01~0.05平方米。采用了单座、双发、全动双垂尾、DSI鼓包式进气道、上反鸭翼带拱边条的鸭式气动布局。机头、机身呈菱形，垂直尾翼向外倾斜，起落架舱门为锯齿边设计，机身以深黑色涂装，采用高亮银灰色涂装。机载4~6枚中远程空对空导弹，2枚红外制导近距离格斗导弹，GSh-301单管转膛航空机炮。侧弹舱采用创新结构，可将导弹发射挂架预先封闭于外侧。

（2）美国F-35战斗机。F-35"闪电Ⅱ"联合攻击战斗机是美军装备的单座单发战斗攻击机，主要用于前线支援、目标轰炸、防空截击等任务，目前已发展出3种主要型号，包括采用传统跑道起降的F-35A型，短距离起降/垂直起降机种F-35B型，作为航空母舰舰载机的F-35C型。F-35单架成本约1.22亿美元，汇聚了众多高技术。机长15.47米（F-35A/F-35B）/15.62米（F-35C），翼展10.70米（F-35A/F-35B）/13.26米（F-35C），机高4.57（F-35A/F-35B）/4.72米（F-35C），空重12020千克（F-35A）/13608千克（F-35B/

F-35战斗机

F-35C），最大武器载荷大于5897千克（F-35A/F-35B）/大于7711千克（F-35C），最大翼载荷530.7千克/平方米（F-35A/F-35B）/393.7千克/平方米（F-35C），最大平飞速度1700千米/小时，巡航速度740千米/小时，作战半径1111千米（F-35A/F-35B）/833千米（F-35C）。机载的电光瞄准系统（EOTS）有一个第三代凝视型前视红外（FLIR）。这个FLIR可在防区外对远距离目标进行精确探测和识别。EOTS具有高分辨率成像、自动跟踪、红外搜索和跟踪、激光指示、测距和激光点跟踪等功能。F-35综合电子战系统和机载AESA雷达系统互联，提高了雷达工作效能，缩短了综合电子战系统的反应时间。机载武器基本为内置，标准的武器是2枚空空导弹和2枚JDAM。

（3）美国F-22隐形战斗机。F-22是美国21世纪初期的主力重型战斗机，它是目前（截止到2012年）最昂贵、也是最先进的战斗机。它配备了主动相控阵雷达、AIM-9X近程空对空导弹、AIM-120C中程空对空导弹、矢量推力引擎、先进整合航电与人机接口等。在设计上具备超音速巡航（不需要使用后燃器维持）、超视距作战、高机动性、对雷达与红外线匿踪（隐身）等特性。据估计其作战能力为F-15的2~4倍。将会在较长的一段时间里成为世界重型战斗机的霸主。研发F-22的技术也同时应用到了下一代F-35"闪电II"（Lightning II）身上。它在不开加力的情况下可以超音速飞行。

美国F-22隐形战斗机

（4）俄罗斯苏-57战斗机。苏-57战斗机（设计代号：I-21/T-50），是俄罗斯空军单座双发隐形多功能重型战斗机，是俄罗斯第五代战斗机（西方国家称为第四代战斗机）。

苏-57战斗机最大起飞重量35000千克，超音速巡航速度可达每小时1450公里，最高时速2140~2600公里，作战半径1200公里，战斗载荷可达6吨，内置4个武器舱，能实现飞行性能和隐身性能的良好结合，具备空中格斗和对地攻击能力。具备隐身性能好、起降距离短、超机动性能、超音速巡航等特点。

俄罗斯苏-57战斗机

苏-57战斗机由俄罗斯"PAK FA"计划发展而来，前身为T-50战斗机，2010年1月29日首飞；从2010年到2015年秋，T-50的5架原型机完成了700架次试飞，其中多架原型机都经历了长时间的维修；2017年8月11日被正式命名为苏-57；俄罗斯计划用该型战斗机取代苏-27战斗机，与美国F-22战斗机抗衡。

（5）法国阵风战斗机。阵风战斗机是法国空、海军装备的第三代主力战机。空军型于1996年服役，海军型于1998年服役。机长15.3米，翼展10.9米，机高5.34米，最大起飞重量19500~21500千克，最大平飞速度2.0马赫，作战半径1093千米。装备1门GI-ATM791B型航炮，机身、翼下和翼尖共14个挂架上可携带6~8吨弹药，装备8枚"特拉米卡"空空导弹或16颗227千克的炸弹，火力较强。机上装有780千克的航空电子设备，采用先进的通信、导航和座舱显示设备。机载的汤姆逊-CSF火控雷达可同时跟踪8个目标，可评估威胁，确定优先进攻目标。

2. 轰炸机

（1）中国轰-6K轰炸机。轰-6K轰炸机是中国仿制苏联图-16中型轰炸机而研制的一种中型喷气式轰炸机，是中国核三位一体的重要组成部分，是中国空军进攻作战的核心力量。具备远程奔袭、大区域巡逻、防区外打击能力，一次可发射108枚炸弹。由于改进了发动机和武器、雷达等系统，航程远，打击范围大，打击精度高。最大起飞重量约95吨，正常载弹量9吨，最大载弹量12吨，最大作战半径约3500千米，可打击4500千米外的地面固定目标，最大突防速度0.8马赫，最大航程9000千米以上。改进型轰6K挂载6枚长剑-10巡航导弹，6枚弹重约12吨。

轰-6K轰炸机

（2）美国B-2轰炸机。B-2"幽灵"轰炸机是美国空军装备的具有隐身能力的远程战略轰炸机，是当今全球最贵的军用飞机，造价22亿美元。1999年美军在对南联盟空袭中首次运用了B-2轰炸机。它的外形像一只"蝙蝠"，机长21.03米，翼展52.43米，机高5.18米，空重71700千克，有效载荷23000千克，最大飞行速度0.95马赫，实用升限15240米，最大航程1.2万千米，经一次空中加油航程1.8万千米。采用多种先进技术和隐身材料，雷达反射面0.1~0.001平方米，是第一款完全隐身的战略轰炸机。机载武器均藏在机腹内。执行核攻击时，机载8枚巡航导弹和8枚核炸弹。执行常规轰炸时，机载80枚MK-82炸弹或16枚联合直接攻击弹药。最多可带8枚防区外攻击导弹。装备了先进的雷达、雷达告警接收机、射频监视/电子干扰系统、GPS辅助目标确定系统以及敌我识别应答器。

B-2轰炸机

战例应用

　　B-2轰炸机第一次投入实战是在塞尔维亚的科索沃战争，这是投入服役十年后的第一次出战。当地时间1999年5月7日夜间，北京时间1999年5月8日，首次投入实战的B-2轰炸机使用三枚精确制导炸弹直接击中了中华人民共和国驻贝尔格莱德大使馆，当场炸死来自新华社的邵云环、《光明日报》的许杏虎和朱颖三名中国记者，炸伤数十人，造成大使馆建筑的严重损毁。其中一枚JDAM未当场爆炸，直到五年后才由塞尔维亚方面取出销毁。之后中国方面认为这是一次蓄意的轰炸，可能是对中国此前反对北约轰炸南联盟的报复，因此向美国提出强烈的抗议，北约解释这是误炸。这次轰炸及之后的发展使原本由于中美两国元首互访而正处于上升阶段的两国关系骤然恶化。事件之后中国民众群情激愤，很多大学生到美国和其他北约国家驻北京、上海、沈阳等地的使馆前示威游行，游行活动在后期出现了失控的苗头，包括焚烧美国快餐店、破坏美国使领馆等。事件中，美国驻香港领事馆也遭遇香港民众示威抗议。中美两国关系到1999年底开始逐渐恢复，北约对死伤的受难者进行了经济赔偿。时任美国总统的比尔·克林顿亲自为此事件道歉，并对中国被损坏的馆舍赔偿。中国政府也对被抗议示威人群损毁的美国馆舍进行了赔偿。

　　2003年3月，B-2投入伊拉克战场，一架B-2在28日晚上首次实战投放了两颗2130千克的新型EGBU-28制导炸弹，炸毁了巴格达市内位于底格里斯河畔的一个通讯塔。这是美军在伊拉克战争中使用的最大的炸弹。EGBU-28有全球定位/惯性导航和半主动激光全程的双模制导模式，比以往的JDAM炸弹更为先进。EGBU-28既能有效摧毁大型坚固目标，也能尽量减少附带杀伤。在伊拉克战争期间，B-2不加油航程为11119千米，已有两架转场到印度洋上的迪亚戈·加西亚美国空军基地，从该基地起飞轰炸伊拉克不需要进行空中加油。

（3）俄罗斯图-160轰炸机。图-160"海盗旗"轰炸机是苏联空军装备的世界上最大的远程战略轰炸机，截至1992年底停产时，该机共交付40架。图-160机长54.095米，翼展55.70米，机高13.2米，空重110吨，最大载荷40000千克，最大飞行速度2.05马赫，最大航程12300千米，实用升限21000米。主要机载设备为导航/攻击雷达（据称有地形跟随能力），机尾装有预警雷达、天文和惯性导航系统、航行坐标方位仪、机前机身下部整流罩内装有摄像机以辅助武器瞄准以及主动、被动电子对抗设备等。弹舱内可载自由落体武器、短距攻击导弹或巡航导弹等。有两个12.8米长的武器舱，前舱的旋转发射架可携带6枚巡航导弹，后舱的两个旋转发射架可携带24枚Kh-15P短距攻击导弹。

图-160轰炸机

3. 预警机

（1）中国空警-2000预警机。空警-2000是中国自行研制的大型、全天候、多传感器空中预警与指挥控制飞机。以俄罗斯伊尔-76运输机为载机平台改装，安装了中国自主研发的相控阵雷达，碟形天线，超级计算机、控制台及软件。主要担负对空、对海监视、跟踪和识别任务，可根据作战需要执行辅助指挥引导和控制等任务。机载雷达能够360度全方位扫描覆盖，可用于扩展侦察能力，加强对电子情报、电磁情报、无线电情报收集，擅长探测速度较高的空中或海上目标。可同时跟踪60~100个目标，探测距离470千米，最大

空警-2000预警机

起飞重量175吨，最大航程5500千米，续航时间12小时，高空探测距离1200千米，速度850千米/小时。主要用于空中警戒、监视、识别、跟踪目标，指挥己方战机和地面防空武器系统作战，配合陆、海军协同作战。

（2）美国E-3预警机。E-3"望楼"是美国空军研制的全天候远程空中预警和控制飞机，用于空中监测、指挥、控制与通信，最大特点是能与战斗机火控系统交联，战斗机可以不使用自身雷达。E-3有A、B、C、D四种型号，机长4661米，翼展4442米，机高126米，空重73480千克，载重147400千克，最大起飞重量156000千克，最高速度855千

E-3预警机

米/小时，航程7400千米，实用升限9000米，续航时间6~8小时。机载设备有雷达、敌我识别、数据处理、通信、导航、数据显示与控制6个分系统。机载雷达覆盖方位角360°，对低空探测距离400千米，对中高空探测距离600千米，可提供30分钟预警时间。可同时探测600个目标，识别其中200个，引导100架飞机进行空战。

4. 运输机

（1）中国运-20运输机。运-20，绰号"鲲鹏"，是中国新一代军用大型多用途运输机。2013年首飞，2017年服役。机长47米，翼展50米，机高15米，载重超过66吨，最大起飞重量220000千克，最大飞行速度920千米/小时，最大航程7800千米，实用升限13000米。运-20采用常规布局，悬臂式上单翼、前缘后

运-20运输机

掠、无翼梢小翼，拥有高延伸性、高可靠性和安全性。运-20和运-8、运-7形成合理搭配，可将装甲车、坦克甚至武装直升机等装备迅速部署到一线战场，能够在复杂气象条件下执行长距离航空运输任务，进一步完善了国产军用运输机体系。

（2）美国C-17运输机。C-17"环球霸王"是美国空军现役最先进的大型战略运输机。1991年首飞，1993年装备部队。具有空中受油能力，可执行远程运输任务，能将超大型作战物资和装备如坦克和大型步兵战车直接运入战区。机长53.04米，机高16.79米，机翼面积353平方米，容积592立方米，空重125645千克，最大载重77292千克，巡航速度0.77马赫（高度8535米），低空巡航速度648千米/小时，实用升限13715米。C-17A型运输机具备在战场机降或空投大型货物的能力，能在战

C-17运输机

区间向主要作战基地投送部队和货物。C-17作战性能和适用范围极广，同时适应战略和战术任务，能快速将部队部署到主要军事基地或者直接运送到前方基地，也能胜任战术运输和空投任务。

5. 直升机

（1）中国武直-10武装直升机。中国武直-10武装直升机是中国人民解放军陆军装备的一种专职的中型攻击直升机，是中国自行研制的第一款同类机种，由昌河飞机工业公司与哈尔滨飞机制造总公司共同负责研发。武直-10武装直升机以反坦克作战为主要任务，具有优异的作战性能，技术含量高，火

中国武直-10武装直升机

力强大，航电系统先进，其总体性能已达到国际先进水平。

（2）美国AH-64攻击直升机。AH-64阿帕奇是美国1975年研制、1986年列装的全
天候双引擎反坦克武装直升机。最大航速
268千米/小时，续航时间1.8小时，作战半
径259千米，最大起飞重量7890千克。主要
机载武器为机头旋转炮塔内装1门30毫米链
式反坦克炮，可携带"地狱火"式激光制
导反坦克导弹16枚、1200发30毫米炮弹和
76枚127毫米火箭。机上装有由电视和红外
传感器组成的目标捕捉标记瞄准具和夜视
传感器，可在复杂气象条件下搜索、识别

AH-64攻击直升机

与攻击目标。机载的毫米波雷达系统可同时跟踪256个目标，"恶劣气候武器系统"可
使阿帕奇在发射"地狱火"导弹后即时脱离目标。

卡-50武装直升机

（3）俄罗斯卡-50武装直升机。卡-50是
俄罗斯最新一代武装直升机。1980年设计，
1995服役。机长13.5米，短翼翼展7.3米，机高
5.4米，空重7000千克，最大航速350千米/小
时，续航时间2小时，实用升限4000米，作战半
径250千米。卡-50两副旋翼安装在一个轴上，每
一旋翼有3片桨叶，机身两侧有短翼，水平尾安
装在尾梁中部。携带空空导弹和速射机炮，可

执行全天候低空截击和对地攻击任务。

（二）空中信息化作战平台的发展趋势

世界各国空中信息化作战平台呈现出以下发展趋势。

1. 更注重功能集成

空中作战平台正向着多用途方向发展。以战斗机为例，"一机多用"或"一机
多型"已成为新型战斗机研发的标准模式。美空军计划将F-22战斗机重新定名为FIA-
22，旨在对F-22的功能进行重新定位，使其具备空战、电子战和对地面攻击等多用途
作战能力。美军在研的"平台型运输机"具有一般运输机的各大系统，采用模块设
计，即在运输机上安装各种功能的方舱，可实现一机多型、一机多用。

2. 更注重侦察和隐身

空军是现代战争的拳头军种和突击尖兵，往往战斗在最前沿，需要有先敌发现、
先敌打击的性能。发达国家空中信息化作战平台大都围绕侦察与反侦察、隐身与反隐
身能力展开建设，或改进，或升级，如美军现役的F-22、B-2A、F-117A等都具备较强

的侦察和隐身性能。美、俄、英、日等国在研的新一代战机大都安装了最先进的机载侦察设备，并且运用复合材料技术和各种吸波材料涂层，使机身雷达反射截面、红外特征值大大减小，战场侦察和隐身性能不断提高。

3. 更注重智能控制和无人化

智控和无人化是空中信息化作战平台发展的一个显著趋势。追求"零伤亡"的现代战争理念促使世界主要国家下大力研发各型智控无人化作战平台，尤其是无人机，成本低廉，操纵便捷，功能强大，且占有高空优势和机动优势。一些发达国家装备的遥控或智控无人机、空天飞行器都具有侦察、监视、电磁对抗、通信中断、打击时敏目标等综合作战能力，如美国的X-37B空天飞机、"全球鹰"无人机等。

4. 更注重电子对抗能力

信息化条件下，空中作战平台之间的较量异常激烈，必定是硬摧毁、软杀伤相结合的联合空中打击。在火力打击之前的电子对抗结果将直接决定火力交战的成败。新型空军作战平台，无论是战斗机、轰炸机，还是预警机、侦察机等，都加装了先进的电子战系统，以适应未来复杂的电磁斗争环境和空战现实需求。

第三节 综合电子信息系统

综合电子信息系统是20世纪90年代我军研究武器装备体系建设规律时提出的电子信息装备发展模式，主要是指在信息时代的军事斗争环境下，为满足诸军兵种联合作战任务，利用综合集成方法和技术将多种电子信息系统整合为一个有机的大型军事信息系统。目前，综合电子信息系统正处于动态发展过程中，其组成涉及指挥控制、预警探测、导航定位、军用数据链、电子对抗、综合保障等多个信息功能领域，涉及国家级、战区级、战术级等多个作战指挥层次。

一、指挥控制系统

指挥控制系统在信息化战争的地位和作用十分突出，是综合电子信息系统的核心部分，是指挥和控制军队遂行各种战争和非战争行动的重要依托。

（一）概念

指挥控制系统，是指在军事指挥体系中采用以计算机网络为核心的技术与指挥人员相结合，对己方所有武装力量和作战要素实施指挥与控制的人机交互的智能系统。美军提出的C^{4}ISR，即指挥（Command）、控制（Control）、通信（Communication）、计算（Compute）、情报（Intelligence）、监视（Surveillance）和侦察（Reconnaissance），就是当代典型的指挥控制系统。它是以网络为纽带，以各型电子设备为基干，集成指挥、控制、通信、计算、侦察、监视、情报等多种功能，为诸军兵种提供作战决策和行动指令的专用信息系统。

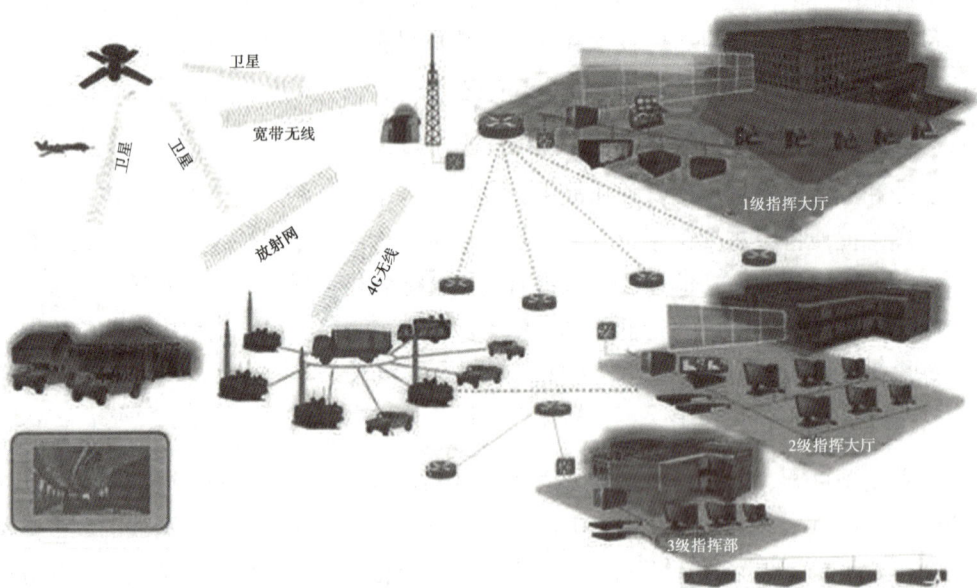

现代指挥控制系统

现代指挥控制系统，即C^4ISR，先后经历了$C^2 \rightarrow C^3I \rightarrow C^4I \rightarrow C^4ISR$等发展阶段。20世纪50年代，指挥控制系统在美军实战中应运而生。20世纪60年代，随着通信技术的发展，在指挥控制系统中加上"通信"，形成指挥、控制与通信相结合的系统。1977年，美国首次把"情报"作为指挥控制不可缺少的因素，并与系统相结合，促成指挥、控制、通信与情报的结合。后来，指挥控制系统又加上了"计算机"，变成C^4I（指挥、控制、通信、计算机和情报）系统。20世纪末，监视、侦察的"战场感知"重要性突显，遂与C^4I结合成C^4ISR系统（指挥、控制、通信、计算机与情报、监视、侦察）。后来，这个系统与"打击"全面互联，发展成为C^4IKSR系统。可以预见，随着信息技术的发展，指挥控制系统将更趋完善。

（二）分类

指挥控制系统通常由战略级（国家级）、战役级（战区级）、战术级（军以下部队）、作战平台或单兵指挥四级信息系统组成。

1. 战略指挥信息系统

战略指挥系统是保障最高统帅部遂行战略指挥任务的指挥信息系统，包括国家军事指挥中心、国防通信系统、战略情报系统等。其中，国家指挥中心是战略指挥系统的核心部分，一般下辖若干战区和军种指挥部。例如，俄罗斯国家指挥中心下辖四大战区司令部和五大军种指挥部。四个战区司令部和五个军种指挥部是国家指挥中心网络直联的主要对象。国防通信系统是保障军方信息传递和交换的主要载体，是以国家军事指挥中心为核心、覆盖各战区和军种部队、规模庞大而且相对独立的军事通信系统。各战区和军种部队有各自专用通信系统，确保国防通信系统贯通到部队基层的指挥末端。

2. 战役指挥信息系统

战役指挥信息系统是保障各战区和军种遂行战役指挥任务的指挥信息系统，包括战区战役指挥信息系统、陆军战役指挥信息系统、海军战役指挥信息系统、空军战役指挥信息系统和火箭军战役指挥信息系统等。战役指挥信息系统处于战略和战术指挥信息系统之间，起到承上启下的作用，主要对战区范围内的诸军种部队实施指挥。

3. 战术指挥信息系统

战术指挥信息系统是保障各战术部队遂行战斗指挥任务的指挥信息系统，包括陆军师、旅（团）指挥信息系统，海军基地、舰艇支队、海上编队指挥信息系统，空军航空兵师（联队）和空降兵师（团）指挥信息系统，导弹旅指挥信息系统等。战术指挥信息系统种类多样，功能众多，讲求灵活性与实效性。

4. 作战平台或单兵指挥信息系统

作战平台指挥信息系统也称武器控制系统，可以指挥坦克、装甲车、飞机、舰艇等战役战术武器，也可以控制洲际导弹、战略轰炸机等战略武器。如美空军E-8"联合星"预警机，具有实时的广域监视和作战指挥能力，在海湾战争中多次指挥美军摧毁伊拉克地面部队。单兵指挥信息系统是保障单个士兵遂行作战任务的信息系统，包括头盔、单兵武器、便携式计算机/通信、全球导航定位系统（GPS）、生存与防护等子系统，可提高士兵综合作战能力。

二、预警指挥系统

（一）概念

预警指挥系统是搜索、发现、测量和识别构成军事威胁的空中飞行器，作出空情分析和对策，向指挥部门报告空情，向民防部门发出空袭警报，并向防空作战部队下达作战命令的大型电子系统。它是防空系统的组成部分，主要由探测系统（如雷达、光学和红外设备等）、通信系统和各级作战指挥控制中心组成。

> **知识链接**
>
> 第二次世界大战后，美国于50年代在北美建立了三条雷达预警线：美国加拿大边界的松树线，加拿大中部的"中加线"和北极圈内从阿拉斯加经加拿大到冰岛西岸的"远程预警线"。"中加线"已经拆除，余下的这两条预警线各有数十部雷达。60年代初期，美国建成了"弹道导弹预警系统"（BMEWS），它可为美国本土提供15分钟的预警时间。

（二）分类

预警指挥系统按其任务的性质，可分为飞机预警指挥系统、弹道导弹预警指挥系统和卫星预警指挥系统。它们各有自己的探测系统、通信系统及作战指挥控制中心。这些预警指挥系统的最高级指挥控制中心可以合在一起，以利统一指挥。

飞机预警指挥系统防御大气层内来袭的飞机和巡航导弹。在这种系统中，探测目标的主要手段是雷达，而雷达的探测范围受到地球曲率的限制。为尽可能早地发现目标，雷达应尽可能向前部署。

弹道导弹预警指挥系统防御陆上和潜艇发射的弹道导弹。弹道导弹进攻的特点是射程远、速度快、数量多（多发导弹同时发射，而多弹头分导式弹道导弹可带3~10颗弹头，攻击不同的目标）。伴随真弹头而来的还有许多假弹头、诱饵和无线电干扰机等。所有这些突防措施都给防御系统带来极大的困难，人们还不能对弹道导弹进行有效的防御。

卫星预警指挥系统防御外层空间直接或间接有威胁的航天器。敌方的军事通信卫星、侦察卫星、预警卫星和军事导航卫星等已构成潜在威胁。

（三）发展趋势

为了发现空间新的飞行器，需要不断地掌握原有空间飞行器的轨道、性质和国别，也就是要对空间飞行器进行编目。如发现编目表以外的目标，则须进行详细观测和识别，以便采取对策。卫星预警指挥系统一方面利用弹道导弹预警指挥系统中的超远程多功能相控阵雷达对空间目标进行探测，另一方面还须在陆地和舰船上建立专用的雷达、光学和辐射探测站，实现对全球外层空间目标的探测和跟踪，测得的数据传送到指挥控制中心进行处理。

随着各种威胁目标的迅速发展，防空预警指挥系统的发展趋势主要是应用系统工程的理论和方法进行总体最优设计；进一步提高系统探测低空目标和"隐身"目标的能力，抗干扰和判断攻击的能力，生存能力和可靠性；统一指挥和控制；实现自动化。

战例应用

E-3空中预警系统由波者707飞机改装面成，机上装备的几十种电子设备组成通信、导航、雷达、识别、数据处理以及显示与控制6个分系统。其数据处理分系统的关键部件是CC-I型计算机，该机有两个处理器，每个处理器的运算速度都比较快，且拥有71万字节/秒的输入/输出数率。该分系统可用于控制空中与地面各种防御武器，为支援空域作战提供数据库存储与检索。其数据显示和控制分系统包括数据显示控制台9个多功能控制台辅助显示器、计算机与电传打字机等。E-3空中预警与控制飞机能探测到400千米远处的低空目标和600千米处的高空目标，并能从上百个目标中分辨出最具威胁的目标实施跟踪监视。

1991年海湾危机爆发后，美国空军向海湾战区派出了10架E-3空中预警与控制飞机，7架部署在沙特阿拉伯，3架部署在土耳其。E-3空中预警与控制飞机在派往海湾战区之前，都进行了紧急的改进工作，这包括加装和更换了部分硬件设备，但主要是在软件方面特别补充和更新了有关海湾战区内的地理环境、敌情威胁情况等数据资料。该预警系统准确地发现伊拉克发射的800余枚飞毛腿导弹，为美军飞机赢得了2分钟的反应时间，确保了在战争中美军飞机无一被击落的纪录。

三、导航系统

（一）概念

卫星导航系统，也称为全球导航卫星系统，是能在地球表面或近地空间的任何地点为用户提供全天候的三维坐标和速度以及时间信息的空基无线电导航定位系统。常见系统有GPS、BDS、GLONASS和GALILEO四大卫星导航系统。最早出现的是美国的GPS（Global Positioning System），现阶段技术最完善的也是GPS系统。

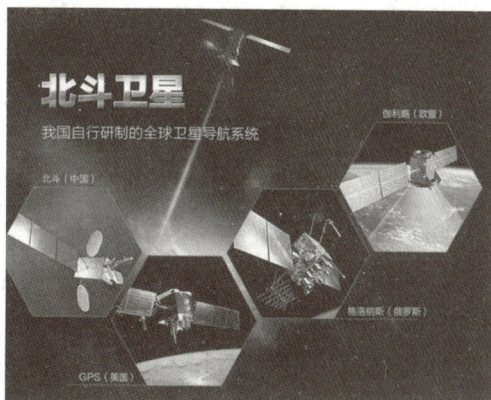

卫星导航系统

随着近年来BDS、GLONASS系统在亚太地区的全面服务开启，尤其是BDS系统在民用领域发展越来越快。卫星导航系统已经在航空、航海、通信、人员跟踪、消费娱乐、测绘、授时、车辆监控管理和汽车导航与信息服务等方面广泛使用，而且总的发展趋势是为实时应用提供高精度服务。

（二）美国的全球定位系统

美国的全球定位系统（GPS）是当代导航定位类信息系统的代表，它是由美国陆海、空三军共同使用的卫星空间无线电导航定位系统，向美国和盟国军队提供陆上、海上和空中的准确、连续、全天候、通用坐标、三度空间的全球定位和导航信息以及时间基准信息。该系统全面部署完成投入使用后，其卫星可向接收者提供地球上任何一点的精确度可达16米的位置数据，某些地点的精确度可达10米以内；测速精度优于0.1米/秒，授时精度优于1微秒。导航卫星提供的信息可用于目标精确定位、航线计划和武器发射，对飞机、火炮舰艇、坦克和其他机动平台及武器发射系统都适用。

全球定位系统包括21颗在轨卫星，另有3颗在轨的备用卫星。卫星将在6个不同的平面上沿地球轨道运行，平均高度为17700千米。该系统主控制站设在美国科罗拉多州的福尔肯空军站，负责监控卫星。另有5个监控站通过宽频带卫星通信系统对卫星进行跟踪，5个监控站的信息由主控制站处理，并通过上行天线与卫星连接。

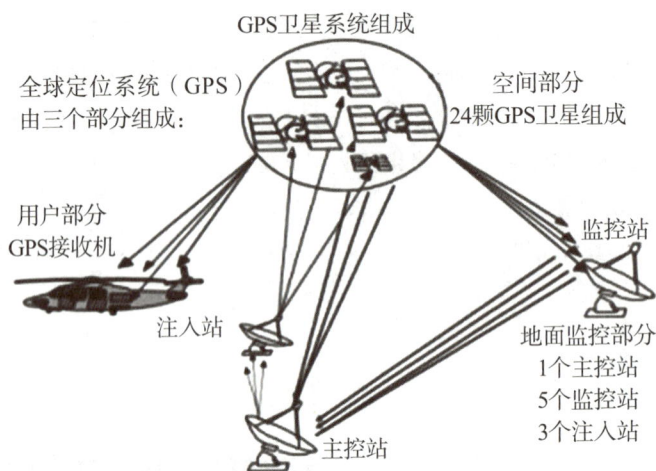

全球定位系统（GPS）
由三个部分组成：

GPS卫星系统组成

空间部分
24颗GPS卫星组成

用户部分
GPS接收机

监控站

注入站

地面监控部分
1个主控站
5个监控站
3个注入站

主控站

GPS卫星系统组成

（三）中国的北斗卫星导航系统

北斗卫星导航系统是中国自行研制的全球卫星定位与通信系统，系统由空间端、地面端和用户端组成，可在全球范围内全天候、全天时为各类用户提供高精度、高可靠定位、导航、授时服务，并具有短报文通信能力，已经初步具备区域导航、定位和授时能力，定位精度优于20米。

中国这个要逐步扩展为全球卫星导航系统的北斗导航系统（COMPASS），将主要用于国家经济建设，为中国的交通运输、气象、石油、海洋、森林防火、灾害预报、通信、公安以及其他特殊行业提供高效的导航定位服务。同时北斗卫星导航系统必将承担我军作战指挥的使命。

中国北斗导航系统（COMPASS）空间段计划由5颗静止轨道卫星和30颗非静止轨道卫星组成，提供两种服务方式，即开放服务和授权服务。北斗卫星将逐步扩展为全球卫星导航系。中国将陆续发射系列北斗导航卫星，逐步扩展为全球卫星导航系统。北斗导航卫星系统是世界上第一个区域性卫星导航系统，可全天候、全天时提供卫星导航信息。与其他全球性的导航系统相比，它能够在很快的时间内建成，用较少的经费建成并集中服务于核心区域，是十分符合我国国情的一个卫星导航系统。

知识链接

中国北斗卫星导航系统（英文名称：BeiDou Navigation Satellite System，简称BDS）是中国自行研制的全球卫星导航系统，也是继GPS、GLONASS之后的第三个成熟的卫星导航系统。北斗卫星导航系统（BDS）和美国GPS、俄罗斯GLONASS、欧盟GALILEO，是联合国卫星导航委员会已认定的供应商。

北斗卫星导航系统由空间段、地面段和用户段三部分组成，可在全球范围内全天候、全天时为各类用户提供高精度、高可靠定位、导航、授时服务，并且具备短报文通信能力，已经初步具备区域导航、定位和授时能力，定位精度为分米、厘米级别，测速精度0.2米/秒，授时精度10纳秒。

2020年6月23日，第55颗北斗导航卫星成功发射，北斗三号30颗全球组网卫星已全部到位。北斗三号全球卫星导航系统由MEO卫星（地球中圆轨道卫星）、IGSO卫星（倾斜地球同步轨道卫星）和GEO卫星（地球静止轨道卫星）三种不同轨道的卫星组成，包括24颗MEO卫星，3颗IGSO卫星和3颗GEO卫星。2020年7月31日上午，北斗三号全球卫星导航系统正式开通。

目前全球范围内已经有137个国家与北斗卫星导航系统签下了合作协议。随着全球组网的成功，北斗卫星导航系统未来的国际应用空间将会不断扩展。

第四节　信息化杀伤武器

信息化杀伤武器是指以信息技术为基础，火力与电磁能量相结合而形成的信息主导型杀伤武器。信息化杀伤武器具备信息探测、传输、处理、控制、制导、对抗等一项或多项功能，使武器系统的性能和作战效能得到成倍增强。如信息化弹药中的精确制导武器，命中精度倍增，杀伤威力倍增。因此，凡是以信息技术为主导，以信息系统为依托，使信息技术和信息系统与硬摧毁武器、软杀伤武器相结合或融为一体，从而使武器性能产生质的飞跃，都可以称为信息化杀伤武器。

一、精确制导武器

制导武器在二战期间登上了战争舞台，经过多年发展，已经发展成为具有超视距精确打击能力的信息化武器体系的主体力量。

精确制导武器，是指直接命中概率大于50%的制导武器。精确制导武器主要分为精确制导导弹和精确制导弹药两大类。

（一）精确制导导弹

精确制导导弹是依靠自身动力装置推进，由制导系统导引、控制其飞行路线并导向目标的精确制导武器。如今，世界各国装备的各型导弹大都使用了一种或多种制导技术，具有精确制导性能，并且种类很多，所以现代所说的导弹，就是精确制导导弹。导弹依据不同标准，有不同分类。按照作战任务，可分为战略导弹和战术导弹。按照飞行轨迹，可分为弹道导弹和巡航导弹。按照射程，可分为洲际导弹、远程导弹、中程导弹、近程导弹。按照目标种类，可分为反舰导弹、反飞机导弹、反卫星导弹、反潜导弹、反雷达导弹、反弹道导弹、反坦克导弹。按照发射点与目标位置，可分为地地导弹、地空导弹、岸舰导弹、舰舰导弹、舰地导弹、舰空导弹、潜舰导弹、潜地导弹、空空导弹、空地导弹、空舰导弹。

（二）精确制导弹药

精确制导弹药又称灵巧弹药，可分为末制导弹药和末敏弹药两类。

1. 末制导弹药

末制导弹药是装有寻的制导装置的精确制导弹药，如制导炮弹、制导炸弹、制导地雷等。这种弹药没有动力装置，弹道的初始段、中段需借助火炮、飞机投掷，在末段接近目标时，弹上的寻的器和控制系统能根据目标和弹药本身的位置自行修正或改变弹道，直至命中目标。如各种激光制导或电视制导炸弹，激光半主动制导"铜斑蛇"炮弹等。

2. 末敏弹药

末敏弹药是装有敏感器的精确制导弹药。这种弹药不能自动跟踪目标，不能改变飞行弹道，只能在被炮弹、航弹、撒布器等带到目标区上空后，借助定时引信将其从携带器中抛撒出来，再利用自身的探测器（寻的器）探测和攻击目标。如美国研制的"萨达姆"，法国研制的"阿泽德"，瑞典的"博尼斯"，德国的"斯玛特"，都是由155毫米炮弹携带的末敏弹药。

二、核生化武器

核生化武器是分别运用核物理学、生物学和化学原理制造的，性质完全不同的三种大规模杀伤性武器。由于这三种武器杀伤效果极强，毁伤范围极广，投掷方式相近，习惯上被合称为核生化武器。随着远程投送、精确打击等技术的广泛运用，核生化武器或将找到突破传统禁忌的使用新途径和新模式。

（一）核武器

核武器是指利用原子核裂变或聚变反应，瞬时释放巨大能量，造成大规模杀伤破坏效应的武器，包括原子弹、氢弹和特殊性能核弹等。其中，主要利用铀235（U-235）或钚239（239Pu）等重原子核的裂变链式反应原理制成的裂变武器通常称为原子弹，主要利用重氢（氘）或超重氢（氚）等轻原子核的热核反应原理制成的热核武器或聚变武器通常称为氢弹。

目前的核武器主要包括如下几类。

（1）原子弹：是最早研制出的普通的核武器，它利用原子核裂变反应所放出巨大能量，通过光辐射、冲击波、早期核辐射、放射性沾染和电磁脉冲起到杀伤破坏作用。

（2）氢弹：利用氢的同位素氘、氚等轻原子核的聚变反应，产生强烈爆炸的核武器，又称热核聚变武器。其杀伤机理与原子弹基本相同，但威力比原子弹大几十甚至上千倍。

（3）中子弹：又称弱冲击波强辐射弹。它在爆炸时能放出大量致人死亡的中子，并使冲击波等的作用大大缩小。在战场上，中子弹只杀伤人员等有生目标，而不摧毁建筑和装备设施，"对人不对物"是它的一大特点。

（4）电磁脉冲弹：是利用核爆炸能量来加速核电磁脉冲效应的一种核弹。它产生的电磁波可以烧毁和瘫痪一定范围内的电子设备。

（二）生物武器

生物武器是指利用生物战剂的致病作用杀伤有生力量和毁伤动植物的武器，包括生物战剂、生物弹药和施放装置等，是大规模杀伤性武器。生物战剂是指军事行动中，用以杀伤人、畜和毁坏农作物的致病微生物、毒素和其他生物活性物质的统称，是一种杀人不见血的大规模毁灭性武器。生物武器有以下5个特点：一是有传染性，致病力强。如炭疽杆菌、天花病毒极易迅速蔓延，形成疫区，致死率高达50%—80%。二是传染途径多，救治复杂。生物战剂可通过昆虫叮咬、伤口污染、饮用水污染等多种途径伤害人，难以察觉和救治。三是杀伤范围广。如携带病菌的昆虫极易传播病菌，短时间内就能造成几十、几百乃至上千平方千米的沾染区。四是作用时间长，危害作用大。如霍乱弧菌在水中可存活几十天，炭疽杆菌芽孢在土壤中能存活几十年，长期威胁人、畜安全。五是有潜伏期。生物战剂侵入人体均有潜伏期，短则几小时，长则十几天，极易在受害者群体传播。

（三）化学武器

化学武器是指以毒剂的毒害作用杀伤有生力量的武器。战争中使用毒物杀伤对方有生力量、牵制和扰乱对方军事行动的有毒物质统称为化学战剂（chemical warfare agents，CWA）或简称毒剂。装填有CWA的弹药称化学弹药（chemical munitions）。应用各种兵器，如步枪、各型火炮、火箭或导弹发射架、飞机等将毒剂施放至空间或地面，造成一定的浓度或密度从而发挥其战斗作用。因此，化学战剂、化学弹药及其施放器材合称为化学武器。而CWA则是构成化学武器的基本要素。化学武器通过包括窒息、神经损伤、血中毒和起水疱在内的令人恐怖的反应杀伤人类，素有"无声杀手"之称。

三、新概念武器

新概念武器是指在工作原理和杀伤机理上有别于传统武器、能大幅度提高作战效能的一类新型武器。新概念武器是相对于传统武器而言的高新技术武器群体，正处于研制或探索性发展之中。它在原理、杀伤破坏机理（杀伤效应）和作战方式上，与传统武器有显著的不同，投入使用后往往能大幅度提高作战效能与消费比，取得出奇制胜的作战效果。

新概念武器主要包括定向能武器、动能武器和军用机器人。

（一）定向能武器

定向能武器，又叫"束能武器"，是利用各种束能产生的强大杀伤力的武器。它是利用激光束、粒子束、微波束、等离子束、声波束的能量，产生高温、电离、辐射、声波等综合效应，采取束的形式，而不是面的形式向一定方向发射，用以摧毁或损伤目标的武器系统。依其发射能量的载体不同，定向能武器可以分为激光武器、微波武器、粒子束武器、声波武器、射频武器等。

1. 激光武器

激光武器是用高能的激光对远距离的目标进行精确射击或用于防御导弹等的武器。搭载的载体不同，激光武器可分为舰载式、车载式、机载式、地基式、星载式（天基）激光武器系统。激光武器作用的面积很小，但破坏在目标的关键部位上，可造目标的毁灭件破坏。

激光武器

激光武器可以以每秒30万千米的光速飞行，任何武器都没有这样高的速度。它一旦瞄准，几乎不要什么时间就立刻击中目标。它可以在极小的面积上、在极短的时间里集中超过核武器100万倍的能量，还能很灵活地改变方向，没有任何放射性污染等等。所以，激光武器具有攻击速度快、转向灵活、可实现精确打击、不受电磁干扰等优点。但是，激光武器不能全天候作战，受限于大雾、大雪、大雨，而且激光发射系统属精密光学系统，在战场上的生存能力有待考验。

知识链接

2012年8月，美国军方首次进行激光武器试验。当4架无人机以480千米时速飞过美国加州圣尼古拉斯群岛上空的海军武器和训练基地时，位于3.2千米之外的美军战舰上的"密集阵"雷达系统开始工作。它利用电光追踪和无线电传感器探测到无人机的距离和方位等信息，并将其传输给激光武器系统。后者随即发射32千瓦的激光能量束，数秒之内就将无人飞机烧毁。除了可用于打击无人飞机外，这套系统还可用于打击小型舰只、迫击炮弹和火箭弹。

2. 微波武器

微波武器又叫射频武器或电磁脉冲武器，它是利用高能量的电磁波辐射去攻击和毁伤目标的武器。

微波武器主要由高功率发射机，大型高增益天线和瞄准、跟踪、控制等系统组成。微波能量密度达到0.01微瓦/平方厘米—1微瓦/平方厘米时，可使相应波段雷达瘫痪，达到10瓦/平方厘米—100瓦/平方厘米时，可烧毁任何此波段的电子元器件，并且还可以无视防御和装甲直接杀死内部的工作人员。

微波武器通常在远距离上对军事目标和武器的光电设备进行干扰，在近距离上实施杀伤有生力量，引爆各种装药或直接摧毁目标。微波武器可用于攻击卫星、弹道导弹、巡航导弹、飞机、舰艇、坦克、通信系统以及雷达、计算机设备，尤其是指挥通信枢纽、作战联络网等重要的信息战的节点和部位，使目标遭

微波武器示意图

受物理性破坏，并丧失作战效能，其破坏的程度达到不能修复的程度。微波武器与激光、粒子束武器相比，其波束宽得多，作用距离更远，受气候影响更小。而且只需大致指向目标，不必像激光、粒子束武器那样精确跟踪、瞄准目标，便于火力控制，从而使敌方对抗措施更加困难和复杂化。

微波炸弹的作战平台包括火炮、装甲车辆、飞机、导弹和卫星等。微波炸弹的投掷方式分为重复性使用和一次性使用。微波炸弹比常规炸弹和核炸弹的效率高，它是战争的一个革命性变化。

3. 粒子束武器

粒子束武器是利用加速器把质子和中子等粒子加速到数万至20万千米/秒以上的高速，并通过电极或磁集束形成非常细的粒子束流发射出去，用于轰击目标的武器。按粒子是否带电可分为带电粒子束武器和中性粒子束武器。粒子束武器在太空可以破坏数十千米以外的目标，但在大气中威力衰减，只能攻击数千米以外的目标。

粒子束武器

粒子束武器按武器系统所在的位置不同，可分为陆基、舰载和空间粒子束武器。陆基粒子束武器主要设置在地面，用于拦截进入大气层的洲际弹道导弹等目标，担负保护战略导弹基地等重要目标的任务。舰载粒子束武器设置在大型舰艇上，主要用于保卫舰船免受反舰导弹的袭击。空间粒子束武器设置在空间飞行器上，主要用来拦截在大气层外飞行的导弹和其他空间飞行器。

粒子束武器的优点主要有：（1）不用光学器件（如反射镜）；（2）产生粒子束的加速器非常坚固，而且加速器和磁铁不受强辐射的影响；（3）粒子束在单位立体角内向目标传输的能量比激光大，而且能贯穿到目标深处。

粒子束武器的缺点主要有：（1）带电粒子在大气层中传输时，由于带电粒子与空

气分子的不断碰撞，粒子束的能量衰减非常快；（2）带电粒子在大气中传输时散焦，因此在空气中使用的粒子束只能打击近距离目标，而中性粒子束在外层空间传输时也有扩散；（3）受地球大气层空气折射的影响，会使光束弯曲，从而偏离原来的方向；（4）需要大量的能量支持运作。

粒子束武器利用中性粒子束武器进行洲际弹道导弹的拦截和弹头飞行中段的识别。因为现代洲际导弹在飞行中段除了释放弹头之外，还释放出大量的诱饵假弹头，要进行中段防御，必须将真弹头从大量的假弹头中鉴别出来，而中性粒子束能有效地进行这种识别。俄美对于粒子束武器的出发点是立足于空间作战与防御，主要工作是基础研究和高能量转换技术的研究；对于地基粒子束武器的研究只局限于作为点防御作战的近程武器系统范围，主要是确保带电粒子束在大气层中长距离的稳定传播；能量转换技术的研究的目的是要形成高速粒子脉冲。美空军的研究机构称，传统的可控硅开关和火花放电开关的研究已经完成，下一步要开展磁性开关研究，这种开关基于饱和的电磁感应原理，具有很高的重复率。

（二）动能武器

动能武器指的是一类能够发射高速（5倍于音速）弹头，利用弹头的动能直接撞毁目标的武器。主要有动能拦截弹和电磁炮。

1. 动能拦截弹

动能拦截弹是一种由助推火箭和作为弹头的动能杀伤飞行器（KKV）组成，借助KKV高速飞行时所具有的巨大动能，通过直接碰撞摧毁目标的武器系统。20世纪80年代实施"战略防御计划"（SDI）以来，美国为导弹防御系统研制了多种KKV，其中包括地基中段防御系统的地基拦截弹（GBI）、"宙斯盾"导弹防御系统的"标准"3（SM-3）海基拦截弹、末段高空区域防御系统（THAAD）拦截弹、"爱

动能拦截弹

国者"3（PAC-3）拦截弹以及最新研制的可机动部署的动能拦截弹（KEI）。目前，GBI、SM-3、PAC-3和THAAD拦截弹等都已进入部署阶段。

2. 电磁炮

电磁炮是利用电磁发射技术制成的一种先进动能杀伤武器。与传统大炮将火药燃气压力作用于弹丸不同，电磁炮是利用电磁系统中电磁场产生的洛伦兹力来对金属炮弹进行加速，使其达到打击目标所需的动能，与传统的火药推动的大炮，电磁炮可大大提高弹丸的速度和射程。

电磁炮主要由能源、加速器、开关三部分组成。能源通常采用可蓄存10~100兆焦

耳能量的装置。当前实验用的能源有蓄电池组、磁通压缩装置、单极发电机，其中单极发电机是最有前途的能源。加速器是把电磁能量转换成炮弹动能，使炮弹达到高速的装置，主要有使用低压直流单极发电机供电的轨道炮加速器和离散或连续线圈结构的同轴同步加速器两大类。开关是接通能源和加速器的装置，能在几毫秒之内把兆

电磁炮

安级电流引进加速器中，其中的一种是由两根铜轨和一个可在其中滑动的滑块组成。

2010年12月12日，美国研发电磁轨道炮在海军试射中，将电磁炮以音速5倍的极速击向200千米外目标，射程为海军常规武器的10倍。美军目标在8年内进行海上实测，并于2025年前正式配备于军舰上。该实验在弗吉尼亚州达尔格伦水面作战中心进行，先后两次试射电磁炮。电磁炮主要由两条轨道组成，炮身装在拖车大小的长方形枪管，轨道中间放着铝制20磅炮弹。电磁炮接上电源后，电流会通过两条轨道，从而生成强大推力，将铝弹以高速弹射。两次试射所生成的能量，分别达33兆和32兆焦耳（1兆焦耳能量相当于1吨重汽车以时速160千米行驶），打破了2008年创下的10兆焦耳纪录。除威力外，33兆焦耳下发射的炮弹射程较现时常规武器远10倍，亦是电磁炮一大优势。但美军最终实战配备目标是64兆焦耳级电磁炮，射程最远可达321千米，可让军舰在敌舰射程范围外发动攻击。

2015年，一段BAE系统公司为美国海军所研制的电磁炮测试视频在网络上曝光。相比传统的火炮，电磁炮在速度、精度以及打击效果上都有着显著优势。从测试画面来看，BAE所研制的电磁炮射出的炮弹就如同一根大钉子，可以轻易击穿水泥板、汽车，甚至是一次穿透8块钢板，威力惊人。

（三）军用机器人

所谓军用机器人，其实是一种用于军事领域的具有某种模仿人的功能的高级自动化装置。不论是军用机器人还是民用机器人，都是以信息传感、信息处理、信息控制、信息传输装置为核心，将行走（飞行、航行）机构、操作机构等功能性装置有机地组成为一个整体。

军用机器人

1966年，美国海军使用水下机器人"科沃"潜至750米深的海底，成功地打捞起一枚失落的氢弹。这一轰动一时的事件，使人们第一次看到了机器人的潜在军用价值。从此，机器人走上了军事舞台。此后，美、苏等国又陆续研制出军用航天机器人、危险环境工作机器人、无人驾驶侦察机等。机器人的战场应用也取得突破性的进展。1969年，美国在越南战争中首次使用机器人驾车为运输车队排除险障。在英国陆军服役的机器人"轮桶"，也在反恐怖斗争中多次

排除汽车炸弹。但由于当时信息技术水平的局限，军用机器人的"大脑"发育还不成熟，"感觉器官"还不够灵敏，从而限制了机器人在军事领域的应用。

进入20世纪80年代，随着信息技术的发展，一种以微电脑为"大脑"、以各种信息传感器为"感觉器官"和"神经网络"的智能机器人诞生了。它们不仅能从事繁重的体力劳动，而且具有了一定的判断分析能力。由于机器人能够在危险恶劣的环境中连续工作，不避枪林弹雨，所以各国都很重视军用机器人的研制开发，有的已获成功。如美国在80年代装备陆军的机器人"曼尼"，就是专门用于防化侦察和训练的智能机器人。其内部安装的传感器，能感测到万分之一盎司浓度的化学毒剂，并能自动分析、测定毒剂的性质，向士兵提供防护和洗消措施的建议。

随着信息技术的进步，军用机器人的用途将更加广泛。目前，许多国家正积极研制能够在战场上自主地执行多种侦察与作战任务的机器人，如能够执行警戒巡逻任务，并对经识别判断是敌方的目标进行火力攻击的"巡逻兵"机器人；能够执行战场侦察和电子干扰任务，并携带空地导弹、制导炸弹或反辐射导弹对敌方目标进行硬杀伤的遥控飞行器；能够在核污染和化学污染的战场上执行环境监测污染性质判定和污染洗消任务，并对敌方目标进行火力攻击的"防化兵"机器人；载有机枪、大口径火炮和反坦克导弹等武器，并具有装甲防护和高速越野机动能力的无人驾驶坦克等。

（四）新概念武器发展趋势

随着高新技术的迅猛发展和广泛应用，正在引发世界范围的军事变革。军事大国，特别是以美国为首的西方国家，都企图加快军事技术的创新发展，进一步拉大与其他国家在军事高新技术方面的差距。加速发展新概念武器，是它们确立军事高技术优势的重要手段之一，预计未来20—30年内将有一批新概念武器相继投入战场。目前正在研制的新概念武器，还有气象武器、深海战略武器等。

学练合一

一、填空题

1. 按照信息化武器装备在信息化战争中的作用，可将其分为_____、_____和_____。

2. 常见的四大卫星导航系统是_____、_____、_____和_____。

二、思考题

1. 信息化装备的内涵与发展趋势是什么？

2. 信息化装备对现代作战有什么影响？

3. 信息化作战平台主要分为哪几类？

4. 美国都有哪些主战飞机？中国与之还有哪些差距？

5. 信息化杀伤武器都有哪些？

第六章

共同条令教育与训练

学习目标

了解中国人民解放军三大条令的主要内容，掌握队列动作的基本要领，养成良好的军事素养，增强组织纪律观念，形成令行禁止、团结奋进、顽强拼搏的过硬作风。

导言

条令是以简明条文规定，并通过命令形式颁布的关于军队战斗、工作或生活方面的法规性文件。它主要依据军队战斗、训练和管理的经验，武器装备和组织编制的状况，军事研究的成果等制定。条令一般分为战斗条令和共同条令。运用条令条例规范军队和军人的行为，是世界各国军队法制化建设的共同规律。中国人民解放军条令（以下简称条令），是中央军委颁发的调整有关武装力量内外部关系的军事法规，是军事法的主要依据。

第一节　共同条令教育

军队的《内务条令》《纪律条令》《队列条令》被称为"三大条令"，也统称为共同条令。新修订的中国人民解放军的共同条令，于2018年5月1日起施行。

一、《内务条令》教育

《内务条令》是规定军队内部关系、生活制度和军人职责的条令，是全军施行行政管理教育的依据。新修订的《内务条令（试行）》共15章325条，明确了内务建设的指导思想和原则，坚持政治建军、改革强军、科技兴军、依法治军，聚焦备战打仗，着眼新体制新要求，调整规范军队单位称谓和军人职责，充实日常战备、实战化军事训练管理内容要求；着眼从严管理科学管理，修改移动电话和互联网使用管理、公车使用、军容风纪、军旗使用管理、人员管理等方面规定，新增军人网络购物、新媒体使用等行为规范；着眼保障官兵权益，调整休假安排、人员外出比例和留营住宿等规定，新增训练伤防护、军人疗养、心理咨询等方面要求。

（一）总则

总则是条令的总纲，是条令基本精神和原则的高度概括。

内务建设的指导思想。建设一支听党指挥、能打胜仗、作风优良的人民军队，是党在新时代的强军目标。中国人民解放军必须高举中国特色社会主义伟大旗帜，坚持党的基本理论、基本路线、基本方略，贯彻毛泽东军事思想、邓小平新时期军队建设思想、江泽民国防和军队建设思想、胡锦涛国防和军队建设思想、习近平强军思想，贯彻新形势下军事战略方针，坚持走中国特色强军之路，坚持政治建军、改革强军、科技兴军、依法治军，更加注重聚焦实战，更加注重创新驱动，更加注重体系建设，更加注重集约高效，更加注重军民融合，全面加强军队革命化、现代化、正规化建设，构建中国特色现代作战体系，提高有效履行新时代军队使命任务能力，不忘初心，牢记使命，为实现党在新时代的强军目标、全面建成世界一流军队而奋斗。

内务建设的地位、作用及基本任务。中国人民解放军的内务建设，是军队进行各项建设的基础，是巩固和提高战斗力的重要保证。基本任务是，使每个军人明确和认真履行职责，维护军队良好的内外关系，建立正规的战备、训练、工作、生活秩序，培养优良的作风和严格的纪律，保证军队圆满完成任务。

内务建设的几项基本原则：坚持人民军队的性质；坚持以提高战斗力为根本标准；贯彻政治建军；贯彻改革强军战略；贯彻科技兴军战略；贯彻依法治军方略； 牢固树立战斗队思想。

（二）军人宣誓

军人宣誓是军人对自己肩负的神圣职责和光荣使命的承诺和保证。《内务条令》规定，公民入伍后必须进行军人宣誓。誓词内容为："我是中国人民解放军军人，我宣誓：服从中国共产党的领导，全心全意为人民服务，服从命令，忠于职守，严守纪律，保守秘密，英勇顽强，不怕牺牲，苦练杀敌本领，时刻准备战斗，绝不叛离军队，誓死保卫祖国。"

（三）军人职责

军人职责是军人在各自岗位上行使的职权和应当承担的责任与义务。规定军人职责，是为了使每个军人明确党、国家和人民对自己的要求，了解自己肩负的重任，这有利于增强军人的责任感、使命感和荣誉感，以增强全体军人履行职责的自觉性。

（四）军队内部关系

军队内部关系是指军人相互关系、官兵关系、机关相互关系、部（分）队相互关系。《内务条令》强调，中国人民解放军军人，不论职位高低，在政治上一律平等，相互间是同志关系。部属、下级必须服从首长、上级，首长有权对部属下达命令，部属对命令必须坚决执行，并将执行情况及时报告首长。如果认为命令有不符合实际情况之处，可以提出建议，但在首长未改变命令时，仍须坚决执行。同建制的军人共同执行任务时，应当服从上级指定的负责人的领导和指挥。

（五）军人的行为举止和日常管理

条令对军人日常生活的言行举止，如礼节、军容风纪、对外交往等，都做了明确规定。同时对作战、训练、执勤及日常活动各个方面、各个环节的秩序也做了严格规定，主要包括四个方面的制度：一是关于日常生活秩序方面的制度；二是关于日常管理和安全方面的制度；三是关于战备秩序方面制度；四是关于零散人员的管理制度。

（六）军旗、军徽和军歌

军歌是中国人民解放军性质、宗旨和精神的体现，军歌可于以下时机、场合奏唱：军队举办的庆典和重要集会；军队领导人主持的外事活动和军队主办的重大国际性集会；部队迎军旗、校阅、队列行进和集会；其他维护以及显示军队威严的时机和场合。军人奏唱军歌时，必须庄重热情，严肃认真；集会奏唱时，应当自行立正；着军服参加外事活动，听到奏国歌时行举手礼。中国人民解放军军歌歌名为《中国人民解放军进行曲》

二、《纪律条令》教育

《纪律条令》是规定军队纪律的条令，是全军维护和巩固纪律的依据。新修订的《纪律条令》共10章262条，围绕听党指挥、备战打仗和全面从严治军，提出了政治纪律、组织纪律、作战纪律、训练纪律、工作纪律、保密纪律、廉洁纪律、财经纪律、群众纪律、生活纪律等10个方面的内容要求；充实思想政治建设、实战化训练、执行重大任务、科技创新等奖励条件；新增表彰管理规范，对表彰项目、审批权限、时机等作出规范，同时取消表彰与奖励挂钩的相应条款；充实违反政治纪律、违规选人用人、降低战备质量标准、训风演风考风不正、重大决策失误、监督执纪不力等处分条件；调整奖惩项目设置、奖惩权限和承办部门，增加奖惩特殊情形的处理原则和规定。

（一）总则

条令总则主要规定了六个方面的内容：一是制定条令的目的和依据；二是该条令在我军建设中的法律地位和适用范围；三是纪律的基本内容；四是我军纪律的性质、作用和维护纪律必须遵循的原则；五是奖惩与维护纪律的关系；六是全体军人维护纪律的责任和义务。

（二）奖惩

条令规定的奖惩条件对军人的思想和行为具有很强的导向和规范作用。条令针对长期和平环境和市场经济条件下部队建设出现的新情况、新问题，从加强纪律建设的需要出发，对于奖惩条件的规定注意了定性与定量相结合，以定性为主，扩大了规范的覆盖面，并对每项奖惩都规定了一定的幅度。

奖励的目的在于鼓励先进，维护纪律，调动官兵的积极性、创造性，发扬爱国主义、共产主义和革命英雄主义精神，保证作战、训练和其他各项任务的完成。奖励应当坚持严格标准，按绩施奖；发扬民主，贯彻群众路线；精神奖励和物质奖励相结合，以精神奖励为主，注重发挥物质奖励的激励作用。

对个人的奖励项目有：嘉奖；三等功；二等功；一等功；荣誉称号；八一勋章。

（三）处分

处分的目的在于严明纪律，教育违纪者和部队，强化纪律观念，维护集中统一，巩固和提高部队战斗力。条令规定：对军官和文职干部的处分有警告、严重警告、记过、记大过、降职（级）或降衔（级）、撤职、开除军籍；对士兵的处分有警告、严重警告、记过、记大过、降职或者降衔（衔级工资档次）、撤职或取消士官资格、除名、开除军籍。

（四）奖惩的权限和实施

奖惩权是领导权、指挥权的重要组成部分。奖惩权限的确定，关系到能否正确实施奖惩。条令本着有利于贯彻党委集体领导、有利于首长履行职责和增强奖惩时效的原则，并适应我军现行编制，明确规定了各级首长享有的奖惩权限和奖惩的实施办法。

（五）维护纪律的措施

根据新形势下军队维护纪律的需要，条令规定了几种措施：一是行政看管、士官留用察看等特殊措施；二是控告和申诉；三是各级首长滥施奖惩应承担的责任；四是首长、机关、群众相结合的监察制度。

三、《队列条令》教育

《队列条令》是规范全军队列动作、队列队形、队列指挥的军事法规，是全军官兵必须共同遵循的行为规范。新中国成立以来，我军先后颁发了9次《队列条令》。在军队的建设发展中，《队列条令》有着十分重要的地位和作用

（一）队列纪律

（1）坚决执行命令，做到令行禁止；

（2）姿态端正，军容严整，精神振作，严肃认真；

（3）按照规定的位置列队，集中精力听指挥，动作迅速、准确、协调一致；

（4）保持队列整齐，出列、入列应当报告并经允许。

（二）单个军人队列动作训练

1. 立正、稍息

立正是军人的基本姿势，是队列动作的基础。军人在宣誓、接受命令、进见首长

和向首长报告、回答首长问话、升降国旗和军旗、奏国歌和军歌等严肃庄重的时机和场合，均应当自行立正。跨立主要用于军体操、执勤和舰艇上分区列队等场合，可与立正互换。

（1）立正。

口令：立正。

要领：两脚跟靠拢并齐，两脚尖向外分开约60度；两腿挺直；小腹微收，自然挺胸；上体正直，微向前倾；两肩要平，稍向后张；两臂下垂，自然伸直，手指并拢自然弯曲，拇指尖贴于食指的第二节，中指贴于裤缝；头要正，颈要直，口要闭，下颌微收，两眼向前平视。

持半自动步枪时，右臂自然下垂，右手拇指向内，余指并拢在外将枪握住，托底钣在右脚外侧全部着地，枪托后踵同脚尖齐。其余同立正。

（2）跨立。

口令：跨立。

要领：左脚向左跨出约一脚之长，两腿挺直，上体保持立正姿势，身体重心落于两脚之间。两手后背，左手握右手腕，拇指根部与外腰带下沿（内腰带上沿）同高；右手手指并拢自然弯曲，手心向后。携枪时不背手。通常在立正的基础上进行。

（3）稍息。

口令：稍息。

要领：左脚顺脚尖方向伸出约全脚的2/3，两腿自然伸直，上体保持立正姿势，身体重心大部落于右脚。携枪（筒、炮），携带的方法不变，其余动作同徒手。稍息过久，可自行换脚。

2. 停止间转法

停止间转法是停止间变化方向的方法。分为向右转、向左转、向后转，需要时也可半面向右（左）转。

（1）向右（左）转。

口令：向右（左）——转。

要领：以右（左）脚跟为轴，右（左）脚跟和左（右）脚掌前部同时用力，使身体协调一致向右（左）转90度，体重落在右（左）脚，左（右）脚取捷径迅速靠拢右（左）脚，成立正姿势。转动和靠脚时，两腿挺直，上体保持立正姿势。

半面向右（左）转，按照向右（左）转的要领转45度。

（2）向后转。

口令：向后——转。

要领：按向右转的要领向后转180度。

持枪（炮）转动时，除按徒手动作要领外，听到预令，将枪（炮）稍提起（60迫击炮手，右手移握架头），拇指贴于右胯，枪（炮）随身体平稳转向新方向，托底钣（座钣）轻轻着地，成持枪（炮）立正姿势。

3. 行进与立定行进

（1）行进。基本步法分为齐步、正步和跑步，辅助步法分为便步、踏步和移步。

①齐步。齐步是军人行进的常用步法。

口令：齐步——走。

要领：左脚向正前方迈出约75厘米，按照先脚跟后脚掌的顺序着地，同时身体重心前移，右脚照此法动作；上体正直，微向前倾；手指轻轻握拢，拇指贴于食指第二节；两臂前后自然摆动，向前摆臂时，肘部弯曲，小臂自然向里合，手心向内稍向下，拇指根部对正衣扣线，并与最下方衣扣同高，离身体约25厘米；向后摆臂时，手臂自然伸直，手腕前侧距裤缝线约30厘米，行进速度为每分钟116~122步。

齐步

②正步。主要用于分列式和其他礼节性场合。

口令：正步——走。

要领：左脚向正前方踢出约75厘米（腿要绷直，脚尖下压，脚掌与地面平行，离地面约25厘米），适当用力使全脚掌着地，同时身体重心前移，右脚照此法动作；上体正直，微向前倾；手指轻轻握拢，拇指伸直贴于食指第二节；向前摆臂时，肘部弯曲，小臂略成水平，手心向内稍向下，手腕下沿摆到高于最下方衣扣约10厘米处，离身体约10厘米；向后摆臂时（左手心向右，右手心向左），手腕前侧距裤缝线约30厘米。行进速度为每分钟110~116步。

正步

③跑步。主要用于快速行进。

口令：跑步——走。

要领：听到预令，两手迅速握拳（四指蜷握，拇指贴于食指第一关节和中指第二节），提到腰际，约与腰带同高，拳心向内，肘部稍向里合，听到动令，上体稍向前倾，两腿微弯，同时左脚利用右脚掌的蹬力跃出约85厘米，前脚掌先着地，身体重心前移，右脚照此法动作；两臂前后自然摆动，向前摆臂时，大臂略直，肘部贴于腰际，小臂略平，稍向里合，两拳内侧各距衣扣线约5厘米；向后摆臂时，拳贴于腰际。行进速度为每分钟170~180步。

跑步

④便步。用于行军、操练后恢复体力及其他场合。

口令：便步——走。

要领：用适当的步速、步幅行进，两臂自然摆动，上体保持良好姿势。

⑤踏步。用于调整步伐和整齐。

停止间口令：踏步——走。

行进间口令：踏步。

要领：两脚在原地上下起落（抬起时，脚尖自然下垂，离地面约15厘米；落下时，前脚掌先着地），上体保持正直，两臂按照齐步或者跑步的要领摆动。踏步时，听到"前进"的口令，继续踏两步，再换齐步或跑步行进。

⑥移步（5步以内）。用于调整队列位置。

右（左）跨步。

口令：右（左）跨×步——走。

要领：上体保持正直，每跨1步并脚一次，其步幅约为肩宽，跨到指定步数停止。

向前或后退。

口令：向前×步——走；后退×步——走。

要领：向前移步时，应按照单数步要领进行（双数步变为单数步）。向前1步时，用正步，不摆臂；向前3、5步时，按照齐步走的要领进行。向后退时，从左脚步开始，每退1步靠脚一次，不摆臂，退到指定步数停止。

（2）立定。

口令：立——定。

要领：齐步和正步时，听到口令，左脚再向前大半步着地（脚尖向外约30度），两腿挺直，右脚取捷径迅速靠拢左脚，成立正姿势。跑步时，听到口令，再跑两步，然后左脚向前大半步（两拳收于腰际，停止摆动）着地，右脚靠拢左脚，同时将手放下，成立正姿势。踏步时，听到口令，左脚踏1步，右脚靠拢左脚，原地成立正姿势（跑步的踏步，听到口令，继续踏两步，再按照上述要领进行）。

4. 步法变换

步法变换，均从左脚开始。

齐步、正步互换，听到口令，右脚继续走1步，即换正步或者齐步行进。

齐步换跑步，听到预令，两手迅速握拳提到腰际，两臂前后自然摆动；听到动令即换跑步行进。

齐步换踏步，听到口令，即换踏步。

跑步换齐步，听到口令，继续跑两步，然后换齐步行进。

跑步换踏步，听到口令，继续跑两步，然后换踏步。

踏步换齐步或跑步，听到"前进"的口令，继续踏两步，再换齐步或跑步前进。

5. 行进间转法

（1）齐步、跑步向右（左）转。

口令：向右（左）转——走。

要领：左（右）脚向前半步（跑步时，继续跑两步，再向前半步），脚尖向右（左）约45度，身体向右（左）90度时，左（右）脚不转动，同时出右（左）脚按照原步法向新方向行进。

半面向右（左）转走，按照向右（左）转走的要领转45度。

（2）齐步、跑步向后转。

口令：向后转——走。

要领：左脚向右脚前迈出约半步（跑步时，继续跑两步，再向前迈半），脚尖向右约45度，以两脚的前脚掌为轴，向后转180度，出左脚按照原步法向新方向行进。

转动时，保持行进时的节奏，两臂自然摆动，不得外张；两腿自然挺直，上体保持正直。

6. 坐下、蹲下、起立

（1）坐下。

口令：坐下。

枪靠右肩——坐下。

要领：左小腿在右小脚后交叉，迅速坐下（坐凳子时，听到口令，左脚向左分开约一脚之长），手指自然并拢放在两膝上，上体保持正直。

携枪坐下时，枪靠右肩（枪面向右）右手自然扶贴护木，左手手指自然并拢，放在左膝上。

（2）蹲下。

口令：蹲下。

要领：右脚后退半步，前脚掌着地，臀部坐在右脚跟上（膝盖不着地），两腿分开约60度，手指自然并拢放在两膝上。蹲下过久，可自行换脚。

（3）起立

口令：起立。

要领：全身协力迅速起立，成立正姿势或者成持枪立正姿势。

7. 敬礼

（1）敬礼、礼毕。敬礼分为举手礼、注目礼和举枪礼。

口令：敬礼。

举手礼要领：上体正直，右手取捷径迅速抬起，五指并拢自然伸直，中指微接帽檐右角前约2厘米处，手心向下，微向外张（约20度），手腕不得弯曲，右大臂略平，与两肩略成一线，同时注视受礼者。

注目礼要领：面向受礼者成立正姿势，同时注视受礼者，并目迎目送（右、左转头角度不超过45度）。

举枪礼动作要领：右手将枪提到胸前，枪身垂直并对正衣扣线，枪面向后，离身体约10厘米，准星护圈与眼同高，大臂轻贴右肋；同时左手接握表尺上方（持半自动步枪时，虎口对准枪面并与表尺上沿取齐），小臂略平，大臂轻贴左肋，同时转头向右注视受礼者，并目迎目送（右、左转头角度不超过45度）。

口令：礼毕。

要领：行举手礼者，将手放下；行注目礼者，将头转正；行举枪礼者，将头转正，右手将枪放下，使枪底钣轻轻着地，同时左手放下，成持枪立正姿势。

（2）单个军人敬礼。

要领：距受礼者5~7步处，行举手礼或注目礼。

徒手或背枪时，停止间应面向受礼者立正，行举手礼待受礼者还礼后礼毕；行进间（跑步时换齐步），转头向受礼者行举手礼（手不随头转动），并继续行进，左臂仍自然摆动，待受礼者还礼后礼毕。

携带武器（除背枪）等不便行礼时，不论停止间或行进间，均行注目礼，待受礼者还礼后礼毕。

行进间徒手敬礼　　　　　　　　　　停止间徒手敬礼

8. 半自动步枪的操枪

（1）托枪、枪放下。

口令：托枪。

要领：右手将枪提到右肩前，枪身垂直，离身体约15厘米，枪面向右，手约同肩高，大臂轻贴右肋，同时左手握表尺上方；左手将枪上提，同时右手拇指贴于托后踵，余指并拢握托底钣；两手协力将枪送上右肩（弹仓与肩同高）左手迅速放下；枪身要正，托后踵与衣扣线齐；右大臂轻贴右肋，小臂略平，成托枪立正姿势。

口令：枪放下。

要领：右手下压枪托，右臂伸直，使枪离肩，同时左手接握表尺上方，枪身垂直，枪面向右；左手将枪稍向下移，同时右手移握上背带环下方；左手放下的同时，右手将枪放下，使托底钣轻轻着地，成持枪立正姿势。

（2）肩枪、枪放下。

口令：肩枪。

要领：右手将枪提到右肩前，枪身垂直，离身体约25厘米，枪面向右，上背带环与锁骨同高，大臂轻贴右肋，同时左手握标尺上方，右手移握背带（拇指由内顶住）向左后拉平；用左手的推力和右手腕的旋转力迅速将枪送上右肩，右大臂轻贴右肋，枪身垂直，左手放下，成肩枪立正姿势。

口令：枪放下。

要领：用右手腕的旋转力，迅速将枪转向右肩前，离身体约25厘米，同时左手接握表尺上方，枪面稍向右后；右手移握上背带环下方，枪身垂直，左手放下的同时，右手将枪放下，使托底钣轻轻着地，成持枪立正姿势。

（3）背枪、枪放下。

口令：背枪。

要领：右手将枪提到右胸前，左手将背带环向左拉平；两手将枪挂在颈上，右手移握下背带环；两手协力将枪转到背后，同时右臂由枪和背带之间伸出，两手放下，成背枪立正姿势。

口令：枪放下。

要领：右手握下背带环，左手在左胸前握背带，两手协力将枪转到身体的前方，同时右臂由枪和背带之间脱出，右手移握上背带环下方；两手将枪从颈上取下，左手放下的同时，右手将枪放下，使底钣轻轻着地，成持枪立正姿势。

（4）托枪、端枪互换。

口令：端枪。

要领：行进时听到"端枪"口令，继续向前3步，于左脚着地时，右手下压枪托，使枪离肩，同时左手接握护木；右脚再向前一步的同时，右手移握枪颈，并使枪面转向后；于左脚着地的同时，两手将枪导向前，枪面向上，左手掌心转向右，枪颈紧贴右胯，右肘与两肩成一线，枪刺尖约与眼同齐，并在右肩的正前方。

口令：托枪。

要领：听到"托枪"口令，继续向前3步，于左脚着地时左手收至右胸前，右手向下方推枪；右脚再向前一步，左手将枪稍向上提，右手移握托底钣，同时枪面转向右，于左脚着地时，将枪送至右肩。左手放下。

第二节 分队的队列动作

在单个军人队列动作训练基础上，应当进一步进行分队的队列动作训练。主要训练内容包括：集合、离散；整齐、报数；出列、入列；行进、停止；方向变换。大学生军训期间，应当重点加强班、排、连的上述队列动作训练。

一、集合、离散

集合，是使单个军人、分队、部队按照规范队形聚集起来的一种队列动作。离散，是使列队的单个军人、分队、部队各自离开原队列位置的一种队列动作。

（一）集合

集合时，指挥员应当先发出预告或者信号，如"全连注意"或者"×排注意"，然后，站在预定队形的中央前，面向预定队形成立正姿势，下达"成××队——集合"的口令。所属人员听到预告或者信号，原地面向指挥员成立正姿势；听到口令，跑步到指定位置面向指挥员集合（在指挥员后侧的人员，应当从指挥员右侧绕过），自行对正、看齐，成立正姿势。

1. 班集合

口令：成班横队（二列横队）——集合。

要领：基准兵迅速到班长左前方适当位置，成立正姿势；其他士兵以基准兵为准，依次向左排列，自行看齐。成班二列横队时，单数士兵在前，双数士兵在后。

口令：成班纵队（二路纵队）——集合。

要领：基准兵迅速到班长前方适当位置，成立正姿势；其他士兵以基准兵为准，依次向后排列，自行对正。成班二路纵队时，单数士兵在左，双数士兵在右。

2. 排集合

口令：成排横队——集合。

要领：基准班在指挥员前方适当位置，成班横队迅速站好；其他班成班横队，以基准班为准，依次向后排列，自行对正、看齐。

口令：成排纵队——集合。

要领：基准班在指挥员右前方适当位置，成班纵队迅速站好；其他班成班纵队，以基准班为准，依次向右排列，自行对正、看齐。

3. 连集合

口令：成连横队——集合。

要领：队列内的连指挥员或者基准排，在指挥员左前方适当位置，成横队迅速站好；各排和连部成横队，以连指挥员或者基准排为准，依次向左排列，自行对正、看齐。

口令：成连纵队——集合。

要领：队列内的连指挥员或者基准排，在指挥员前方适当位置，成纵队迅速站好；各排和连部成纵队，以连指挥员或者基准排为准，依次向后排列，自行对正、看齐。

口令：成连并列纵队——集合。

要领：队列内的连指挥员或者基准排，在指挥员左前方适当位置，成纵队迅速站好；各排和连部成纵队，以连指挥员或者基准排为准，依次向左排列，自行对正、看齐。

（二）离散

离散，分为离开和解散。

1. 离开

口令：各营（连、排、班）带开（带回）。

要领：队列中的各营（连、排、班）指挥员带领本队迅速离开原列队位置。

2. 解散

口令：解散。

要领：队列人员迅速离开原列队位置。

二、整齐、报数

（一）整齐

整齐，是使列队人员按照规定的间隔、距离，保持行、列平齐的一种队列动作。整齐分为向右（左）看齐和向中看齐。

口令：向右（左）看——齐。向前——看。

要领：基准兵不动，其他士兵向右（左）转头（持枪时，听到预令，迅速将枪稍提起，看齐后自行放下；持120反坦克火箭筒时，听到预令，左手握提把，右手握握把，提起发射筒，看齐后自行放下），眼睛看右（左）邻士兵腮部，前四名能通视基准兵，自第五名起，以能通视到本人以右（左）第三人为度；后列人员，先向前对正，后向右（左）看齐；听到"向前——看"的口令，迅速将头转正，恢复立正姿势。

口令：以×××为准，向中看——齐。向前——看。

要领：当指挥员指定"以×××为准（或者以第×名为准）"时，基准兵答"到"，同时左手握拳高举，大臂前伸与肩略平，小臂垂直举起，拳心向右；听到"向中看——齐"的口令后，其他士兵按照向左（右）看齐的要领实施；听到"向前——看"的口令后，基准兵迅速将手放下，其他士兵迅速将头转正，恢复立正姿势。

一路纵队看齐时，可以下达"向前——对正"的口令。

动作要求：移动（用碎步）迅速；做到行、列平齐。

（二）报数

口令：报数。

要领：横队从右至左（纵队由前向后）依次以短促洪亮的声音转头（纵队向左转头）报数，最后一名不转头；数列横队时，后列最后一名报"满伍"或者"缺×名"；连集合时，由指挥员下达"各排报数"的口令，各排长在队列内向指挥员报告人数，如"第×排到齐"或者"第×排实到××名"。

必要时，连也可以统一报数。

要领：连实施统一报数时，各排不留间隔，要补齐，成临时编组的横队队形。报数前，连指挥员先发出"看齐时，以一排长为准，全连补齐"的预告，尔后下达"向右看——齐"口令，待全连看齐后，再下达"向前——看"和"报数"的口令，报数从一排长开始，后列最后一名报"满伍"或者"缺×名"。

动作要求：声音短促洪亮；转头时身体其他部位保持正直。

三、行进、停止

横队和并列纵队行进以右翼为基准，纵队行进以左翼为基准（一路纵队行进以先头为基准）。

（一）行进

指挥员应当下达"×步——走"的口令。听到口令，基准兵向正前方前进，其他士兵向基准翼标齐，保持规定的间隔、距离行进。纵队行进时，排、连通常成三路纵队，也可以成一、二路纵队。行进中，需要时，用"一二一"（调整步伐的口令）、"一二三四"（呼号）或者唱队列歌曲，以保持步伐的整齐和振奋士气。

（二）停止

指挥员应当下达"立——定"的口令。听到口令，按照立定的要领实施，分队的动作要整齐一致；停止后，听到"稍息"的口令，先自行对正、看齐，再稍息。

四、方向变换

方向变换，是改变队列面对的方向的一种队列动作。

（一）横队和并列纵队方向变换

停止间，通常是左（右）转弯或者左（右）后转弯，必要时可以向后转。

停止间口令：左（右）转弯，齐（跑）步——走，或者左（右）后转弯，齐（跑）步——走；向后——转，齐（跑）步——走（当需要向后转走时，应当先下"向后——转"的口令，待方向变换后，再下"齐步——走"或者"跑步——走"的口令）。

行进间口令：左（右）转弯——走，或者左（右）后转弯——走。

要领：一列横队方向变换时，轴翼士兵踏步，并逐渐向左（右）转动；外翼第一名士兵用大步行进并同相邻士兵动作协调，逐步变换方向（愈接近轴翼者，其步幅愈小），其他士兵用眼睛的余光向外翼取齐，并保持规定的间隔和排面整齐，转到90度或者180度时踏步并取齐，听口令前进或者停止。

数列横队和并列纵队方向变换时，第一列轴翼士兵停止间用踏步、行进间用小步，外翼士兵用大步行进，保持排面整齐，边行进边变换方向，转到90度或者180度后，听口令前进或者停止；后续各列按照上述要领，保持间隔、距离，取捷径进到前一列转弯处，转向新方向跟进。

（二）纵队方向变换

停止间，通常是左（右）转弯，或者左（右）后转弯，必要时可以向后转。

停止间口令：左（右）转弯，齐（跑）步——走，或者左（右）后转弯，齐（跑）步——走；向后——转，齐（跑）步——走（按照横队和并列纵队向后转走的方法实施）。

行进间口令：左（右）转弯——走，或者左（右）后转弯——走。

要领：一路纵队方向变换，基准兵在左（右）转弯时，按照单个军人行进间转法（停止间，左转弯走时，左脚先向前1步）的要领实施，在左（右）后转弯时，用小步边行进边变换方向，转到90度或者180度后，照直前进；其他士兵逐次进到基准兵的转弯处，转向新方向跟进。

数路纵队方向变换时，按照数列横队和并列纵队方向变换的要领实施。

第三节　现地教学

一、走进军营

走进军营活动，学生不仅能磨炼意志，还能让学生了解部队严格的管理，亲身感受到战士们生活的简朴、训练的热情、思想的坚定、作风的顽强。在参观之后能够充分体验到军人纪律的严明，以及内务整理的熟练与规范，增强学生自立自信自强的生活意识。

下面以某部队的活动为例，介绍走进军营活动的组织和准备。

（一）活动内容

看一看：战士整队、出操、训练表演。

训一训：战士对学生进行队列训练。

摸一摸：各种枪械武器装备、器材。

练一练：叠被子。

比一比：拔河比赛、掷弹比赛。

拼一拼：进行文化评奖和颁奖。

（二）活动目标

了解军人紧张而有序的生活，体会人民卫士工作的艰辛，感受生活的安定来之不易，激发学生热爱军队之情。体验军队严格的纪律，严谨的工作作风、优良的生活作风，以提高学生纪律意识、团队意识，培养良好的行为习惯。了解有关军事、国防的知识，使学生们学有榜样，奋发向上，形成心有祖国、心有集体、心有他人的思想感情。对学生们进行爱国主义教育，培养初步的社会责任感。

（三）活动注意事项

（1）活动前一天，老师必须上一堂外出活动的安全和文明礼仪教育课。

（2）部队是神圣的，在部队不能发定位地址。

（3）参加活动的学生必须遵守纪律，听从指挥，不得擅自行动。进入军营要注意言行文明，不得高声喧哗。在徒步行进过程中保持队形，严禁追逐打闹。

二、学唱军营歌曲

军营歌曲是部队文化的构成要素，是部队文化的外部表达和传播方式之一。军营歌曲的教学可以增强部队内部凝聚力、引导学员的价值取向。为此，应充分利用军营歌曲这一独特的文化资源优势，通过音乐的感染力让学生感受到部队的使命和精神，并增强部队的内部凝聚力。

下面以一次学唱军营歌曲的活动为例，介绍活动的组织和过程。

（1）创设情景：聆听《解放军进行曲》。

（2）导入：聆听《咱当兵的人》、欣赏图片、说说这首歌曲反映什么内容，它的情绪、节奏怎样；揭示课题——《军旅之歌》。

（3）展开：聆听《军中姐妹》，说说军旅歌曲的共同特点（唱给战士的歌、反映战士生活，富有战斗气息）；聆听《新四军军歌》《军港之夜》，说说军旅歌曲的种类（军营队列歌曲、军营抒情歌曲、军营民谣歌曲）；聆听《一二三四歌》《潇洒女兵》《我的老班长》，感受不同类型的军旅歌曲。

（4）体验：聆听《说句心里话》，说说这是一首什么类型的军旅歌曲，说说的情绪、节奏、速度特点；学唱《说句心里话》，找出歌曲演唱的难点；轻声哼唱歌曲旋律；齐唱歌曲，教师指导；有感情地演唱。

三、走进爱国主义教育基地

加强爱国主义教育，继承和发扬爱国主义传统，对于振奋民族精神，增强民族凝聚力，具有重要的现实意义。强化大学生的爱国主义精神，必须充分发挥爱国主义教育基地的作用，经常性组织大学生走进爱国主义教育基地，接受爱国主义教育。

（一）教育形式

（1）渗透教育。要善挖掘教育资源中的爱国主义教育因素，进行生动形象的爱国主义教育，使爱国主义精神"润物细无声"地渗入大学生的心田。

（2）寓教于乐。要根据大学生的特点，把爱国主义教育同各种文化、娱乐及体育活动结合起来，一条新闻、一出戏剧、一支歌曲、一部小说、一部电影往往都会对大学生产生不可低估的潜移默化的教育作用。

爱国主义教育基地

（3）分层教育。要根据大学生不同的年龄层次、生理、心理的发展水平和思想状况分不同层次开展活动，实施教育，按照由浅入深、由低到高、循序渐进的规律进行教育，使大学生的爱国思想随着知识水平、思维能力、社会经验、自我意识的发展而逐步发展。

（4）实践教育。要引导大学生在参加改造自然、改造社会的实践活动中，改造他们的主观世界，在实践活动中使爱国主义精神进一步升华、由感情和思想变成行动和成果。

（5）大型活动。对大学生进行爱国主义教育要渗透到平时的学习和生活中，组织大型的爱国主义教育活动也是一种行之有效的教育形式。

（二）活动设计

（1）结合重大节日、纪念日，开展参观、纪念和社会公益活动。

（2）设计特定的教育主题，开展社会实践、社会调查活动。

（3）开展爱国主义教育征文、主题演讲、专题讲座、知识竞赛活动。

（4）结合民族传统节日，开展"各民族人民是一家"民族团结教育活动。

（5）结合"世界环境日"等节日、开展热爱大自然、保护生态社会环保公益活动。

（6）开展收集中国历史的著名爱国者、民族英雄、革命先烈、杰出人物的事迹和名言活动。

（7）开展爱国主义故事会活动。

（8）利用各种文化活动，开展以爱国主义为主题的文艺汇演、美术、书法作品展览、图片展览活动。

（9）组织大学生观看爱国主义教育影视作品，开展影评活动。

（10）开展以爱国主义为主题的读书活动。

第七章

射击与战术训练

学习目标

掌握轻武器射击的基本原理、常用轻武器的战斗性能；了解班组攻防的基本动作和战术原则，养成良好的军事素质和战斗素养。

导言

射击是一项准确性要求极高的项目，射手在大量训练的前提下，还需要掌握武器的基础知识，如武器的构造、性能，以及如何保养等。除此之外还需要掌握射击学的基本原理，以便更好地提高射击技能。战术是指导和进行战斗的方法，本章主要介绍单兵的战术动作。

第一节　轻武器射击

一、轻武器常识

（一）轻武器的概念与分类

轻武器，是指枪械及其他各种由单兵或班组携行战斗的武器，又称"轻兵器"，主要装备对象是陆军步兵，也广泛装备于空军、海军和其他军兵种。轻武器的主要作战用途是杀伤有生力量、毁伤轻型装甲车辆、破坏其他武器装备和军事设施。

轻武器的种类很多，分为手枪、步枪、冲锋枪、机枪、手榴弹、火箭筒、榴弹发射器、榴弹机枪和迫击炮等。尽管武器的种类不同，但是其工作原理有许多相同之处。只有熟悉武器各部件名称、用途，学会武器的分解结合和故障排除的方法，才能在训练和战斗中正确使用。

（二）轻武器性能与构造

1. 56式半自动步枪

（1）战斗性能。56式7.62毫米半自动步枪是近战中消灭敌人有生力量的一种武器，对单个目标在400米内射击效果最好，集中火力可射击500米内的敌机、伞兵和杀伤800米内的集团目标。弹头飞行到1 500米仍有杀伤力。半自动步枪实施单发射击，控制发射速度。战斗射速为每分钟35~40发。穿甲能力：使用1956年式7.62毫米普通弹，在100米距离上能射穿6毫米厚的钢板、15厘米厚的砖墙、30厘米厚的土层和40厘米厚的木板。

主要诸元：口径7.62毫米，枪全重3.85千克，全长1.33米，普通弹初速为735米/秒，弹头最大飞行距离约2 000米。

（2）主要机件。半自动步枪由枪刺（刺刀）、枪管、瞄准具、活塞及推杆、机匣、枪机、复进机、击发机、弹仓、木托10大部分组成，另有一套附品。

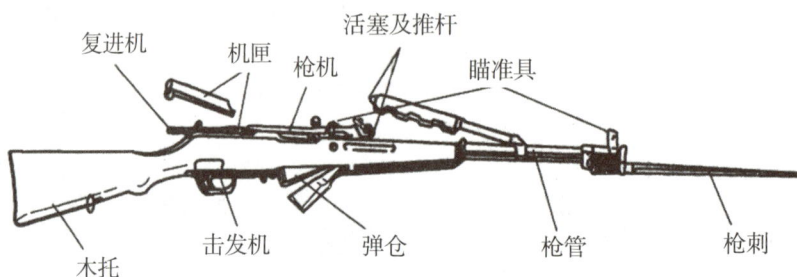

半自动步枪的大部机件

枪刺（刺刀）用以刺杀敌人。

枪管用以赋予弹头初速、旋转和射向。

瞄准具由表尺和准星组成，用以瞄准。表尺上有缺口和游标，并刻有1~10的分划，每一分划对应100米，缺口用以通视准星向目标瞄准。游标用以装定需要的表尺分划。准星可拧高、拧低，准星移动座可以左右移动，用以校正偏差。

活塞用以传导火药燃气压力，推压推杆向后，推杆能将活塞推力传送到枪栓上。

机匣用以容纳枪机和复进机，固定击发机和弹仓。

枪机由枪栓和机体组成，用以送弹、闭锁、击发和退壳，并使击锤向后呈待发状态。

复进机由复进簧、导管、导杆和支撑环组成，用以使枪机回到前方位置。

击发机用以与枪机相互作用形成待发和击发。

弹仓用以容纳和托送子弹，可装10发子弹。

木托的作用是稳定枪身，便于操作。

附品用以分解结合、擦拭上油，携带和排除故障，包括擦拭杆、毛刷、铳子、附品筒、通条、油壶、背带和子弹带。

（3）半自动原理。扣扳机后，击锤打击击针，撞击子弹底火，点燃发射药，产生火药燃气，推动弹头沿膛线向前运动。弹头底部经过导气孔后，部分火药燃气通过导气孔，涌入导气室，冲击活塞，推动推杆，使枪机向后，压缩复进簧，完成开锁、抛壳，并使击锤呈待发状态；枪机退到后方时，由于复进簧的伸张，使枪机向前运动，推送下一发子弹入膛、闭锁；此时，由于击锤已被击发阻铁卡住，不能向前打击击针。若再次发射，必须松开扳机，再扣扳机。

2. 95式自动步枪

（1）战斗性能。95式自动步枪是我军较新式的一种近距离消灭敌人的自动武器，对单个目标在400米距离内射击最佳，集中火力可射击500米内敌人的飞机、伞兵以及集团目标。能用实弹发射40毫米系列枪榴弹，使步兵具有点面杀伤和反装甲能力。表尺射程：破甲枪榴弹120米，杀伤枪榴弹250米，最大射程400米。必要时，还可加挂枪挂式防暴榴弹发射器，发射35毫米系列防暴榴弹，以完成特殊任务，表尺射程350米，最大射程360米。发射方式：单发射、短点射（2~5发）和长点射（6~10发）。战斗射速：点射100发/分钟，单发射40发/分钟。理论射速：650发/分钟。侵彻力：使用1987式普通弹在300米距离上能射穿10毫米厚的A3钢饭；在600米距离上，在贯穿2毫米厚的冷轧钢饭后，仍能贯穿14厘米厚的松木板。

（2）主要机件名称及用途。95式自动步枪由刺刀（匕首）、枪管、瞄准装置、导气装置、护盖、机匣、枪机、复进机、击发机、弹匣组成。另有一套附品。其各部件的用途与构造是：

刺刀。主要用以刺杀敌人，也可作为匕首和野战工作用刀。由刺刀和刀鞘组成，是枪族通用的多功能刺刀，具有刺、砍、削、锯、锉等功能，与刀鞘配合可作剪刀；刀鞘上设有改锥和罐头及瓶盖的开刀，侧面还有一块磨刀石。

枪管。用以赋予弹头及枪榴弹的飞行方向。枪管前端有固定式枪榴弹发射具，发射具前端下方有凹槽，用以限制刺刀的安装位置。

枪口处有枪口装置，用以减小发射时枪口的跳动和火焰，并与后定位器配合，作为枪榴弹发射器及刺刀连接座使用。枪管。枪管上有背带环、刺刀座、表尺（瞄准镜）座及导气箍。

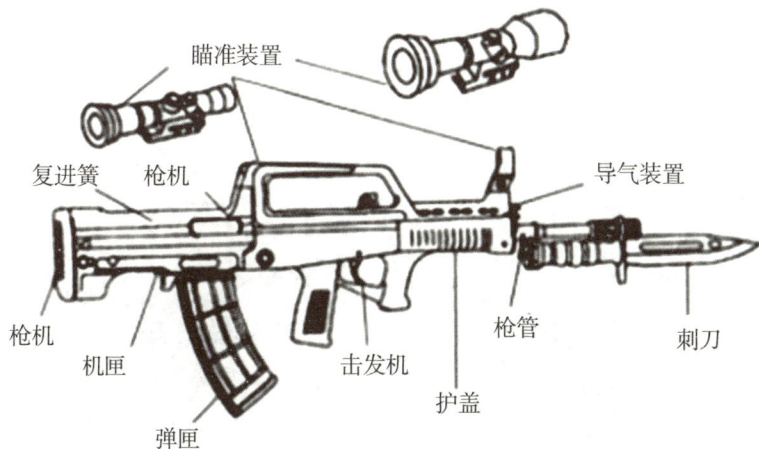

95式自动步枪大部机件

瞄准装置。由机械瞄准具及白光、微光瞄准镜组成，用以瞄准。机械瞄准具由表尺和准星组成。表尺用视孔型照门和翻转型表尺结构，靓孔用以通视准星向目标瞄准。表尺上有三个视孔，分别标有"1""3""5"的数字，分别表示100米、300米、500米的表尺距离；标有"0"的表尺钣上有一个萤光点，与准星护圈上的两个荧光点组成准星、靓孔倒置式简易夜瞄装置，其弹道性能同表尺"3"。

导气装置。由气体调节器、活塞及活塞簧组成。气体调节器用以调节火药气体大小。标有"0""1""2"的数字，分别表示闭气、小孔和大孔位置。通常装定在"1"上，当武器过脏来不及擦拭或在严寒条件下射击时装定在"2"上。当发射枪榴弹时，将调节器转动到"0"的位置。

护盖。由上护盖和下护盖组成，主要用于操持武器和射击，下护盖上有握把，握把内可容纳附品筒。

机匣。用以容纳枪机、复进机、固定击发机和弹匣。机匣外面有机匣盖、握把、扳机护圈、弹匣卡笋和弹匣结合口。

复进机。由导管、导杆、导管座、复进簧和支撑环组成，用以使枪机回到前方位置。

击发机。用以与枪机相互作用形成待发和击发。击发机上有：击发控制机，用以枪机未闭锁枪膛时防止击发。保险机，用以保险和控制单发射、连发射（"1""2""0"分别为单发射、连发射、保险）。击发阻铁，用以控制击锤于待发位置。击发机上还有击锤和扳机。

弹匣。用以容纳和托送子弹。弹匣体上有3个检查孔，分别标明10发、20发、30发的弹数。

附品。用以分解结合、擦拭保养、携带和排除故障。包括：通条接杆、通条头、铣杆、冲子、油刷、准星扳手、附品筒、油壶、背带和弹匣袋。

3. 枪弹

枪弹由弹头、弹壳、底火和发射药组成。

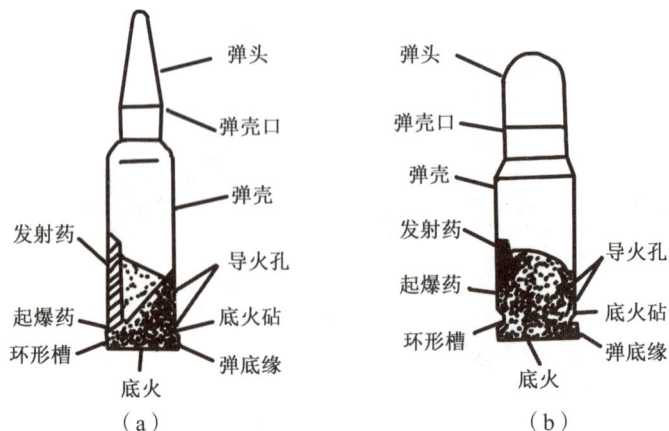

（a）　　　　　　　　（b）

枪弹各部名称

弹头是用来直接杀伤和破坏目标的重要部分；弹壳用以连接弹头和底火，并容纳发射药，使之成为一个整体；底火用以点燃发射药；发射药用以燃烧后产生火药燃气，推送弹头前进。

枪弹的种类、用途和标志：

普通弹：用以杀伤敌人的有生力量。

曳光弹：主要用以试射、指示目标和作信号，命中干草能起火。曳光弹距离可达800米。弹头头部为绿色。

燃烧弹：内装燃烧剂，用以引燃易燃物体。弹头头部为红色。

穿甲燃烧弹：主要用以射击飞机和轻装甲目标（200米距离上穿甲厚度为7毫米），并能在穿透装甲后引燃汽油。弹头头部为黑色并有一道红圈。

（三）轻武器保养

要保养好轻武器，必须做到"两勤四不"，即勤检查、勤擦拭，不碰摔、不生锈、不损坏、不丢失。

1. 检查

（1）检查武器外部是否有污垢、锈痕和碰伤，尤其是准星和表尺是否弯曲和松动。

（2）检查枪膛内是否有污垢、生锈和损伤。

（3）检查各机件是否灵活，有无锈痕和损坏，要特别检查击针。

（4）检查附品是否齐全完好，子弹有无锈蚀、凹陷、裂缝和松动。

2. 擦拭

擦拭前，应分解武器。分解前必须验枪，按顺序和要领进行，不要强敲硬卸；分解下来的机件应按次序放在干净的物体上；除所规定的分解内容外，不得分解其他机件。

正常情况下，每周至少擦拭一次。实弹射击后，应用油布将枪支弹药擦拭干净并上油，在以后三、四天内应每天擦拭一次；训练演习后，应及时用干布和油布进行擦拭。擦拭后，应放在通风干燥处晾干，严禁火烤和曝晒。

二、射击学原理

轻武器射击是在近战中歼灭敌人有生力量的主要武器。学习轻武器简易射击学理，主要是消除在射击时对后坐的顾虑，懂得直射、危险界、遮蔽界和死角的实用意义，学会正确地选定表尺（瞄准镜）分划和瞄准点、修正偏差、克服外界条件对射击的影响，为提高射击技能打下基础。

（一）发射与后坐

了解发射的现象和后坐对命中的影响；消除在射击时对后坐的顾虑；更好地掌握射击规律，提高命中精度。

1. 发射

发射：火药气体压力将弹头（子弹、火箭弹、炮弹）从膛内抛射出去的现象。

发射的过程：射击时在扣压扳机后，击针尖撞击子弹底火使起爆药发火，火焰通过导火孔引燃发射药，产生大量的火药气体，在膛内形成很大压力，迫使弹头脱离弹壳，沿膛线旋转加速前进，直至推出枪口。

发射的现象：火药气体压力将弹头从膛内抛射出去，武器向后运动（后坐），弹壳壁、膛壁产生弹性扩张，枪管产生颤动，产生射击声、火光或火焰。

2. 后坐

后坐：发射时，武器向后运动的现象。

后坐的形成：发射药燃烧时，产生的气体压力同时向各个方向挤压，作用于膛壁周围的压力为膛壁所抵消，向前作用于弹头后部的压力推送弹头前进，向后作用子弹壳底部的压力经过枪机传给整个武器，使武器向后运动，形成后坐。武器的后坐和弹头的运动是同时开始的。大量的火药气体随弹头后部从膛内向外喷出，在弹头脱离枪口瞬间，形成了反作用力，使武器后坐更加明显。

后坐对命中的影响：后坐对单发（连发的首发）射击的命中影响极小，因为弹头在膛内运动的时间极短（约千分之一秒），并且枪比弹头重得多（冲锋枪、半自动步枪在400倍以上），所以弹头在脱离枪口以前，枪的后坐距离只有一毫米多，而且是正直向后运动的，加之衣服和肌肉的缓冲，射手是感觉不出来的。射手感觉到的后坐，主要是弹头在脱离枪口的瞬间，火药气体猛烈向枪口外喷出形成的反作用力造成的。此时，弹头已脱离枪口。因此，后坐对单发（连发的首发）射击的命中影响极小。

后坐对连发射击的命中有一定的影响。因为连发射击时，第一发子弹发射后，由于枪的明显后坐变动了原来的瞄准线，所以对第二发以后的射弹命中有一定的影响。但只要射手掌握正确的据枪要领，适应武器连发射击时前后运动的规律，就能减少后坐对连发命中的影响，提高射击精度。

（二）弹道及弹道要素

1. 弹道

弹道：弹头（子弹、火箭弹、炮弹）在空气中飞行时，其重心运动的轨迹叫弹道。

弹道的形成：弹头（子弹、火箭弹、炮弹）脱离枪（筒、炮）口后，如果没有地心引力和空气阻力的作用，它将保持其所获得的速度，沿着发射线无止境地成匀速直线飞行。

实际上，弹头（子弹、火箭弹、炮弹）脱离枪（筒，炮）口在空气中飞行时，一面受到地心引力的作用，逐渐下降，一面受到空气阻力的作用，越飞越慢，因此，形成了一条不均等的弧线。升弧较长较直，降弧较短较弯曲。

2. 弹道要素

起点：火身口中心点（外弹道开始点）。

火身口水平面：通过起点的水平面。

射线：发射前火身轴线的延长线。

射角：射线与火身口水平面所夹的角。

发射线：发射瞬间火身轴线的延长线。

发射角：发射线与火身口水平面所夹的角。

发射差角：发射线与射线所夹的角。发射线高于射线时，发射差角为正；低于射线时，发射差角为负，相重合时，发射差角为零。

落点：弹道降弧与火身口水平面的交点。

弹道最高点：火身口水平面上弹道最高的一点。

升弧：由起点到弹道最高点的弹道。

降弧：由弹道最高点到落点的弹道。

弹道高：弹道上任何一点到火身口水平面的垂直距离。

最大弹道高：弹道最高点到火身口水平面的垂直距离。

弹道切线：弹道上任何一点的切线。

落角：落点上的弹道切线与火身口水平面的夹角。

射程：起点到落点的水平距离。

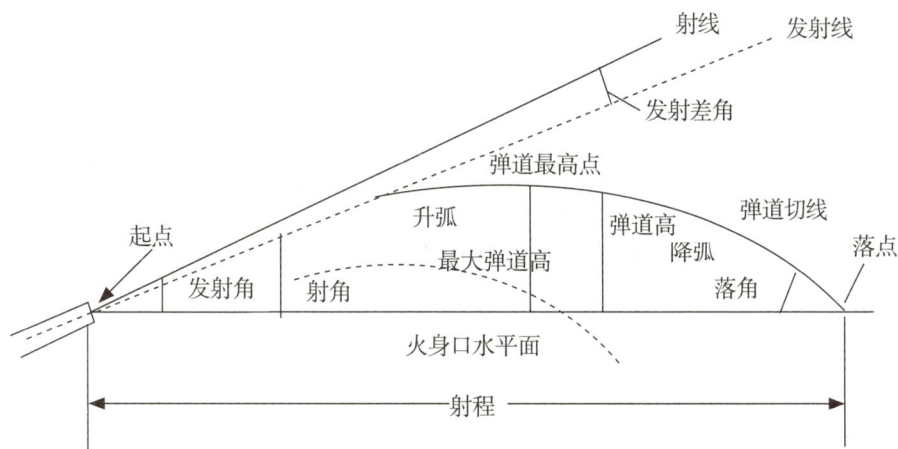

弹道要素示意图

（三）选定表尺分划和瞄准点

由于重力和空气阻力的作用，如果用枪管瞄向目标射击，射弹就会打低或打近。为了命中目标，必须将枪口抬高，使火身轴线和瞄准线之间形成一定的夹角，即瞄准角。

瞄准角的大小是根据射弹在不同距离上的降落量来确定的。距离越远，所需要的瞄准角也就越大；距离越近，降落量越小，所需要的瞄准角也就越小。瞄准具就是根据这一原理设计成的。

可见，瞄准具的作用就是对一定距离上的目标射击时，赋予武器相应的瞄准角和射向。射击时，只要按照目标的距离装定表尺分划瞄准射击，就能命中目标。

1. 瞄准要素

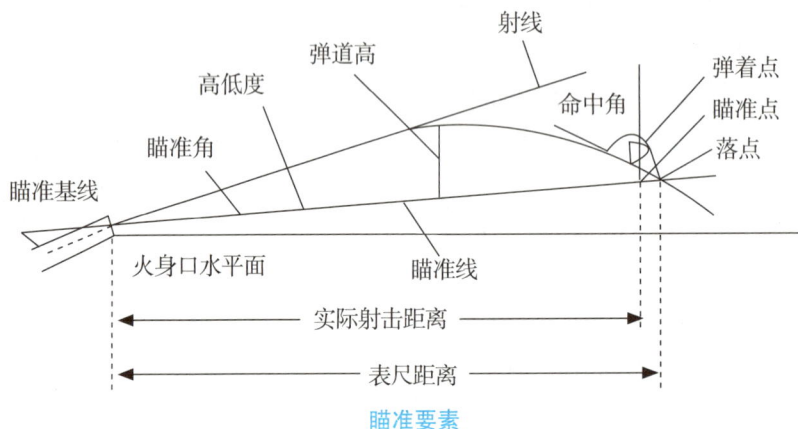

瞄准要素

瞄准基线：缺口的上沿中央到准星尖的直线。

瞄准线：视线通过缺口上沿中央和准星尖的延长线。

瞄准点：瞄准线所指向的一点。

瞄准角：射线与瞄准线的夹角。

高低角：瞄准线与火身口水平面的夹角（目标高于火身口水平面时，高低角为"＋"；目标低于火身口水平面时，高低角为"－"）。

瞄准线上弹道高：弹道上的任何一点到瞄准线的垂直距离。

落点：弹道降弧与瞄准线的交点。

弹着点：弹道与目标表面或地面的交点。

命中角：弹着点的弹道切线与目标表面或地面所夹的角。命中角通常以小于90度的角计算。

表尺距离：起点到落点的距离。

实际射击距离：起点到弹着点的距离。

2. 选定表尺分划和瞄准点

为了使射弹更准确地命中目标，射击时，射手应根据目标距离、大小和武器的弹道高，正确地选定表尺分划和瞄准点。

（1）定实距离表尺分划，瞄目标中央。目标距离为百米整数时，可根据目标的距离装定相应的表尺分划，瞄准点选在目标中央。如自动步枪对100米距离人胸靶射击时，定表尺"1"，瞄准目标中央射击，即可命中目标中央。

（2）定大于或小于实距离表尺分划，适当降低或提高瞄准点。目标距离不是百米整数时，通常选定大于实距离表尺分划，根据武器和该距离上的弹道高，相应降低瞄准点射击。如冲锋枪在250米距离上对人胸目标射击时，定表尺"3"，在250米处的弹道高为19厘米。这时，瞄准目标下沿中央射击，即可命中目标中央。

也可选定小于实距离的表尺分划，根据武器在该距离上的负弹道高，相应提高瞄准点射击。

（3）定常用表尺分划，小目标瞄下沿，大目标瞄中央。战斗中，对300米距离以内的目标射击时，通常定常用表尺（表尺"3"）分划，小目标瞄下沿，大目标瞄中央射击，即可命中。如自动步枪常用表尺对300米以内人胸目标（高50厘米）射击时，瞄目标下沿，则整个瞄准线上最大弹道高为33厘米，目标在300米距离内，都会被杀伤。

在战场上，目标出现突然，大小暴露不一，且距离不断变化，用此种方法，对300米以内的目标不需要变更表尺分划即可实施射击。这样可以争取时间，提高战斗射速，增大射击效果。因此，此种方法在实战中有着重要的实用意义，是战斗中常用的一种方法。

三、外界条件对射击的影响和修正

射击时，若外界条件不符合标准条件，就会改变弹道的形状，影响射击精度。要使射弹准确地命中目标，就要了解外界条件对射击的影响，就要学会修正和克服的方法。

（一）风对射弹的影响及修正

风是一种具有速度和方向的气流，它能改变射弹的飞行方向和距离。在各种外界条件中，风对射弹的飞行影响最大。因此，必须准确地判定风向和风力，根据风对射弹的影响进行修正，以保证射弹准确命中目标。

1. 风向和风力的判定

（1）风向的判定。按风吹的方向和射击方向所形成的角度可分为：横风、斜风和纵风。

横风：从左或右与射向成90度角吹的风。

斜风：与射向成锐角（小于90度）的风。射击时，通常以与射向约成45度角的风计算。

纵风：从后或前与射向平行吹的风。顺射向吹的风为顺风；逆射向吹的风为逆风。

（2）风力的判定。风速的大小常用几级风来表示。风的级别是根据风对地面物体的影响程度而确定的。在气象上，一般按风力大小划分为十二个等级：0级风又叫无风。2级风叫轻风，树叶微有声响，人面感觉有风。4级风叫和风，树的小枝摇动，能吹起地面灰尘和纸张。6级风叫强风，大树枝摇动，电线有呼呼声，打雨伞行走有困难。8级风叫大风，树的细枝可折断，人迎风行走阻力甚大。10级风叫狂风，陆地少见，可拔起树木，建筑物损害较重。12级以上的风叫台风或飓风，摧毁力极大，陆地少见。其实，在自然界，风力有时是会超过12级的。像强台风中心的风力，或龙卷风的风力，都可能比12级大得多，只是12级以上的大风比较少见，一般就不具体规定级数了。

风力按其大小分为强风、和风和弱风。风力的大小，可用测风仪等器材测出，也可根据人的感觉和常见物体被风吹动的景况来判定。

弱风：二级风。风速2至3米/秒。面部和手稍感到有风，灌木丛、细树枝、树叶微动，并沙沙作响。水面有小波，船身摇动，风帆基本正直。

和风：三至四级风。风速4至7米/秒。明显地感到有风，吹过耳边时呜呜响，面对风可睁开眼。被吹弯灌木摆动，树上的细枝被吹弯，树叶剧烈地摆动。水面有轻浪，船身摇动明显，风帆倾向一侧。

强风：五至六级风。风速8至12米/秒。迎面站立或行走，明显地感到有阻力，尘土飞扬，面对风感到睁眼困难。树干摆动，粗枝被吹弯。水面有大浪，浪顶的白色泡沫很多，常被风吹离浪顶。

判定风向和风力，应以射击时的风向和风力为准，并注意射击位置与目标附近风向和风力的差别及变化。

2. 风对射弹的影响及修正

（1）横（斜）风对射弹的影响及修正。横（斜）风能对弹头的侧面施以压力，使射弹偏向一侧，产生方向偏差（斜风还能使射弹产生距离偏差，因偏差很小，故不考虑）。风力越大，距离越远，偏差就越大。风从左吹来，射弹偏右，风从右吹来，射弹偏左。

各种枪射击时，为了使射弹准确地命中目标，必须根据射弹受风影响的偏差量，将瞄准点或横表尺向风吹来的方向修正。修正时，以横方向的和风修正量为准，强风加一倍，弱风减一半。斜方向的强（和或弱）风，应按横方向的强（和或弱）风的修正量减一半。修正量从预期命中点算起，偏差多少，就修正多少。横表尺修正后，瞄准点不变。

风向

风向

风从左吹来
射弹偏右
甲

风从右吹来
射弹偏左
乙

横风对射弹的影响

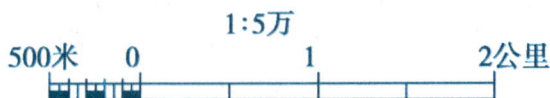

1:5万

500米　　0　　　　1　　　　2公里

横和风修正量表

为运用方便，将在横和风条件下，对400米内的目标射击时的瞄准景况归纳成如下口诀：一百不用修，二百瞄耳线，三百瞄边沿，四百边接边。

（2）纵风对射弹的影响及修正。纵风能影响射弹的飞行距离。顺风时，空气阻力减小，使射弹打远（高）；逆风时，空气阻力增大，使射弹打近（低）。但在近距离内，风速为10米／秒时，纵风对射弹影响很小。如半自动步枪，冲锋枪和班用轻机枪在400米距离上的距离修正量为3米、高低修正量为2厘米。因此，在400米（重机枪600米）内，风速小于10米／秒，可不修正。如对远距离目标射击时，应适当降低或提高瞄准点。

3. 光对射击的影响及克服办法

（1）阳光对瞄准的影响。在阳光下瞄准时，由于阳光照射作用，缺口部分产生虚光，形成三层缺口：虚光部分、真实部分、黑实部分，如图所示。如不注意辨清真实缺口的位置，就容易产生误差，使射弹产生偏差。

若用虚光瞄准，射弹就偏向阳光照来的方向。阳光从右上方照来时，缺口的左边和上沿

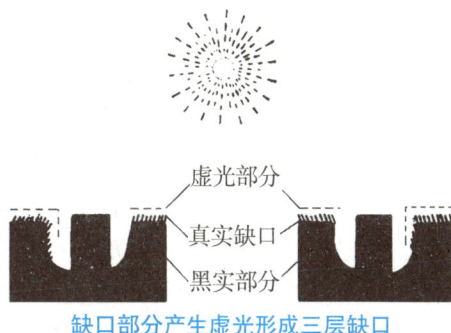

缺口部分产生虚光形成三层缺口

产生虚光，用虚光部分瞄准，准星实际上偏右高。因此，射弹偏右上。阳光从左上方来，用虚光部分瞄准，射弹则偏左上。

若用虚光瞄准，射弹就偏向阳光照来的方向。阳光从右上方照来时，缺口左边和上沿产生虚光，用虚光部分瞄准，准星实际上偏右高。因此，射弹偏右上。阳光从左上方照来时，射弹则偏左上。

若用黑实部分瞄准，射弹就偏向阳光照来的相反方向。阳光从右上方照来时，用黑实部分瞄准，准星实际上偏左低。因此，射弹偏左下。阳光从左上方照来，射弹则偏右下。

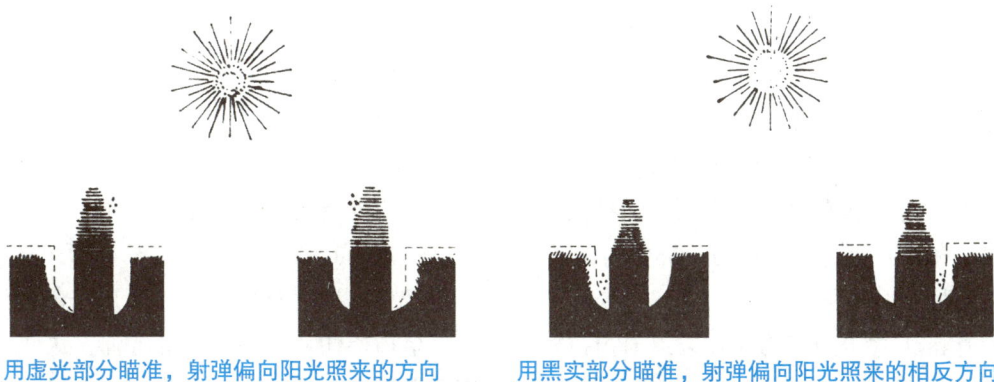

用虚光部分瞄准，射弹偏向阳光照来的方向   用黑实部分瞄准，射弹偏向阳光照来的相反方向

在阳光照射下，缺口和准星尖同时产生虚光时，若用虚光部分瞄准，射弹偏低，若用黑实部分瞄准，射弹偏高。

（2）克服方法。可在不同方向的阳光照射下瞄准，采取遮光瞄准不遮光检查，或不遮光瞄准遮光检查的方法，反复练习，辨清真实缺口的位置和正确瞄准的景况。

平正准星与缺口要细致，但瞄准时间不宜过长，以免眼花而产生误差。

平时要注意保护好瞄准具，不使其磨亮而反光。

四、武器操作与实弹射击

（一）验枪

验枪是一项保证安全的重要措施。使用武器前后及必要时，均应验枪，认真检查弹膛、弹匣和教练弹中有无实弹。验枪时，严禁枪口对人。

口令："验枪""验枪完毕"。

动作要领：听到"验枪"口令后，以右脚掌为轴，身体半面向右转，左脚顺势向前迈出一步（两脚约与肩同宽），同时右手移握上护木，将枪向前送出（背带从肩上脱下），左手接握下护木，左大臂紧靠左肋，枪托贴于右胯，准星约与肩同高，打开保险，卸下弹匣，使弹匣口向后交给左手握于护木右侧，右手移握机柄。当指挥员检查时，拉枪机向后。验过后，自行送回枪机，装上弹匣，扣扳机，关保险，移握枪颈。

听到"验枪完毕"口令后，左手反握上护木，两手协力将枪倒置于胸前，右手拇指挑起背带，身体半面向左转，在右脚靠拢左脚的同时，两手协力将枪送上右肩，恢复肩枪姿势。

（二）射击准备

1. 卧姿装退子弹及定复表尺

口令："卧姿——装子弹""退子弹——起立"。

动作要领：听到"卧姿——装子弹"口令后，右手将枪提起稍向前倾，左脚向右脚迈出一大步（也可右脚顺脚尖方向迈出一大步），左手在左（右）脚尖前支地，顺势卧倒，身体左侧、左肘支持全身，右手将枪向目标方向送出，左手接握表尺下方，枪托着地，右枪机到定位。解开弹袋扣，取出一夹子弹，插入弹夹槽，以食指或拇指将子弹压入弹仓，取出弹夹，送弹上膛，将弹夹装入弹袋并扣好（冲锋枪装弹时，左手握弹匣，使弹匣口朝上，挂耳向左前，右手将子弹放于弹匣口，两手协力将子弹压入弹匣内）。右手拇指和食指捏压游标卡笋，移动游标，使游标前切面对正所需要的表尺分划。右手移握枪颈，全身伏地，两脚分开约与肩同宽，身体与射向约成30度角，枪刺离地，目视前方，准备射击。

听到"退子弹——起立"口令后，稍向左侧身，右手解开弹袋扣，打开弹仓盖，接住落下的子弹，装入弹袋，拇指拉机柄向后，余指接住从膛内退出的子弹，送回枪机，将子弹装入弹袋并扣好，关上弹仓盖，打开保险，扣扳机，关保险，复表尺，移握上护木，将枪收回，同时左小臂向里合，屈左腿于右腿下。以左手和两脚撑起身体，右脚向前一大步，左脚再向前一步，在右脚靠拢左脚的同时，恢复持枪姿势。

2. 跪姿装退子弹及定复表尺

口令："跪姿——装子弹""退子弹——起立"。

动作要领：听到"跪姿——装子弹"口令后，右手将枪提起，左脚向右脚前方迈出一步，右手将枪向目标方向送出，左手接握表尺下方，同时右膝向右跪下，臀部坐在右脚跟上，左小腿略垂直，两腿约成90度角，左小臂放在左大腿上，枪刺尖约与眼同高。然后，按要领装子弹，定表尺，右手移握枪颈，目视前方，准备射击。听到"退子弹——起立"口令后，按要领退出子弹，打开保险，扣扳机，关保险，复表尺，右手移握上护木，左脚尖向外打开同时起立，在右脚靠拢左脚的同时，恢复持枪姿势。

3. 立姿装退子弹及定复表尺

口令："立姿——装子弹""退子弹"。

动作要领：听到"立姿——装子弹"口令后，右手将枪提起，以右脚掌为轴，身体大半面向右转，左脚顺势向前迈出一步（两脚与肩同宽，成外八字），体重落在两脚上，右手将枪向目标方向送出，左手接握表尺下方，左大臂紧靠左肋，枪托贴于胯骨，枪刺尖约与眼同高。然后，按要领装子弹，定表尺，右手移握枪颈，目视前方，准备射击。听到"退子弹"口令后，按要领退出子弹，打开保险，扣扳机，关保险，复表尺，右手移握上护木，身体大半面向左转，在右脚靠拢左脚的同时，恢复持枪姿势。

（三）据枪、瞄准、击发

1. 据枪

为了获得更好的射击效果，应力求充分利用地形，实施有依托射击。条件许可时，应构筑依托物。依托物的高度应以射手的身体而定，一般为25~30厘米。在紧急情况下，还应善于利用不同高度的依托物实施射击。

卧姿据枪时，下护木（枪刺座或枪管）放在依托物上，身体右侧与枪身略成一线。右手虎口向前紧握握把，食指第一节靠在扳机上，右肘尽量里合着地前撑。左手握弹匣（也可握下护木），左肘着地外撑，两肘保持稳固。胸部挺起，身体稍向前跟（右肘不离地），上体自然下塌，两手用力保持不变，使枪托确实抵于肩窝。头稍前倾，自然贴腮。

掩体内跪姿据枪时，通常跪左膝，右膝靠掩体前崖或右脚向后蹬，也可跪双膝。上体紧靠掩体前崖，两肘抵在臂座上。

掩体内立姿据枪时，上体左前侧紧靠掩体前崖，左腿微屈，右脚向后蹬，两肘抵在臂座上。

2. 瞄准

（1）正确瞄准。右眼通视缺口和准星，使准星尖位于缺口中央并与上沿平齐，指向瞄准点，就是正确瞄准。正确瞄准景况，应是准星与缺口的平正关系看得清楚，而目标看得较模糊。

（2）瞄准的方法。据枪后，应首先使瞄准线自然指向目标。若未指向目标，不可迁就而强扭枪身，必须调整姿势。需要修正方向时，可左右移动身体或两肘。需要修正高低时，可调整依托物，前后移动整个身体或两肘里合、外张（连发射击时，右肘不宜外张），也可适当移动左手的托枪位置。瞄准时，应把主要精力集中在准星与缺口的平正关系上。如果把主要精力集中在准星与目标上，就会忽略准星与缺口的平正关系，使射弹产生偏差。

（3）瞄准误差对命中的影响。准星与缺口关系不正确：瞄准时，若准星与缺口的关系不正确，对命中影响很大。准星偏哪，弹着偏哪。如准星尖在缺口内偏差1毫米，弹着点在100米距离上的偏差量：半自动步枪21厘米，冲锋枪26厘米。距离增加几倍，偏差量就增加几倍。

瞄准线指向的偏差：瞄准时，若准星与缺口的关系正确，而瞄准线的指向产生偏差时，射弹也会产生偏差。射弹的偏差与瞄准线指向的偏差相一致，如瞄准线指向偏左，射弹也就偏左。

3. 击发

击发时，用右手食指第一节均匀正直地向后扣压扳机（食指内侧与枪应有不大的空隙），余指力量不变。当瞄准线接近瞄准点时，开始预压扳机，并减缓呼吸。当瞄准线指向瞄准点时，应停止呼吸，继续增加对扳机的压力，直至击发，击发瞬间应保持正确一致的瞄准。若瞄准线偏离瞄准点或不能继续停止呼吸时，应既不增加也不放松对扳机的压力，待修正或换气后，再继续扣压扳机。

连发武器操纵点射时，应稳扣快松，扣到底松开为2~3发。在扣扳机的过程中，应始终保持姿势稳固，操枪力量不变，以提高连发射击命中精度。

据枪、瞄准、击发是互相联系和互相影响着的动作。稳固协调的据枪，正确一致的瞄准，均匀正直的击发，三者正确的结合，是准确射击的关键。因此，必须刻苦学习，熟练掌握。

4. 据枪、瞄准、击发常犯的毛病及纠正方法

（1）抵肩位置不正确。射击时，射手若不能正确地抵肩，会使射弹产生偏差。在通常情况下，抵肩过低易打低；抵肩过高易打高。纠正时，射手要反复体会正确的抵肩位置，并通过他人摸、推的方法检查抵肩位置是否正确。

（2）两手用力不当。射击时，射手为了命中目标，往往以强力控制枪的晃动，造成肌肉紧张，用力方向不正，姿势不稳，使枪产生角度摆动，增大射弹散布。纠正时，应强调据枪时正直向后适当用力，使用力方向与后坐方向一致。连发射击时，应保持姿势稳固，操枪力量不变。练习时，可据枪后由协助者向后推枪、拉枪机或射手两手向后引枪等方法，检查用力方向是否正确，发生偏差，及时纠正。自动武器射击应特别注意防止右手上抬、下压或向后引枪等毛病。

（3）击发时机掌握不好。无依托射击时，有的射手常为捕捉瞄准点，造成勉强击

发或猛扣扳机。纠正时，应指出瞄准线的指向在瞄准点附近轻微晃动是正常现象，当瞄准线在瞄准点附近轻微晃动时，应适时击发。

（4）停止呼吸过早。射击时，停止呼吸过早易造成憋气，使肌肉颤动而导致据枪不稳或猛扣扳机。纠正时，应使射手反复体会在瞄准线指向瞄准点或在瞄准点附近轻微晃动时自然停止呼吸的要领。若剧烈运动后无法按正常情况停止呼吸，应进行深呼吸后再停止呼吸。

（5）耸肩、眨眼和猛扣扳机。射击时，由于射手过多地考虑枪响时机、点射弹数、射击成绩等原因，造成心情紧张，产生耸肩、眨眼和猛扣扳机等错误动作，影响射弹命中。纠正时，应强调按要领操作，把主要精力、视力集中在准星与缺口的正确关系上，达到自然击发。

（6）枪面倾斜。瞄准时，如枪面偏左（右），射角减小，枪身轴线指向瞄准点左（右）边，射击时，弹着偏左（右）下。纠正时，强调射手据枪应保持枪面平正。

第二节　战术

战术是进行战斗的方法。其主要内容包括战术的基本原则和战术动作。

一、战术基本原则

战术原则是指导和进行战斗的准则。它反映战斗的客观规律，是战斗指挥和行动的基本依据。不同类型的战斗有不同的战术原则，要根据实际灵活运用。

保存自己与消灭敌人，是战斗的基本目的。战斗中，消灭敌人是主要的，保存自己是第二位的；只有大量消灭敌人，才能有效地保存自己。

知彼知己是正确指导战斗的基础。因此，必须熟识敌我双方各方面的情况，从中找出行动的规律，用于指导自己的行动，使主观指导符合客观实际。

集中优势兵力，掌握战斗的主动权，是克敌制胜的根本方法。现代技术特别是高技术条件下，无论进攻或防御，均需在主要方向上和重要时机，集中强大的兵力、火力，并作纵深疏散配置。

主动权是军队行动的自由权，行动的自由是军队的命脉。灵活是指挥员审时度势、恰当处置情况的一种才能，是自觉能动性在战斗中的表现。

出敌不意的行动，可以改变敌我双方优劣形势，使敌人丧失优势和主动，以小的代价夺取大的胜利。

各军种、兵种、部队在统一计划下，按目的、时间、地点协调一致地行动，充分发挥整体威力，合力打击敌人，是夺取战斗胜利的关键。

优势而无准备，不是真正的优势；优势而无有效的保障，也不能发挥其优势的作用。实战经验证明，每战力求有准备，组织周全、严密的战斗保障、后勤保障和技术保障，对于顺利执行战斗任务具有重要意义。

二、单兵战术基础动作

士兵要想在战场上有效地躲避敌人火力并杀伤和消灭敌人,就必须熟练掌握和灵活地应用战术基础动作。

(一)持枪

持枪,是指士兵在战斗中携带枪支的动作和方法(这里讲的"持枪"与前面武器操作中所讲的"持枪"有所不同,这里特指战斗行动中的持枪)。持枪时要做到:便于运动、便于卧倒、便于观察、便于射击。在不同的地形和距离条件下,士兵根据敌情和任务可灵活采用不同的持枪动作。

1. 单手持枪

右臂微屈,右手虎口正对上护木握枪(背带上挑压于拇指下),用五指的握力将枪身固定,枪身轴线与地面略成45度,枪身距身体约10厘米。左臂自然下垂,运动时自然摆动。

2. 单手擎枪

右手正握握把,食指微接扳机,将枪置于身体的右侧,枪口向上,机匣盖末端贴于肩窝,枪身微向前倾,枪面向右大臂里合,枪托贴于右胁(枪托折叠时除外),背带自然下垂,目视前方,左手自然下垂或攀扶,运动时自然摆动。

3. 双手持枪

左手托握下护木或握弹匣弯曲部,右手握握把,食指微接扳机,将枪身置于胸前,枪口向前,枪身略成水平,背带自然下垂或挂在后颈上。

4. 双手擎枪

在单手擎枪基础上,左手托握下护木或弹匣弯曲部,枪身略低,枪口对向前上方,背带自然下垂或压于左手下,身体与射向略成30度。

(二)卧倒、起立

1. 卧倒

在战场上,士兵如突遭敌火力袭(射)击,应迅速卧倒,防止被火力杀伤。卧倒分三种基本动作:双手持枪卧倒、单手持枪卧倒和徒手卧倒。

双手持枪卧倒时,左脚向前一步,上体前倾,重心前移,按左膝、左肘、左小臂的顺序着地,然后转体,在全身伏地的同时,两手协力将枪向目标方向送出。地面松软时也可按双膝、双肘、腹部的顺序扑地卧倒。

单手持枪卧倒时,左脚(也可右脚)向前迈出一大步,同时身体前倾,按手、膝、肘的顺序侧卧,右手将枪向目标方向送出,左手接握下护木或弹匣弯曲部,全身伏地持枪射击。持筒时的动作与此大体相同。

徒手卧倒时的动作与单手持枪卧倒动作基本相同,只是卧倒后,两手掌心向下放置于头部的两侧或交叉于胸前，两腿自然伸直和分开。

2. 起立

双手持枪起立时，应首先观察前方情况，然后迅速收腹、提臀，用肘、膝支起身体，左脚先上步，右脚顺势跟进，双手持枪继续前进。

单手持枪时，右手移握上护木收枪，同时左小臂屈回并侧身，然后用臂、腿的协力撑起身体，右脚向前一大步，左脚顺势跟进，继续携枪前进。

徒手起立时，按单手持枪的动作进行。也可双手撑起身体，同时左（右）脚向前迈步起立。然后继续前进。

（三）利用地形地物

利用地形地物的目的在于隐蔽身体，发扬火力；只有充分地发扬火力，消灭敌人，才能有效地保存自己。因此，在利用地形地物时，应首先着眼于发扬火力。

1. 利用地形地物的要求

战士在利用地形地物时，应根据不同情况灵活地利用和善于改造地形地物，力求做到：便于观察、射击和隐蔽身体；便于接近与离开；便于防敌地面和空中火力杀伤；不妨碍班（组）长的指挥、邻兵的动作和火器射击；不要几个人拥挤在一起，以免增大伤亡；尽量避开独立、明显的物体和难于通行的地段。

2. 利用地形地物的方法

利用地形地物时，应根据遮蔽物的高低、大小、距敌远近，是否被敌发现及敌火力威胁程度等情况，采取适当的姿势，迅速隐蔽地接近，由下而上地占领，周密细致地观察，不失时机地出枪。对不便于射击的位置应加以改造，在一地不要停留过久，视情况灵活地变换位置。

（四）敌火下运动

战士在敌火下运动时，应根据敌情、任务，善于利用地形，灵活地采取不同的运动姿势和方法，正确处置各种情况，隐蔽迅速地接近敌人或实施机动。

1. 运动的时机和要求

战士在敌火下运动时，应按班（组）长的口令，充分利用我火力掩护和烟幕迷漫的效果，乘敌火力减弱、中断、转移和坦克炮塔转向等有利时机，迅速隐蔽地运动。有时可采取欺骗、迷惑手段，创造条件，突然前进。

运动前，战士应根据敌情、任务和地形的不同形态、隐蔽程度，选择好前进路线和暂停位置；运动中，应不间断地观察敌情、地形和班（组）长的指挥，灵活地变换各种运动姿势和方法，保持前进方向和与邻兵的协同动作；发现目标时，应按班（组）长的口令或自行射击，将其消灭；要做到运动、火力、防护三者紧密结合；尽量避免横方向运动，必须横方向运动时，距离不应过长，以减少伤亡。

2. 运动的姿势与方法

（1）直身前进。在距敌较远，地形隐蔽，敌观察、射击不到时采用。其要领：目视前方，右手持枪（筒），大步或快步前进。

（2）屈身前进。在遮蔽物略低于人体时采用。其要领：目视前方，右手持枪（筒），上体前倾，头部不要高出遮蔽物，两腿弯曲（屈身程度视遮蔽物高低而定），大步或快步前进。

（3）跃进。在敌火下迅速通过开阔地时采用的运动方法。跃进时要做到跃起快、前进快、卧倒快。跃进前，应先观察前方地形，选择好前进路线和暂停位置，然后，迅速突然地前进。前进时，右手持枪，枪面向前倾斜约45度目视前方，屈身快跑。跃进的距离和速度应根据敌火和地形而定，敌火越猛烈，地形越开阔，跃进距离应越短，速度应越快。每次跃进的距离通常为15~30米。当进到暂停位置或遭敌猛烈射击时，应迅速隐蔽或卧倒。卧倒后，如无射击任务，则不据枪（筒），做好继续前进的准备。

（4）滚进。在卧姿时，为避开敌人观察、射击而左右移动或通过棱线时采用。其要领：将枪关上保险，左手握枪表尺上方，右手握枪颈或两手握上护木，枪面向右，顺置于胸、腹前抱紧，两臂尽量向里合，两脚腕交叉或紧紧并拢，全身用力向移动方向滚进。运动中，也可在卧倒的同时向移动方向滚进。其要领：左（右）脚向前一大步，左手在左（右）脚前着地，身体尽量下塌，右手将枪挽于小臂内，枪面向右，身体向右（左）侧，在右（左）肩、臂着地同时，向右（左）滚进。滚进时，右（左）腿伸直，左（右）腿微屈，滚进距离长时可两腿夹紧。

（5）匍匐前进。匍匐前进是在通过敌机枪、自动枪火力封锁较短地段，或利用较低的遮蔽物前进时采用。根据遮蔽物高低分为低姿、高姿、侧身匍匐和高姿侧身匍匐四种。

（五）准备冲击与冲击

战士在冲击时，必须具有一往无前的精神，以压倒一切敌人的英雄气概，根据不同的冲击目标、地形及任务，灵活地采取不同的冲击行动，勇猛冲入敌阵，坚决消灭敌人。

1. 冲击准备

战士占领冲击出发阵地后，应根据情况构筑（加修）工事，注意观察和伪装，看清冲击目标、冲击路线、通路位置，记住班（组）、自己的任务和信、记号。听到"准备冲击"的口令，应迅速做好如下工作：装满子弹，准备好手榴弹和爆破器材；整理好装具，系好鞋带、扎好腰带和子弹袋，装具尽量靠后，以免妨碍冲击动作；做好跃起或跃出工事的准备，遮蔽物较高时，应挖好踏脚孔。做好准备后，向班（组）长报告，报告方法："×××冲击准备完毕。"

2. 冲击

（1）通过通路时的动作。战士听到"冲击前进"的口令或看到冲击信号时，应迅速跃起或跃出工事，最大限度地利用我火力效果，迅猛地向指定目标冲击前进。接近通路时，应按班（组）长规定的顺序，迅速进入通路。

（2）向敌步兵冲击时的动作。通过通路后，进至投弹距离时，应自行或按班（组）长的口令，向敌堑壕投弹，趁手榴弹爆炸的瞬间，勇猛冲入敌阵地，以抵近射击，拼刺消灭敌人，并不停地向指定目标冲击前进。当几个敌人同时向自己逼近时，应首先消灭威胁大的敌人；当敌与友邻战士格斗时，应主动支援；如敌逃跑时，应以火力追歼。

（六）消灭冲击之敌

战士在抗击敌人冲击时，应根据班（组）长的命令，利用工事、结合障碍，充分发挥手中武器和爆破器材的威力，坚决消灭冲击之敌。

1. 消灭开辟通路和通过通路之敌

当敌坦克利用火力掩护，在我前沿障碍物中开辟通路时，火箭筒手应根据班（组）长的命令，隐蔽迅速地占领发射阵地或利用地形适当前出，以突然准确的火力击毁敌坦克，并注意观察射击效果。在障碍区隐蔽待机的战士，可利用烟幕迷漫的效果，以突然勇猛的动作投送爆破器材，炸毁敌坦克，并视情况以防坦克地雷封闭通路。当敌工兵、步兵开辟通路时，冲锋（步）枪、机枪手应根据班（组）长的命令，隐蔽地占领射击位置，以突然准确的火力消灭敌步兵和工兵。

2. 消灭逼近前沿之敌

当敌坦克以火力支援步兵逼近前沿时，冲锋（步）枪、机枪手应以突然准确的火力消灭敌步兵。当敌步兵进至我投弹距离时，应向敌投弹，如敌队形密集，应向其投掷爆破筒、炸药包，大量地杀伤敌人。火箭筒手应按班（组）长的命令，利用工事、地形隐蔽前出，击毁对我威胁较大的敌坦克。如敌溃退时，应以火力追击。

击退敌人后，要加强观察，防敌火力袭击，并抓紧时间，抢修工事，补充弹药，抢救伤员，做好抗击敌人再次冲击的准备。

三、步兵班战术

中国人民解放军步兵班战术，包括进攻战斗和防御战斗中步兵班的战斗组织和实施方法。通过训练，让学生了解战斗班组攻防的基本动作和战术原则，培养学生良好的战斗素养。

（一）班的进攻战斗

进攻是战斗的基本类型之一，是接近敌人并实施攻击的一种行动，也是消灭敌人保存自己的主要手段。因此，班组在进攻战斗中必须贯彻集中优势兵力、各个歼敌的作战原则，迅速隐蔽地接近敌人，灵活的运用各种战斗队形和战斗动作，突然勇猛地攻击，坚决消灭敌人。

步兵班通常在排的编成内遂行战斗任务。进攻时，通常可担任突击班，必要时还可能担任开辟通路等任务。班的进攻正面，根据敌情、地形和任务而定，通常为50~70米。

1. 传达任务，做好战斗准备

班长受领战斗任务后，应迅速召集全班传达任务。其内容是：敌情，上级的意图，本班的任务和得到的加强，冲击出发阵地的位置和运动路线等。班长传达任务后，要简单地进行动员，同是，要开展军事民主，研究完成任务的方法。尔后，督促全班迅速检查武器、弹药、装具器材及伪装，在上级规定的时间内做好准备并向排长报告。

2. 迅速隐蔽接敌

班在接敌时，要善于利用有利地形和敌火力中断、减弱、转移和被我火力压制、烟幕迷盲等有利时机，采取欺骗、迷惑敌人的方法，迅速前进或交替掩护前进。

班的战斗队形，应根据敌情、地形和任务而定，通常有以下几种。

（1）一（二）路队形：通常在距敌较远，地形较隐蔽，敌火力威胁不大或通过狭窄地段时采用。班长口令："距离（间隔）×步，成一（二）路跟我来！"班（组）长向目标前进，各小组（战士）按规定距离依次跟进。

（2）一字队形：通常在通过开阔地、密集火制区或向敌冲击时采用。班长口令："目标（方向）×处，×组为准，成一字队形——散开（或向左、右散开）。"基准组向目标前进，其余组（战士）向其两侧或一侧散开前进。

（3）三角队形：通常在通过开阔地、密集火制区或向敌冲击时采用。班长口令："目标（方向）×处，×组为准，成前（后）三角队形——散开。"基准组向目标前进。

（4）梯形队形：通常在翼侧有敌情顾虑时采用。班长口令："目标（方向）×处，×组为准，成左（右）梯形——散开。"基准组向目标前进。

班在敌火力下通常采取跃进的方法接敌。根据地形、敌火力威胁程度，班通常可以采取全班跃进、分组跃进、分组各个跃进、全班各个跃进通过。

3. 冲击准备和冲击

班占领冲击出发阵地后，班长应立即派出观察、警戒，下达口述战斗命令，做好冲击准备。班长通常向战斗小组长下达口述战斗命令。地形隐蔽，敌火力威胁不大时，也可向全班下达。情况紧急，还可边打边下达。下达口述战斗命令时，首先判定方位，介绍地形，指定方位物，尔后明确：

（1）敌军番号，兵力，前沿，装甲目标、火力点的确实位置，工事和障碍物情况；

（2）排（班）的任务，班的运动路线，冲击目标和发展方向；

（3）友邻的任务，与其协同的方法；

（4）各组和加强火器的任务及相互间的协同动作；

（5）支援火器、坦克的任务，与其协同的方法；

（6）通路的位置和通过的方法；

（7）完成冲击准备的时限，与其协同的方法；

（8）班长的指挥位置和代理人。

接到上级准备冲击的口令或信号时，班长立即发出"准备冲击"的口令或信号，督促和检查全班迅速做好冲击准备，并向排长报告。

冲击要充分利用我火力突击和烟幕掩护效果，一举突入敌阵地，坚决歼灭敌人。班在冲击过程中，班长应位于队形的先头，不断地观察冲击路线和冲击目标。通过通路时，应快速收拢队形，充分利用火力突击和烟幕掩护的效果，以疏散的队形，灵活的方法，最快的速度通过。当通路纵深较大时，班可组织火力，利用地形，分组交替通过。

冲击受挫时，班长应沉着迅速查明情况，及时调整部署，指挥全班占领有利地形，组织火力压制敌人，然后乘敌火力中断、减弱、转移之际，再次发起冲击。当班伤亡过大时，班长应指挥全班继续顽强战斗，并将情况报告上级。

4. 在敌阵地内战斗

班突入敌前沿阵地后，班长应迅速查明情况，及时给各组规定任务，采取壕内壕外密切协同的方法，指挥全班逐段肃清壕内残敌。通常班以1~2个小组进入壕内，其余小组在壕外掩护。壕内小组可由壕的一翼向中间，也可由中间向两翼进行搜索。相对搜索时，要避免误伤。搜索时，应沿壕逐段搜索，发现敌人，应以射击、投弹或拼刺的方法将其消灭。壕外小组应以火力掩护壕内小组的行动，并切断敌人的退路。必要时，也可进入壕内战斗。全班要连续作战，充分发挥战斗小组的作用，利用敌防御间隙，大胆插入敌侧后，勇猛进攻，不给敌重新组织抵抗的机会。

（二）班的防御战斗

防御战斗是抗击敌人进攻的战斗，是战斗的基本类型之一，目的是扼守重要地域或者目标，大量杀伤消耗敌人，争取时间，为转入进攻创造有利条件或者保障其他方向的战斗。步兵班遂行防御战斗时，应当根据敌冲击特点，灵活利用地形，周密合理地配置兵力兵器，依托阵地，采取打、炸、阻、迷、伏、反等战斗手段，以积极顽强的战斗行动，挫败敌人的进攻，坚守阵地。

班通常在排的编成内组织防御，防守排支撑点内的一段阵地，有时也可独立防守一个阵地，防御正面可达250~400米，纵深300~500米。

1. 防御准备

班长受领防御任务，应指挥全班占领防御阵地，派出观察和值班火器。然后，传达任务，下达口述战斗命令，构筑工事，设置障碍，做好防御战斗准备。

2. 防敌侦察和火力袭击

防御战斗开始后，班长首先应指挥全班防敌核武器和化学武器、航空兵火力和炮兵火力的袭击。同时，应以火力和兵力阻止敌在我障碍区内开辟通路。

3. 抗击敌冲击

当敌发起冲击时，班长应适时指挥全班占领射击阵地，以各种手段阻止敌人通过通路向己方前沿和阵地的冲击。

4. 消灭突入之敌

当敌突入阵地时，班长要指挥全班顽强地坚持在阵地内的战斗，消灭突入的敌坦克、步战车和步兵，阻止敌人进一步扩张战果。当敌人突入友邻阵地时，班长应根据当前情况，适时组织火力和兵力支援友邻战斗。当班被迫转入坑道作战时，班长应指挥好全班进入坑道的行动，防止敌尾追进入；进入坑道后，应组织力量坚守坑道口，并积极向坑道外出击，消耗敌人，为最后收复阵地创造条件。

利用地形是战士的基本战斗动作，是单兵战术的基础，是保存自己、消灭敌人的最直接的行为。在利用地形时，应该做到"三便于、三不要、一避开"。即便于观察、射击和隐蔽身体，便于接近、利用与离开，便于防敌地面和空中火力的杀伤；不要妨碍班（组）长指挥邻兵的动作和火器射击，不要几个人拥挤在一起，以免增大伤亡，不要在一地停留过久；尽量避开独立、明显、易燃、易塌的物体和难于通行的地段。利用地形地物的方法：

（1）堤坎、田埂的利用。横向的利用背敌斜面或残缺部位；纵向的通常利用弯曲部或顶端一侧，依其高度取适当姿势。堤坎高于人体时，应挖踏脚孔或阶梯。

（2）土（弹）坑、沟渠的利用。通常利用其前沿，纵向沟渠利用弯曲部。根据敌情，坑的大小、深度，以跳、滚、匍匐等方法进入，并取得适当姿势。

（3）土堆（坟包）的利用。通常利用独立土堆（坟包）的右侧，若视界、射击受限或右侧有敌火力威胁时，也可利用其左侧或顶端；双土堆（坟包）通常利用其鞍部。

（4）树木的利用。通常利用其右后侧，根据树木的粗细取适当的姿势。树干粗（直径50厘米以上）可取各种姿势，树干细，通常采取卧姿。若取立姿时，应尽量将身体左侧、左大臂（或左小臂）、左膝紧靠树木，右脚稍向后蹬。

（5）墙壁、墙脚、门窗的利用。按其高度取适当姿势。矮墙可利用顶端或残缺部，墙高于人体时，可将脚垫高或挖射孔。墙角通常利用右侧，左小臂紧靠墙角，取适当姿势。门通常利用左侧。窗可利用左（右）下角。

第八章

防卫技能与战时防护训练

学习目标

了解格斗的基本姿势、技巧和方法；了解战伤救护的一般原理，掌握创伤处理的基本方法；懂得意外伤害的急救措施；在突发疾病的处理上掌握正确的方式方法；掌握心肺复苏的现场抢救方法。

导言

防卫技能与战时防护训练是关乎自身安全的重要技能。在面对暴力冲突时，军人的战术意识、心理准备、身体状况、徒手防卫、警械使用、安全执法的策略和方法得当，才能保证人员安全。根据防卫技能与战时防护训练的特点，正确认识防卫技能与战时防护训练的作用，从而使军人在防卫技能与战时防护训练实际工作中发挥更大的作用。

第一节　格斗基础

格斗是由拳打、脚踢、摔打、夺刀等基本动作组成，格斗动作简单、实用、易于开展。一招一式，攻防分明，单个动作练习，能体现出较强的实用价值，整套练习，能体现出我军格斗特色。练习格斗时，全身各部位均能得到比较全面的活动，能较好地发展上下肢肌肉的爆发力，提高身体各关节的灵活性和柔韧性，非常有效地锻炼快速反应能力。此外，由于格斗主要是针对近身搏斗中常出现的情况，以及不同的攻防实用特点和攻防规律而编，有自卫和制敌作用。因此，练习格斗对培养军人的心理素质和敢打敢拼、坚韧不拔、勇敢顽强的战斗作风，具有重要意义。

一、格斗常识

掌握格斗基础知识，是搞好格斗训练的基础。主要掌握人体要害部位、手形、步形和制敌方法，准确打击敌易伤部位，达到一招制敌和防护自己的目的。

（一）人体要害部位

人体要害部位，是指最易受打击和因挤压而致伤的部位，主要包括头、颈部、躯

211

干、四肢。

头和颈部要害部位主要有耳、太阳穴、眼睛、鼻梁、上唇、下巴、喉结、颈侧、颈背等。

躯干要害部位主要有锁骨、腋窝、腹部、裆部、肋部、腰部、脊椎等。

四肢要害部位主要有手指关节、肘关节、膝关节、脚腕关节、脚背等。

（二）手形

格斗中的手形主要有四种：拳、掌、爪、勾。

1. 拳

分为实拳、小拳和尖拳。实拳的动作是：四指并拢，从第二关节处弯曲紧握，然后再从大关节处卷曲紧握，拇指扣在食指和中指的第二关节上。小拳的动作是：四指并拢，从第二关节处弯曲紧握，拇指贴于食指第二关节的外侧。尖拳的动作是：四指并拢，从第二关节处弯曲紧握，然后再从大关节处卷曲紧握，拇指扣在食指、中指和无名指的第一关节上，利用中指、食指、无名指和关节部位攻击对方。

2. 掌

五指紧紧并拢伸直，外侧尽量紧硬。掌有掌心、掌背、虎口、掌外侧、掌根、掌指。掌的形状分为立掌、横掌、插掌和八字掌。立掌、横掌、插掌的用途是用推、切、砍、插等动作来攻击对方。八字掌用卡、压、抓、拉等动作来攻击对方。

3. 爪

爪是指五指向掌心方向弯曲用力张开。爪可分为龙爪、虎爪、鹰爪，主要用抓、卡、拧、拉等动作来攻击对方。龙爪是指五指向掌心方向弯曲用力张开，掌心向前。虎爪是指五指向掌心方向弯曲用力张开，掌心向下。鹰爪动作要领是五指向掌心方向弯曲用力张开，扣手腕。

4. 勾

五指前尖撮拢捏紧并屈腕。勾分为勾顶、勾尖。用于向后攻击对方腹部、肋部、裆部。

（三）步形

步形主要分为弓步、马步、虚步、仆步、骑龙步。熟练掌握步形，是打牢下盘稳固性、培养下肢力量和灵活性的基础。

1. 弓步

要领：向前一大步，前膝屈膝，脚尖对向前方，膝盖与脚尖在一条垂直线上，后腿绷直，脚尖对向前方，脚跟不离地，上体稍向前倾，重心大部分落于前脚。左脚在前为左弓步，右脚在前为右弓步。

2. 马步

要领：两脚分开略比肩宽，脚尖向前，两腿屈膝半蹲，膝盖与脚尖约在一条垂直线上。两手握拳提至腰际，拳心向上。上体正直，重心落于两脚。

3. 虚步

分为前虚步与后虚步。前虚步要领：后退一步，后腿屈膝半蹲，脚尖外展。前腿膝盖微屈，脚面绷直，脚尖着地并内扣，重心落于后脚。两手握拳提至腰际，拳心向上。左脚在前为左前虚步，右脚在前为右前虚步。

后虚步要领：向前一步，前腿屈膝半蹲，后腿屈膝里合，脚尖着地，重心落于前脚，两手握拳提至腰际，拳心向上。左脚在后为左后虚步，右脚在后为右后虚步。

4. 仆步

要领：一腿横跨一步屈膝下蹲，臀部接近小腿，脚跟不离地，脚尖外展。另一腿伸直，脚掌内侧着地，脚尖向里扣，重心落于蹲腿上。两手握拳提至腰际，拳心向上。蹲左腿为左仆步，蹲右腿为右仆步。

5. 骑龙步

要领：一脚向右后或左后撤一小步（约两脚长），前腿屈膝下蹲，膝盖与脚尖在一条直线上，大腿略成水平，后腿前脚掌着地下跪接近地面。

二、格斗基本功

（一）格斗预备姿势

在立正基础上，身体侧向右的同时左脚向前上一步，脚尖微向里，全脚掌着地，微屈膝；右脚尖稍向外，前脚掌蹬地，微屈膝。左臂前伸微屈肘大于90°，拳与鼻同高，拳心斜向下；右臂屈肘约90，右拳置于左胸前，拳心斜向下，右肘自然下垂，微收腹，上体稍前倾，重心在两腿之间。头要正，嘴要闭，下颌微收，目视前方，余光环视对方全身。

格斗预备姿势

（二）格斗步法

（1）前进步：在预备姿势基础上，左脚向前上步，右脚前掌蹬地随即跟上一步，还原预备姿势。

要求：左脚上步时不要离地过高；右脚蹬地要有力，迅速跟上。

（2）后退步：在预备姿势基础上，右脚向后退一步，左脚前置地随即后退步，还原预备姿势。

要求：退右脚和退左脚要连贯、迅速，离地不要过高。

前进步和后退步

（3）左跨步：在预备姿势基础上，左脚向左跨一步，紧接右脚左跨步，还原预备姿势。

要求：跨步时要连贯、迅速，脚离地不要过高。

（4）右跨步：在预备姿势基础上，右脚向右跨一步，紧接左脚右跨步，还原预备姿势。

要求：跨步时要连贯、迅速，脚离地不要过高。

左跨步和右跨步

（5）前蹬步：在预备姿势基础上，左大腿抬平屈膝、勾脚尖。伸小腿，脚跟用力前蹬，随后左脚向前落地，右脚迅速向前跟上，还原预备姿势。

要求：前蹬时，着力点在脚跟，支撑腿可屈膝，保持平衡。

（6）后跃步：在预备姿势基础上，两脚用力前蹬地后，起左脚接着起右脚腾空，然后左脚向后落地，紧接右脚落地，还原预备姿势。

要求：腾空高度要适宜，左、右脚落地要连续，重心要稳。

前蹬步和后跃步

（7）应用步：在预备姿势基础上，根据进攻或防守的需要，灵活变动，寻找与对方保持最合适的距离，使自己处于最有利的位置，身体维持平衡，始终保持预备姿势。

要求：动作迅速、灵活、自如。

（三）格斗拳法

（1）探拳：在预备姿势基础上，左小臂略内旋稍前伸约10厘米，拳心向下，并迅速回收，还原预备姿势。

要求：动作自然、协调、迅速。

用途：诱骗对方暴露空门，扰乱对方视线，使对方心理紧张，创造有利条件，出其不意而攻之。

探　拳

（2）左直拳：在预备姿势基础上，左脚稍向前移的同时，左臂内旋左拳用力前冲，掌心向下。右拳在原位置，上体微右转，目视前方。击拳后还原预备姿势。

要求：出左拳比上左脚稍前，冲拳要突然有力。

用途：主要击面部或胸部。

（3）右直拳：在预备姿势基础上，上左脚紧接右脚跟上的同时身体稍左转，右臂内旋猛力向前冲出，拳心向下，左拳自然收于胸前。两腿微屈，重心稍前移，目视前方。击拳后还原预备姿势。

要求：冲拳时重心要稳，头和上体不要偏斜。右直拳是重拳，力量大，一般配合探拳或左直拳使用。

用途：同左直拳。

左直拳和右直拳

（4）左摆拳：在预备姿势基础上，大小臂抬平，微屈肘，左拳内旋拳眼向下，借助身体扭动力量，由左向右弧形摆击，力达拳面。右拳护于胸前，目视前方。摆击后还原预备姿势。

要求：摆拳的弧度不宜过大，拳击的部位不要超过自身头部正中线，身体扭动与摆击要协调，重心要稳。

用途：主要击打太阳穴。

（5）右摆拳：在预备姿势基础上，右拳内旋，拳眼向下，随上体稍向左转，右拳借助身体扭动力量，由右向左弧形摆击，力达拳面。大小臂抬平，肘关节外展，收左拳护于胸前，日视前方。摆击后还原预备姿势。

要求：摆拳可和前进步结合，拳走动中上左脚，摆拳弧度不要过大，拳击的部位不要超过自身头部正中线，重心要稳。

用途：同左摆拳。

左摆拳和右摆拳

（6）左下勾拳：在预备姿势基础上，左脚稍前移的同时左拳外旋，拳心向内上，肘关节向下稍回收，屈肘，上体稍右转的同时左拳由下向前上击出，力达拳面，拳与胸同高。右拳护于左胸前，目视前方。击拳后还原预备姿势。

（7）右下勾拳：在预备姿势基础上，左脚前移，右脚后蹬的同时右拳外旋，拳心向内上，肘关节向下稍回收，屈肘，上体左转的同时右拳由下向前上击出，力达拳面，拳与胸同高。左拳护于右胸前，目视前方。击拳后还原预备姿势。

要求、用途：同左下勾拳。

左下勾拳和右下勾拳

（8）左平勾拳：在预备姿势基础上，左臂肘关节外展，大、小臂与肩同高，屈肘约90°，拳心向下，上体右转同时左拳由左向右击出，力达拳面。右拳护于胸前，目视前方。击拳后还原预备姿势。

要求：勾拳弧形不要太大，击拳的部位不要超过自身头部的正中线。充分利用腰腿的力量。

用途：击头部或太阳穴。

（9）右平勾拳：在预备姿势的基础上，右臂肘关节外展，大、小臂与肩同高，屈肘约90°，拳心向下，上体左转同时右拳由右向左击出，力达拳面。左拳护于胸前，目视前方。击拳后还原预备姿势。

要求、用途：与左平勾拳相同。

左平勾拳和右平勾拳

（四）格斗腿法

（1）弹腿：在预备姿势的基础上，左大腿抬平屈膝，脚尖向下绷直，随即向正前方弹出，力达脚面，上体姿势基本不变。弹踢后迅速还原预备姿势。弹右腿要领与弹左腿一致。

要求：弹腿要快速有力，上体不要后仰。

用途：弹踢对方裆部。

（2）侧踹腿：在预备姿势基础上，右脚尖向右，上体右转。大腿抬平屈膝，膝向右侧，勾脚尖里扣，左腿向前或前下猛踏并迅速回收，力达脚跟，目视对方。踹腿时两臂护身。踏腿后左脚落地，还原预备姿势。踹右腿时，左脚尖向外，上体左转，右腿动作同左踹腿。

要求：踹腿时上体可自然侧倾，重心要稳，猛踹快收。

用途：主要攻击对方肋部。

弹腿和侧踹腿

（3）左勾踢腿：在预备姿势基础上，右脚尖向外，上体右转，抬左腿屈膝，脚尖内勾，由后向右前猛力勾踢，力达脚腕内侧，目视前方。勾踢后左脚回收，还原预备姿势。

要求：重心要稳，两臂护于胸前。

用途：勾踢对方脚跟或小腿。

（4）右勾踢腿：在预备姿势基础上，左脚尖向外，上体左转，抬右腿屈膝，脚尖内勾，由后向左前猛力勾踢，力达脚腕内侧，目视前方。勾踢后右脚回收，还原预备姿势。

要求、用途：同左勾踢腿。

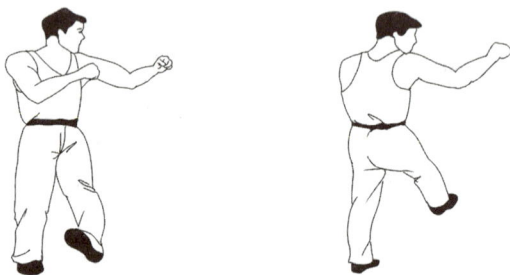

左勾踢腿和右勾踢腿

（5）正蹬腿：在预备姿势基础上，重心后移，右（左）腿支撑体重，左（右）腿抬平屈膝，勾脚尖向前蹬出，力达脚跟，目视前方。蹬腿后还原预备姿势。

要求：猛蹬快收，重心要稳。

用途：蹬腹部。

（6）侧蹬腿：在预备姿势基础上，右（左）脚尖向外，右（左）腿支撑体重。上体稍向右（左）倾斜，左（右）大小腿抬平屈膝，膝盖向前，勾脚尖向左（右）蹬出，力达脚跟，目视左（右）方。蹬腿后还原预备姿势。

要求：同正蹬腿。

用途：蹬肋部、腹部。

正蹬腿和侧蹬腿

（五）格斗防法

（1）左拨防：在预备姿势的基础上左拳变掌，由左前向右侧前下拨击，手的部位不要超过自身头部正中线，力达手掌，目视对方。拨击后还原预备姿势。

要求：快速、准确。

用途：主要防对方右直拳、右摆拳。

（2）右拨防：在预备姿势的基础上右拳变掌，由右前向左侧前下拨击，手的部位不要超过自身头部正中线，力达手掌，目视对方。拨击后还原预备姿势。

要求：同左拨防。

用途：主要防对方左直拳、左摆拳。

左拨防和右拨防

（3）左格挡防：在预备姿势基础上，左小臂向前上格挡防，肘尖向左前，拳心向前下，目视前方。格挡后还原预备姿势。

要求：格挡时小臂略高于头。

用途：主要防直拳。

（4）右格挡防：在预备姿势基础上，右小臂向前上格挡防，肘尖向右前，拳心向前下，目视前方。格挡后还原预备姿势。

要求、用途：同左格挡防。

左格挡防和右格挡防

（5）左格防：在预备姿势基础上，左小臂内旋向左前格，肘尖向左下，拳心向前下，目视前方。格挡后还原预备姿势。

要求：左格不要过大。

用途：主要防对方摆拳、平勾拳。

（6）右格防：在预备姿势基础上，右小臂内旋向右前格，肘尖向右下，拳心向前下，目视前方。右格后还原预备姿势。

要求、用途：同左格防。

左格防和右格防

（7）左下格防：在预备姿势基础上，左小臂用力向下稍向左格，力达左小臂内侧，拳心向内下，目视前方。下格后还原预备姿势。

要求：下格要快速、有力。

用途：防对方右下勾拳。

（8）右下格防：在预备姿势基础上，右小臂用力向下稍向右格，力达右小臂内侧，拳心向内下，目视前方。下格后还原预备姿势。

要求：同左下格防。

用途：防对方左下勾拳。

左下格防和右下格防

（9）左闪身防：在预备姿势基础上，左脚向左稍前上步，半屈膝，上体左下闪。右小臂向右前上格挡，左拳击对方腰或腹部，目视对方。闪身后还原预备姿势。

要求：闪身与格挡要协调一致。

用途：防对方直拳或右摆拳。

（10）右闪身防：在预备姿势基础上，右脚向右稍前上步，半屈膝，上体右下闪。左小臂向左前上格挡，右拳击对方腰或腹部，目视对方。闪身后还原预备姿势。

要求：同左闪身防。

用途：防对方直拳或左摆拳。

左闪身防和右闪身防

（11）左晃头防：在预备姿势基础上，头向左晃动，目视对方。晃头后还原预备姿势。

要求：判断准确，晃动不要过大，身体保持平衡。

用途：防直拳。

（12）右晃头防：在预备姿势基础上，头向右晃动，目视对方。晃动后还原预备姿势。

要求、用途：同左晃头防。

左晃头防和右晃头防

第二节　战场医疗救护

战场医疗救护，是战时减少伤亡，迅速恢复战斗力，以保持战争实力而必须采取的一项重要措施。

一、救护基本知识

实施战场医疗救护，要最大限度地减少伤员的痛苦，降低致残率，减少死亡率，为后送抢救打下良好基础。

（一）战场救护的基本原则

战场救护应当遵循6条基本原则，即"先复苏后固定，先止血后包扎，先重伤后轻伤，先救治后运送，急救与呼救并重，搬运与医护同步"。

1. 先复苏后固定

对有心搏、呼吸骤停又有骨折的伤员，应首先用口对口呼吸、胸外按压等技术使心肺复苏，直至心跳、呼吸恢复后，再进行骨折固定。

2. 先止血后包扎

对大出血又有创口的伤员，首先立即用指压、止血带或药物等方法止血，再进行创口消毒、包扎。

3. 先重伤后轻伤

对垂危的和较轻的伤员，应优先抢救危重伤员，后抢救较轻的伤员。

4. 先救治后运送

对各类伤员，要按战伤救治原则分类处理，待伤情稳定后才能后送。

5. 急救与呼救并重

对成批的伤员，又有多人在现场的情况下，救护者应当分工合作，实施急救和呼救同时进行，以较快地争取到急救外援。

6. 搬运和医护同步

搬运与医护应当协调配合、同步一致，要做到：任务要求一致，步调协调一致，完成任务的指标一致。运送途中，减少颠簸，注意保暖，最大限度地减少伤员痛苦，减少死亡率，安全到达目的地。

（二）战场救护的基本要求

救护伤员时，不准用手和脏物直接触摸伤口，不准用水冲洗伤口（化学伤除外），不准轻易取出伤口内的异物，不准送回脱出体腔的内脏，不准用消毒剂或消毒粉上伤口。

1. 救护头面部伤

伤员头面部受伤时，应保证其呼吸道畅通，清除口的异物，将伤员衣领解开，采取侧卧或俯卧姿势，防止吸入呕吐物，并妥善包扎伤口和止血。

2. 救护胸（背）部伤

伤员胸（背）部受伤时，往往伴有多根肋骨骨折，除用敷料包扎外，还应用绷带环绕胸背部包扎固定。

3. 救护腰（腹）部伤

伤员腹（腰）部受伤时，腹壁伤要立即用大块辅料和三角巾包扎。伴有内脏伤时，不能喝水、吃东西、吃药，尽快后送。

4. 救护四肢伤

伤员四肢受伤时，除了手指或脚趾伤必须包扎外，包扎四肢其他伤时，要把手指或脚趾露出，以便随时观察血液循环情况，采取相应措施。

二、个人卫生

个人卫生是集体卫生的基础。讲究个人卫生可以防止疾病传播，提高士兵的健康水平。为圆满完成战备训练、施工生产等各项任务，适应未来复杂、艰苦的战争环境，要求军人必须注重健康，养成良好的卫生习惯。

（一）个人卫生的总要求

军人这一特殊职业要求士兵必须有强健的体魄。为此，我军《内务条令》对个人卫生提出了总的要求，应做到：饭前便后洗手，不吃（喝）不洁净的食物（水），不暴饮暴食；勤洗澡，勤理发，勤剪指甲，勤洗晒衣服被褥；不随地吐痰和便溺，不乱扔果皮、烟头、纸屑等废弃物；保持室内和公共场所的清洁卫生；提倡戒烟。

（二）个人卫生的主要内容

（1）皮肤卫生。保持皮肤清洁，经常洗澡。

（2）头发卫生。保持头发整洁，定期理发，不蓄胡子。梳子和刮胡刀不要与人共用。

（3）手脚卫生。饭前便后洗手，勤剪指甲保持干净，保持脚的清洁干燥，尽可能每天洗脚换袜，穿大小合适的鞋子。

（4）口腔和脸的卫生。经常刷牙、漱口、洗脸，保持口腔和脸部卫生，洗漱用品不要与人共用。

（5）眼耳鼻的卫生。擦眼、鼻要用干净的纸巾，不要抠鼻子，擤鼻涕时不要用力过猛，清洁外耳道时不要用尖、硬的物体。不要在光线不足或者强光下看书，防止近视。

（6）饮食卫生、衣物清洁。不暴饮暴食，饮食要干净，预防消化道疾病和传染病的发生；衣服和卧具脏了要及时换洗。

三、意外伤的救护

（1）挫伤是外力直接作用身体所致的闭合性损伤。其症状特征是：皮肤无裂口，局部青紫、皮下淤血、肿胀、压痛，以四肢多见。轻度挫伤一般不做特殊处理，伤后早期予以冷敷，两天后可做热敷。重度挫伤应做冰处理并注意休息。

（2）扭伤是由于外力使关节活动超出正常范围，造成的关节附近韧带部分纤维断裂。多发生于踝、腕、腰和膝等部位，受伤部分常呈现肿胀、瘀斑、功能障碍、压痛等症状。早期应冷敷治疗，局部可做理疗或者热敷。为预防和避免肌肉扭伤的发生，训练前可以进行合理有效的热身活动，包括慢跑、四肢伸展运动、四肢关节的活动等。

（3）擦伤是指皮肤的表皮擦伤。其症状特征是：皮肤有裂口；裂口处出血、渗液；裂口周围红肿、压痛，以四肢多见。轻者只涂少量红药水即可。如果伤口出现流黄水，可涂紫药水。擦伤创面较重时，应由医生处理。

（4）刺伤是指长而尖的器物刺入人体引起的损伤。伤口多为小而深。损伤器物较小、刺伤不靠近主要器官时，可立即拔出异物，用碘酒或者酒精消毒后，用纱布包扎好伤口；如果无把握判断是否刺伤主要器官，或者刺入物较大，一般不要立即拔除，应到医院处理，以免发生危险。锈蚀钉子的刺伤，处理伤口后，应注意注射破伤风抗毒素。

（5）肌肉拉伤通常是由于肌肉过度拉紧导致肌纤维撕裂而引起。伤后局部肿胀、疼痛、肌肉紧张或痉挛、活动受限。损伤早期，可用冷敷、抬高伤肢等方法处置。疼痛较重者可进行理疗、按摩，4天后可进行适当的功能锻炼。

（6）脱臼是指关节脱位。伤后会出现关节周围肿胀、剧烈疼痛、关节变形、功能障碍。不论何处关节脱臼，均应保持固定，不可活动和揉搓，并急送医疗单位处理。

（7）骨折有两种，一种是闭合性骨折，特点是皮肤没有伤口，断骨不与外界相同；另一种叫开放性骨折，特点是骨头的断端穿出皮肤，有伤口。对骨折伤员，应当及时予以正确的固定，减少因疼痛而引起的休克，尽量不影响伤肢功能的恢复。

（8）中暑是指人们在高温或烈日下，引起体温调节功能紊乱、散热功能发生障碍，致使热能积累所致的以高热、无汗为主要表现的综合症状。据研究表明，当日气温高于31摄氏度时，便可能有中暑发生。根据病情中暑分为三类：先兆中暑、轻度中暑、重度中暑。野外现场发现中暑患者，要做到就地降温，就地抢救。为防止和避免中暑的发生，平时要注意进行耐热锻炼，以适应炎热环境；炎热条件下军事训练要合理安排，正确补水、补盐并备足药品。

（9）冻伤是指低温寒冷作用于人体所致的全身或者局部组织的损伤。冻伤可分为局部冻伤及全身冻伤（又称冻僵）。局部冻伤多发于手指、手背、耳郭、鼻尖、趾端、面颊等部位，而且容易在同一部位复发。寒冷、潮湿、风速、机体抵抗力降低均是导致冻伤发生的直接因素。冻伤发生后，治疗比较困难，应以预防为主。为防止和避免冻伤的发生，要积极开展耐寒锻炼，提高耐寒能力。寒冷条件下进行军事训练、施工、生产和执勤时，要备足药品，保持着装干燥，不要穿潮湿过小的鞋袜，勤活动手脚和揉搓面、耳、鼻；不要长时间静止不动；不要在无防冻准备时单独外出行动。

四、心肺复苏

受到各种因素严重打击致死的伤员，会出现呼吸、心跳骤停。在数分钟内，必须分秒必争地进行复苏，以最大限度地挽救伤员生命。

（一）人工呼吸

气与血是生命之本，抢救重伤员时应首先查明他是否有呼吸。可通过观察胸部是否有起伏或将棉絮贴于鼻孔，看是否有摆动。如呼吸已停止，必须迅速采取口对口方式进行人工呼吸。

要领：使伤员仰卧，先清理口中堵塞物，以保持呼吸道通畅，然后托起伤员下颌，使头部后仰，将口腔打开；用一手捏住伤员鼻孔，另一手放在颌下并上托；深吸一口气，对准伤员口用力吹入，然后迅速抬头同时松开双手；听有无回气声响，如有则表示呼吸道通畅。如此反复进行，每分钟16至20次。如心跳停止，应与心脏按压同时进行，每按压心脏4至5次后吹气一口，吹气应在放松按压的间歇进行。

（二）胸外心脏按压

当发现伤员失去知觉时，要立即检查其心脏是否跳动。用手指在喉结两侧接触颈动脉，看有无搏动。如有搏动应采取胸外心脏按压法抢救。

要领：先使伤员仰卧在地上或硬木床上，找准按压部分，将左手掌根部放在伤员胸骨下1/3处，右手压在左手背上，然后用力向下按压，使胸骨下陷3至4厘米，再放开，如此反复进行，每分钟60至80次。进行胸外按压的同时，必须进行口对口人工呼吸，如急救时只有一个人，可先向伤员口中吹四大口气，然后每按压15次后，迅速吹两大口气，如此反复进行。

五、战场自救互救

（一）止血

1. 出血的种类与特征

血液从伤口向外流出称外出血。皮肤没有伤口，血液由破裂的血管流入组织、脏器、体腔等称为内出血。出血有动脉出血：呈现喷射状，血色鲜红，生命危险性大。静脉出血：呈缓慢流出，血色暗红色，生命危险性小。毛细血管出血：呈片状渗出，血色鲜红，生命危险性较小。

2. 止血的方法

止血的目的是为了防止因流血过多而休克或死亡。毛细血管和静脉出血时，加压包扎即可。下面主要介绍动脉出血的几种止血法。

（1）指压止血法：适用于较大的动脉血管出血。它是一种暂时的紧急止血方法。用手压迫伤口的近心端，使动脉被压在骨面，以达到迅速止血的目的。然后再换止血带，小动脉出血指压后可改用压迫包扎。

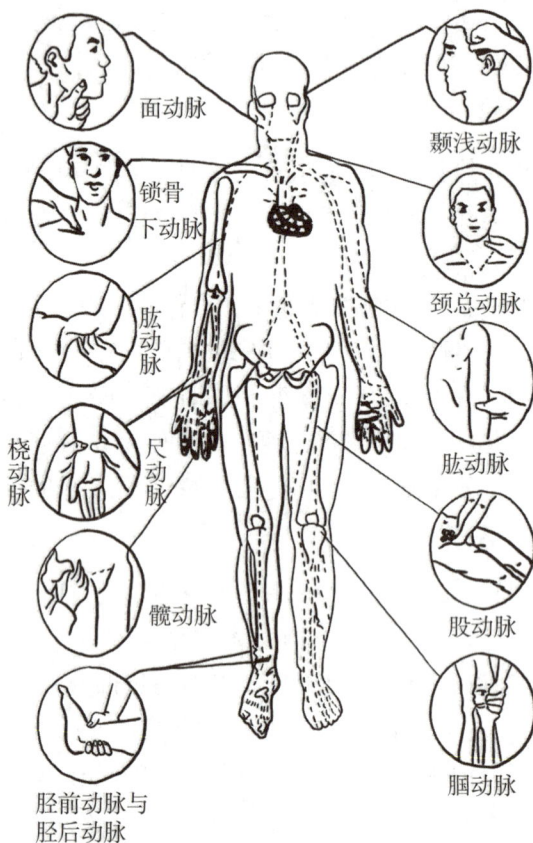

面动脉

锁骨下动脉

肱动脉

桡动脉   尺动脉

髋动脉

胫前动脉与胫后动脉

颞浅动脉

颈总动脉

肱动脉

股动脉

腘动脉

指压止血法

（2）填塞加压包扎止血法：较大伤口可先用纱布块或急救包填塞，再用棉花团、纱布卷、毛巾、手帕折成垫子，或用石块、小木片等放在出血部位的纱布外面，然后用三角巾或绷带加压包扎。这种方法简便易行，是战伤救护中常用的方法之一。

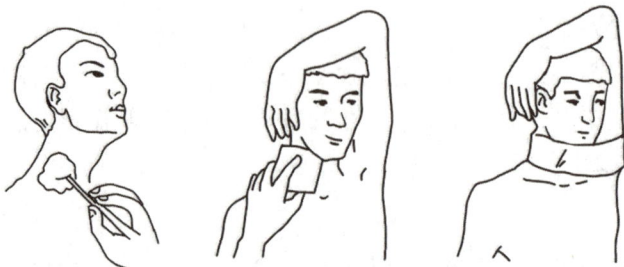

填塞加压包扎止血法

（3）加垫屈肢压迫止血法：适用于四肢无骨折和关节伤时的救护。如上臂出血，可用一定硬度、大小合适的垫子放在腋窝，上臂贴紧胸侧，用三角巾、绷带或皮带等固定在胸部。如小腿前臂出血，可分别在腘窝（即腿弯）、肘窝外加垫屈肢固定。

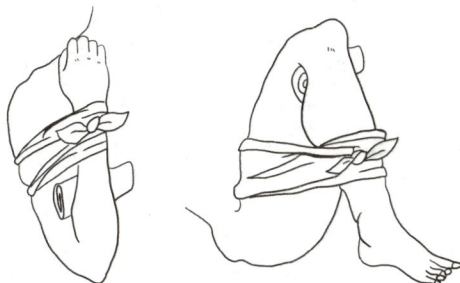

加垫屈肢压迫止血法

（4）止血带止血法：适用于四肢较大动脉出血，如股动脉、肱动脉。使用时止血带的松紧要适宜，以伤口不出血为度。过紧易伤害神经，过松又达不到目的。

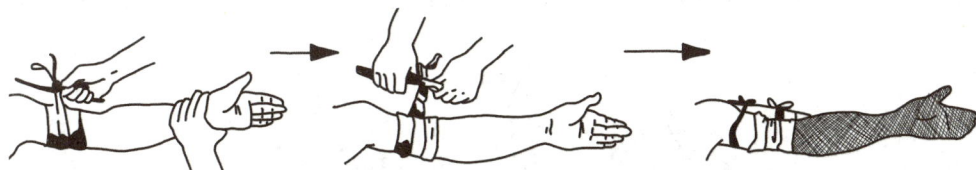

止血带止血法

（二）包扎

包扎是为了保护伤口，减少感染，固定敷料，加压止血。对包扎的要求是动作准确、迅速、轻巧敏捷，松紧适宜，牢固严密。

1. 绷带包扎法

绷带包扎法主要有以下3种方法。

（1）绷带环形包扎法：适用于颈部、腕部、额部等处。其方法是：每圈完全重叠环绕数周。

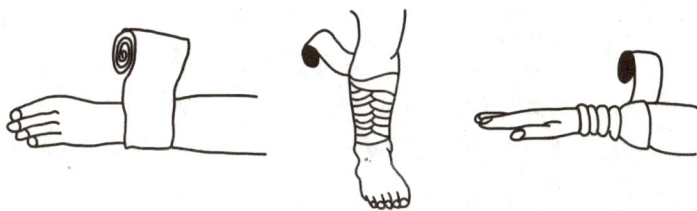

绷带环形包扎法

（2）螺旋反折包扎法：主要用于前臂、小腿。其方法是：先用环形法固定一端，然后做单纯的斜旋上升，每圈反折一次。

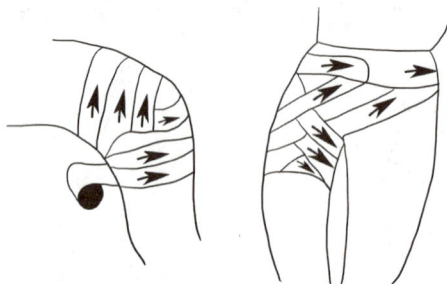

螺旋反折包扎法

（3）绷带帽式包扎法：适用于头部。其方法是：自右耳上开始，经额、左耳上面、枕骨外粗隆下回到右耳上的始点，重复一周固定。二次绕到额中央时，将绷带反折，用右手拇食二指捺住，绷带经过头顶中央而到枕骨外粗隆下面，由助手按住此点，绷带在巾带两侧回反，每周压盖前周1/2，直到完全包盖头部，最后绕行二周固定。

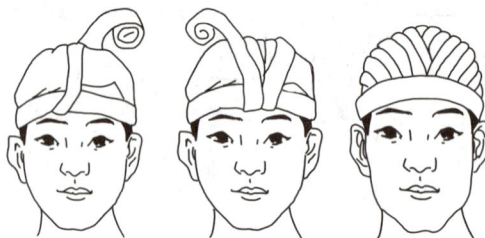

绷带帽式包扎法

2. 三角巾包扎法

三角巾包扎法操作简单，易于掌握，包扎迅速，应用灵活。可包扎面部、肩部、腋窝、胸背、腹股沟等部位。

（1）头部包扎法：先在三角巾顶角和底部中央打一结，形似风帽，把顶头结放于前额，底边结放于脑后下方，包住头部，两角向面部拉紧，向外反折3~4横指宽，包绕下颌，拉至脑后打结固定。

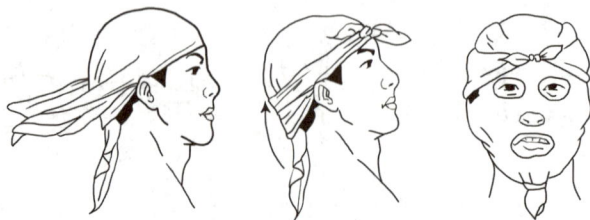

三角巾头部包扎法

（2）胸背部双巾包扎法：用三角巾斜边围绕一周，顶角与底角在一侧腰部打结，再用一三角巾照样在对面包绕打结，然后打起两三角巾的另一底角，各翻过肩头与相对的底边打结。操作要领是两顶角的位置要相反，底角与另一三角巾的底边打结。

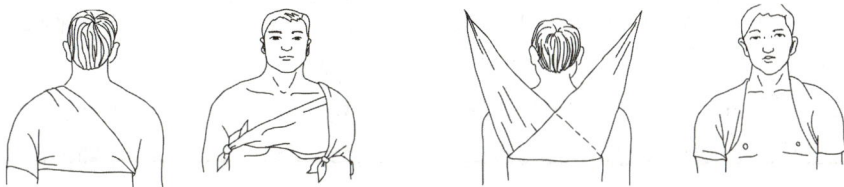

三角巾胸背部双巾包扎法

（3）三角巾腹部包扎法：三角巾顶角朝下，底边横放腹部，拉紧底边至腰部打结，顶角经会阴部拉至后方，同底角余头打结，或绕一周，与顶头打结，另一底角围绕与底边打结。

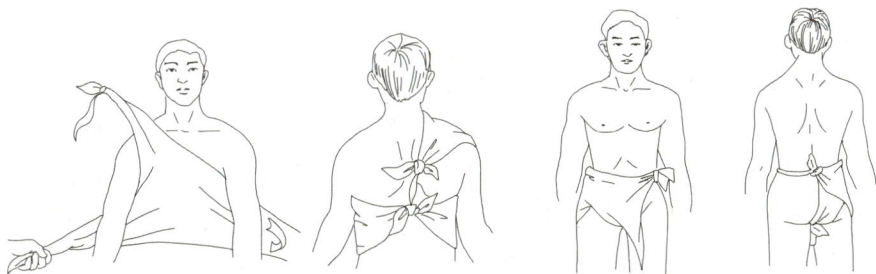

三角巾腹部包扎法

3. 包扎的注意事项

（1）伤口和覆盖伤口的敷料块严禁与其他脏物接触，以免造成伤口感染。

（2）包扎时压迫重心应在伤处。

（3）包扎时的松紧度要适宜，过紧会影响血液循环，过松又易脱落或移动。

（4）包扎动作要轻巧，防止碰撞伤口，以免加重伤口的疼痛和出血。

（三）固定

骨折是战伤中常见的外伤之一。骨折后如得不到及时与正确的固定，不仅会因为剧烈疼痛而引起休克，而且会影响伤肢功能的恢复。骨折分为开放性骨折与闭合性骨折两种。凡骨折断端刺破人皮肤与外界相通的称为开放性骨折。骨折断端未刺破人体皮肤，不与外界相通的称为闭合性骨折。

1. 骨折的特征

（1）疼痛剧烈，在骨折处有明显的压痛。

（2）功能受限，不能活动。

（3）局部肿胀。

（4）完全骨折时，因断端移位而发生肢体畸形（常表现缩短或伸长、弯、屈曲、旋转、错位、重叠），并在断端移动时可听到摩擦音。

2. 骨折固定的原则

（1）如伤口出血时，应先止血，然后包扎固定。如有休克首先与止血同时进行抗休克急救。

（2）就地固定。要注意功能位置，切勿整复，更不许任意挪动伤员和伤肢。为了暴露伤口可剪开衣服。如伤肢边度畸形，不宜固定时，可依伤肢长轴方向，稍加调整，但动作要轻。

（3）固定时要先加垫后固定，先固定骨折的两端，后固定上下关节。固定的材料与伤肢长短适宜，固定的松紧要适度。四肢固定时，要留出指（趾）尖，以便观察血液循环情况。

（4）骨折固定后应设标志，迅速后送。

3.骨折固定的方法

（1）前臂、上臂骨折固定法。①有夹板固定法。前臂：夹板放置骨折前臂外侧，骨折突出部分要加垫，然后固定腕肘两关节（胸部8字形固定），用三角巾将前臂屈曲悬胸前，再用三角巾将伤肢固定于伤员胸廓。上臂：夹板放置骨折上臂外侧，骨折突出部分要加垫，然后固定肘、肩两关节，用三角巾将上臂屈曲悬胸前，再以三角巾将伤肢固定于伤员胸廓。②无夹板固定法。前臂：先将三角巾将伤肢悬挂胸前，后用三角巾将伤肢固定于胸廓。上臂：先用三角巾将伤肢固定于胸廓，再用三角巾将伤肢悬挂胸前。

有夹板前臂、上臂骨折固定法　　　　无夹板前臂、上臂骨折固定法

（2）锁骨骨折固定法。①丁字夹板固定法：丁字夹板放置背后肩胛骨上，骨折处垫上棉垫，然后用三角巾绕肩两周结在板上，夹板端用三角巾固定好。②三角巾无夹板固定法：挺胸，双肩向后，两侧腋下放置棉垫，用两块三角巾分别绕肩两周打结，然后将三角结在一起，前臂屈曲用三角巾固定于胸前。

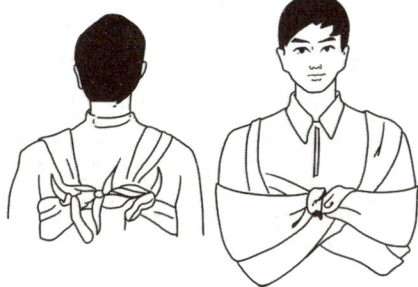

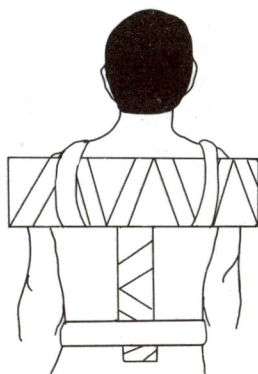

丁字夹板固定法　　　　　三角巾无夹板固定法

（3）小腿骨折固定法。将夹板放置于骨折小腿外侧，骨折突出部分要加垫，然后固定伤口上下两端和膝、踝两关节（8字形固定踝关节），夹板顶端再固定。

（4）大腿骨折固定法。将夹板放置于骨折大腿外侧，骨折突出部分要加垫，然后固定伤口上下两端和踝、膝关节，最后固定腰、髋、踝部。

小腿骨折固定法　　　　　大腿骨折固定法

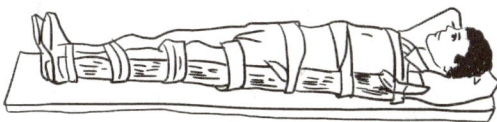

（5）脊椎骨折固定法。伤员仰卧木板上，用绷带将伤员胸、腹、髋、膝、踝部固定于木板上。

（6）颈椎骨折固定法。伤员仰卧在木板上，颈下、肩部两侧要加垫，头部两侧用棉垫固定防止左右摇晃，然后用绷带（三角巾）将额、下巴尖、胸固定于木板上。

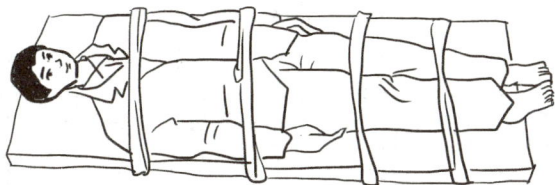

脊椎骨折固定法　　　　　颈椎骨折固定法

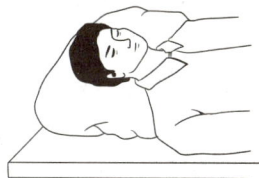

（四）搬运

1. 徒手搬运

单人搬运可采取扶、抱、背方法进行搬运。双人搬运可采取椅式、拉车式、平托式方法搬运。

单人徒手搬运

双人徒手搬运

2. 担架搬运

先把担架放在伤员的伤侧，然后两个救护人员在伤员健侧跪下一腿，解开伤者的衣领后，第一人右手平托伤员的肩和头部，左手捧着伤员的下肢，把伤员轻轻地放在担架上。伤员在担架上的体位，除贯通伤外，要健侧着担架。伤员躺好后，要用衣物等软东西，把空隙垫好，以免摇荡。担架行进时，伤员头部要向后，以便后面的人随时观察伤情。伤情恶化时，要停下来急救。抬担架时要尽可能保持平稳。搬运脊椎骨折伤员，必须用木板做担架，不能用普通的帆布担架。冬季要防冻保暖，夏季要防暑遮阴。

担架搬运

第三节　核生化防护

核、化学、生物武器与常规武器相比较，不仅在效应和杀伤威力上大不相同，而且在防护措施方面也有许多不同的特点。只要我们了解其特性，掌握必要的防护知识，学会一些基本的防护动作，就能减轻或避免其伤害。

一、防护的基本知识

（一）核武器及其杀伤破坏作用

核武器是指利用自持核裂变或核聚变反应（或两者兼有）瞬间释放出的巨大能量产生爆炸作用造成大规模杀伤或破坏效果的武器。

核武器系统由核战斗部、投掷系统和指挥控制系统构成。在一些场合，核武器就是核武器系统的同义词；在另一些场合，核武器仅指核战斗部。

核武器是迄今人类制造的杀伤破坏威力最大的武器。核武器的杀伤破坏作用是其爆炸瞬间释放的巨大能量及其转化为不同的杀伤破坏因素造成的。这些杀伤因素分为两类。第一类作用时间仅为数十秒，称为瞬时杀伤因素，包括光辐射、冲击波、早期核辐射、核电磁脉冲4种。第二类作用时间可持续几天甚至更久，主要是爆炸产物的放射性沾染。

（二）化学、生物武器及其杀伤破坏途径

战争中用来毒害人、畜的化学物质，叫军用毒剂。装有毒剂的各种炮弹、炸弹、火箭弹、导弹、毒烟罐、手榴弹等统称化学武器。化学武器是以化学毒剂的毒害作用使人员中毒而失去战斗力的一种战斗武器。化学毒剂有神经性毒剂、糜烂性毒剂、失能性毒剂、窒息性毒剂和刺激性毒剂。化学毒剂的种类不同，其危害也不一样。化学毒剂释放后，可形成气态、雾态、液滴状、粉末状，人员接触或吸入后立即发生中毒，如果不及时防护和抢救就会失去战斗力或在短时间内死亡。战场上敌人最常使用的毒剂主要是神经性毒剂，包括沙林、梭曼等毒剂。

化学武器既可以用于战略后方，也可以使用在战场前线，尤其是对一些战役要点使用的可能性更大。

生物武器通常用来作为战略性武器袭击后方城市、军事基地、港口、车站及重要交通枢纽，特别是对人口密度大、文化知识落后、卫生条件差的地区具有明显的伤害效果。

二、防护装备使用

（一）人防工程

人防工程，也叫人防工事，是指为保障战时人员与物资掩蔽、人民防空指挥、医疗救护而单独修建的地下防护建筑，以及结合地面建筑修建的战时可用于防空的地下室。人防工程既是保存战争潜力，坚持城市防空袭斗争的物质基础，又是保护人民群众生命和财产安全的主要设施。人防工程与城市建设紧密相连，且容量较大，设备齐全，平时主要服务于国家经济建设，战时则用于人员防护和物资储备。

进出人防工程时，要熟悉人防工程的位置和前往的道路，熟悉白天和夜晚出入口的识别标志。当进入战时状态后，要准备好个人必需品，如身份证件、手电筒、个人

防护器材、饮用水、干粮食品等，切不可携带易燃、易爆、有毒或有气味的物品，做好随时进入人防工程掩蔽的准备工作。

空袭警报响起后，人员应快速进入指定的人防工程，外出人员应尽快进入其附近人防工程。进入人防工程后，要听从工作人员指挥，禁止大声叫喊，禁止在出入口处拥堵。如果人防工程内暂无灯光，人员应靠右摸扶墙壁行进。敌人空袭开始后，一般禁止人员进出人防工程。空袭警报解除前，任何掩蔽人员不得开启防护门私自离开。空袭警报解除后，掩蔽人员要有秩序地撤出人防工程，防止因拥挤造成的伤害。

（二）防护器材

防护器材是个人用于防止化学毒剂、放射性灰尘和生物战剂气溶胶等伤害的各种器材的统称，又称个人"三防"器材，主要包括呼吸道防护器材、皮肤防护器材、个人消毒急救盒和侦毒纸等。

三、防护措施和方法

（一）核武器防护

在核武器袭击的条件下，充分利用就近的防护设施，因地制宜地采取适当防护措施，就可能避免和最大限度地减少人员的伤害。

1. 在开阔地上就地防护

发现核爆炸闪光时，应迅速卧倒，尽可能背向爆心。卧倒时，两手交叉压于胸下，两肘前伸，头自然向下压夹于两臂之间，闭眼闭嘴（有条件时塞耳），憋气（当感到有热空气时），两腿伸直并拢。核试验证明：在同一条件之下，立姿狗发生极重度烧伤和中度冲击伤后死亡，而卧姿狗只遭受中度烧伤和轻度冲击伤后存活。

2. 在建筑物内就地防护

当人员来不及到室外防护时，应在室内屋角或床、桌下卧倒或蹲下。但注意不要利用不坚固或易倒塌的建筑物，要尽量避开门窗和易燃、易爆物，以免间接受伤。为了减轻照射损伤，可提前使用预防药物，如口服碘化钾等。

3. 利用掩蔽部、防空地下室的防护

当听到核袭击警报信号时，应立即进入掩蔽部、防空地下室，关好防护门，尽量不用明火照明。核试验证明：爆后1秒钟进入工事的狗未受烧伤，而没有进入工事的狗却遭受极度烧伤和冲击伤，五天后死亡。

4. 在建筑物外的就地防护

坚固的建筑物对瞬时杀伤因素具有一定的防护作用。当发现核爆炸闪光时应尽量利用墙的拐角或紧靠墙根卧倒，但要避开易倒塌的建筑物或土堆，避开易燃、易爆

物体，以免受到间接伤害。当建筑物外有土丘、土坎等高于地平面的地形时，应利用就近地形，背向爆心紧靠遮挡一侧的下方迅速卧倒；如土丘、土坎较小时，则可对向爆心卧倒，重点防护头部。利用土坑、沟渠等低于地平面的地形时，应迅速跃（滚）入坑内，身体蜷缩，跪或坐于坑内，两肘置于两腿上，两手掩耳，闭眼闭嘴，暂停呼吸。若坑大底宽，也可侧向或对向爆心卧倒。利用沟渠时，宜用横向爆心的沟渠卧倒防护，若沟渠走向对爆心时，只能利用拐弯处进行防护。此外，山洞、桥洞、涵洞、下水道等都可用来防护；有时，利用树木、丛林、青纱帐或潜入水中防护，也有一定效果。

5. 对放射性烟云沉降的防护

放射性烟云沉降时，人员应迅速进入有掩盖的工事，暴露人员应迅速戴上口罩、手套、披上雨衣或斗篷进行全身防护；同时，将物资、器材、粮食、食品和饮水等遮盖起来。需要通过放射性沾染地域时，人员应口服抗辐射药物，喝足开水。排除大小便，戴好口罩或面具，穿深腰鞋，视情穿雨衣或披斗篷，扎好"三口"：领口、袖口和裤脚口。尽量垂直于放射性沾染带快速横穿。

6. 消除放射性沾染的方法

人员沾染后，应进行局部消除，可用清水和肥皂擦洗暴露的皮肤，同时清洗鼻腔、漱口和擦洗耳窝。无水时，可用毛巾、纱布、棉花等干擦，冬季可用干净的雪擦拭。擦拭时，应从上到下，顺一个方向进行。擦拭一次，将毛巾、纱布翻叠一次，防止已消除部位重新沾染。条件许可时，要进行全身洗消（淋浴最好）。

对服装装具可采用拍打、扫除、抖拂、洗涤等方法消除，消除时，人员之间应有一定距离，注意站在上风方向，采取从上到下、由里到外的方法进行。

对粮食消除沾染，可采用过筛、加工脱壳、水洗、风吹等方法，消除率可达90%以上；对包装完好的可采用扫除、拍打或去除包装袋消除；对未包装的粮食，可铲除沾染层2~3厘米；对蔬菜、水果等，主要用水冲洗和剥皮的方法；对面包、馒头等熟食，可剥掉表皮消除。

对饮水的消除，一般可采用土壤净化法和过滤法。土壤净化法即在每升水中加干净细土粒20克，再加入明矾和石灰，经搅拌后澄清，上层澄清液的消除率可达60%~70%。过滤法即在盛水容器底部放水口处，先铺上二三层纱布，然后再取3~4厘米的细砂，上面铺2层纱布，再铺3厘米的粗砂或碎石，每次消除率可达80%以上。用上述方法处理的水，应进行检查，低于控制量时方可饮用。

（二）化学武器防护

1. 对毒剂中毒的预防

预防，原则上是将器材防护与药物预防相结合；群众性防护与专业技术防护相结

235

合。主要措施如下。

（1）及时使用防护器材。有条件的，应迅速进入集体防护工事设施内，如无此条件的，应进行个人器材防护。如佩戴各种防毒面具、防毒面罩或简易防护器材，用游泳镜、劳动保护镜或风镜防护眼睛；用多层口罩、毛巾防护口腔及呼吸道；戴手套、穿雨鞋防护四肢；穿雨衣、风衣、塑料雨披等保护全身。

（2）服用预防药物。在可能受到化学武器袭击时，为增强对神经性毒剂的防护能力，可组织人员提前服用防磷片或吸入解磷鼻化剂等预防药物。

（3）及时进行清洗消毒。离开染毒区后，尽快组织人员及器材进行洗消，在洗消时，也应该注意个人防护，以防止造成间接中毒。

（4）遵守染毒区行动规则。在毒区内个人不得随意行动，更不得自行解除个人的防护，人员应按指定路线有计划撤离，不准在毒区饮水、进食、吸烟，不准随意坐卧，不准在毒气容易滞留的房屋背风处、绿化地带、低洼处停留。

2. 对中毒人员的急救

对中毒人员的急救必须正确、迅速，应根据毒剂的不同，采用相应的急救药物和方法。情况允许时，最好将中毒者撤出毒区后送医院治疗。急救时应先重后轻，主要依靠自救和互救，救治中应贯彻特效抗毒与综合治疗相结合的局部染毒处理与全身治疗相结合的方法，首先处理危及生命的伤情。

（1）对神经性毒剂中毒的急救。对中毒人员，如无法立即撤离毒区时，应首先戴上面具，立即注射解磷针；对呼吸困难者进行人工呼吸；对染毒皮肤及时消毒。

（2）对糜烂性毒剂中毒的急救方法同人员皮肤的消毒。

（3）对全身中毒性毒剂中毒的急救。迅速捏破亚硝酸异戊酯安瓿，放在中毒人员鼻前（戴面具后，则将捏破的安瓿塞入面罩内），使其吸入药剂。如症状不见消失还可再用。对呼吸困难者应进行人工呼吸。

（4）对窒息性毒剂中毒的急救。对中毒人员应保持安静，尽量减少体力的消耗，注意保温，严禁人工呼吸。

（5）对失能性毒剂中毒人员，一般不需要急救，只要离开毒区，症状会自行消失。

（三）生物武器防护

1. 加强全民教育，建立和健全卫生防疫组织和制度

对全民进行反生物战教育，使他们了解反生物战的基本知识，学会正确地进行个人防护。对卫生专业人员应进行反生物战训练，掌握防护的基本原理，学会正确的组织防护措施。针对可能发生敌使用生物武器的征兆，应立即建立反生物战的组织，加强领导，密切协同，统一行动；根据反生物战的特殊情况，建立健全卫生防疫制度，

包括个人和环境卫生、敌情监视和报告、标本采集和传送、现场处理、病人隔离及疫区处理等。

2. 个人防护动作和药物预防、免疫接种

当敌施放生物战剂气溶胶时，人员应戴好防毒面具或防疫、防尘口罩，同时还应戴上防毒眼镜和穿着防毒衣、防疫服、胶靴鞋和手套等。如有条件时，可进入具有滤毒通风设施的掩蔽部、坑道或人防工事等进行防护。当敌投放带菌昆虫时，人员为保护暴露皮肤，防止昆虫叮咬，应利用工事、房屋、帐篷和个人防护器材进行防护，同时还应在暴露的皮肤上涂抹驱蚊灵等驱避剂。为增强人体抗病免疫能力，提高治疗效果，人员应在战斗前进行免疫接种，当确知敌人使用生物战剂时，还应使用药物进行预防。此外，还需要搞好个人卫生和战场环境卫生。

3. 消毒、杀虫、灭鼠

对受污染人员的皮肤可用个人防护盒内的皮肤消毒液或1%的三合二水溶液，以擦拭法进行消毒。对污染的服装装具可用煮沸法、日晒法或药物浸泡法进行消毒。对污染的粮秣、食物，通常应销毁，如密封包装的，可用消毒剂，擦拭表面2~3次，放置30分钟后方可食用。对污染的水，须煮沸15分钟后方可饮用。对污染的地面、工事可用火烧法、铲除法和喷洒消毒剂等进行消毒。

还应组织人员迅速对敌投入的带菌昆虫、小动物用扫帚、铁锹等工具聚成一堆烧毁或深埋，对能飞善跳的昆虫、小动物则可用各种喷雾器（包括动用飞机）喷洒杀虫药物进行捕杀。

第九章 战备基础与应用训练

学习目标

了解战备规定、紧急集合、徒步行军、野外生存的基本要求、方法和注意事项，学会识图用图、电磁频谱监测的基本技能，具备分析判断和应急处置能力，全面提升综合军事素质。

导言

随着社会主义制度的不断完善，改革开放的不断深入，经济建设的飞速发展，我们进入了小康社会，国家强大了，人民富裕了，但人们的思想观念也发生了很大的变化。由于长期的和平环境，一些人的国防观念、战备意识日趋淡漠，对战争的认识越来越模糊。二十一世纪头二十年对我国是一个重要的战略机遇期，但是我们又必须充分认清当前形势：当今世界并不太平，战争时刻都有可能发生，作为一名新时代的大学生，更应该认清形势，居安思危，为国防后备力量做出自己应有的。

第一节 战备规定

战备规定，主要规定了我军的日常战备制度、战备秩序和战备等级划分等。认真落实战备的各项规定，是部队平时保持良好战备状态、圆满完成任务的重要保证。

一、日常战备规定

日常战备规定如下：

部（分）队必须高度重视战备工作，严格执行战备法规制度，紧密结合形势任务，经常进行战备教育，增强战备观念，建立正规的战备秩序，保持良好的战备状态。

部（分）队应当制定完善战备方案，经常组织部属熟悉方案内容，进行必要的演练。编制、人员、装备、战场和形势任务等情况发生变化时，应当及时修订战备方案。

部（分）队各类战备物资，应当区分携行、运行、后留，分别放置，并做到定人、定物、定车、定位。战备物资应当结合日常训练、正常供应周转和重大战备行动进行更新轮换，使其处于良好状态。战备物资不得随意动用；经批准动用的，应当及时补充。后留和上交的物资，应当建立登记和移交手续。个人运行和后留物品应当统一保管，并按照有关规定注记清楚。

部（分）队应当按照规定保持装备完好率、在航率和人员在位率，保持指挥信息系统常态化运行，保证随时遂行各种任务。

二、节日战备规定

节日战备规定如下：

各级应当按照战备工作有关规定，周密组织节日战备。

节日战备前，各级应当组织战备教育和战备检查，制定战备方案，修订完善应急行动方案，落实各项战备保障措施。

节日战备期间，各级应当加强战备值班。担负战备值班任务的部（分）队要做好随时出动执行任务的准备。

节日战备结束后，各级应当逐级上报节日战备情况，组织部（分）队恢复经常性戒备状态。

三、战备等级规定

（一）战备等级划分

战备等级是部队为准备执行作战任务，或者情况需要时，根据上级命令进入的高度戒备状态。战备等级按照戒备程度由低级到高级分为三级战备、二级战备、一级战备。

三级战备是部队现有人员、装备、物资等完成行动准备的戒备状态。此时，停止所属人员探亲、休假、疗养、退役，召回在外人员；检修装备和器材；组织战备教育和训练；加强战备值班；展开阵地准备和有关保障等。

二级战备是部队按照编制达到齐装、满员，完成行动准备的戒备状态。此时，要收拢部队，补齐人员、装备；发放战略物资，落实后勤、装备等各项保障；进行战备动员和临战训练；加强战备值班；完善行动方案；做好进入预定疏散地域或者战时位置的准备。

一级战备是部队完成一切临战准备的最高戒备状态。此时，要按命令进行应急扩编和临战动员，严密掌握敌情和有关情况，部队进入疏散地域或者战时位置，做好遂行各项作战任务的部队进入等级战备。通常逐级进入三级战备、二级战备、一级战备；必要时，可以越级直接进入二级战备、一级战备，或者由三级战备越级进入一级战备。

（二）进入战备等级时对个人的要求

严格遵守保密规定，不泄露部队行动的秘密；外出探亲人员，接到上级的通知后要迅速归队；服从命令，听从指挥，按上级的命令完成各项工作；提高警惕，坚持在岗在位，保持良好的战备状态；进一步落实战备计划，随时做好出动准备。

第二节 紧急集合

一、紧急集合的概念

紧急集合是指军队、警察或其他准军事化组织在非常规状态下或演习情形下突然实行集合。通常以警报，哨声等为信号，在极短的时间内对所属部队或一定范围内的人员按备勤要求进行集中（往往在五分钟以内），一般要求集合人员按规定着装，佩戴相关武器或装备。

紧急集合的演练在我国部队及军事院校、公安院校往往作为新成员的必修课之一。其对保持队伍的战斗力和纪律性有着重要意义。

《内务条令》第217条规定，部（分）队应当根据上级的紧急战备号令，或者在下列情况下实行紧急集合：

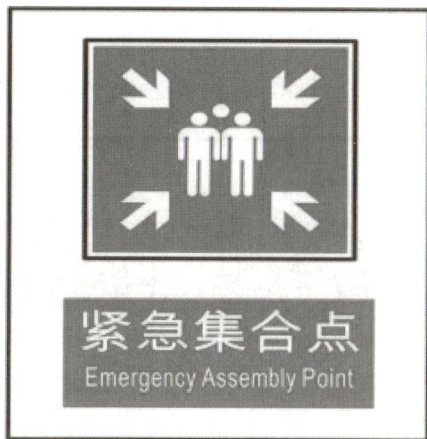

紧急集合点（标志）

（1）发现和遭到敌人的突然袭击；

（2）受到火灾、水灾、地震、台风等自然灾害威胁和袭击；

（3）上级赋予紧急任务或者发生重大意外情况。

紧急集合分为全副武装紧急集合和轻装紧急集合两种。全副武装紧急集合是根据当时部队所处的战备等级状态而确定。此时，人员的负荷量，携行的装备和器材均按战备方案和上级的规定执行。轻装紧急集合是在执行临时性的紧急任务时采取的一种方式。

集合哨为一声长哨，持续时间不少于2秒并伴有口令下达。紧急集合哨为一长五短，长哨1秒，短哨为急促音5下。紧急集合哨须连续吹3次。

二、紧急集合的程序

紧急集合的程序分四步：着装、打背包、装具携带和集合。

（一）着装

通常着训练服。白天进行紧急集合时，一般就按当时的训练着装进行。如果上级重新规定了着装，士兵应立即换装。夜间实施紧急集合时，士兵应迅速起床，按照帽子（冬季戴皮、棉帽时，披装后再戴），上衣，裤子，袜子，鞋子（双层床上层的士兵打完背包再穿鞋子）的顺序进行穿戴。

（二）打背包

背包宽30~35厘米，竖捆两道，横压三道，洗漱用具放在挎包内，雨衣通常捆于背包上端，鞋子横插在背包背面中央。

（三）装具携带

全副武装：背手榴弹袋，左肩右肋；背挎包，右肩左肋；扎腰带；披弹袋，背防毒面具，左肩右肋；背水壶，右肩左肋；背背包，取枪（筒）和爆破器材。

着轻装：其他装具的披带同全副武装，只是不背背包，将锹（镐）头朝下背于右肩，系绳绕腰间与背绳系紧；米袋，右肩左肋；雨衣（冬季带大衣时，将大衣袖子留在外面卷紧捆好，再将袖口对接扎紧），左肩右肋。

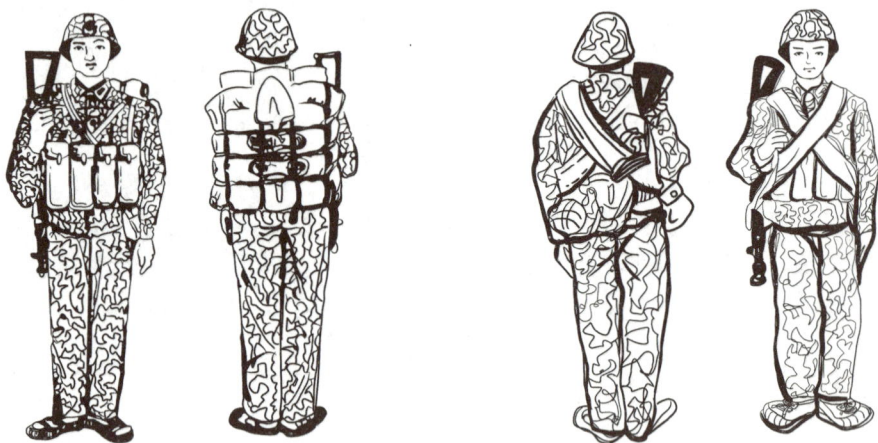

全副武装　　　　　　　着轻装

（四）集合

士兵披装完毕后，迅速跑步到班集合地点，向班长报告。全班到齐后，班长带领全班迅速赶到排集合场，并向排长报告。

士兵在紧急集合时要做到迅速、肃静、确实、完整、安全、便于行动。这就要求每名士兵在平时应按规定放置武器、弹药、装具和衣物，这样在紧急集合时就便于拿取和穿着，行动才不会慌乱。

军人生来为打仗，我们要牢固树立当兵打仗、练兵打仗的意识，只有在和平年代落实好战备工作，当战争的号角吹响时，军队才能真正"召之即来、来之能战、战之必胜！"

第三节　行军拉练

一、行军拉练基本要领

行军，是按照预先计划和沿指定路线进行的有组织的移动。其目的是为了锻炼身体、树立良好作风，培养吃苦耐劳、团结协作、不畏难险、勇于克服困难和不达目的誓不罢休的精神和毅力。

行军，通常分为常行军和强行军；常行军是按照正常的每日行程和时速实施的行军，每日行程通常为30~40千米，平均时速为4~5千米；强行军，是加快行军速度和延长行军时间的行军。

二、行军拉练方法

行军时，通常按照先头分队、本队和收容分队的顺序进行编组。徒步行军时，成一路或数路沿道路右侧或两侧行进，两队之间距离约100米。行军途中应适时组织休息，通常每1~2小时休息一次，时间为10~20分钟。休息时人员及车辆应靠道路右边，保持原队形；在完成当日行程半数后进行大休息，时间约1~2小时。大休息时，应抓紧时间用餐，并派出警戒，防止丢失物品。夜间休息时，

行军拉练

人员不准随意离队，装备物品随身携带，出发前清点行军人数，检查装备物品。

乘车行军时，应周密组织好登车、坐车和下车，防止摔伤、刮伤和撞车、翻车等意外事故的发生。上车前，要先将重武器、装备、器材装上车，轻武器、装具、背包等由个人携带。上（下）车时，人员通常从车厢尾部成一路或两路依次上（下）车。上车后要按指定的位置坐（站）好。采用坐姿时，可将背包取下坐在上面，装具一般不取下，轻武器靠于右肩把牢。下车时，要适当降低重心，选择比较平坦的地面跳下，防止磕伤或扭伤。

三、徒步行军实践

（一）山林地行进

山林地行进的特点是地形起伏大，山脊重叠，纵横交错，林木丛生，道路少，障碍多，通视不良，缺少明显方位物，通行极为困难。行进时应注意下列几点。

一是图上选择行进路线时，应按照"有路不越野，走脊不走沟"的原则选定，特别要认真选择转弯点和方位物，并尽可能选择有明显特征的地形，点与点之间的距离，一般1千米左右，复杂地形可缩短到几百米。

二是量测方位角和准确计算行进时间。一般须预先量出各段磁方位角，特别是越野地段，同时要判明出发点到目的地的总方向，以便行进中对要去的方向心中有数。因山林地行进困难，计算行进时间时要考虑影响行进速度的各种因素，通常行进时间要比一般地形多百分之一百到百分之三百。

三是行进中，要随时掌握好行进方向，这是山林地行进的关键。每段行进前，在确定站立点后，要认真明确下段路线行进方向，并在行进方向上及其翼侧选择几个方位物。行进中边走边观察，并记忆现地路线的方向变化，利用远方方位物结合地形特

征保持行进方向。行进中尽可能沿山背、山脊、鞍部等明显地形行进，不要横越山背（谷），并尽可能避开悬崖、峭壁和陡石山地段。

四是发现走错路或迷路时，应冷静回忆走过的地形，细致观察对照，远近结合，判定出站立点；若站立点一时判别不出来，应按原路返回到开始发生错误的地方再走，一般不要取捷径斜插，以免造成大错。如错迷路较大，经过多种方法判定还是找不出站立点，又不能返回原路，应尽力判定现地方位，按原定总方向插向目的地。

（二）热带丛林地行进

部队在热带丛林地中行进时，为防止蚊虫、扁虱、蚂蟥、毒蛇的叮咬，应穿靴子，并要扎紧裤腿和袖口，将裤腿塞进靴子里面，有条件还应戴手套。在鞋面上涂驱避剂或肥皂，可防止蚂蟥爬。为了防止毒蛇的袭击，行进中可用木棍"打草惊蛇"，同时，亦应注意树上有无毒蛇。休息时，要仔细看后再坐。

（三）沼泽地行进

遇到沼泽地最好避开，因为通过沼泽地不仅困难，而且危险。如果沼泽地无法绕行，应手持一根木杖探寻坚实的地面或泥水较浅的地点通过。通过沼泽地时，不要踏着别人的脚印走，因为漂浮层强度有限，若重复踩一个地方，就有可能陷落。如果必须走一条线路时，应彼此间保持一定距离，避免重力过于集中。如遇到有鲜绿色植物的地方，应避开绕行，这种地方不是湿度大，就是漂浮层很薄，下面很可能是泥潭。

（四）河流的涉渡

遇到河流不要草率入水，要仔细观察之后再确定渡河的地点和方法。山区河流通常水流湍急，水温低，河床坎坷不平。涉渡时，为了保持身体的平衡，应当用一根竿子支撑在水的上游方向。在集体涉渡急流时，应当三人或四人一排，彼此环抱肩部，身体最强壮的应于上游方向。在涉渡石底河时，应当穿鞋，以免尖石划破脚，同时也可以更好地保持平衡。倘若山间急流水深过腰，则绝不可冒险涉渡。涉渡冰源河时，最好早上通过，因为那时河水最浅。遇到较大的河流，可就地取材制作浮渡工具。用雨衣包裹稻草或芦苇的浮包负重量较大。1公斤稻草或芦苇在水中有3公斤的负重量。若有较多的武器装具，可用竹子、芭蕉杆、束柴或圆木等，结扎成三角形或长方形的浮渡筏，人伏其上，用蛙泳泅渡前进。

（五）沙漠戈壁行进

在沙漠、戈壁地越野时，地形虽平坦开阔，但人烟稀少，行进时要集中精力，注意用地图与现地对照，抓那些明显而特殊的地形，如小块灌木丛，芦苇地，沙垄和沙丘，龟裂地，以及独立石土堆、干床等作为对照的目标。在沙漠戈壁中行进，最好是保持体力，夜行晓宿。白天要防止身体在太阳下暴晒，尽可能利用阴影遮蔽。衣服颜色最好是白色浅色，白衣服可反射太阳辐射50%。头部应避免太阳暴晒，除了戴帽外，可用毛巾、衬衫、伞布遮盖头部。

（六）高寒地区行进

攀登冰川和雪坡要特别谨慎，冰川上裂隙很多，对人威胁最大的是冰瀑区的边缘裂隙，特别是被积雪掩盖的隐裂隙最危险。通过裂隙时，应数人结组行动，彼此用绳子连接，相邻两人之间的距离10~20米。在前面开路的人，要经常探测虚实。后面的人一定要踩着前面人的脚印走，这样比较安全。通过裂隙的冰桥或雪桥时，要匍匐前进。攀登坡度很大的雪坡时，一定要两脚站稳后再移动。向前跨步，要用脚

雪地行军拉练

前掌踏雪，踩成台阶再移动后脚。如果不慎滑倒，要立即俯卧，防止下滑。在山谷中行走，应靠近山谷中心线，以避免山坡滚石。不要接近雪檐，更不要在雪檐下行走，以免触发雪崩。

四、宿营

宿营，指离开营房或学校常驻宿舍后的临时住宿，其目的是为了得到休息和整顿。通常可采取露宿、合宿或两者相结合的方法宿营。选择宿营地域时，应按照小集中、大间隔的要求，选择那些有良好地形便于疏散配置、有进出道路便于机动和调整队形、有充足水源和较好的卫生条件的地区

露宿时，通常以班、队为单位，选择和利用有利地形，疏散配置。人员可以利用就便器材或挖掩体宿营，也可以在车辆上露宿；车辆应离开道路，停放在便于进出的地方；舍宿时，应尽量选择在居民地边缘的房舍内，并离开重要岔路口桥梁和有明显地物的街区。车辆停放在建筑物外便于机动的地方。

宿营

宿营前，应派出设营组。设营组通常由指定人员率各班队代表组成，负责到现地去区分各班、队宿营位置，选择指挥部和停车场位置；调查当地社情、疫情、水源和水质等情况，分配水源，组织警戒，引导自己的班、队进入。队伍到达宿营地域时，应在设营人员引导下进入指定宿营位置，并根据上级领导的指示，派出警戒，指定值班员，明确集合场所，督促人员按时休息，并为次日继续行军做好准备；同时，还应向上级领导报告军营情况，离开宿营地域时应清点人员、装备物品，打扫卫生，掩埋垃圾，并归还向群众借用的物品。

在高寒地区露宿时，应选择背风的地方。为防止冻伤，通常采用搭帐篷、草棚、挖雪洞、堆雪墙、堆雪房等方法，有条件时还可以在棚舍中燃火取暖，但必须防火灾和一氧化碳中毒。睡觉前应用雨布（雨衣）、干草等隔潮材料铺设地铺。睡觉时应注意避风和保暖。

第四节　野外生存

野外生存，即人在住宿无着落的山野丛林中求生。深入敌后的特种部队、侦察兵、空降兵、海军陆战队，以及在战斗中与部队失去联系的战士和失事的空勤人员，在孤立无援的敌后或生疏的荒野丛林和孤岛上，在通信断绝的情况下，更需要野外生存的本领。一名合格的军人，除了有战斗力外，还应该具有很强的生存能力。为了战争状态下保持强盛的战斗力，平时就要加强生存训练，熟悉并掌握野外生存的办法和手段。

一、野外生存的物资准备

对于有计划的野外行动，出发前应根据客观环境的需要选择适合的装备，并做好物质准备。

（一）基本用品

（1）鞋子。挑选合适的鞋子，并在出发前两周进行试穿，使新鞋与脚有一个磨合过程，以避免或减少脚起泡的可能。

（2）衣服。根据预定野外生活时间的长短，仔细挑选合适的衣服，必须有一套换洗的衣服和一套休息时能增加保暖性的衣服，严寒天气应多带几件御寒衣服。

（3）雨衣。雨季外出必须带上雨衣。

（4）被装。根据季节选择合适的被装，最好选择柔软、轻便、保暖性能好的被装。

（5）帐篷。在野外生存的时间较长时，应备有帐篷，以作为日常活动的场所。帐篷最好选择轻质材料做成的，以便于携带。

（6）背包、行囊。要有一个背着舒适而且实用的背包或行囊，以便携带衣物和必要装备。

（7）食品。应带熟食品，盐要放在适宜的容器里。遇到严寒天气，要多带一些高脂食品和糖类。各种食物的比例可按自己的口味确定，但一定要保证各类营养物之间的均衡。

（8）通信设备。

（二）医疗卫生盒

医疗卫生盒内应装有常用药和卫生用品，主要包括镇痛药、肠道镇静剂、抗生素、抗感冒药、防中暑和抗过敏药、防毒蛇咬（蚊虫叮）伤药、抗疟疾类药品、跌打损伤药、膏药类、急救包、绷带等。此外，还应备有高锰酸钾和漂白粉之类的消毒、灭菌药物。所有药品都应标明用法、用量和有效期。

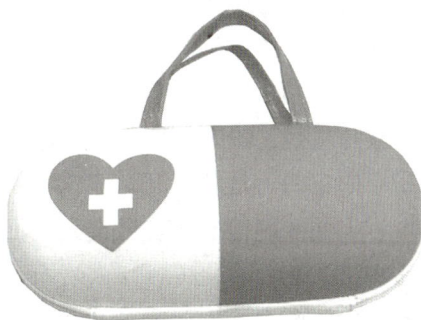

医疗盒

上述各类医药卫生用品可根据个人的习惯，以及执行任务区域的流行病特点，灵活选择搭配。

（三）百宝盒

在紧急情况下，有些平时并不起眼的小器具却能帮你增加生存的机会。把这些小器具集中放在小盒内，以便携带，这就是人们常说的"百宝盒"。"百宝盒"中通常装有生火用的火柴、蜡烛、打火石、放大镜、针和线、鱼钩和鱼线等。

（四）工具包

工具包内主要装有指南针、绳索、手电筒、饭盒、救生袋、刀具等。为了便于使用和保管，可以把上述几项必备工具集中装在饭盒内，也可以分开装在背包或行囊的边袋内。

二、野外生存常识

（一）判定方向

军人在没有地形图和指北针等指示器材的情况下，要掌握一些利用自然特征判定方向的方法。

（1）利用太阳判定方位。可以用一根标杆（直杆），使其与地面垂直，把一块石子放在标杆影子的顶点A处；约10分钟后，当标杆影子的顶点移动到B处时，再放一块石子。将A、B两点连成一条直线，这条直线的指向就是东西方向。与AB连线垂直的方向则是南北方向，向太阳的一端是南方。

（2）利用指针式手表判定方向。将手表水平放置、时针指示的（24小时制）时间数减半后的位置朝向太阳，表盘上12点时刻度所指示的方向就是概略北方。假如现在时间是16时，则手表8时的刻度指向太阳，12时刻度所指的就是北方。

（3）夜间天气晴朗的情况下，可以利用北极星判定方向。寻找北极星首先要找到大熊星座（即我们所称的北斗星）。该星座由七颗恒星组成，就像一把勺子。当找到北斗星后，沿着勺边两颗星的连线，向勺口方向延伸约为两星间隔的5倍处有一颗较明亮的星，这就是北极星。北极星指示的方向就是北方。还可以利用与北斗星相对的仙后星座寻找北极星。仙后星座由5颗与北斗星亮度差不多的星组成，形状像W字。在W字缺口中间的前方，约为整个缺口宽度的两倍处，即可找到北极星。

（4）利用地物特征判定方位。使用时，应根据不同情况灵活运用。独立树通常南面枝叶茂盛，树皮光滑。树桩上的年轮线通常是南面稀、北面密。农村的房屋门窗和庙宇的正门通常朝南开。建筑物、土堆、田埂、高地的积雪通常是南面融化得快，北面融化得慢。大岩石、土堆、大树南面草木茂密，而北则易生青苔。

在野外迷失方向时，切勿惊慌失措，而是要立即停下来，冷静地回忆一下所走过的道路，想办法根据一切可能利用的标志重新制定方向，然后再寻找道路。最可靠的方法是"迷途知返"，退回原出发地。

在山地迷失方向后，应先登高远望，判断应该向什么方向走。通常应

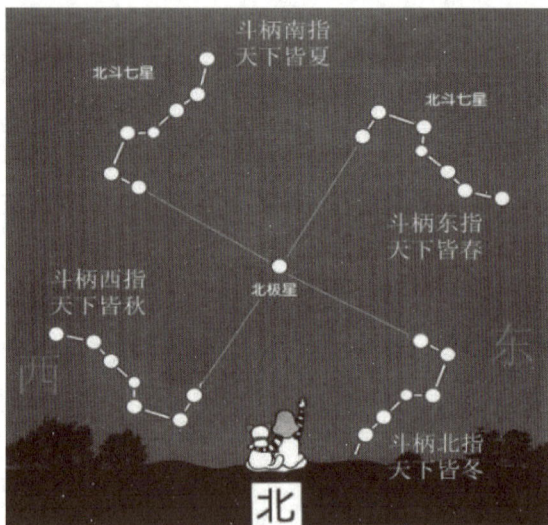

利用北极星判定方向

朝地势低的方向走，这样容易碰到水源，顺河而行最为保险，这一点在森林中尤为重要。因为道路、居民点常常是临水而筑的。

如果遇到岔路口，道路多而令人无所适从时，首先要明确要去的方向，然后选择正确的道路。若几条道路的方向大致相同，无法判定，则应先走中间那条路，这样可以左右逢源，即便走错了路，也不会偏差太远。

（二）采捕食物的方法

野外生存获取食物的途径主要有两种：一种是猎捕野生动物；另一种是采集野生植物。

猎捕野生动物首先要知道动物的栖息地，掌握动物的生活规律，然后再采取压捕、套猎、设捕兽卡以及射杀等方法进行猎捕。这需要在专家指导下经过较长时间的训练和实践后才能真正掌握。

目前，世界上人们在食用的昆虫有蜗牛、蚯蚓、蚂蚁、蝉、蟑螂、蟋蟀、蝴蝶、蝗虫、蚱蜢、湖蝇、蜘蛛、螳螂等。人们对吃昆虫虽然不习惯，甚至感到厌恶，但在万不得已的情况下，为维持生命，保持战斗力，继而完成任务，不妨一试。但是应注意，一定要煮熟或烤透，以免昆虫体内的寄生虫进入人体，导致中毒或得病。

延伸阅读　　　　　**常见可食用食物的食用方法**

蝗虫：浸酱油烤着吃，煮或炒也可以；螳螂：去翅后烤或炒，煮也可以；蜻蜓：干炸后可食；蝉：生吃或干炸，幼虫也可食；蜈蚣：干炸，但味道不佳；天牛：幼虫可生食或烤；蚂蚁：炒食，味道好；蜘蛛：除去脚烤食；白蚁：可生食或炒食；松毛虫：烤食。

可食野生植物包括可食的野果、野菜、藻类、地衣、蘑菇等。对可食野生植物的识别是野外生存知识的主要内容。我国地域广大，适合各种植物生长，其中能食用的就有2000种左右。常见的可食野果有：山葡萄、笃斯、黑瞎子果、茅莓、沙棘、火把果、桃金娘、胡颓子、乌饭树、余甘子等，特别是野栗子、椰子和木瓜更容易识别，是应急求生的上好食物。常见的野菜有苦菜、蒲公英、鱼腥草、马齿苋、刺儿草、荠菜、野苋菜、扫帚菜、菱、莲、芦苇、青苔等。野菜可生食、炒食、煮食或通过煮浸食用。

一般人需要在专家指导下经过一定时间的训练才能掌握这些知识，这里介绍一种最简单的鉴别野生植物有毒无毒的方法，供紧急情况下使用：通常将采集到的植物割开一个小口子，放进一小撮盐，然后仔细观察是否变色，通常变色的植物不能食用。

（三）寻水与取火

1. 找水

水对人的生存至关重要。没有水，人支撑不了72小时，人一天需要至少两升的水来维持正常生理需要。野战条件下，作战人员要对饮水计划使用。同时，组织人员寻找水源或采集、处理用水，以弥补消耗的饮水。

获取饮用水的途径通常有两条：一条是挖掘地下水；一条是净化地面水。

野外找水

当没有可靠的饮用水又无检验设备时，可以根据水的色、味、温度、水迹，概略鉴别水质的好坏。纯净的水在水层浅时无色透明，深时呈浅蓝色。可以用玻璃杯或白瓷碗盛水观察。通常水越清水质越好，水越浑则说明杂质多。一般清洁的水是无味的，而被污染的水则时常带有一些异味。地面水的水温，因气温变化而变化，浅层地下水受气温影响较小，深层地下水水温低而恒定。如果所取样的水不符合这些规律，则水质一般都有问题。此外还可以用一张白纸，将水滴在上面晾干后观察水迹。清洁的水无斑迹，如有斑迹则说明水中有杂质，水质差。

2. 取火

火在野战生存中具有重要的作用，它可以用来热熟食物、烧水、烘烤衣物、取暖御寒、驱除猛兽和有害昆虫，必要时还可以作为信号使用。在没有火柴的情况下，可采取的取火方法有摩擦取火、弓钻取火、藤条取火、击石取火、凸透镜利用太阳能取火。

三、野外急救守则

行军、宿营及野外生存难免会有一些受伤的情况出现，尤其在比较恶劣的环境下，所以，我们必须掌握一些野外急救的守则。

首先，应确定救援者及伤患者有无进一步的危险，并尽可能在不移动伤患者的情形下施以急救。迅速检查伤患，评估并决定急救的优先顺序。如有大量出血，应立刻止血。若呼吸停止时，应施行人工呼吸。若发生心跳停止的情形，应立即展开心肺复苏。处理休克，应垫高下肢与保暖。妥善处理其他伤害，如创伤、骨折、中毒、烧烫伤等。

其次，尽快将患者移到避风处，如帐篷内或天然的避风处，以防止伤害加重。在安置病患时，应采取正确的姿势。头及胸部受伤，若为横伤，可采取仰卧屈膝的姿势，若为直伤，则应采取仰卧平躺的姿势。对于意识不清，但呼吸正常者，可采取复更姿势。休克患者，应令其平躺，并垫高下肢20~30厘米。

对于意识不清、疑有内伤、头部严重受损、腹部贯穿等可能需要全身麻醉的伤者，不可给予食物或饮料，并须在最短的时间内，以最安全的方法送医处理。由于山区送医较困难，因此在途中应严密观察伤者的变化，随时安慰、鼓励伤者，以减轻其恐惧及焦虑。若下山的路途较远或不方便移动伤者，可派两人先行下山求援，或以无线通信设备向外求救。求援时应详细说明求援的地点（最好有明显的目标）、伤患的状况及已做的急救处理，使救援工作能发挥积极的效果。

四、野外常见伤病的救护与防治

（一）昆虫叮咬

在野外为了防止昆虫的叮咬，应穿长袖衣裤，扎紧袖口、领口和裤脚，皮肤暴露部位涂防蚊药。不要在潮湿的树荫和草地上坐卧。宿营时，燃烧些艾叶、青蒿、柏树叶、野菊花等驱赶昆虫。被昆虫叮咬后，可用氨水、肥皂水、盐水、小苏打水、氧化锌软膏涂抹患处止痒消毒。

蚂蟥是危害很大的虫类。遇到蚂蟥叮咬

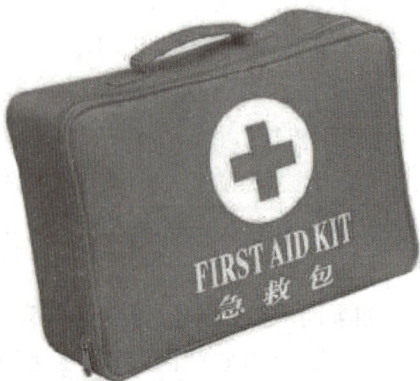

急救包

时，不要硬拔，可用手拍或用肥皂液、盐水、烟油、酒精滴在其前吸盘处，让其自行脱落，然后压迫伤口止血，并用碘酒涂搽伤口以防感染。部队行进中，应经常查看有无蚂蟥爬到脚上。如在鞋面上涂些肥皂、防蚊油，可以防止蚂蟥上爬。涂一次的有效时间约为4~8小时。此外，将大蒜汁涂抹于鞋袜和裤脚，也能起到驱避蚂蟥的作用。

（二）昏厥

野外昏厥多是由于摔伤、疲劳过度、饥饿过度等原因造成的。主要表现为脸色突然苍白，脉搏微弱而缓慢，失去知觉。遇到这种情况，不必惊慌，休息一会便会苏醒。醒来后，应喝些热水，并注意休息。

（三）中毒

中毒症状有恶心、呕吐、腹泻、胃疼、心脏衰弱等。遇到这种情况，首先要洗胃，快速喝大量的水，用指触咽部引起呕吐，然后吃蓖麻油等泻药清肠，再吃解毒药及其他镇静药，多喝水，以加速排泄。为保证心脏正常跳动，应喝些糖水、浓茶，有条件时应立即送医院救治。

（四）中暑

（1）中暑的原因。由于气温增高，人体产生的热量散不出去，产热与散热失去平衡，体温调节和其他生理机能产生障碍，就会引起中暑。此外，劳动量过大，缺少适当休息，水盐补充不足，衣服不透气等也会导致中暑。

（2）中暑的症状。中暑的症状有突然头晕、恶心、昏迷、无汗或湿冷，瞳孔放大，发高烧。发病前，常感到口渴头晕，浑身无力，眼前发黑。

（3）中暑的救护。遇到中暑，应立即在阴凉通风处平躺，解开衣裤带，便于全身放松，再服十滴水、人丹等药。发烧时，可用凉水浇头，或冷敷散热。如昏迷不醒，可掐人中穴、合谷穴使其苏醒。

（五）蜇伤

被蝎子、蜈蚣、黄蜂等蜇伤，伤口红肿、疼痒，并伴有恶心、呕吐、头晕等症状。要先挤出毒液，然后用肥皂水、氨水、烟油、醋等涂擦伤口，或用马齿苋捣碎后，汁冲服，渣外敷。也可用蜗牛洗净后捣碎涂在伤口上。此外，蒜汁对蜈蚣咬伤也很有疗效。

毒蛇咬伤时的急救方法：

（1）患者应保持镇静。被毒蛇咬伤后，切勿惊慌、奔跑，以免加速毒液吸收和扩散。在安静的状态下，将病人迅速护送医院。

（2）绑扎伤肢。被毒蛇咬伤后，立即用止血带、橡胶带、随身所带之绳和带等在肢体被咬伤的上方扎紧，结扎紧度以阻断淋巴和静脉回流为准（成人一般将止血带压力保持在13.3千帕左右）；结扎时应留一较长的活结头，便于解开，每15~30分钟放松

1~2分钟，避免肢体因缺血坏死，急救处理结束后，可以解除绑扎。绑扎时间一般不要超过2小时。

（3）扩创排毒。绑扎止血带后，可用手指直接在咬伤处挤出毒液，在紧急情况时可用口吸吮（口应无破损或龋齿，以免吸吮者中毒），边吸边吐，再以清水、盐水或酒漱口。首先吸毒至少0.5~1小时，若重症或肿胀未消退，对咬伤处作十字形切开后再吸引，以后可将患肢浸在2%冷盐水中，自上而下用手指不断挤压20~30分钟。咬伤后超过24小时，一般不再排毒，如伤口周围肿胀明显，可在肿胀处下端每隔3~6厘米处，用消毒钝头粗针平刺直入2厘米，如手足部肿胀时，上肢者穿刺入邪穴（四个手指指缝之间），下肢者穿刺入风穴（四个足趾趾缝之间），以排除毒液，加速退肿。

（4）蛇药。蛇药为中草药制成的成药，可供口服和外敷，亦有针剂。其中蛇药、蛇伤解毒片及注射液、蛇药酒等，对多种毒蛇的咬伤有显著的解毒作用。这些药物在旅行前应选购备用。

延伸阅读

有毒蛇和无毒蛇的区别和预防

区别：毒蛇一般头大颈细，头呈三角形，尾短而突然变细，体表花纹比较鲜艳；无毒蛇一般头呈钝圆形，颈不细，尾部细长，体表花纹不明显；毒蛇与无毒蛇最根本的区别是：毒蛇的牙痕为单排，无毒蛇的牙痕为双排。

预防：打草惊蛇，把蛇赶走；在山林地带宿营时，睡前和起床后应检查有无蛇潜入；不要随便在草丛和蛇可能栖息的场所坐卧，禁止用手伸入鼠洞和树洞内；进入山区、树林、草丛地带应穿好鞋袜，扎紧裤腿；遇见毒蛇，应远道绕过；若被蛇追逐时，应向上坡跑，或忽左忽右地转弯跑，切勿直跑或直向下坡跑。

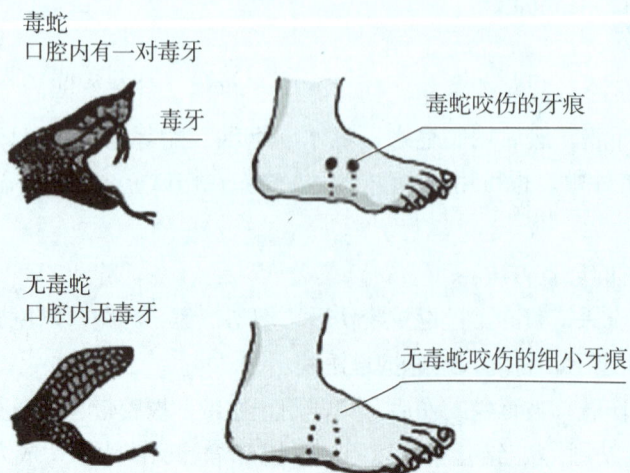

毒蛇
口腔内有一对毒牙

毒牙

毒蛇咬伤的牙痕

无毒蛇
口腔内无毒牙

无毒蛇咬伤的细小牙痕

五、求救

一个人意外地陷入险境时，因地制宜地利用各种方法求救，有时能取得良好的效果。

（一）利用声音求救

陷入低洼的地方、密林中、塌陷物内或遇大雾、暗夜等情况时，间断性地呼救是十分必要的。不少类似遇险者，意志坚强，不断地呼救，最后终于获救。也可就地取材，利用哨声、击打声呼救。

（二）利用烟、火、光求救

在大漠、荒岛、丛林等处遇险时，可点燃树枝、树皮、树叶、干草等，白天将可燃物加湿，用烟作为求救信号；夜间用火，向可能获救的方向点三堆火，用火光传送信号；白天还可用镜子、眼镜、玻璃片等借阳光反射，向空中救援飞机发出求救信号，通常光信号距离可达20多千米。

（三）利用求救信号求救

利用求救信号求救，就是利用当今高科技的一些产品发出求救信号。随着现代科学的发展，各种现代化工具如手机、电脑、卫星电话等都可以十分方便快捷地发出求救信号。最广为人知的是"SOS"国际通用求救信号。"SOS"是"Save Our Soul"（救救我们）的缩写，在荒原、草地、丛林的空地上以各种形式写上"SOS"大字求救，往往能够取得良好的效果。

第五节　识图用图

一、地形的分类和作用

（一）地形的分类

地形是地貌和地物的总称。地貌是指地面高低起伏的状态，如山地、丘陵地、平原等。地物是指分布在地面上的固定性物体，如居民地、道路、江河、森林等。

不同地貌和地物的错综结合，形成了不同的地形。依地貌的状态，可分为平原、高原、山地和丘陵地；依地物的分布和土壤性质，可分为居民地、山林地、石林地、沼泽地、水网稻田地、江河、湖泊、岛屿、海岸、草原、沙漠、戈壁等；依对军队战斗行动的影响，又可分为开阔地、荫蔽地和断绝地等。不同的地形对军队战斗行动又有着不同的影响。

（二）地形的作用

地形是军队行动的客观基础，是战争和军事活动的舞台。军队的活动都是在一定的地形条件下实施的，都要受地形条件的影响和制约。例如，军队的运动、观察、射击、工事构筑、隐蔽伪装、技术兵器的运用、防原子、防化学，以及后勤保障等，都和地形有着密切的关系。早在2000多年前，孙武就在《孙子·地形篇》中写道："夫地形者，兵之助也。料敌制胜，计险厄远近，上将之道也。知此而用战者必胜，不知此而用战者必败。"又说："知彼知己，胜乃不殆，知天知地，胜乃不穷。"这些话，深刻揭示了地形对军事行动的重要作用。

地形条件是组织指挥作战的重要依据，是影响军队作战行动的基本因素之一。古今中外的军事家们无不重视对地形的研究和利用。随着科学技术的发展，现代化武器应用于战争，使战场情况更加复杂多变。认真研究地形对作战行动的影响，对保证未来战争的胜利具有重大的意义。

二、地形图的基本知识

（一）地图概述

1. 地图的定义

将地球表面的自然、社会要素和现象的空间分布，按一定的投影方法、比例关系和制图综合原则，用规定的符号、颜色和注记综合绘制的图，称为地图。

2. 地图的分类和用途

地图按其内容可分为普通地图和专门地图；按比例尺可分为大、中、小比例尺地图；按表现形式可分为线划地图、影像地图、数字地图；按色彩可分为单色地图和多色地图。

普通地图是综合反映地表自然现象和社会经济现象的地图。内容包括自然地理要素，如地貌、水系、土壤、植被等；社会经济要素，如居民地、行政区域、工矿、交通网等。普通地图分为地形图和地理图，是编制专门地图的基础。

地形图是普通地图的一种，其比例尺大于1∶1 000 000，它是国家经济建设、国防建设和军队作战、训练不可缺少的重要地形资料。在地形图上，可以进行长度（距离）、高度、坡度、水平角度、坐标和面积的量读与计算。

专门地图也称专题地图或主题地图，是以普通地图为底图，着重表示一个专题内容的地图，如地质图、地貌图、水文图、人口图、交通图、历史图等。

（二）地图比例尺

1. 地图比例尺的定义

地图上某两点间直线长度与相应实地水平距离之比，叫地图比例尺。地图比例尺通常以数字比例尺或直线比例尺标注在地图图廓外，是判定地表实地水平长度在地图上的缩小比例和根据图上量测长度计算实地水平距离的依据。

2. 地图比例尺的大小

地图比例尺的大小是按比值的大小来衡量的。在幅面大小相等的地形图上，比例尺越大，图中所包括的实地范围越小，显示的内容越详细，精度越高；比例尺越小，图中所包括的实地范围越大，显示的内容越简略，精度越低。

我国地形图的比例尺系列为1∶10 000、1∶25 000、1∶50 000、1∶100 000、1∶250 000、1∶500 000、1∶1 000 000等。

3. 在图上量算距离

（1）用直尺量算。用直尺量取所求两点的图上长，然后乘以该图比例尺分母，即得相应的实地水平距离。其换算公式为：实地距离=图上长×比例尺分母。

（2）依直线比例尺量读。先用两脚规量出两点间的长度，并保持其张度，再到直线比例尺上比量。比量时，先使两脚规的一脚落在尺身的整千米数上，再使另一脚落在尺头上，就可读出两点间的实地水平距离。

（3）用里程表量读。在地形图上量取弯曲路段或曲线距离时，使用指北针上的里程表比较方便。里程表由表盘、指针及滚轮三部分组成。量读时，先使指针归0，然后手持里程表，将滚轮放在起点上（使指针按顺时针方向转），沿所量线段滚至终点，指针在相应比例尺分划圈上所指的千米数，即为所求实地距离。

（三）地貌判读

1. 等高线显示地貌

（1）等高线。在地图上将地面上高程相等的各点连成的闭合曲线称等高线，亦称水平曲线，用以显示地貌高低起伏、倾斜陡缓形态，量取某一地段的坡度或任一点的绝对高程与相对高程等。

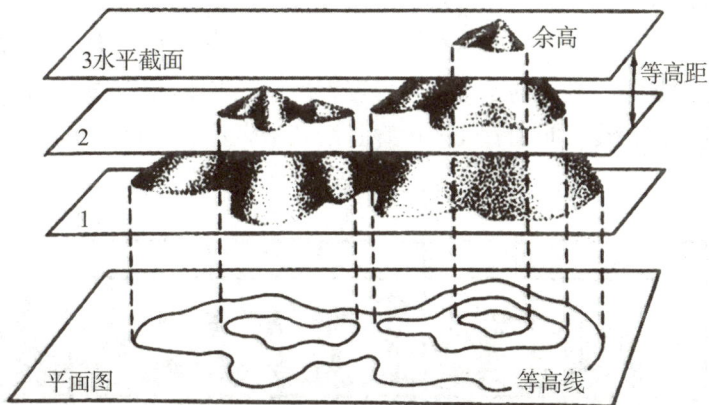

等高线显示地貌的原理

（2）等高线显示地貌的原理。设想将一座山从底到顶按照相等的高度一层一层地水平切开，这样，在山的表面就会出现许多大小不同的截口线，再把这些截口线垂直投影到同一平面上，便呈现出一圈套一圈的等高线图形。地图就是根据这个原理来显示地貌的。

（3）等高线显示地貌的特点。①在同一条等高线上各点的高程相等，并各自闭合。②在同一幅地图上，等高线多的山就高；等高线少的山就低；凹地则与此相反。③在同一幅地图上，等高线间隔大的坡度缓，间隔小的坡度陡。④图上等高线的弯曲形状与相应实地地貌的形状相似。

（4）等高距的规定。相邻两条等高线间的实地垂直距离叫等高距。等高距的大小在很大程度上决定着地貌表示的详略。等高距越小，等高线越多，地貌表示就越详细；等高距越大，等高线越少，地貌表示就越简略。等高距地区的地貌特征依据地图比例尺和地图的用途等状况来规定。我国基本比例尺地形图等高距的规定如表所示。

等高距的规定

比例尺	1：25 000	1：50 000	1：100 000	1：200 000
等高距/m	5	10	20	40

2. 地貌识别

（1）山的各部形态。山顶：山的最高部位叫山顶。表示山顶的等高线是一个小环圈，环圈外通常绘有示坡线。凹地：比周围地面凹陷，且经常无水的地方，叫凹地。表示凹地的等高线是一个或数个小环圈，并在环圈内侧绘有示坡线。山背：从山顶到山脚的凸起部分，叫山背。表示山背的等高线是以山顶为准向外凸出的部分。各等高线凸出部分顶点的连线，叫分水线。山谷：两个山背或山脊间的低凹部分，叫山谷。表示山谷的等高线，逐渐向山顶或鞍部方向凹入。各等高线凹入部分顶点的连线，叫合水线。鞍部：相连两个山顶间形如马鞍状的低凹部分，叫鞍部。是用表示山谷和山背的两组对称的等高线表示的。山脊：由若干山顶、鞍部相连所形成的凸棱部分，叫山脊。山脊的最高棱线，叫山脊线。山脊是由若干表示山顶和鞍部的等高线连贯起来表示的。

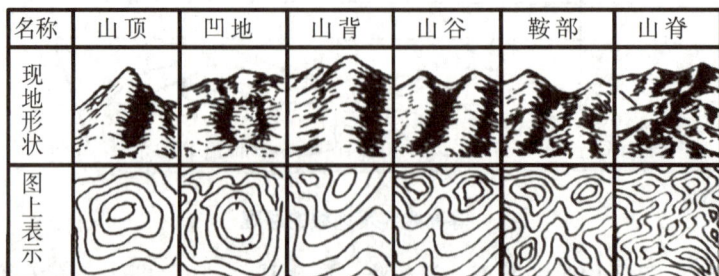

名称	山顶	凹地	山背	山谷	鞍部	山脊
现地形状						
图上表示						

山的各部形态

（2）斜面和防界线。斜面是指从山顶到山脚的倾斜部分，又叫斜坡。朝向敌方的斜面称为正斜面，背向敌方的斜面叫反斜面。按形状可分为以下几种：①等齐斜面。

坡度近乎一致，斜面上均能通视。等高线的间隔基本相等。②凸形斜面。坡度上缓下陡，线的间隔上疏下密。③凹形斜面。坡度上陡下缓，斜面上均可通视，便于发扬火力。等高线的间隔上密下疏。④波状斜面。坡度陡缓不一，斜面的若干地段不能通视，形成观察、射击的死角较多。图上等高线的间隔疏密不一。

防界线通常是斜面上凸起的倾斜换线。在防界线上，能展望其下方的部分或全部面，利于构筑射击阵地和观察所。防界是等高线由疏变密的地方。

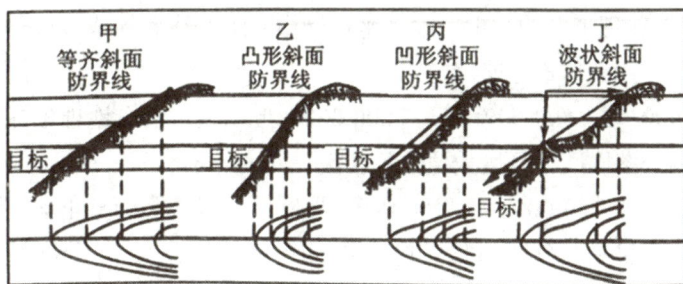

斜面和防界线

（3）地貌符号。地貌符号用于表示等高线无法显示的地貌，如变形地、山隘、岩峰、露岩地等。由于这类地貌的形态复杂多变，用等高线无法逼真形象地反映地形的全貌，因此，必须采用特殊的地貌符号。地貌符号见下表。

✕ (4~10)	山隘 (4~10)：通行月份	⌒	石灰岩溶斗
		1.　　▲ 95	岩峰 1.孤峰 95：比高
⌒ $\frac{1.6}{20}$	山洞、溶洞 分子：洞口直径 分母：深度	2.　　▲ 35	2.峰丛 35：比高

微型地貌符号

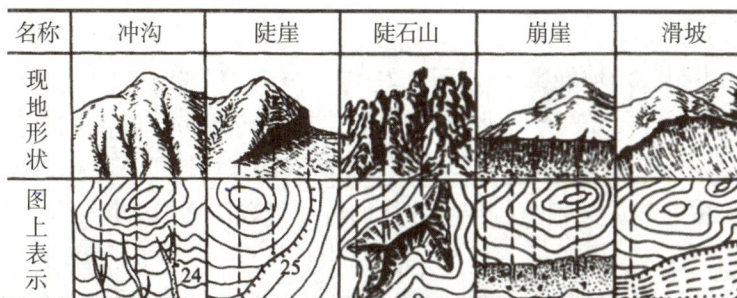

名称	冲沟	陡崖	陡石山	崩崖	滑坡
现地形状					
图上表示	24	25			

变形地符号

（四）坐标

使用坐标便于迅速准确地确定点位，指示目标，实施组织指挥。军事上常用的有地理坐标和平面直角坐标，在这里我们主要介绍地理坐标。

1. 地理坐标

用经纬度数值表示地面某点位置的球面坐标，叫地理坐标。地理坐标通常用度、分、秒表示。在空军、海军和外交事务中，常用地理坐标指示目标位置。

（1）地图上地理坐标的注记。地理坐标网由一组经线和纬线构成。地图比例尺不同，表示地理坐标网的形式也略有区别。

在1：200 000、1：500 000、1：1 000 000地形图上，绘有地理坐标网。纬度数值注记在东、西内外图廓间；经度数值注记在南、北内外图廓间。

在1：25 000、1：50 000、1：100 000地形图上，只绘平面直角坐标网，不绘地理坐标网。图廓四角注有经纬度数值，内、外图廓间绘有经、纬"分度带"，分度带的每个分划表示一分，将它们对应相同的分度线连接起来，即可构成地理坐标网。

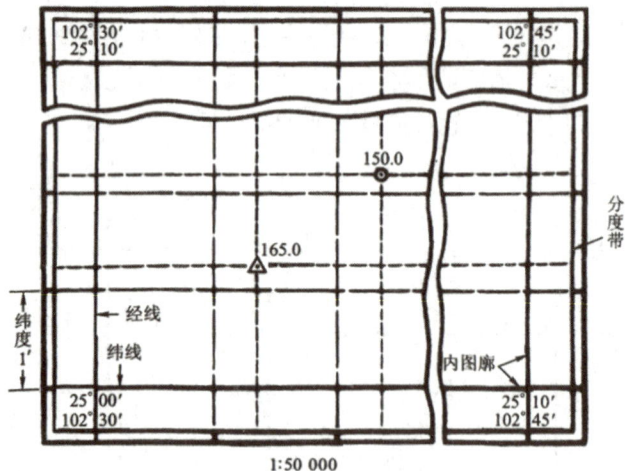

依分度带量读地理坐标

（2）地理坐标的应用。用地理坐标指示目标或确定某点在图上的位置时，一般按先纬度后经度的顺序进行。

在图上量取目标的地理坐标：在1：25 000、1：50 000、1：100 000地形图上量取某点的地理坐标，可先在南、北图廓和东、西图廓间的分度带上，找出接近该点的经、纬度分划，并连成经纬线；再量取该点至所连经纬线的垂直距离，并按分度带估计或计算出秒数；然后分别与所连经纬线的度、分数值相加，即可得出该点的地理坐标。

按地理坐标确定目标的图上位置：如已知◎150高地的地理坐标为北纬25°02′12″，东经102°32′18″。确定该点的图上位置时，先将东、西图廓纬度分度带上25°02′12″处连成直线，再将南、北图廓经度分度带102°32′18″处连成直线，两直线的交点，即为该点在图上的位置。

如果所求点较多时，可先按分度带连成地理坐标网，再按各点的经纬度数值来确定各点在图上坐标系的位置。

2. 平面直角坐标

用平面上的长度值表示地面点位置的直角坐标，叫平面直角坐标。

（五）方位角与偏角

1. 方位角的种类

从某点的指北方向线起，依顺时针方向到目标方向线之间的水平夹角叫方位角。由于每点都有真北、磁北和坐标纵线北三种不同的指北方向线，因此，从某点到某一标，就有三种不同的方位角。

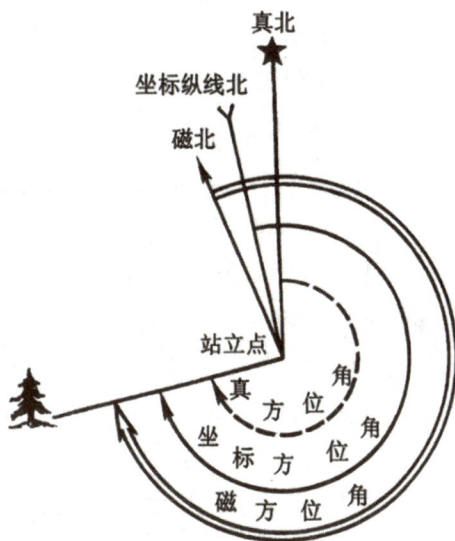

方位角的种类

（1）真方位角。某点指向北极的方向线叫真北方向线，即经线，也叫真子午线。从某点的真北方向线起，依顺时针方向到目标方向线间的水平夹角，叫该点的真方位角。通常在精密测量中使用。

（2）磁方位角。某点指向磁北极的方向线叫磁北方向线，也叫磁子午线。在地形图南、北图廓上的磁南、磁北（即P、P′）两点间的连线，为该图的磁子午线。从某点的磁北方向线起，依顺时针方向到目标方向线间的水平夹角，叫该点的磁方位角。在航空、航海、炮兵射击、军队行进时，都广泛使用。

（3）坐标方位角。从某点的坐标纵线北起，依顺时针方向到目标方向线间的水平夹角，叫该点的坐标方位角。炮兵一般使用较多，它不仅便于从图上量取，还可换算为磁方位角在现地使用。

2. 偏角的种类

由于真子午线、磁子午线、坐标纵线（简称三北方向线）三者方向不一致，所构成的水平夹角，叫偏角。

（1）磁偏角。某点的磁子午线与真子午线间的夹角，叫磁偏角。磁子午线在真子午线以系的为东偏，在真子午线以西的为西偏。它随时间和地点的不同而变化。

（2）坐标纵线偏角。某点的坐标纵线与真子午线间的水平夹角，叫坐标纵线偏角，又叫子午线收敛角。坐标纵线在真子午线以东的为东偏，在真子午线以西的为西偏。在同一高斯投影带内，距中央经线和赤道越近，偏角越小，反之偏角越大，但最大的偏角不超过30°。

（3）磁坐偏角。某点的磁子午线与坐标纵线间的水平夹角，叫磁坐偏角。磁子午线在坐标纵线以东的为东偏，在坐标纵线以西的为西偏。它有时为磁偏角和坐标纵线偏角值之和，有时为两者之差。

为便于计算，上述三种偏角，都以东偏为正（＋），西偏为负（-）。地形图南图廓的下方，均绘有偏角图。

3. 方位角的量读和磁坐方位角的换算

（1）在图上量读坐标方位角。在量取某点至目标点的坐标方位角时，先将该点和目标点连成直线，使其与坐标纵线相交（若两点在同一方格内，可延长直线）。然后，用量角器按方位角的定义量读。如图，171.4三角点至162.6高程点的坐标方位角为17-40（即1740密位）。

当坐标方位角大于30-00时，应将量角器放在坐标纵线的左边，使零分划朝南，再将读出的密位数加上30-00，即为所求的坐标方位角。

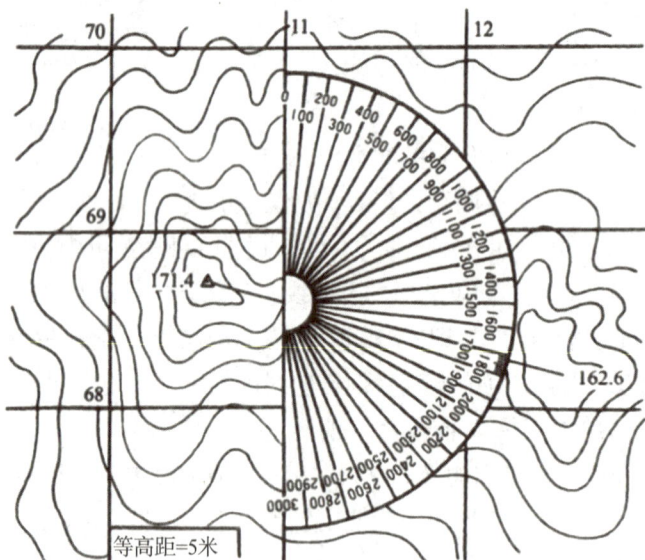

坐标方位角量读

（2）磁方向角。磁方向角与坐标方位角的换算关系为：

坐标方向角=磁方向角+（±磁坐偏角）

磁方向角=坐标方向角-（±磁坐偏角）

三、定向越野

（一）方位判定

方位判定，就是在现地辨明站立点的东、西、南、北方向，便于明确周围地形和敌我关系位置，实施正确的指挥和行动。

1. 利用指北针判定

判定方位时，先将指北针放平，待磁针静止后，磁针涂有夜光剂的一端（或黑色尖端）所指的方向，就是北方。如果面向北，则背后是南，右边是东，左边是西。

使用指北针前，应检查磁针是否灵敏。使用时应避免靠近高压线和钢铁物体，在磁铁矿区和磁力异常地区不能使用。

2. 利用太阳和时表判定

一般说来，在当地时间6时左右，太阳在东方，12时在正南方，18时左右在西方。根据这一规律，便可概略地判定方位。如带有手表，可利用太阳和手表判定方位。判定的要领是：时数折半对太阳，"12"指的是北方。如在北京上午9时判定方位时，先将手表放平，以时针所指时数（每日以24 h计算）折半的位置，即以4时30分对向太阳，"12"所指的方向就是北方。为便于判定，可在时数折半的位置上竖一细针或草棍，使针影通过表盘中心。

北京时间是东经120°经线的地方时，在远离东经120°的地区判定方位时，应将北京时间换算为当地时间，即以东经120°为准，每向东15°（经度），将北京时间加上1小时，每向西15°（经度），减去1小时。如在新疆塔城地区（东经83°）上午12时判定方位时，应减去2小时30分钟，即当地时间为9时30分，以4时45分对向太阳，"12"所指的方向就是北方。

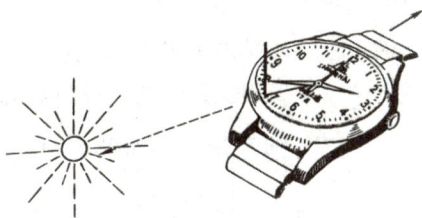

利用太阳和时表判定方位

在北回归线以南地区，夏季中午时间太阳偏于天顶以北，不宜采用上述方法。

3. 利用北极星判定

北极星是正北方天空的一颗恒星，夜间找到北极星，就找到了北方。北极星的位置可根据大熊星座或仙后星座寻找。北极星位于小熊星座的尾端，它和大熊星座（俗称北斗七星）、仙后星座（又叫W星座）的关系位置如图所示。大熊星座主要由7颗明亮的星组成，形状像一把勺子。将勺端甲、乙两星（叫指极星）的连线向勺口方向延长，约在两星间隔的5倍处，有一颗较亮的星就是北极星。仙后星座主要

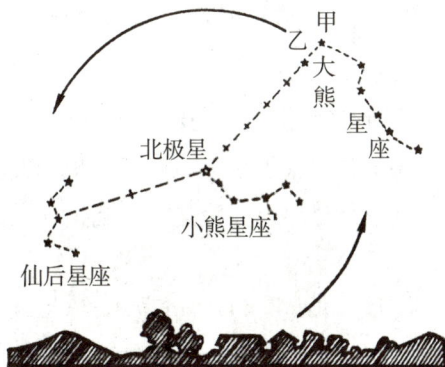

利用北极星判定方位

由五颗明亮的星组成，在缺口方向约为缺口宽度的两倍处，就可找到北极星。

北极星的高度大约与当地的纬度相等。在北纬40°以北地区，全年可以看到大

熊星座和仙后星座，以南地区，有时只能看到其中的一个星座，另一个则移到地平线以下。

4. 利用地物特征判定

有些地物由于受阳光、气候等自然条件的影响，形成了某种特征，可用来概略地判定方位。

（1）独立大树，通常南面的枝叶较茂密，树皮较光滑，北面的枝叶较稀疏，树皮较粗糙；

（2）独立大树的树桩年轮，通常北面的间隔小，南面的间隔大；

（3）突出地面的物体，如土堆、土堤、田埂和建筑物等，通常南面干燥，青草茂密，冬季雪融化较快；北面潮湿，易生青苔，冬季雪融化较慢。凹陷物体如土坑、沟渠，以及林中空地的特征则相反；

（4）我国北方较大庙宇的正门，农村房屋的门窗多向南开。

我国幅员辽阔，各地区有其不同的特征。例如，内蒙古高原冬季因受西北风的作用，山的西北坡积雪较少，东南坡积雪较多；而在新月形沙丘地区，地面比较平坦，风向比较稳定，沙丘受风力的作用，顺着风向伸展，朝风的一面坡度较缓，背风的一面坡度较陡；草原上的蒙古包门多朝向东南。因此，利用地物特征判定方位时，应多种方法结合运用，并注意调查当地的特殊规律，以避免错误。

（二）地图与现地对照

现地使用地图时，应注意经常与现地地形进行对照，以便了解周围的地形情况，保持正确的方向和位置。

（三）利用地图行进

利用地图行进就是利用地形图选定的路线，在现地对照地形行进。它是保障部队行动自如，夺取有利战机的一个重要方法。

1. 行进前的准备

行进前必须进行认真仔细的图上作业，切实做到：一标、二量、三熟记。

一标就是根据任务、敌情、地形及部队装备等情况，在地形图上研究选定行进路线，并将行进路线、沿途方位物，如岔路口、转弯点、居民地进出口等都标绘在地形图上。

二量就是量算行进路线上各段里程，计算行进时间，并注记在图上。量算起伏较大地区的行进路线时，要考虑坡度对行进速度的影响，并应依据季节、天候、土质、植被等对行进可能造成的影响，考虑行进速度。

三熟记就是熟记行进路线。一般按行进的顺序，把每段的里程，经过的居民地、两侧方位物和地形特征，特别是道路转弯处，岔路口和居民地进出口附近的方位物及地形特征等都要熟记在脑子里，做到心中有数。

如时间和条件允许时，还应调查通行情况，如前进路上的水库、水渠、道路、桥梁、渡口等有无变化，做好保障措施。

2. 行进要领

行进时要做到"三明"，即方向明、路线明、位置明。无论是沿道路行进或越野行进，都要先在出发点上标定地图，对照地形，明确行进的路线和方向，然后计时出发。行进中，要随时标定地图，对照地形，做到"人在地上走，心在图中移"，随时明确站立点的图上位置。当遇有怀疑时，则应精确标定地图，找出站立点在图上的位置，仔细对照周围地形，全面分析地形有无变化，待判明后再继续前进。

夜间行进时，由于视度不良，地图和现地对照困难较多，容易迷失方向。因此，行进前，应认真分析和熟记沿途地形的特征。尽量选择道路近旁的高大地物、透空可见的山顶、鞍部等作为方位物。行进中，可用指北针或北极星标定地图，根据预先对沿途各段经过地形的记忆，多找点，勤对照。采用走近观察，由低处向高处观察，由暗处向明处观察等方法，及时确定站立点的位置，明确行进的方向。还可根据流水声、灯光判断溪流和居民地的位置，及时确定站立点的位置，判明行进的方向。

如果发现走错了路线，应首先回忆走过路线的方向、距离和经过地形的特征，检查走错的原因；然后标定地图，对照现地，判明当时到达点的图上位置，及其与预定路线的关系；然后，可选择就近道路，插到预定路线上来；当没有就近道路，或已查明错误起点位置，也可按原路返回，再继续按预定路线行进。

第六节　电磁频谱监测

随着世界军事变革的不断推进，战争形态正向信息化战争加速演变，电磁频谱空间作为战场信息获取、传输的重要载体和通道，已成为未来战场掌控信息优势的重要途径。在现代战争中，战场往往充斥着各种频段的电磁波，于是电磁频谱就成了一种宝贵的资源，频率分布情况叫作频谱。在战场中，电磁频谱管控得好，各种武器就能有序运行，发挥最大效能。如果互相干扰，其内耗也许就能使得一支军队输掉战争，因此如何进行良好的电磁频谱管控对我国来说是一项极为重要的战略任务。

一、电磁频谱的含义

电磁频谱，指的是电磁波按照频率或波长分段排列所形成的结构谱系。电磁波包括光、紫外线、X射线和宇宙射线以及更低频率、高波长的红外线光和波长更长的无线电波。电磁频谱中频率在3000GHz以下的部分称为无线电频谱，无线电的频谱通常指长波、中波、短波、超短波和微波，一般指9KHz到3000GHz频率范围内的无线电频率总称，无线电频谱可用来实现声音、广播、气象预报、导航、无线电通信、灾害预报、报时等十几种业务。电磁频谱就像是电磁空间的道路，信息化战争中，随着预警、通信、侦察等电子设备大量投入使用，对战场用频精确管控、动态管控提出了很高要求。如果不能对频谱实施有效管理，很容易出现"堵车""撞车"等现象。

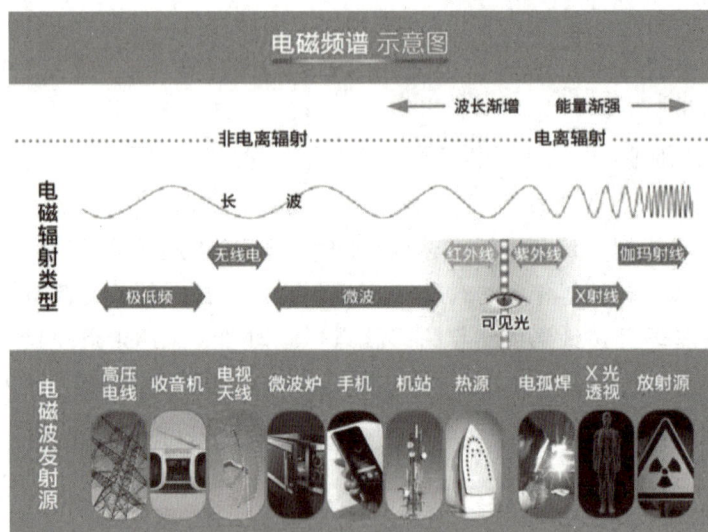

电磁频谱示意图

二、无线电测向的基本原理

无线电测向机或无线电测向仪基本由测向天线、无线电信号放大器和指示器三部分组成。我国80米波段无线电测向机采用了两种天线，一种是磁性天线，一种是直立拉杆天线。

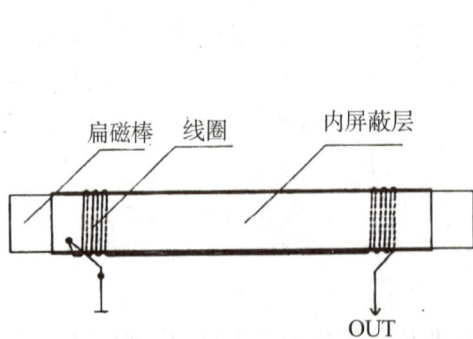

磁性天线外形

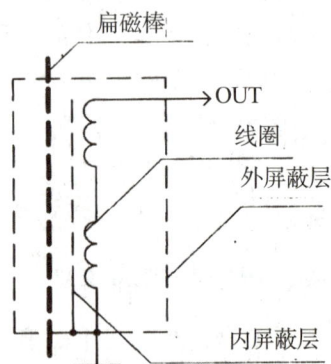

磁性天线结构示意

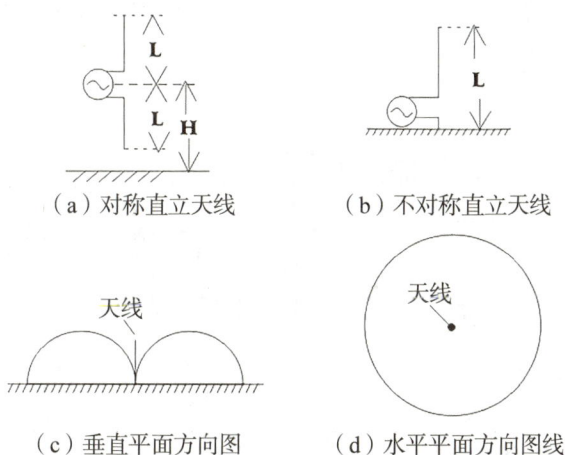

（a）对称直立天线　　　　（b）不对称直立天线

（c）垂直平面方向图　　　　（d）水平平面方向图线

直立天线及方向图

　　磁性天线具有很强大的聚集磁力线的物理能力，通过绕在磁棒上的线圈感应出电信号，经过放大器和耳机听到电台发射来的电波声音信号。但是磁性天线对来自不同方向的电磁波，其感应电势的变化却非常大。当磁性天线水平放置，磁性天线的垂直正面或负面对着电台时接收能力最强，测向机发出的声音最响，即收到信号的正值幅度和负值幅度是相同的，叫作两个大音面，但是相位则相反。当磁性天线的轴线两端对准电台时，耳机声音最小，甚至完全没有声音，叫作哑点。由于测向时哑点的指向精度很高，我们通常采用哑点的指向判定方向线，这就是哑点测向。利用磁性天线可以确定电台所在的直线，可见磁性天线转动一周得到了一个"8"字形方向图，但是不能确定电台在直线的那一边。这叫作测"双向"，说明磁性天线具有双值性（两个大音面和两个哑点）。仅有双值性的接收机是不能用来测向的。

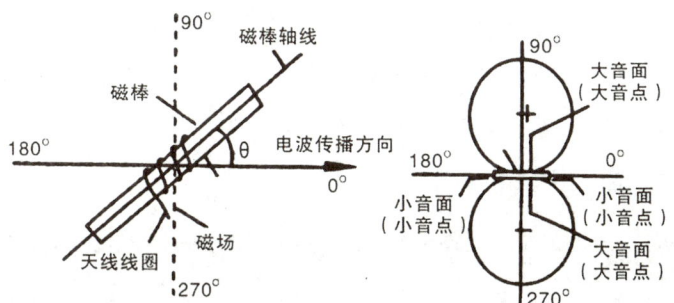

磁性天线与电波传播方向的示意图　　　关系磁性天线方向图

　　直立天线完全没有方向性，当使用与地面垂直的直立天线做接收天线时，无论如何转动天线，它从四面八方接收无线电信号的能力都是一样的。因此，单独使用直立天线是不能测定接收方向的。

　　当磁性天线和直立天线组成复合天线，并且磁性天线的最大方向感应电势为正值1，直立天线感应电势也为1时，将两天线方向图叠加可以得到一个复合天线合成电势，获得一个心脏型方向图。

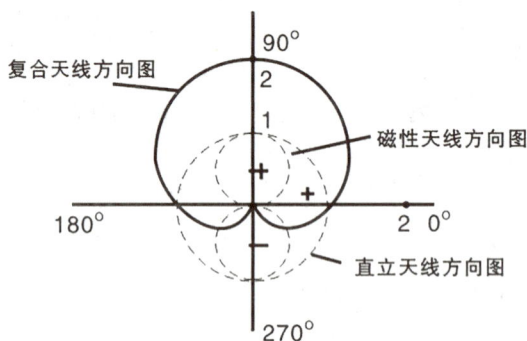

复合天线心脏形方向图

这时磁性天线一边的"两"电势极性相同，振幅则为两电势之和，理论上音量是原来的2倍。而磁性天线另一面的电势是负值，与直立天线的电势极性相反，两个电势相互抵消，理论上音量输出为0。结论是磁性天线转动一周只有一个方向信号最强，克服了磁天线的双值性，获得了单值性的单方向性能。我们把信号强的这个面叫作单向大音面，简称大音面。应用大音面就可以确定出电台在直线哪一边了，这叫作定边。不过在测向中，大音面角度范围很宽，方向指示不明显，只作为单向识别用。因此确定电台的单向后，必须去掉直立天线电势（松开单向开关按钮），再用磁性天线的哑点来测定隐蔽电台的方向线。

无线电波在空间传播的能量是有限的，传播距离越远扩散面积越大，损耗也越大，信号强度也越弱。无线电测向机对于电磁波的接收能力同样有局限性。距离电台越近收到的无线电信号越强，离电台越远接收到的无线电信号越弱。距离与反映在测向机耳机中的声音大小有很重要的关系。

学习和掌握无线电测向原理不但可以测出准确的电台方向线，还可以判断电台的远、近距离和具体坐标位置，完成无线电测向的考核任务。

三、无线电测向设备的使用

无线电测向是一项技术性较强的活动，对器材的熟练操作在训练和考核中具有至关重要的地位。

（一）80米波段无线电测向机

用于体育比赛中的80米波段无线电测向机品种，主要有简易直放式PJ-80和改进型的PJ80-A；超外差式长方块型的RF80-E和立式的RF80-C、RF80-G，手枪型的RF80-F和频率合成数字显示的RF80-H等。但目前具有代表性、适合军训的机型是RF80-C，该机体积很小，重量不足200克。RF80-H测向仪性能最好，但是价格昂贵。

（二）RF80-C型80米波段无线电测向机

RF80-C经国内和美国、俄罗斯、德国、保加利亚、蒙古等无线电测向技术发达国家和国内外大型比赛测试应用，无论在灵敏度、方向性、选择性、单向大音面、增益控制、坚固抗摔、音质、外观、手感、体积重量等各方面指标都超过了老牌的环形天线测向机，性能卓著。得到了多方面的肯定和赞扬。

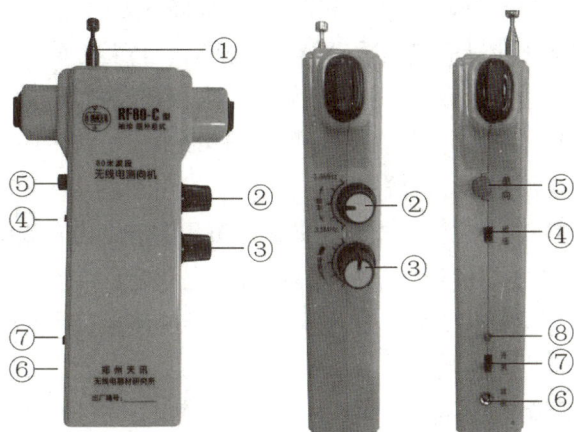

①拉杆天线 ②频率调谐旋钮 ③音量控制旋钮 ④远近开关
⑤单、双向按钮 ⑥耳机插孔 ⑦电源开关 ⑧电源指示灯

RF80-C型测向机整机示意图

RF80-C型测向机主要技术指标：

（1）频率范围：不窄于3.500~3.600MHz，天线回路和高放级采用双调谐回路进行参差调谐，高放增益均匀；频率范围内无辐射。

（2）灵敏度：不劣于1μV。

（3）信噪比：大于3。

（4）中频频率：455KHz。

（5）方向性：磁性天线为5×12×100毫米扁形磁棒，线圈为双段对称绕制，采用大面积内屏蔽层和紧贴型外屏蔽，指向精确度高；直立天线为直径6毫米，6节，长51厘米的不锈钢拉杆天线；距离信号源天线0.3米能明显、准确分辨双向，单向可听辨距离小于2米。

（6）电源电压：7.4伏，使用2节14500型3.7伏可充锂电池，一次充电可连续工作大于10小时；可反复拆卸充电，能量大、节能环保。

（7）整机耗电：静态小于或等于20毫安，动态大于或等于65毫安。

（8）输出功率：负载阻抗为8欧，最大输出功率大于或等于150毫瓦，音质清晰、优美洪亮。

（三）使用方法和注意事项

（1）本机电池仓在测向机的下部，打开后盖装上2节14500型3.7伏可充锂电池。严禁使用其他类型的电池，以确保测向机的正常工作。

（2）打开电源开关红色指示灯亮，测向机即可正常工作。由于3.5MHz无线电测向信号源发射的是垂直极化波，手持测向机时，必须使测向机的直立天线与地面保持垂直，同时磁性天线与地面保持水平，才能测出准确的方向线。

（3）RF80-C型测向机的侧面板上有两个旋钮，上边的是频率旋钮，用于收测隐蔽电台信号。下面的是音量旋钮，用于调节音量大小和控制测向机的增益。

（4）本机的单、双向开关设在测向机的右侧面上方。测单向时按下红色按钮开关即可；测双向时则必须松开红色按钮。

（5）本机衰减开关为二挡，设在测向机左侧面上方，由食指操作。开关置于下边"远"位置时，测向机灵敏度最高；开关打向上边"近"位置时，衰减很重，在近台区使用。学员可根据感知和需要，合理操作衰减开关和音量旋钮的位置，用来大致判断测向机与隐蔽电台之间的距离。

（6）本机型灵敏度、动态范围非常强大，经测定，在近台区最高声响可达119分贝。请务必以适当音量进行测向，以免损伤听觉。

附录一

《普通高等学校军事课教学大纲》

《普通高等学校军事课教学大纲》

教体艺【2019】1号

各省、自治区、直辖市教育厅（教委），新疆生产建设兵团教育局，各军兵种、武警部队参谋部，各省军区（卫戍区、警备区），教育部直属各高等学校、部省合建各高等学校：

根据《中华人民共和国国防法》《中华人民共和国兵役法》《中华人民共和国教育法》，为适应立德树人根本任务和强军目标根本要求，服务军民融合发展战略实施和国防后备力量建设，增强学生国防观念、国家安全意识和忧患危机意识，提高学生综合国防素质，教育部、中央军委国防动员部联合制订了《普通高等学校军事课教学大纲》（以下简称《大纲》）。现将《大纲》印发给你们，请认真学习贯彻《大纲》的内容，按照《大纲》要求，切实保障学生军事理论教学和军事技能训练课时、内容和要求的落实。《大纲》于2019年8月起在全国施行，原《大纲》（2006年修订）废止。

附件：《普通高等学校军事课教学大纲》（2019年）

教育部　中央军委国防动员部

2019年1月11日

普通高等学校军事课教学大纲（2019年）

依据《中华人民共和国国防法》《中华人民共和国兵役法》《中华人民共和国教育法》以及国务院、中央军委有关文件精神，结合我国高等教育发展、国防和军队建设发展的实际情况，制订《普通高等学校军事课教学大纲》（以下简称《大纲》）。

一、课程定位

军事课是普通高等学校学生的必修课程。军事课要以习近平强军思想和习近平总书记关于教育的重要论述为遵循，全面贯彻党的教育方针、新时代军事战略方针和总体国家安全观，围绕立德树人根本任务和强军目标根本要求，着眼培育和践行社会主义核心价值观，以提升学生国防意识和军事素养为重点，为实施军民融合发展战略和建设国防后备力量服务。

二、课程目标

普通高等学校通过军事课教学，让学生了解掌握军事基础知识和基本军事技能，增强国防观念、国家安全意识和忧患危机意识，弘扬爱国主义精神、传承红色基因、提高学生综合国防素质。

三、课程要求

军事课纳入普通高等学校人才培养体系，列入学校人才培养方案和教学计划，实行学分制管理，课程考核成绩记入学籍档案。

军事课由《军事理论》《军事技能》两部分组成。《军事理论》教学时数36学时，记2学分；《军事技能》训练时间2—3周，实际训练时间不得少于14天112学时，记2学分。课程内容含"必讲（必训）"内容（以"*"标识）和"选讲（选训）"内容（其他未标识者），各学校可根据本校实际情况在确保完成"必讲（必训）"内容的基础上，灵活选择"选讲（选训）"内容，但必须完成总学时。

普通高等学校要严格按纲施教、施训和考核，严禁以任何理由和方式调减、占用教学、训练内容和时数。

四、课程内容

（一）《军事理论》教学内容、教学目标与教学时数

教学内容			教学目标	建议学时	备注
中国国防	*国防概述	国防的内涵、国防类型、国防历史与启示、现代国防观	理解国防内涵和国防历史，树立正确的国防观；了解我国国防体制、国防战略、国防政策以及国防成就，激发学生的爱国热情；熟悉国防法规、武装力量、国防动员的主要内容，增强学生国防意识	10	
	*国防法规	国防法规体系、公民的国防权利与义务			
	*国防建设	国防体制、国防战略、国防政策、国防成就、军民融合			
	*武装力量	中国武装力量性质、宗旨、使命及武装力量构成，人民军队的发展历程			
	*国防动员	国防动员内涵、国防动员主要内容及意义			
国家安全	国家安全概述	国家安全的内涵、原则、总体安全观	正确把握和认识国家安全的内涵，理解我国总体国家安全观，提升学生防间保密意识；深刻认识当前我国面临的安全形势。了解世界主要国家军事力量及战略动向，增强学生忧患意识	8	
	*国家安全形势	我国地缘环境基本概况、地缘安全、新形势下的国家安全、新兴领域的国家安全			
	*国际战略形势	国际战略形势现状与发展趋势、世界主要国家军事力量及战略动向			

续表

教学内容			教学目标	建议学时	备注
军事思想	军事思想概述	军事思想的内涵、发展历程以及地位作用	了解军事思想的内涵和形成与发展历程,了解外国代表性军事思想,熟悉我国军事思想的主要内容、地位作用和现实意义,理解习近平强军思想的科学含义和主要内容,使学生树立科学的战争观和方法论	6	
	外国军事思想	外国军事思想的主要内容、特点以及代表性著作			
	*中国古代军事思想	中国古代军事思想的主要内容、特点以及代表性著作			
	*当代中国军事思想	毛泽东军事思想、邓小平新时期军队建设思想、江泽民论国防和军队建设思想、胡锦涛关于国防和军队建设重要论述、习近平强军思想			
现代战争	战争概述	战争的内涵、特点、发展的历程	了解战争内涵、特点、发展历程,理解新军事革命的内涵和发展演变,掌握机械化战争、信息化战争的形成、主要形态、特征、代表性战例和发展趋势,使学生树立打赢信息化战争的信心	6	
	*新军事革命	新军事革命的内涵、发展演变、主要内容			
	机械化战争	机械化战争的基本内涵、主要形态、特征和代表性战例			
	*信息化战争	信息化战争的基本内涵、主要形态、特征、代表性战例,战争形态发展趋势			
信息化装备	信息化装备概述	信息化装备的内涵、分类、对现代作战的影响以及发展趋势	了解信息化装备的内涵、分类、发展及对现代作战的影响,熟悉世界主要国家信息化装备的发展情况,激发学生学习高科技的积极性,为国防科研奠定人才基础	6	
	*信息化作战平台	各国主战飞机、坦克、军舰等信息武器装备发展趋势、战例应用			
	综合电子信息系统	指挥控制系统、预警系统、导航系统等装备电子信息系统发展趋势、战例应用			
	信息化杀伤武器	新概念、精确制导、核生化武器装备等武器装备发展趋势、战例应用			

注:带*的为必讲课目,其余为选讲课目。

（二）《军事技能》训练内容、教学目标与教学时数

训练内容			教学目标	建议学时	备注
共同条令教育与训练	*共同条令教育	《内务条令》《纪律条令》《队列条令》教育	了解中国人民解放军三大条令的主要内容，掌握队列动作的基本要领，养成良好的军事素养，增强组织纪律观念，培养学生令行禁止、团结奋进、顽强拼搏的过硬作风	40—56	
	*分队的队列动作	集合、离散、整齐、报数，出列、入列，行进、停止，方向变换			
	现地教学	走进军营，学唱军营歌曲，走进爱国主义教育基地			
射击与战术训练	*轻武器射击	轻武器性能、构造与保养，简易射击学理，武器操作、实弹射击	了解轻武器的战斗性能，掌握射击动作要领，进行体会射击；学会单兵战术基础动作，了解战斗班组攻防的基本动作和战术原则，培养学生良好的战斗素养	20—28	在训练条件不满足时，可采取模拟训练
	*战术	单兵战术基础动作、分队战术			
防卫技能与战时防护训练	*格斗基础	格斗常识、格斗基本功，捕俘拳等	了解格斗、防护的基本知识，熟悉卫生、救护基本要领，掌握战场自救互救的技能，提高学生安全防护能力	32—48	
	*战场医疗救护	救护基本知识、个人卫生，意外伤的救护、心肺复苏，战场自救互救			
	*核生化防护	防护基本知识和技能，防护装备使用			
战备基础与应用训练	*战备规定	战备规定主要内容、要求	了解战备规定、紧急集合、徒步行军、野外生存的基本要求、方法和注意事项，学会识图用图、电磁频谱监测的基本技能，培养学生分析判断和应急处置能力，全面提升综合军事素质	20—36	
	*紧急集合	紧急集合要领、紧急集合训练			
	*行军拉练	行军拉练基本要领、方法，徒步行军实践，宿营			
	野外生存	识别和采集野生食物，寻找水源和鉴别水质，野炊			
	识图用图	地形图基本知识、地图使用训练			
	电磁频谱监测	电磁频谱监测基本知识、方法训练			

注：带*的为必训课目，其余为选训课目；训练日按每天8学时计算。

五、教师发展

军事课教师是完成军事课教学目标的具体执行者和组织者，学校应当按照教学时数和授课学生数量配备相应数量的军事课教师。军队应完善派遣军官制度，按计划派出承训力量，军地双方共同完成军事课教学任务。

军事课教师必须在政治上从严要求，努力提高自身思想素质、军事素质和业务能力，积极参加教学改革和学术研究，不断提高教学质量，开创军事课教学科研工作新局面。

各级教育行政部门、军事部门和普通高等学校应当有计划地安排军事课教师接受继续教育和培训，不断改善知识结构，提高教育教学水平以及学历、学位层次，适应现代高等教育和军事课教学科研需要。

六、教材建设

建立和完善军事课教材建设、规划、编审管理制度。加强普通高等学校军事教学指导委员会建设，规范军事课教材编写和审查。实行教材准入制度。高校应选用优质教材进行教学，确保教材的政策性、权威性和规范性。

七、教学方法

坚持课堂教学和教师面授在军事课教学中的主渠道作用，重视信息技术和慕课、微课、视频公开课等在线课程在教学中的应用和管理。

军事理论教学进入正常授课课堂，严禁以集中讲座等形式替代课堂教学。军事技能训练应坚持按纲施训、依法治训原则，积极推广仿真训练和模拟训练，严禁违规开展商业化运营和市场化运作。

八、课程考核

军事课考核包括军事理论考试和军事技能训练考核，成绩合格者计入学分。学校要建立健全军事课考核规章制度，对考核组织实施程序、方法、标准、要求等进行规范。军事理论考试由学校组织实施，考试成绩按百分制计分，根据卷面成绩、平时作业、考勤情况和课堂表现综合评定。军事技能训练考核由学校和承训教官共同组织实施，成绩分优秀、良好、及格和不及格四个等级。根据学生参训时间、现实表现、掌握程度综合评定。军事课成绩不及格者必须进行补考，补考合格后取得相应学分。

九、教学保障

学校要加强军事课教学的组织保障、经费保障、训练场地保障。军用装备器材由各省军区（卫戍区、警备区）保障；军民通用装备器材由学校保障，纳入政府年度预算和学校经费保障范畴。

十、督导评价

军事课纳入国家教育督导体系，定期组织军事课建设教育督导。各省级教育行政部门会同军事部门成立军事课教学督导机构，制定本地区的评价方案，定期组织军事课程督导评价，充分发挥教育督导评价的导向和激励作用。通过定期举办学生军事训练营等教学展示活动检验军事课教学效果。各学校要建立军事课程评价体系和管理制度，并将军事课程评价纳入学校课程评价总体框架、教学质量年度报告和学校综合办学水平评估。完善高校军事课评价体系，把军事课纳入高校人才培养工作评估体系，作为办学评价的重要指标。

十一、附则

本《大纲》是普通高等学校开展军事课教学的基本依据，也是军事课教学教材建设和教学评价的重要依据。

本《大纲》于2019年8月起在全国施行。原《普通高等学校军事课教学大纲》（2006年修订）废止。

附录二

河南省地理、历史、军事知识

问鼎中原——河南省重要战略地理位置

河南，古称中原，简称"豫"，地处中国中东部，黄河中下游，界于北纬31° 23′—36° 22′，东经110° 21′—116° 39′之间，东接安徽、山东，北界河北、山西，西接陕西，南临湖北，呈望北向南、承东启西之势，古称天地之中，被视为中国之处而天下之枢。因大部分位于历史上的黄河以南，故名河南。

河南是华夏文明和中华民族的核心发祥地，华夏历史文化的中心。从中国历史上第一个王朝夏朝在河南建都起，孕育了洛阳、开封、安阳、郑州、商丘、南阳、濮阳、许昌、新郑、淮阳等闻名海内外的中华古都，是中国古都数量最多最密集的地区。中国八大古都河南占其四——洛阳（十三朝古都）、开封（八朝古都）、安阳（七朝古都）、郑州（五朝古都）。河南是道家、墨家、法家、名家、纵横家等思想的发源地，河洛文化、汉字文化、姓氏文化、根亲文化、三商文化、礼仪文化、圣贤文化、诗词文化、武术文化、戏曲文化等博大精深。在河南境内的地下文物、馆藏文物和全国重点文物保护单位数量均居全国首位。

河南是中华民族最重要的发祥地，是元代以前中国历史的核心区域。夏朝、商朝、西周、东周、东汉、曹魏、西晋、北魏、隋朝、唐朝、武周、后梁、后唐、后晋、后汉、后周、辽朝、北宋、南宋、金朝、民国等先后有20多个朝代，300多位帝王建都或迁都于河南，建都历史长达3600余年，数千年来河南都是全国政治、经济、文化、交通中心。每当中国内乱时期，群雄"逐鹿中原"，河南始终是必争之地，"中国"的名称就来源于中心位于中原地带的国家。

河南省会——郑州

郑州市，简称"郑"，是河南省省会，地处华北平原南部，河南省中部偏北，黄河下游。北临黄河，西依嵩山，东南为广阔的黄淮平原。

郑州在3600年前就成为中国商代早期和中期都城，是商文明的发源地。全市各类文物古迹达10000余处，其中全国重点文物保护单位38处43项。包括登封"天地之中"历史建筑群、黄帝故里、商城遗址等历史名胜。

275

河南·郑州

郑州地处中国地理中心，是全国重要的铁路、航空、高速公路、电力、邮政、电信主要枢纽城市，是中国中部地区重要的工业城市。目前有汽车、装备制造、煤电铝、食品、纺织服装、电子信息等六大优势产业。氧化铝产量占全国总产量的50%，拥有亚洲最大、最先进的大中型客车生产企业，冷冻食品占全国市场份额的40%以上。

得益于其独特的地理位置，郑州也是历史上著名商埠，至今仍是中部地区重要的物资集散地，每年都会举办全国性、区域性大型商贸活动。郑州商品交易所是三大全国性商品交易所之一，"郑州价格"一直是世界粮食生产和流通的指导价格。

2017年1月22日，国家发展改革委正式复函支持郑州建设国家中心城市。

"东京梦华"——开封

开封是河南省地级市，简称汴，古称东京、汴京，为八朝古都，位于黄河中下游平原东部，地处河南省中东部，东与商丘相连，西与郑州毗邻，南接许昌和周口，北与新乡隔黄河相望。

开封是中原经济区的核心城市之一，是河南省中原城市群和

河南·开封

沿黄"三点一线"黄金旅游线路三大中心城市之一。开封已有两千七百多年的历史，是首批中国历史文化名城，中国八大古都之一，历史上的开封有着"琪树明霞五凤楼，夷门自古帝王州"、"汴京富丽天下无"的美誉，北宋东京开封更是当时世界第一大城市。开封是世界上唯一一座城市中轴线从未变动的都城，城摞城遗址在世界考古史和都城史上少有。开封亦是清明上河图的原创地，有"东京梦华"之美誉。

"千年帝都，牡丹花城"——洛阳

　　洛阳市，位于中国河南省西部，河南省及中原城市群的副中心城市，2011年被联合国授予"世界文化名城"称号，丝绸之路东起点，有十省通衢之称。洛阳最早建成于夏朝（二里头遗址），有夏、商、西周、东周、东汉、曹魏、西晋、北魏、隋、唐、后梁、后唐、后晋13个朝代在此定都，定都历史达1529年之久，因此有"十三朝古都"之称，与西安、南京、北京并列为中国四大古

洛阳牡丹花市

都，也是中国历史上唯一被命名为神都的城市，它是中华文明和中华民族的主要发源地和核心。现代的洛阳以洛阳牡丹、龙门石窟和白马寺等历史文化遗产闻名，被称为"千年帝都，牡丹花城"。洛阳全境总面积15 230平方公里，现下辖八县一市六区，是中国的特大城市之一。

　　洛阳城位于洛水之北，水之北乃谓"阳"，故名洛阳，又称洛邑、神都。境内山川纵横，西靠秦岭，东临嵩岳，北靠太行山，又据黄河之险，南望伏牛山，自古便有"八关都邑，八面环山，五水绕洛城"的说法，因此得"河山拱戴，形胜甲于天下"之名，"天下之中、十省城，北据邙山，南望伊阙，洛水贯其中，东据虎牢关，西控函谷关，四周群山环绕、雄省通衢"之称。所以历朝历代洛阳均为诸侯群雄逐鹿中原的皇者必争之地，成为历史上最重要的政治、经济、文化中心。

"将军故里 红色信阳"——鄂豫皖苏区

　　鄂豫皖苏区位于湖北、河南、安徽三省交界处，多为交通不便、经济欠发达的地区，主要为大别山地区，故称鄂豫皖。由鄂豫边、豫东南和皖西苏区发展而成，主要包括湖北的红安、麻城、英山、罗田、浠水、蕲春、黄梅，河南的新县、商城、固始、潢川、光山、罗山，安徽的太湖、金寨、霍山等地。土地革命战争时期，中国共产党在三省边界地区成立了有名的鄂豫皖革命根据地，以新集（今河南新县）为中心实行工农武装割据，建立苏维埃政权区域。鄂豫皖苏区的工农武装割据，形成的时间较早，发展的规模较大，坚持的时间也较久，革命斗争的经验相当丰富，它成为仅次于中央苏区的一块较大的革命根据地。

鄂豫皖苏维埃政府税务总局旧址纪念馆

在中国十大将军县中，有五个位于鄂豫皖苏区。它们是湖北红安（中国第一将军县，72位开国元勋），安徽金寨（中国第二将军县，59位开国元勋），河南新县（43位），湖北大悟（37位），安徽六安（34位）。鄂豫皖走出的共和国主席：董必武、李先念；共和国元帅：徐向前；大将：王树声，徐海东（红25军），陈赓（因受伤回上海治疗，伤愈后，去中央苏区）。

精忠报国的民族英雄——岳飞

岳飞（1103—1142），字鹏举，宋相州汤阴县（今河南安阳汤阴县）人，南宋抗金名将、军事家、战略家，位列南宋中兴四将之首。

岳飞雕塑

他于北宋末年投军，从1128年遇宗泽起到1141年为止的十余年间，率领岳家军同金军进行了大小数百次战斗，所向披靡，"位至将相"。1140年，完颜兀术毁盟攻宋，岳飞挥师北伐，先后收复郑州、洛阳等地，又于郾城、颍昌大败金军，进军朱仙镇。宋高宗、秦桧却一意求和，以十二道"金字牌"下令退兵，岳飞在孤立无援之下被迫班师。在宋金议和过程中，岳飞遭受秦桧、张俊等人的诬陷，被捕入狱。1142年1月，岳飞被冠以"莫须有"的"谋反"罪名，与长子岳云和部将张宪一同被杀害。宋孝宗时岳飞冤狱被平反，改葬于西湖畔栖霞岭，追谥武穆，后又追谥忠武，封鄂王。

岳飞是南宋最杰出的统帅，他重视人民抗金力量，缔造了"连结河朔"之谋，主张黄河以北的民间抗金义军和宋军互相配合，夹击金军，以收复失地。岳飞治军，赏罚分明，纪律严整，又能体恤部属，以身作则，他率领的"岳家军"号称"冻死不拆屋，饿死不打掳"；金人流传有"撼山易，撼岳家军难"的哀叹，表示对"岳家军"的最高赞誉。岳飞反对宋廷"仅令自守以待敌，不敢远攻而求胜"的消极防御战略，一贯主张积极进攻，以夺取抗金斗争的胜利；他是南宋初唯一组织大规模进攻战役的统帅。

"共产党人的好榜样"——彭雪枫

彭雪枫

彭雪枫（1907—1944），原名修道，无产阶级革命家、军事家，河南镇平人。1925年加入中国共产主义青年团，次年转入中国共产党。抗日战争爆发后，先后任新四军第六支司令员兼政委，中共豫皖苏边区党委书记、八路军第四纵队司令员、新四军第四师师长兼政委，淮北军区司令员。1944年9月在河南夏邑八里庄战斗中牺牲，时年仅37岁。1939年9月至1941年春，彭雪枫率新四军第四师进驻涡阳新兴集，并将司令部设在这里，在此创建了豫皖苏抗日民主根据地，广泛地开展了敌后斗争，有力地打击了日寇，为全国抗日战争的胜利作出了积极贡献。彭雪枫是中国工农红军和新四军杰出指挥员、军事家。1941年任新四军第四师师长兼政委，是抗日战争中新四军牺牲的最高将领。他投身革命20年，出生入死，南征北战，智勇双全，战功卓著，被毛泽东、朱德誉为"共产党人的好榜样"。为了纪念和歌颂彭雪枫，在镇平县城北隅修建彭雪枫纪念馆；另有多部影视作品褒扬彭雪枫将军的英雄事迹。

血胆将军——许世友

许世友，字汉禹，法号永祥，出生于河南省信阳市新县田铺乡河铺村许家洼。中国人民解放军著名军事将领、中华人民共和国开国上将。抗日战争时期，任中国人民抗日军政大学校务部副部长，八路军第129师第386旅副旅长，山东纵队第3旅旅长，山东纵队参谋长，胶东军区司令员。在土地革命时期、解放战争时期立下了赫赫战功，为中国人民的解放事业做出了不朽贡献。中华人民共和国成立后，许世友将军被授予上将军衔，并担任中国人民解放军副总参谋长、南京军区司令员、广州军区司令员、国防部副部长，中共中央军委常委等。

许世友

抗日战争开始不久，许世友同志随朱德总司令出师太行山，投身于伟大的抗日斗争。1938年10月，他担任八路军第129师第386旅副旅长，参加了冀南抗日根据地的创建。同年年底，在刘伯承、邓小平同志指挥下进军冀南。1939年2月上旬，他和旅长陈赓同志在威县以南香城固地区，以预伏的方式，诱歼日军一个加强步兵中队，毙敌大队长以下200余人，生俘8人，给日军以沉重打击，史称香城固战斗。1939年秋入华北党校学习，1940年9月，他调任山东纵队第3旅旅长，同日、伪、顽在渤海之滨和清河两岸，展开了激烈斗争。1941年春，他指挥胶东地区八路军和地方武装，横扫敌伪。1942年2月，他任山东纵队参谋长。同年十月起，任胶东军区司令员，领导胶东军民开展了艰苦卓绝的游击战争，发展壮大人民武装，粉碎日、伪军频繁的"扫荡"和蚕食，打得敌人心惊胆寒。1945年春，他率部讨伐国民党投降派赵保原、克万第、战左村，席卷五龙河两岸，清除了胶东抗日的障碍。许世友为胶东抗日根据地的发展和巩固作出了重大贡献。

以少胜多——牧野之战

牧野之战，又称"武王伐纣"，是殷商军队和周武王军队的决战，史曰武王克殷、武王伐纣。由于商纣先征西北黎，后平东夷，虽取得胜利，但是穷兵黩武，加剧了国家财政负担、社会和阶级矛盾，招致灭亡，最后兵败自焚，故《左传》称："纣克东夷而损其身"。

牧野之战是中国历史上以少胜多，以弱胜强，先发制人的著名战例，也是中国

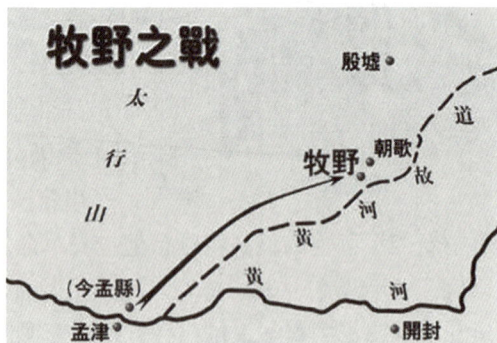

牧野之战要图

古代车战初期的著名战例。它终止了六百年的商王朝，确立了西周王朝的统治，为西周时期礼乐文明的全面兴盛开辟了道路。牧野之战中所体现的谋略和作战艺术，也对中国古代军事思想的发展具有不可低估的意义。

公元前1050年，周文王姬昌病逝，世子姬发继位，即周武王，武王继位后，以示仍秉承文王之天命，继续利用商朝暂时无暇西顾的良机向东扩张。公元前1048年，牧野之战前两年，周武王曾观兵于孟津（今孟津县）。《史记》中说"不期而会盟津者八百诸侯"，其实不是"不期而会"，根据甲骨文所揭，此次出兵早有联络，关中和江汉间的许多方国都有参与，但诸侯恐怕并无八百之多，从牧野之战的情况看，基本上都是西南方的羌、戎各国。

而此时的商朝发生了激烈的内乱。帝辛杀了伯父比干，囚禁了另一个伯父箕子，另一些被牵连的贵族如微子等则审时度势，投奔了周国。武王无疑从来奔的殷商贵族那里得到了不少朝歌的机密情报。时机已经成熟，武王决定出兵伐商，同时通知在盟津的与盟诸侯一起出兵。

公元前1046年1月26日，周武王亲率战车三百乘，虎贲（精锐武士）三千人，以及步兵数万人，出兵东征。同年2月21日，周军抵达孟津，与庸、卢、彭、濮、蜀、羌、微、髳等部族会合，联军总数达4.5万人，不少方国的国君亲自赶来。

27日清晨，在牧地，周武王庄严誓师："俗话说，母鸡司晨，是家中的不幸。现在纣王只听信妇人之言，连祖宗的祭祀也废弃了。他不任用自己的王族兄弟，却让逃亡的奴隶担任要职，让他们去危害贵族，扰乱商国。今天，我姬发是执行上天的惩罚……战士们，努力呀！"

28日拂晓，联军进至牧野。《诗经》记载："牧野洋洋，檀车煌煌，驷騵彭彭。维师尚父，时维鹰扬。凉彼武王，肆伐大商，会朝清明。"。

朝歌方面，第一批紧急军情前脚刚传到，联军自己后脚就跟着来了，着实被打了个措手不及。朝歌城内没有足够的精兵可以破敌，而且也没有可用的战车，单靠步兵，很难和冲击力强大的战车阵相抗衡，更何况周军士气正锐。

周军先由吕尚率数百名精兵上前挑战，震慑商军并冲乱其阵脚，然后周武王亲率主力跟进冲杀，将对方的阵形彻底打乱。商军中的奴隶和战俘全无斗志，纷纷倒戈，帝辛既然强迫这些奴隶和战俘上战场，自然会在后方以亲信部队押送，防范他们反叛或逃跑。这些少量忠心的禁卫军，也是帝辛手中最后的底牌。然而前方的徒众在周军的强大冲击下慌不择路地往回跑，遭到了后方精兵的阻拦。好汉不敌人多，在人潮的冲击下，这些武士也阵脚不稳。奴隶们为了逃命，加上被后面人潮推动，于是倒戈相向，乱打一气。再加上身后联军的战车、甲士、步兵一层层的进攻，帝辛的最后一道阵线也守不住了，不得不快马加鞭，逃离战场。商军残余的抵抗仍然持续了一天，但已无力挽回局面。帝辛见大势已去，返回朝歌，登上鹿台，"蒙衣其珠玉，自燔于火而死"，商朝正式灭亡。

围魏救赵——桂陵之战

桂陵之战是历史上一次著名的截击战，发生在河南长垣西北。公元前354年（周显王十五年），魏围攻赵都邯郸，次年赵向齐求救。齐王命田忌、孙膑率军援救。孙膑认为魏以精锐攻邯郸，国内空虚，于是率军围攻魏都大梁，使魏将庞涓赶回应战。孙膑却在桂陵（今河南长垣）伏袭，打败魏军，并生擒庞涓。孙膑在此战中避实击虚、攻其必救，创造了"围魏救赵"战法，成为两千多年来军事上诱敌就范的常用手段。

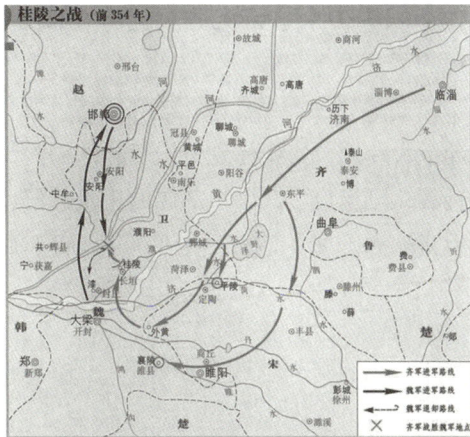

桂陵之战要图

孙膑用围攻魏国的办法来解救赵国的危困，这在中国历史上是一个很有名的战例，被后来的军事将领们列为三十六计中的重要一计。"围魏救赵"这一避实就虚的战法为历代军事将领所欣赏，至今仍有其生命力。

出奇制胜——官渡之战

官渡之战是东汉末年"三大战役"之一，也是中国历史上著名的以少胜多的战役之一。东汉献帝建安五年（200年），曹操军与袁绍军相持于官渡（今河南中牟东北），在此展开战略决战。曹操突袭袁军在乌巢的粮仓（今河南封丘西），继而击败袁军主力。官渡之战，经过一年多的对峙，至此以曹操的全面胜利而宣告结束。此战奠定了曹操统一中国北方的基础。

官渡之战示意图

曹操以两万左右的兵力，出奇制胜，击破袁军十万。这个战例成为中国历史上以弱胜强，以少胜多的典型战例。曹操以其非凡的才智和勇气，写下了他军事生涯最辉煌的一页。公元202年（建安七年），袁绍因兵败忧郁而死，曹操乘机彻底击灭了袁氏军事集团，公元207年（建安十二年），曹操又征服乌桓，至此，战乱多时的北方实现了统一。

官渡之战是毛泽东在《中国革命战争的战略问题》一文中列举的中国历史上"双方强弱不同，弱者先让一步，后发制人，因而战胜"的著名战例之一。战争的胜负取决于双方政治、军事、经济等多方面的条件，但首当其冲的是双方军事实力的较量。曹操在官渡之战中，实力明显不如人力物力上都占有绝对优势的袁绍，但他却以少击众、以劣势对优势并最终大获全胜，其取胜之道是值得后人很好地深思的。

此战曹操善择良策，攻守相济，屡出奇兵，巧施火攻，焚烧袁军粮草，对获取胜利起重大作用，集中体现曹操卓越的用兵谋略和指挥才能。反观袁绍，内部不和，又骄傲轻敌，刚愎自用，屡拒部属的正确建议，迟疑不决，一再地丧失良机。终致粮草被烧，后路被抄，军心动摇，内部分裂，而全军溃败。

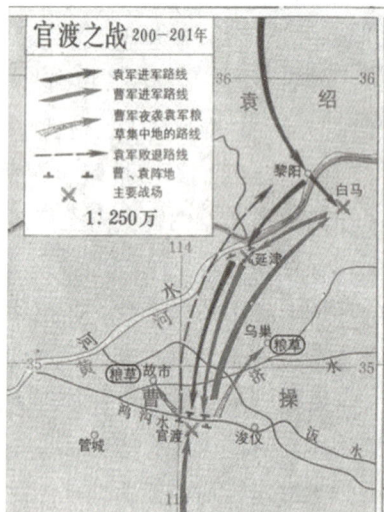

中华神盾——郑州舰

　　郑州舰是中国自行研制设计生产的第三代导弹驱逐舰，被誉为"中华神盾"，也是东海舰队继长春舰之后入列的第二艘该型舰艇。郑州号导弹驱逐舰是052C型4号舰，2010年7月，解放军总政治部和民政部将海军装备的该导弹驱逐舰命名为"郑州舰"。2012年5月6日，该舰首次试航。

　　2013年12月26日，新型导弹驱逐舰郑州舰入列命名授旗仪式在东海舰队某驱逐舰支队隆重举行，标志着该舰正式加入中国海军战斗序列。郑州舰是中国自行研制设计生产的新一代导弹驱逐舰，为有着"中华神盾"美誉的某型驱逐舰后续舰，也是东海舰队继长春舰之后入列的第二艘该型舰艇。该舰舷号151，最大长度155米，宽17米，标准排水量5950吨，满载排水量7500吨，装备了多套中国自主研发的新型武器装备，性能先进，技术含量高，可单独或协同海军其他兵力攻击水面舰艇、潜艇，具有较强的远程警戒探测和区域防空作战能力。2014年5月18日，郑州舰首次参加中俄军演。

郑州号导弹驱逐舰

283

参考文献

[1]毛泽东. 毛泽东选集[M]. 北京：人民出版社，1991.

[2]张兴业. 国防精神[M]. 北京：军事科学出版社，2003.

[3]谢国良，袁德金. 中国古代军事思想概论[M]，北京：解放军出版社，1994.

[4]高俊敏. 野外生存与防身自救[M]. 北京：军事谊文出版社，2000.

[5]张洁. 构建新型大国关系与塑造和平的周边环境[M]. 北京：社会科学文献出版社，2014.

[6]金永明. 中国海洋法理论研究（增订版）[M]. 上海：社会科学院出版社，2016.

[7]洪向华. 学习金句[M]. 北京：学习出版社，2017.

[8]蔺玄晋. 军事科技进步与战争形态演变[M]. 北京：兵器工业出版社，2017.

[9]况腊生. 叙利亚战争沉思录[M]. 北京：人民出版社，2018.

[10]中华人民共和国国务院新闻办公室.新时代的中国国防[M].北京：人民出版社，2019.

版权声明

根据《中华人民共和国著作权法》的有关规定，特发布如下声明：

1.本出版物刊登的所有内容（包括但不限于文字、二维码、版式设计等），未经本出版物作者书面授权，任何单位和个人不得以任何形式或任何手段使用。

2.本出版物在编写过程中引用了相关资料与网络资源，在此向原著作权人表示衷心的感谢！由于诸多因素没能一一联系到原作者，如涉及版权等问题，恳请相关权利人及时与我们联系，以便支付稿酬。（联系电话：010-60206144；邮箱：2033489814@qq.com）